인
도
네
팔

순
례
기

인도 네팔 순례기

초판 1쇄	2020년 12월 10일
초판 3쇄	2023년 11월 15일

지은이	각전 스님
펴낸이	윤재승

주간	사기순
기획편집팀	사기순
기획홍보팀	윤효진
영업관리팀	김세정

펴낸곳	민족사
등록	1980년 5월 9일 제1-149호
주소	서울 종로구 삼봉로 81 두산위브파빌리온 1131호
전화	02)732-2403, 2404
팩스	02)739-7565
홈페이지	www.minjoksa.org
페이스북	www.facebook.com/minjoksa
이메일	minjoksabook@naver.com
디자인	동경작업실
ISBN	979-11-89269-76-0 (03220)

글·사진 ⓒ 각전, 2020

이 책의 판권은 지은이와 민족사에 있습니다.
저작권법에 의하여 보호를 받는 저작물이므로
무단으로 복사, 전재하거나 변형하여 사용할 수 없습니다.
책값은 뒤표지에 있습니다. 잘못된 책은 바꿔 드립니다.

민족사 부처님 말씀을 담아 세상으로 나아갑니다.

인도 네팔 순례기

부처님의 삶,
나의 존귀함을 찾는 길

글·사진_각전

일진화一塵話

각전 스님의 인도印度 성지聖地 순례기巡禮記를 읽고 깨달음과 감명의 눈물을 흘렸다. 아잔타 석굴에서 시작하여 마지막 석가족을 찾아가는 발길은 선지식善知識을 찾아가는 선재동자善財童子처럼 수행인의 선풍禪風을 잃지 않고, 마멸되고 사장死藏되어 가는 어둠 속에서 불보살佛菩薩을 친견하려는 두타정진頭陀精進의 발걸음이었다. 게다가 수많은 부조浮彫 속에 참모습을 찾아내어 치밀하고 정갈하게 고전적 미학을 설명하고 정리해 주는 탁월한 식견에 감사의 경탄을 아낄 수 없다.

어릴 적 순수 가슴 속에 찍어 두었던 연화수蓮花手 보살을 찾아 가슴 설레면서 첨앙瞻仰한 초심의 참모습을 우리는 얼마나 잃어버리고 살았던가? '그 모습은 본래부터 열려 있는 우리들의 자화상自畵像인지 모른다'고 수행인이 그렇게 받아들일 때, 지혜가 밝아져 교감이 생기고, 지금 이 순간 천년의 시공은 녹아내려 보살은 영락의 옷자락 속에 피가 돌고 아름다운 율동과 생명의 숨결이 하나의 순백의 연화蓮花로 우주에 우리들의 모습으로 펼쳐질 것이다.

나는 순례기를 읽으면서 많이 깨달았다. 경주 석굴암 부처님이 습의를 입고 미소 짓는 그윽한 모습과 민소매의 십대제자의 샌들 신은 아름답고 멋있는 품위도 로마풍·그리스풍이었다는 것을! 갠지스강의 황홀한 아름다운 일몰日沒은 영원한 열반의 모습이요, 히말라야 설원 일출日出의 여섯 가지 신령스런 광명도 청정법신불淸淨法身佛의 광명변조光明遍照라는 것을! 산수경山水經에 나오는 성성적적惺惺寂寂 연꽃을 든 보살의 자비스러움이 바로 이 모습이라고! 나는 그 환희 감명에 눈물을 흘리고 또 흘렸다.

◉

텅 빈 영축산정의 황량한 공허함, 허무감, 쇠잔해 가는 석가족의 쓸쓸한 모습들. 그러나 가는 곳마다 순진무구한 어린 동자들의 별똥 같은 활기찬 눈망울을 대하면서 보시바라밀을 실천하여 포근히 감싸 안은 훈훈한 각전 스님의 참 향기에 감동하고 동참한다. 꼬맹이들의 고사리손은 언젠간 연꽃으로 변하여 연화보살의 손에 잡혀 품속으로 안길 것이다.

우리들의 고향은 오직 부처님이 계신 곳이다. 쿠시나가르에서 열반에 드신 부처님의 머리는 태어나신 북쪽의 룸비니를 향하고 있다. 여우는 미물이지만 돌아다니다가 죽을 때는 태어난 굴을 향해 죽는다. 초의 선사草衣禪師는 40년 만에 고향을 찾았지만, 어릴 적 기억이 사라지고, 마음의 고향을 잃어버려 다리가 부들부들 떨려 피마저 말라버리니 '아! 우리 인생이 여우보다 못하다(愧首邱)'라고 통곡하면서 구름 따라 지팡이를 산중으로 돌린다. 우리에게도 고향이 있었던가! 부처님이 누워 계신 본

분진여本分眞如의 고향을 잊어버리고 얼마나 허둥대었던가.

나라는 망해도 그 나라 문자만 남아 있으면 언젠가는 다시 광복이 돌아온다. 하물며 인도는 불교 유적의 보고寶庫. 미추美醜를 초월하여 생명이 살아 넘쳐 활기차고, 땅 위에 황금빛 광명이 눈부시다. 우리 불자들이 간절하고도 절박한 마음으로 큰 원력을 세운다면 다시 우리들 앞에 부처님의 영산靈山의 염화미소拈花微笑 풍류風流와 소림少林의 곡조曲調 연주演奏가 재현될 것이다.

◉

기행문을 잘 쓴 사람은 무수히 보아왔지만 한 수행인의 낮은 자세에서 사람 냄새 나는 연민의 정, 애련의 정이 넘치는 글은 드물었다. 각전선승禪僧의 정진여가精進餘暇의 순례기는 지금부터 시작이다. 중국 당송唐宋 시대 선사禪師의 깨달음의 품속으로도 계속 이어지기를 바라면서 두서없는 일진화一塵話를 붙여 본다.

불국사 승가대학장
일해덕민一海德旻 합장

모든 불자들이 환히 알아야 할 필독서

이 책은 출가해서 줄곧 선원에서 정진한 스님의 안목으로 본 것이 특징으로 보통 여행가들의 시각과는 궤를 달리하는 것이다. 그도 그럴 것이 이 책에는 부처님 생애가 고스란히 녹아 있어 모든 불교가 여기에서 근거해 흘러나오는 원천이다. 모든 불자들이 환히 알아야 할 필독서이며 훌륭한 공부자료이다. 또한 이 책을 읽는 것은 재미있기까지 하다. 인도 갈 때 불자들은 모름지기 세 번 읽고 가야 할 것이고, 옷 하나는 빼고 가더라도 이 책만은 반드시 휴대해야 할 것이다.

전 대한불교조계종 교육원장
여천무비 합장

옛과 중간과 지금이 하나로 어우러지니

자세한 것은 쉽고, 복잡한 것은 간단하고, 평범한 것은 그 이면을 드러내 주고, 옛과 중간과 지금이 하나로 어우러지니 참선 정진으로 단련된 밝은 눈이 아니면 불가한 일이다. 부처님의 발자국을 따라가는 곳마다 관찰력이 짚고 넘어가야 할 곳을 구석구석 빠짐없이 긁어주지 않는 데가 없으니 참으로 시원하고 또 시원하다. 산치 대탑의 탑문 부조를 모조리 이름 붙이고 그림 그려 설명하고 수백 년 후의 아잔타의 벽화들과 비교한 것은 과연 이것을 어떻게 할 수 있었을까 하는 경탄이 저절로 나온다.

금정총림 범어사 수좌
인각 합장

여행 내내 마음이 자라는 것을 느끼면서

꿈 속에서 그렸던 마음의 고향에 다녀오듯이 부처님의 성지를 참배하는 모습에서 각전 스님이 얼마나 큰 가르침을 그리워했는지를 알 것 같습니다. 몇 번을 다녀 보지 않고서도 편안하게 글을 쓴 것을 보면 아마도 전생의 일이 아닐까 생각합니다.

이 글을 읽는 분들께서 성지참배를 보다 쉽고 힘들이지 않고 순례를 할 수 있도록 정리하였고, 스님 스스로도 여행 내내 마음이 자라는 것을 느끼면서 좋은 시간을 보낸 것 같아 편안하게 읽었습니다. 많은 이들에게 꼭 권해서 순례에 큰 도움이 되었으면 합니다.

안국선원장
수불 합장

| 산치 대탑 북문 약사 입상 |

부처님을 찬탄하고 공경하며

부처님께서 4대 성지聖地에 대해 믿음 있는 사람들이 친견(親見, dassanīyāni, 직접 가서 볼 가치가 있고, 가서 보아야 하는)해야 할 장소로 직접 언급하셨고, 친견하면 내생來生에 천상에 태어난다는 말씀을 하셨습니다.

> 아난다Ānanda여, 믿음을 가진 선남자가 친견해야 하고
> 절박함을 일으켜야 하는 네 가지 장소가 있다.
> 어떤 것이 넷인가?
> '여기에서 여래께서 태어나셨다.'
> —아난다여, 이곳이 믿음을 가진 선남자가 친견해야 하고
> 절박함을 일으켜야 하는 장소이다.
> '여기서 여래께서 위없는 정등각을 깨달으셨다.'
> —이곳이 믿음을 가진 선남자가 친견해야 하고

절박함을 일으켜야 하는 장소이다.

'여기서 여래께서 위없는 법의 바퀴를 굴리셨다.'

—이곳이 믿음을 가진 선남자가 친견해야 하고

절박함을 일으켜야 하는 장소이다.

'여기서 여래께서 무여열반의 요소로 반열반般涅槃(parinirvāṇa)하셨다.'

—이곳이 믿음을 가진 선남자가 친견해야 하고

절박함을 일으켜야 하는 장소이다.

아난다여,

이것이 믿음을 가진 선남자가 친견해야 하고

절박함을 일으켜야 하는 네 가지 장소이다.

아난다여,

'여기서 여래가 태어나셨다.

여기서 여래가 위없는 정등각을 깨달으셨다.

여기서 여래가 위없는 법의 바퀴를 굴리셨다.

여기서 여래가 무여열반의 요소로 반열반하셨다.'

믿음을 가진 비구들과 비구니들과 청신사들과 청신녀들이

이곳을 방문할 것이다.

아난다여,

누구든 이러한 성지순례를 떠나는

청정한 믿음을 가진 자들은

모두 몸이 무너져 죽은 뒤 좋은 곳,

천상세계에 태어날 것이다. *

---

* 《대반열반경》

그러나 부처님께서는 이러한 성스러운 장소에 대해서 단지 성스럽기 때문에 친견할 장소가 아니라 절박함을 일으켜야 하는 장소로 제시하고 있습니다.

생에 생을 거듭하면서 마음과 몸에 내려앉아 잘 지워지지도 않는 많은 때와 스스로 만든 온갖 정신적 굴레, 유정有情과 무정無情을 포함한 모든 타자他者와의 관계에서 오는 여러 가지 갈등으로, 우리의 삶은 순간적 즐거움의 끝에 길기만한 고단한 시간의 연속입니다. 실존 자체가 어리석음과 어둠, 그리고 고통 속에 잠겨 있는 것입니다. 그리고 곧 죽음이라는 종결입니다.

여기에서 벗어나는 것, 온갖 고苦를 떨치고자 일어서는 것, 그리하여 수행자로서 거듭나는 것, 마침내 해탈하는 것, 그리하여 자신이 가진 본래의 존귀함을 찾고 확립하는 것, 이것이 삶의 제1 과제이자 핵심이라고 마음을 일으키는 것이 선결 과제이자 최우선 과제입니다. 왜냐하면 우리는 본래 존귀한 존재이기 때문입니다. 이것이 부처님께서 이 땅에 오시자마자 "천상천하天上天下 유아독존唯我獨尊"이라고 선포한 바로 그 진리입니다. 이것이 부처님께서 말씀하신 절박함의 의미입니다. 어찌 절박하지 않을 수 있겠습니까?

⬤

여행은 대화인 듯합니다. 여행은 낯선 환경, 낯선 거리, 낯선 시간, 낯선 사람들과의 대화! 낯선 존재들은 나를 낯선 곳으로 데려가고 나도 모르는 사이에 낯선 만남의 과정에서 스스로 역시 낯선 사람으로 변해갑니다. 그래서 여행은 즐겁고 환희롭습니다.

순례는 더욱 이러한 성격이 강화되는 것 같습니다. 순례지의 유적 그 자체, 옛 선인들의 자취, 세월이 남긴 색채의 변이, 공기의 맛과 분위기, 그곳에서 만난 사람들이 풍기는 인상들이 내게 말을 걸어옵니다. 내가 어떤 생각을 떠올리는 것 같지만 사실은 대상들이 내게 전하는 말들이라 봅니다.

여행은 친구와 같습니다. 내게 말을 걸어오는 모든 존재들이 새로운 친구가 되어 줍니다. 그 친구는 나를 낯선 곳으로 데려가 나의 삶의 지평을 개척하고 넓혀 줍니다. 성지순례에서 만나게 되는 새로운 친구들에는 부처님과 그 위대한 제자들이 포함되어 있으니 더 말할 것이 없을 것입니다. 우리는 그분들의 발자국을 다시 밟고, 그분들이 숨 쉬던 공기를 다시 들이마십니다. 큰 것에서 작은 것에 이르기까지, 위대한 것에서 사소한 것에 이르기까지 시간의 흐름까지 농축시켜 다시 몸으로 느끼고 마음으로 어루만져 봅니다.

◉

이 모든 친구들이 전하는 이야기들에 저도 대답을 해 봅니다. 이 문답을 읽을 독자들을 생각하며, 그들에게 전해지게 될 대화를 생각하며, 이 문답이 긴 시간과 넓은 공간을 한꺼번에 움켜쥐고 있는 현장감을 더하기 위해 자세한 내용들을 첨언합니다.

해독자의 도움 없이는 알 수 없는 한문, 새롭게 서양의 알파벳들의 나열들로 이루어진 경전들, 뛰어넘기 어려운 2,500여 년의 시간들, 지금은 황폐해져 흩어진 벽돌들의 단순한 모음일 뿐인 성지의 현장들.

여행이 내게 해 줄 이야기들에 생기生氣를 불어넣고, 쌓여 있는 벽돌들의 군집群集에 새로운 현장감을 부여하는 일, 부처님과 그 제자들의 과거 활동의 아련한 모습들에 그 시대로 타임머신을 타고 날아가 그 자리에 함께 있는 듯 지금 이 자리에서 살아 숨 쉬게 하고, 그리하여 매양 흐트러져 다시 다잡아야 하는 우리네 신심에 확신의 폭포수를 붓고, 깨침을 향해 가는 길에 끊임없는 돌진의 동력을 배가시키는 것, 이것이 이 책을 쓰는 데 가장 고려된 사항입니다.

이 문제를 해결하는 돌파구는 바로 아잔타-엘로라 석굴과 산치 대탑에 그려진 다양한 벽화와 부조에 들어 있는 부처님 일대기와 본생담이었습니다. 벽화의 오래된 색채들과 돌 부조의 패이고 드러난 요철들은 2,500여 년 전 과거라는 시간의 범위를 벗어나고, 책 속에 갇힌 활자들의 틀을 깨고, 그러한 작품들을 남긴 화공과 장인들의 신심과 예술혼을 느끼게 하고, 멀리 그곳을 찾아간 우리 순례객들의 마음에 접목되어, 작품 속 등장인물들의 삶이 우리의 현대적 삶 안으로 비집고 들어옵니다.

이러한 내용들이 초전법륜지인 사르나트로부터 시작되어 나머지 성지 순례에서 그 이야기들이 발생했던 현장을 방문하고 그것들이 남긴 유적들을 만남으로써 이번 순례가 주는 대화의 밀도는 더욱 깊어지게 됩니다. 또한 5세기 초의 법현 스님, 7세기 중엽의 현장 스님, 7세기 후반의 의정 스님, 8세기 초의 혜초 스님의 여행기들을 충분히 인용함으로써 1,600여 년 전~1,300여 년 전의 모습을 기록한 스님들의 감흥을 공감할 수 있게 하였습니다. 더욱이 카트만두에서 예기치 않게 부처님 살아 계실 때 멸망한 석가(샤카)족들과 만나게 된 것은 부처님 전생담과 일대기로 시작한 대화가 제행무상諸行無常이라는 깊은 의미를 스스로 드러내게 하였습니다. 이보다 더한 대미의 장식은 여행길에서 쉽게 만날 수 있는 것이 아닐 것입니다.

광대한 인도 대륙의 데칸 고원 서쪽에서 갠지스강의 동쪽을 거쳐 히말라야에 이르기까지, 넓은 지역을 다니면서 만난 인도의 자연과 환경 그리고 사람들의 모습은 내게 말을 걸어 주는 주요한 등장인물들이었습니다. 하늘과 땅과 공기와 유적들이 영원함과 무상함을 동시에 뿜어내듯, 그곳에 선인들을 대신해서 현재를 살아가고 있는 사람들 역시 어떤 식으로든 그 옛 사람들을 조금이나마 드러낼지도 모릅니다. 그리고 현재의 그 사람들 그 자체로서 충분한 뭔가를 보여 주고 있습니다. 거기에서 만난 아이들의 순수함, 어른들의 순박함 그리고 순백의 거대한 자연은 옛 선인들의 깨달음의 세계로 걸어 들어가는 진입로가 되어 줍니다.

부디 이 책을 읽음으로써 믿음이 없는 자는 믿음이 생겨나고, 믿음이 있는 자는 확신을 얻으며, 안개에 가린 듯한 불교의 옛 이야기들이 살아나오고, 분명分明한 인식이 조금이라도 생겨난다면 필자의 작은 바램은 이루어지는 것입니다.

◉

인도 성지순례를 함께 다녀온 모든 분들께 감사드립니다. 순례에 동참한 모든 분들께서 순례기간 내내 새벽정진으로 일관함으로써, 성지순례를 원만 회향하였을 뿐만 아니라 개개인으로서도 큰 보람이 있었을 것입니다. 부족한 잠과 바쁜 일정, 장거리 이동의 와중에서, 순례 일정의 후반부로 갈수록 보여 준 더욱 활기찬 모습들은 오랫동안 기억에 남을 성지순례의 공덕이 아닐 수 없습니다.

여행사 사장님, 그리고 현지 가이드들에게도 감사를 드립니다. 순례에 동행한 모든 분들의 일거수일투족이 모두 불법에 생명력을 더하지 않은 것이 없었습니다.

2012년 처음으로 인도 성지순례를 권해 주시고 함께 갈 수 있도록 도와주신 당시 직지사 선원장 황노 스님께 감사드립니다. 특히 순례 도중 가지고 갔던 카메라가 망가져서 쓸 수 없게 되었을 때 자신의 카메라 바디를 빌려준 윤도연 님에게 특별한 감사의 말씀을 전합니다. 함께했던 직지사 선원 대중스님들과 불자님들에게도 감사드립니다. 그때의 추억이 이 순례기에 많은 기여를 하였습니다.

이 책의 출간에 도움을 주신 분들이 많습니다. 먼저 출가하여 모시게 된 은사 대정 큰스님께 감사드립니다. 90세가 되신 은사스님께서는 정진으로 일관하시어 이제 몸은 노쇠하나 정신은 반짝반짝 빛날 것이니 존경하지 않을 수 없습니다. 이 책의 권문을 써 주시고 책이 출간되도록 애써 주신 불국사 승가대학 학장 덕민 큰스님께 감사드립니다. 학장스님께서는 범어사 강원 때부터 줄곧 필자를 지도하여 주셨고 그 이후로 항상 정신적 의지처가 되어 주셨습니다. 학장스님의 사랑과 은혜에 보다 전문적인 불서의 저술로써 보답할 것을 다짐해 봅니다. 내용을 충실히 하는 데 도움을 주신 동화사 한문불전승가대학원장 용학 스님께 감사드립니다. 용학 스님은 범어사 강원 시절 필자를 지도해 주셨습니다.

정진 대중들의 법의 눈을 열어 주시려 애쓰시는 범어사 방장 지유 큰스님께 깊은 감사를 드립니다. 필자도 큰 도움을 받았습니다. 서평을 써 주신 전 교육원장 무비 큰스님, 금정총림 범어사 수좌 인각 큰스님, 안국선원장 수불 큰스님께 감사드립니다. 스님들께서는 부족한 필자가 정진의 길을 꾸준히 갈 수 있도록 변함없는 무언無言의 버팀목이 되어 주셨습니다. 책이 출판되도록 애써 주신 동화사 유나 지환 큰스님께 감사드립니다. 범어사 주지 경선 큰스님과 눈동자가 맑은 석공 큰스님을 비롯한 대덕스님들과 모든 스님들께도 감사드립니다.

2009년 해인사에서 대장경천년축전을 준비하면서, 또 해인지 편집장을 맡았을 때 만났던 많은 분들에게 감사드립니다. 그때의 경험과 만남이 문화재에 대한 관심과 안목을 갖는 데에 도움이 되었습니다.

윤문과 교열, 한문과 원어 넣기 등 여러 작업을 꼼꼼하게 해 준 동국대 박사 도문 스님, 바쁜 와중에 교정을 봐 준 조천래 님께 감사드립니다. 제따와나 선원의 선원장 일묵 스님, 주역 연구가로서 동양의 지혜를 널리 알리고 계신 김계유 님, 여러 모로 필자를 성심껏 지원해 주신 자성화 이숙희 보살님 등 여러 분들께서 책을 출판하도록 많은 독려를 해 주셨습니다. 그 모든 분들께 고마움의 말씀을 전합니다. 사전에 이 글을 읽고 사진들을 봐주고 출간을 격려해 준 여러 스님들과 불자님들에게도 감사드립니다. 마지막으로 부모님께 감사드립니다.

무엇보다도 민족사 출판사에 감사드립니다. 윤창화 사장님, 사기순 주간님에게 특히 고맙고, 애써주신 모든 직원들에게 감사드립니다. 글의 성격이 다양하고 사진이 많아 편집이 쉽지 않았을 텐데 훌륭한 책을 만들어 주어 감사하기 이를 데 없습니다.

모든 존재들이 부처님의 품 안에서 항상 평안하기를 바라면서, 여래의 진실한 뜻을 알고자 하는 한 사문이 쓰다.

2020년 11월 말
지리산 삼신봉 자락에서 각전

아난다여 —

누구든 성지순례를 떠나는

청정한 믿음을 가진 자들은

모두 몸이 무너져 죽은 뒤 좋은 곳,

천상세계에 태어날 것이다.

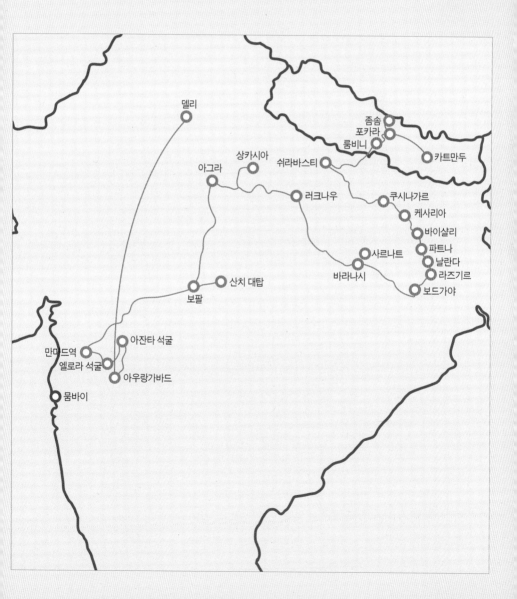

델리

좀솜
포카라
룸비니
카트만두

상카시아
쉬라바스티
쿠시나가르
케사리아
바이샬리
파트나
날란다
라즈기르
보드가야

아그라
러크나우
사르나트
바라나시

산치 대탑
보팔

아잔타 석굴
만마드역
엘로라 석굴
아우랑가바드
뭄바이

일러두기

1. 아잔타-엘로라 석굴과 산치 대탑은 불교 예술 건축이 밀집한 곳이므로 불교 용어에 낯선 분들은 제일 나중에 읽을 것을 권한다.
2. 인명과 지명은 산스크리트어를 기준으로 하되 구글 지도 등에서 검색하기 용이한 것도 고려하였다.
3. 산스크리트어와 팔리어 발음의 한글표기는 국제공용사전의 발음표기에 따랐다. 즉 k, p, t 등의 발음은 격음, v는 ㅂ으로 표기하였다.
4. 원어는 참조할 수 있도록 병기해 두었다. 원어의 경우 팔리어인 경우도 많다.
5. 본서에 기록된 도시 간의 거리(km)는 구글 지도상에서 자동차 도로로 측정한 것이다.

차례

아침 햇살에 연꽃잎 벌어지듯
신심이 피어나다

제1장 | 인도 종교의 결집지 델리

적멸의 세계로 떠났으되
사바에 그대로 계신 부처님

제2장 | 경이로움의 아잔타 석굴

여러 가지 꽃들이 모여
아름다운 화단을 만들고

제3장 | 세 종교가 공존하는 엘로라 석굴

천상과 신들의 수호 속에서
풍요로운 생명력이 솟아나고

제4장 | 아름다운 탑문 부조의 산치 대탑

인도의 문화적 자긍심은
문화적 독자성을 위한 원동력

제5장 | 마지막 왕조의 옛 도읍 아그라

최초의 사자후!
비구들이여, 두 가지 극단을 버려라

제6장 | 최초 설법 사르나트와 갠지스강

모든 분별이 소멸하는 곳에서
깨달음의 세계로 들다

제7장 | 깨달음의 보드가야

부처님의 법이 이어져
다시 나에게로 연결되니

제8장 | 법륜이 구르는 라즈기르

청결과 신심, 베풂과 자애로
전염병을 극복하다

제9장 | 최초의 여성 출가지 바이샬리

방일하지 말고
해야 할 바를 모두 성취하라

제10장 | 열반의 땅 쿠시나가르

무릇 있는 바 모든 상은 허망한 것이니
어떤 것에도 머물지 말라

제11장 | 금강경 설법처 쉬라바스티

하늘 위 하늘 아래
나 홀로 존귀하도다

제12장 | 탄생의 룸비니

순백의 거대한
자연이 주는 정화의 힘

제13장 | 네팔의 불교문화유산

| 델리 공항의 수인 |

제1장
인도 종교의 결집지 델리

아침 햇살에 연꽃잎 벌어지듯
신심이 피어나다

다른 문화·낯선 거리를 마주하다

인도 하면 소와 릭샤가 어우러진 중앙선 없는 차도, 희뿌연 먼지와 시끄러운 클랙슨 소리, 그리 깨끗해 보이지 않는 갠지스강에서의 목욕과 화장 등이 우리의 머리를 먼저 자극시킨다. 이러한 사회가 인류 역사상 가장 많은 성인들을 배출한 나라, 고대문명과 불교의 발상지이자 가장 종교적인 나라, 많은 국민(인구 13억 5천)과 넓은 국토만큼이나 유서 깊은, 그러나 역사 기록이 부족한 경전 암송의 나라, 코카콜라와 할리우드 영화가 진입하지 못하는 고유한 문화의 나라, 핵무기와 세계 최강의 IT산업을 보유하고 있으면서도 동시에 현대화되지 않은 전통사회를 아직 유지하는 나라이다. 전통과 현대가 뒤섞여 조화롭기도 하고 혼란스럽기도 한 인도의 이러한 다양성이 현대인들을 끌어당기는 매력이 아닐까 한다.

인도는 무엇보다 부처님께서 살다 가신 나라이다. 이것 하나만으로도 불자들에게 인도는 로망이다. 부처님의 제자로서 부처님 성지를 순례한다는 것은 어찌 보면 당연한 일이자 가장 경험하고 싶은 일이다. 아무리 책에서 읽고 다른 이들로부터 듣는다고 하더라도 어찌 직접 체험을 대신할 것인가?

4대 성지의 참배는 부처님께서도 직접 말씀하신 이래 유구한 불교의 역사 속에서 면면히 이어져 내려왔다. 4세기 중국의 구법승求法僧인 법현 法顯 스님도 자신의 순례기인《불국기佛國記》에서 "여래께서 열반하신 이후로도 4대탑이 있는 곳은 서로 전해져 끊이지 않는다. 4대탑이란 여래께서 탄생하신 곳, 득도하신 곳, 법륜을 굴리신 곳, 열반하신 곳이다"라고 쓰고 있다.

이번 성지순례는 좀 더 특별한 일정이다. 이번 순례의 시작인 델리에서 종착역인 카트만두까지의 총 순례 여정은 약 5,200km이다. 통상적인 인도·네팔 불교 성지순례인 7대 혹은 8대 성지순례에 참배하기 쉽지 않은 아잔타-엘로라 석굴과 산치 대탑을 일정에 넣었고, 7대 성지순례 중에는 전정각산前正覺山과 칠엽굴七葉窟을 빠뜨리지 않았으며, 히말라야의 안나푸르나 뒤쪽 히말라야 산중의 공항마을로 유명한 좀솜 마을 방문을 일정에 넣은 것이다.

이런저런 생각으로 들뜬 기분에 짐 챙기는 핑계로 새벽이 되도록 잠을 제대로 이룰 수 없었다. 잠시 눈을 붙이고 일어나 약속 장소에 나갔다. 부산에서 인천공항까지 우리를 실어다 줄 전세 버스를 타고 인천공항에 도착하니 오전 10시. 오후 1시 50분 인도항공 비행기에 출발 30분전 탑승 완료했다. 제일 나중에 탑승해 비행기 안을 둘러보니 모두들 제자리에 모범적으로 앉아 있다. 내 좌석은 일행과 떨어진 곳에 자리했다. 우리 일행 중 한 분이 준 건포도를 옆자리 중국 젊은이에게도 주고, 중년으로 보이는 인도인 남자 승무원에게도 드렸는데 반응이 좋다. 중국 젊은이들은 맛있다고 하면서 내릴 때 인사까지 했고, 인도인 승무원은 내게 뭔가를 더 주지 못해 안달이다. 홍콩에서 기내 대기를 2시간 하고 델리에 도착하니 뿌연 공기가 2년 전 그대로다. 날씨는 꽤 쌀쌀하다. 홍콩에서 델리까지 4,244km를 날아서 해발 223m, 섭씨 18도(도착 당시 밤 온도)의 델리에 도착했다.

인도 현지 가이드가 공항에서 우리를 맞이하는데 서울대 출신이라니, 한국이 세계화되었다는 생각이 든다. 자기에게 묻는 것을 좋아하며 인도를 널리 알리고 싶다고 한다. 총명하고 성격도 괜찮아 보인다. 알고 보니 서울대 어학원에서 어학 연수를 6개월 했으며, 사회학과에 진학하고 싶었지만 뜻을 이루지 못했다고 한다. 이름이 스미트인데 한국식으로 수미라고 불러달라고 한다. 이후 수미 씨로 통했다. 호텔에 오니 밤 12시가 다 되어 간다.

본격적 여행의 막이 오른 첫 날은 전체 여행 일정 중에서도 가장 피곤한 날이다. 시차, 날씨, 물, 토질, 다른 생김새의 사람들, 알아들을 수 없는 말들, 다른 문화, 다른 질서, 낯선 거리와 건물 등에 적응하는 시간이 필요하기 때문이다. 이 날은 누구나 할 것 없이 고달픈 하루였으리라.

불교 경전 상의 델리 — 쿠루

델리에 대해 불교 경전에서는 그 시대 사람들 모습을 자세히 전하고 있다. 델리는 쿠루Kuru에 속하였다고 한다. 쿠루는 고대 인도 16국 중 하나로 이 지역에 살던 왕자의 이름을 따서 쿠루라 불렀다고 한다. 지역으로 언급할 때는 거의 쿠루판찰라Kuru-Pancala로 나타나는데, 지금의 델리, 하랴나, 펀자브, 히마찰쁘라데쉬 지역이 쿠루판찰라에 해당한다. 자타카 Jātaka(本生經) 등에 의하면, 이 지역은 상업과 학문이 번창하던 곳이다. 부처님께서는 쿠루 지방에서 《대인연경大因緣經》, 《대념처경》 등을 설하셨다. 두 경전의 첫 부분은 다음과 같이 시작한다.

이와 같이 나는 들었다.
한때 세존께서는 쿠루에서
깜마사담마라는 쿠루들의 성읍에 머무셨다.

《대념처경》 주석서는 쿠루 지방에서 위의 두 경전을 설한 이유를 쿠루 지방 주민들*이 심오한 가르침을 이해하는 능력을 갖추었기 때문으로 설명한다. 쿠루 지방의 비구와 비구니, 청신사淸信士와 청신녀淸信女들은 아주 좋은 기후 등의 조건을 갖추어 살고 있었다고 한다. 적당한 기후조건 등으로 인해 그곳 사람들은 몸과 마음이 항상 건전했으며, 통찰지通察智의 힘을 갖추었기 때문에 심오한 법문을 파악할 능력이 있었다. 세존께서는 그들이 심오한 법문을 파악할 능력을 가졌음을 보시고, 아라한과를 얻는 것에 대해서 21가지로 명상 주제를 담아 이 심오한 법문인《대념처경》을 설하셨던 것이다.** 이렇듯 델리는 부처님께서 가장 난해한 경전을 설하신 곳이다.

불교 경전에서도 이토록 중요한 도시인 델리는 인도의 대서사시인 마하바라타의 배경이 된 곳이기도 하다. 갠지스강 지류인 야무나강의 서쪽 기슭에 있으며, 인더스강 유역 편잡 지방과 갠지스강 유역과의 교통의 중심지여서 고대부터 이 지방의 정치·문화·경제의 중심을 이루었다. 뿐만 아니라 아소카왕 이후 가장 넓은 지역을 차지한 이슬람 무굴 제국

---

* 쿠루족은 인도의 대서사시인 마하바라타에 등장하는 바라타족이 전쟁에서 승리한 후 푸루족과 연대하여 생겨난 종족이다. 인더스문명을 정복하고 인도로 진입한 인도아리안 종족의 주류를 형성한 종족이다. 현대 인도의 공식명칭은 힌디어로는 바라트Bharat이며, 영어로는 인도공화국(Republic of India)이라고 한다.

** 각묵 스님, 2006.

(1526~1857)의 수도로서 300여 년간 번성하였으며, 다시 1912년 콜카타를 대신해 영국령 인도 전체의 수도로 정해진 이래 100년간 더욱 발전했으니, 총 400여 년간 인도의 중심지였다.

델리는 올드델리와 뉴델리로 이루어져 있다. 인구는 1,900만여 명(2018년)이며, 인구의 90%가 올드델리에 산다.* 1931년 이래 남쪽 교외에 새로운 도시 뉴델리가 건설되었다. 올드델리는 고대 이래 7차례나 다시 건설되었다. 현재의 올드델리는 1638년 무굴 제국의 샤 자한 황제가 건설한 것으로서 샤자하나바드라는 별칭이 있다.

종교의 결집지 — 델리

고대의 중심 도시**로서, 그리고 무굴 제국과 영국령 하에서 수도로서 발전을 거듭한 델리는 인도 대륙이 힌두화한 지금도 신흥 종교가 뻗어나가는 중요 거점인 듯하다. 혹자는 델리를 '힌두의 신으로 가득 찬 나라, 인도에 수많은 종교들이 들어가 제 목소리를 내는 도시'라고 표현했다. 현재 인도에서는 힌두교 외에도 이슬람, 불교, 시크교, 자이나교, 바하이교 등 다양한 종교가 성행하고 있지만, 힌두교와 이슬람이 주류이자 두 종교 간의 갈등이 가장 큰 사회문제이기도 하다.

---

* 인근 주의 델리 위성도시를 모두 포함한 NCR(델리광역수도권)은 5,200만 명이다.

** 델리에 있는 다양한 종교 사원을 예로 들어보자. 백 명 이상의 조각가들이 참여했다는, 사원 전체에 힌두신화의 장면들이 조각되어 있는 락슈미 나라얀 사원(1938년 완공), 인도 최대 이슬람 사원인 자마마스지드(1658년 완공), 티베트 불교 수호의 상징인 티베트 하우스, 모든 가죽 제품을 내려놓아야 입장이 가능한 디감바 자이나교 사원, 시크교도들의 성전인 구루두와라 방글라 사힙, 방문자들이 제각각의 신들에게 기도를 올릴 수 있는 의자만 비치되어 있다는 연꽃 봉오리 모양(지름 70m, 높이 34.27m)의 바하이 사원(바하이교), 신격화된 철학자 간디 슴리티(1948년 암살 때 머물던 후원자 비를라의 저택) 등이 있다.

시간적으로 인도의 역사를 보면, 고대 천년 이상(B.C.E. 6세기~C.E. 5세기)*을 불교가 번성한 뒤에, 불교와의 병존·경쟁·흡수를 거치면서 힌두교의 국교화(C.E. 5~11세기의 700년 간)가 이루어진 이후, 이슬람 시대(12~18세기의 700년 간)로, 다시 영국 기독교의 지배**(100년 간)를 겪으면서 수백 년에 걸친 오랜 세월 동안 힌두교를 신봉해 왔다.

불교와의 공존, 불교 교리의 흡수를 통한 발전에 성공했던 힌두교가 이슬람교와는 잘 화합하지 못하고 있다. 힌두교와 이슬람의 대립은 결국 영국 식민지 시대를 거치면서 인도를 3개의 국가로 분리시켰다. 영국 지배를 틈타 인도 이슬람교도들이 분리 독립을 추구하여 인도 독립과 더불어 파키스탄을 건국했고, 파키스탄은 다시 동서로 분리되었다. 일생을 바쳐 인도의 분리를 온몸으로 막으려 했던 마하트마 간디는 결국 암살되었다.*** 파키스탄과 인도의 영토 분쟁, 파키스탄으로 이주하지 않은 인도 이슬람교도들과 힌두교도들과의 분쟁이 지금까지도 인도에서 갈등의 요소로 자리 잡고 있다.

흥미로운 것은 불교 유적지 중에 이슬람교의 세력이 강한 곳이 많다는 점이다. 대표적인 곳이 인도로부터 분리 독립한 파키스탄과 방글라데시이다. 파키스탄은 간다라 미술이 번창했던 곳이며, 방글라데시가 위치한 벵골 지역 역시 인도의 마지막 불교 왕조인 팔라 왕국(C.E. 750~1174)이 있었던 곳으로 전통적으로 불교가 성했던 곳이다. 인도 내의 지역으로는 아잔타와 엘로라 석굴이 있는 아우랑가바드, 산치 대탑으로 유명

---

* B.C.E(Before Common Era)는 Before Christ(예수 탄생 전)의 준말인 B.C.를 대신하며, C.E.(Common Era)는 Anno Domini(주님의 해)를 의미하는 A.D.를 대신하는 종교 중립적 표현이다.

** 동인도회사의 식민지배로부터 계산하면 거의 200년에 가깝다.

*** 힌두교가 다신교, 쇠고기 금지, 개방적 성문화라면 이슬람은 일신교, 돼지고기 금지, 엄격한 성문화라는 점에서 대조적이다. 두 종교의 충돌을 쇠고기 금지와 돼지고기 금지라는 식습관의 차이에서 찾는 견해도 있어 흥미를 끈다.

한 보팔, 부처님의 탄생지 룸비니 등이다. 이곳의 이슬람교도는 인구의 40%를 넘어선다고 한다.

종교학적 관점에서 본다면, 이슬람을 신봉하던 이민족의 침입이 불교가 번성하던 곳을 중심으로 이루어졌다는 것은 인도 대륙에서 힌두교가 커버하지 못하는 영역이 있고, 이러한 영역을 불교를 대신해 이슬람교가 수행하고 있는지도 모를 일이다. 일본인 학자 호사카 순지는 이러한 견해를 인도에서의 불교 소멸에 관한 글에서 보이고 있다.*

첫날 묵은 호텔은 델리의 컨트리 앤 슈츠(Country & Suites) 호텔이다. 순례 일정 중에 들르는 호텔들이 대부분 그렇듯 밤늦게 도착해서 아침 먹고 나오게 된다. 그래서 호텔을 짬날 때 둘러보게 된다. 아침 공양을 간단히 죽 종류로 때우고 2층으로 가보니 야외 풀장이 있었다. 풀장으로 나가는 복도 한 켠 공간에 러닝머신도 2~3대 놓여 있고, 연세가 들어 보이는 한 백인 남자가 아침 운동 중이었다. 수영장을 둘러보는데 그곳을 관리하는 흑인남자 트레이너가 청소를 하다가 내게 러닝머신을 타라고 권한다. 졸지에 나도 아침 운동을 간단히 하고는 사인을 해 줬다.

인도의 수도―델리

아침 8시 20분부터 시작된 델리 관광은 전통적인 유적지나 명소**와는 달리, 인도 대통령궁, 인디아 게이트, 간디 화장터, 델리 박물관의 불사리

---

* 호사카 순지, 2008.

** 델리의 주요한 유적지나 명소로는 빨간 사암砂巖으로 쌓은 랄키라 성(샤 자한 황제 축성), 그 안에 있는 여러 궁전과 다와니이하스트 궁전(보석벽과 대리석 기둥으로 유명), 세포이 반란의 기념탑, 인도 전통 도시의 특색을 볼 수 있는 찬도니 초크 거리(구시가지의 제일 번화가), 뉴델리의 고급 쇼핑가 코너트 광장, 델리대학, 자와하를랄 네루대학 등이 있다.

佛舍利 친견 후, 비행기로 아우랑가바드로 날아가 미니타지마할 관광으로 이어져 오후 8시 10분의 저녁 공양으로 매듭지어졌다. 대통령궁은 차창 밖으로만 구경했고, 간디 화장터는 일정에 없던 것으로 여행사 사장님이 불시에 넣은 것이다. 대통령궁을 보고 있노라니, 인류 최고의 신상神像으로 찬탄 받는 굽타 왕조 시대의 입불상立佛像이 저 건물 어딘가에 모셔져 있을 것이라는 생각이 떠올랐다.

인도 불상은 마투라 미술과 간다라 미술이라는 두 가지 흐름으로 시작해서, C.E. 5세기 굽타 왕조 시대에 이르러 양자의 통합으로 예술의 정점에 이르렀다. 그 시대에 조성된 뛰어난 불상 조각품들 중에서도 잘 조성되고 보존상태도 좋은 불상이 인도 대통령궁에 모셔져 있다. 지역적으로는 마투라에서 정점(4~5세기)에 이른 굽타 미술은 그 후 사르나트로 이동하면서, 마투라와는 또 다른 독특한 사르나트 시대(5~7세기)를 열었다.*
그 시대의 불상 중 많은 이들에게 감명을 주는 불좌상佛座像인 전법륜상轉法輪像이 사르나트 박물관에 모셔져 있는데, 우리는 며칠 후 녹야원으로 가는 길에 친견할 예정이다.

인디아 게이트

대통령궁 주변을 버스로 한 바퀴 돌고 인디아 게이트에서 내렸다. 인디아 게이트는 인도 정치의 심장부라고 하는 비자이 초크에서 동서로 뻗어 있는 라지파트 거리 동쪽 끝에 있다. 1차 세계대전에서 영국을 위해 싸우다가 죽은 인도 병사의 넋을 기리는 기념물이다. 높이 42m의 아치에 9만여 명의 장병 이름이 새겨져 있다. 1931년 완성되었으며, 1972년에는 인도 독립 25주년을 기하여 불멸不滅의 불이 점화되었다.

---

* 최완수, 1984.

| 인디아 게이트 |

　인디아 게이트의 벽에 새긴 전사자 이름들…. 3년 전 미국 배낭여행 때 들렀던 하버드대학의 한 큰 건물 실내 벽에 하버드대학 출신으로서 참전했다 전사한 명단이 새겨져 있는 것을 본 적이 있었다. 영국 사람들은 인도에서도 자기네를 위해 목숨을 희생한 인도인 전사자들을 동일한 방법으로 추모하고 있었다. 그러나 이러한 영국의 처사에 대해, 인도인 현지 가이드는 인도인들은 좋아하지 않는다는 속내를 결국은 참지 못하고 순간 터뜨렸다. 과거의 희생이 현재의 어떤 보상으로도 쉽지 않은 일이리라. 그러나 과거에 머물러 거기에 집착하고 있는 것도 어리석은 일이다.

간디 묘소

　인도인의 속내! 그것이 간디일까? 우리는 전사한 인도인들을 뒤로 하고, 1893년 20대 중반의 젊은 나이에 남아프리카공화국의 일등칸 열차 객실에서 쫓겨남으로써, 훗날 오히려 인도의 영웅이 된 간디의 화장터로

| 간디 묘소 |

갔다. 여기서 간디가 한 말을 한번 생각해 보자.

무살생·비폭력은 가장 위대한 사랑이며 최상의 법칙이다. 이것만이
인류를 구하는 유일한 길이다.

진리는 신이다. 신을 발견하는 길은 비폭력이다. 분노와 두려움과 거짓
을 버려야 한다. 당신 자신을 버려야 한다. 정신이 정화되면 당신은 힘
을 갖게 된다. 그것은 당신 자신의 힘이 아니다. 그것은 신의 힘이다.

화장은 인도 풍습으로, 인도에서는 물이 있는 곳에서만 화장을 한다
고 한다. 하지만 간디의 화장터는 델리 시내에 있는데, 간디의 죽음을 애
도하는 사람들이 너무 많아 간디를 강변으로 옮길 수가 없어서 시신을
옮기는 대신 이곳까지 물을 끌어왔다고 한다. 20세기의 시작에서 인도인

들의 정신에, 그리고 세계인들의 정신에 가장 큰 영향을 준 사람들 중 한 분인 간디, 그의 사상이 움튼 것이 영국 식민지하 인도였고, 세기말과 21세기의 시작에서 티베트인들과 세계인들의 정신에 가장 많은 울림을 주고 있는 달라이 라마 역시 중국에게 나라를 빼앗긴 데서 그의 새로운 삶과 사상이 시작된 것이니, 비폭력 평화라는 사상뿐만 아니라 두 분의 인생 역정이 닮은 데가 있다.

1959년 3월 31일 소를 타고 티베트 국경을 넘어 인도로 망명한 달라이 라마가 비폭력 투쟁을 결심한 곳이 이곳 간디 화장터라고 한다. 간디의 비폭력 투쟁은 우리의 3·1운동에 영향을 받은 면도 있다 하니 역사의 순환은 끝이 없는 듯하다.

델리 박물관의 부처님 진신사리

델리 마지막 일정인 델리 박물관은 인더스 문명의 발상지로 인정받고 있는 모헨조다로의 유적 전시를 위해 많은 공간을 할애해 놓고 있었다. B.C.E. 3000년까지 거슬러 올라가는 모헨조다로의 유물 중에서도 특히 춤추는 소녀상이 눈에 띈다. 청동으로 만들어진 이 소녀상은 옷을 입지 않고 장신구만 걸친 것으로 유적연구가들에 의해 조사되고 있다. B.C.E. 3000년경까지 연대가 올라가는 이 유물은 그 당시에 벌써 청동문화를 이룩했던 중요한 증거이다.

그러나 이번 순례 목적은 인도의 시원이나 역사가 아니고 불교이다. 시선을 옮기자 간다라 미술의 걸작 부처님(2세기, 높이 133cm)께서 가사를 펼치고 우리를 반기신다. 등상불보다 약간 작게 조성된 이 입상은 잘생긴 얼굴과 넘치는 기상이 특징이다. 마투라 미술과 더불어 인도 고대미

| 진신사리탑 |

술의 양대 산맥인 간다라 미술의 불상 조각은 마케도니아의 알렉산더 대왕의 인도 정벌 후 간다라 지방*에서 발달한 헬레니즘, 로마풍의 불교 미술을 말한다.

이 지역은 인도 고대 16국의 하나로도 언급되지만, B.C.E. 1500년경 인도에 유입했던 아리아인들을 필두로 페르시아인, 그리스인, 인도인, 중앙아시아 출신의 석가족, 쿠샨족, 훈족(에프탈), 돌궐족의 지배를 번갈아 받음으로써 다양한 민족과 문화가 혼합된 독특한 문화가 형성된 곳이다.**

B.C.E. 3세기부터 200여 년간 박트리아의 그리스인 왕국들은 그들의 고향에서 수천 킬로미터 떨어진 이곳에서, 그리스 문화를 비교적 순수하게 보존함으로써 간다라 미술이 등장하는 토대가 되었다. 그러다보니 그 조각 기법이 그리스풍(내지는 헬레니즘풍)의 조각 기법을 취하고, 얼굴 형상도 그리스인의 얼굴을 많이 닮아 있는 것이 특징이다.

좀 더 들어가니 박물관 방문의 주 목적인 부처님 진신사리眞身舍利를 모신 금탑이 나타났다. 2기의 사리병에 모셔져 있던 사리들을 지금은 태국에서 제공한 금탑 안의 용기에 모셔 놓았는데, 유리로 칸막이를 해서 밖에서도 친견할 수 있게 전시를 해 두었다. 그런데 그 진신사리의 모양이 우리가 기왕에 알고 있던 영롱한 구슬 모양이 아니고 뼛조각의 모습이었다. 이것이 유네스코에서 세계적으로 공인되고 있는 진신사리의 모습이라고 한다. 이 사리는 근본 8탑의 하나로 주장되는 피프라하와 Piprahawa 불탑의 사리이다.

피프라하와는 인도-네팔 국경 남쪽 1km 지점의 인도 영역 안에 위치하고 있다. 이곳에는 사각의 기단 위에 벽돌로 쌓아올린 중앙의 원형 스

---

* 좁은 의미로는 오늘날 파키스탄의 서북 변경주州의 주도州都인 페샤와르 일대의 남북 약 70km, 동서 약 40km의 분지를 말하며, 넓게는 그 주변 지역을 포함하는 지역을 말한다.

** 이주형, 2003.

| 뼛조각 모습의 진신사리 |

투파(아래쪽 직경이 약 35m, 높이가 약 6.5m)를 중심으로 그 주위에 승원이 배치되어 있는 대형 유적이 있다.

　이 불탑은 1898년 그 당시 땅의 소유주였던 영국인 윌리엄 클랙스턴 펩페(W.C. Peppe)에 의해서 발굴되었다. 중앙스투파의 정상에서 약 3m, 약 5.4m 되는 위치에서 각각 동석凍石(soapstone)으로 만들어진 사리기 두 점을 발견했다. 이 사리용기의 뚜껑 표면에 브라흐미 문자로 "이것은 석가족 불세존佛世尊의 유골이 담긴 용기이며, 명예로운 형제, 자매, 처자들이 모신 것이다"라는 명문이 새겨져 있었다. 그 후 1972년 B.C.E. 5~4세기의 유물로 보이는, 탄화된 유골이 들어 있는 동석사리용기 2점이 또다시 발굴되었다.*

_____

* 하정민, 2009.

이 명문에 의거하여, 박물관의 사리들이 사리 8분설에 입각해 세운 근본 8탑 중 석가족이 세운 탑에서 나온 사리라고 주장된다. 1970년대에 들어와 사리기의 진위 여부가 논란의 대상이 되기도 했는데, 1971년 인도의 고고학자 K.M. 스리바스타에 의하여 재차 발굴·조사되어 동석으로 된 사리기가 출토되었다. 이 사리기 안에서는 석가족의 유골로 추정되는 불에 탄 뼈가 발견되어 근본 8탑의 주장에 힘을 실어주고 있다. 현재 분명하다고 전해지는 근본 8탑은 두 개이다. 하나가 바로 이 피프라하와의 불탑이며, 다른 하나는 바이샬리 근본불탑이다. 바이샬리 근본불탑은 이번 순례 일정 중에 들어 있어 며칠 뒤에 참배할 예정이다.

앞에서 옆에서 뒤에서 자세히 사리를 살펴보고 난 뒤에, 박물관이라 삼배三拜로 예불을 대신했다. 진신사리를 향해 침묵 속에 예경하는 불자들의 거룩한 신심이 온 방을 가득 메웠다. 그동안 한국에서 오랫동안 절에 다니며 신행생활을 해 온 불자님들의 마음속에 간직된 부처님을 향한 마음이 진신사리를 친견하자, 아침 햇살에 연꽃잎 벌어지듯 피어난 것이다. 신심을 발할 수 있는 시간이 부족해 아쉽게 느껴졌다.

델리 박물관에는 진신사리 외에 앞서 입구에서 보았던 2세기의 작품인 간다라 불입상뿐만 아니라, 마투라 불상을 대표하는 매우 중요한 불상으로서 비라나Virana 비구가 159년 적색 사암으로 조성한 32년명불삼존비상(소라 모양 육계의 부처, 높이 72.5cm, 넓이 47cm, 마투라 동쪽 아히차트라 출토)이 소장되어 있다. 마투라 공방에서 제작된 것으로 본다. 또한 파드마padma(연꽃)를 들고서 왼쪽 무릎을 살짝 구부리고 있는 소년 같은 몸매의 관세음보살 입상도 있다. 이 보살상은 굽타 시대(470년 경)에 만들어진 사르나트 양식의 입상이다.

마투라에서는 간다라에서와 비슷한 시기인 1세기에 독자적으로 불상이 제작되기 시작하였고, 이는 마투라 미술이라는 인도 고유의 흐름

| 간다라 불상 |

을 형성하였다. 32년명불삼존비상은 이러한 마투라 미술의 최초기 대표적 작품이다. 마투라 미술은 사르나트 미술로 계승되는데, 관세음보살 입상은 사르나트 양식의 대표적인 작품에 속한다. 그러나 부처님 진신사리 참배에 머리가 정지되어 버렸는지 생각조차 못하고 나와 버렸다.

박물관을 뒤로 하고 나서자 교복을 입은 인도 초등학생들이 대거 입장을 한다. 인도는 아이들을 많이 낳기 때문에 어디를 가나 아이들을 쉽게 만날 수 있다. 학생들은 외국인 관광객이 신기한지 인사를 한다. 아이들 인사는 항상 기쁨을 준다. 전용 버스에 오르자 마침 학생을 태운 스쿨버스의 맨 뒤쪽에 앉은 학생들이 우리들에게 반갑게 인사를 한다.

학생들과의 반가운 인사를 끝내고, 점심은 비행기 시간 때문에 공항에서 가까운 중국 음식점으로 갔다. 자연음식의 나라 인도에 와서 중국식이라니…. 그래도 모든 접시가 리필이라 양으로 승부했다. 아침 공양을

| 마투라 불상-32년명불삼존비상 |

요구르트와 죽으로 때웠던 터라 계속 리필 신청을 했다.

아우랑가바드와 마하라슈트라주

델리에서 바라나시 가는 거리보다 더 먼 거리를, 인도 항공 국내선 비행
기로 단숨에 날아가 아우랑가바드Aurangabad의 치칼탄 공항에 내리니 4
시 반, 오후 햇살이 따사롭다. 모든 것을 잊어버리고 정진하기에 좋은, 고
요하고 한적하고 아늑한 분위기의 도시였다. 나중에 알게 된 것이지만,
해발 513m! 적당한 해발 고도가 주는 아늑함이었는지도 모르겠다.

　도시 이름에 바드가 붙은 곳은 이슬람이 개척한 도시라고 한다. 반면
푸르가 붙은 도시는 힌두교도가 개척한 도시이다. 예컨대 분홍빛 도시

자이푸르가 있다.

아우랑가바드*는 아우랑제브 황제의 이름을 딴 데칸 서남부의 도시로서, 예전에는 '바위가 많은 곳'을 뜻하는 카드키Khadki라고 불렸었다. 훗날 무굴 제국 제6대(1658~1707) 황제가 된 아우랑제브Auranzeb**가 이곳에 태수로 부임하면서 시정을 펼쳤던 곳이며, 49년간 재위하는 동안 마라타 족과의 지루한 전쟁을 치루는 등 데칸 지방을 다스리면서 수도로 삼았던 도시이다. 또한 아시아에서 유럽으로 가는 실크로드 상에 위치하여 그리스, 로마, 이집트 시장이 열렸었다고 한다. 여기에서 북동쪽 103km 거리에 아잔타 석굴이 있으며, 북서쪽 34km 떨어진 곳에 엘로라 석굴이 있다.

아우랑가바드가 속한 마하라슈트라주는 인도에서 세 번째로 넓은 주이자 두 번째로 인구가 많다. 2010~2011년 GDP 기준 인도 산업의 53.2%를 점하고, 마라티어를 사용한다. 현지 가이드에 따르면, 아우랑가바드는 이슬람 왕이 만든 도시답게 인구 140여만 명(2006년) 중 이슬람교도가 40%, 힌두교가 55%, 불교도가 4%에 이른다. 그런데 마하라슈트라주 전체에 걸쳐서는 힌두교도가 80% 이상을 차지한다.

부유한 마하라슈트라주에서는 또 다른 갈등이 존재하고 있으니 지역적인 갈등이 심한 것으로 보인다. 2008년 우타르프라데시와 비하르 출신자들에 대한 무자비한 폭력 사태가 발생해서 여러 도시의 수만 명의 사람들이 공격을 피해 도주하는 일이 있었다. 이는 부유한 지방의 노동자들

* 인구가 156만 명(2020년) 정도 되는, 인도의 백만 명 이상 되는 도시 80개 중 하나라고 한다. 마하라슈트라주에 속하고, 마라트와다 대학교가 있는 이름난 교육 중심지이며, 숄을 비롯한 예술적인 견직 제품이 유명하고, 땅이 기름져 목화 재배에 안성맞춤이다. 아우디 인도 공장이 있다고 한다.

** 아우랑제브 황제는 이슬람 수니파의 독실한 신자로 이슬람 신학에 조예가 깊었으며, 아라비아어와 페르시아어 등에도 능통했을 정도로 학식이 많아 살아있는 성자라고 불렸지만, 셋째 아들이었던 그는 아버지 샤 자한 황제를 아그라 성에 감금시키고 황제에 오른다. 재위 20년이 지나면서부터는 비非이슬람교도에 대한 힌두세의 부과, 지방장관들의 농민들에 대한 과도한 세금의 부과, 시크교 구루의 처형 등으로 인한 종교적 갈등, 이러한 요소들이 가져온 각종 반란들, 마라타족과의 수십 년에 걸친 전쟁 등에 시달리게 된다. 무굴 제국은 그의 사후 급속히 쇠락하고 만다.

이 가난한 지역 사람들이 이주해 와서 자신들의 일자리가 줄어든다고 생각하는데다가, 이를 정치인들까지 나서서 선동한 결과이다. 마하라슈트라 주 제1도시인 뭄바이 인구(1,287만여 명, 2018년)의 40%가 우타르프라데시, 비하르처럼 가난한 지역 사람들이 이주해 온 것이다. 당나라의 현장玄奘 (602~664) 스님은《대당서역기大唐西域記》에서 다음과 같이 기록하고 있다.

> 이 지역은 비옥하고 농사는 풍성하며 기후는 무덥고 풍속은 순하고 질박하다. 사람들의 생김새는 건장하며 성품은 오만하다. 은혜를 입으면 반드시 갚고 원한이 있으면 반드시 복수를 한다. 만일 능욕을 당하면 목숨을 바쳐서 원수를 갚는다. 수백 명에 달하는 용사들을 양성하여 결전에 임할 때면 크게 취할 정도로 술을 마신다. 그리하여 한 사람이 먼저 상대의 선봉을 꺾으면 수많은 사람들이 뒤이어 그 정예부대를 꺾는다. 난폭한 코끼리 수백 마리에게 술을 먹인 뒤 풀어 놓아 마구 짓밟게 한다. 아무리 강한 적도 이들 앞에는 무릎을 꿇고 만다.

당시 인도의 패권자인 하르샤왕도 이 나라만큼은 정복하지 못했으며, 영국에게도 가장 마지막에 굴종한 지역이다. 마하라슈트라라는 이름도 '라티'에서 유래한 것이다. 라티는 전투부대를 의미하는 마하라티스 maharathis의 전차戰車 제작자 내지 운전수를 의미한다.

아우랑가바드에서 서북쪽 대략 160~70km 거리에 나시크(납석국)라는 도시가 있다. 신라의 혜초慧超 스님은 중천축국(현재의 비하르주)을 거쳐 남천축국으로 갔는데, 그곳이 나시크로 추정된다. 혜초 스님이 말하는 남천축국은 당시 서찰루캬 왕조로서, 위자야디탸(승일)왕이 수도 나시크에 머물렀던 때이다. 남천축국을 돌아보던 혜초 스님은 그 도중에서 시를 한 수 읊었다.

달밤에 고향 길 바라보니

뜬구름만 흩날리며 돌아가고 있네.

편지라도 써서 구름 편에 부치고 싶건만

바람이 급해 구름은 돌아보지도 않는구나.

내 나라는 하늘 끝 북쪽에 있는데

남의 나라 땅 서쪽 모퉁이에 와 그리워하네.

더운 남쪽 천축은 기러기도 없으니

누가 고향의 숲을 향해 날아가려나.

그러나 혜초 스님은 결국 신라로 돌아오지 못하고 중국 오대산에서 입적하셨다.

비비카막바라

오후의 햇살을 음미하면서 아우랑제브 황제의 첫째 부인 라비아 두라니 (Rabia Durani)의 무덤인 비비카막바라(Bibi Ka Maqbara)로 향했다. 비비는 '부인', 막바라는 '무덤'이라는 뜻이다. 미니타지마할이라 하기도 하고 가난한 자의 무덤이라 불리기도 한다. 1650~1657년에 아우랑제브 황제의 첫째 아들 아잠 샤(Azam Shah)가 그의 어머니를 위해 친할머니의 무덤인 타지마할을 본떠 만들었다. 그러나 건축비가 타지마할의 300분의 1에도 미치지 못했다고 한다. 이때는 마라타족과의 전쟁이 한창이었기 때문이다.

이곳에서 학생들을 만났는데, 따라온 선생님들까지 아이들처럼 같이 반가워한다. 무슬림으로 보였는데, 순수는 종교를 초월하나 보다. 아이들이 반가워하는 모습은 모든 사고를 정지시켜 버리는 듯하다. 우리 일행

| 비비카막바라 |

과 함께 건물 안으로 들어가는 것도 잊어버리고 아이들과 행복한 시간을 보냈다. 아이들이 떠나자 이번에는 다시 인도인 대가족 일행이 내게 말을 걸고 함께 사진을 찍자고 한다. 인도에 오자마자 환대를 받는다.

아우랑가바드에서 묵은 곳은 레몬트리(Lemon Tree) 호텔이다. 호텔은 수영장이 크다. 저녁 공양은 스프 종류로, 여전히 속이 불편하다. 나는 일종식을 하는지라 단체 여행의 대중생활에선 아침과 저녁 공양에 모습을 나타내고는 요구르트나 스프를 먹는데 그것도 만만찮은 듯하다. 소화시키는 데 엄청난 에너지를 소모하고 있다는 게 느껴졌다. 출국 전 한국에서부터 좋지 않았던 속을 인도 음식이 치료해 주리라 기대하고 있었는데, 단지 기대로 끝나지 않기를 바랄 뿐이다. 순례 후반부에 가서 확실하게 증명된 것이지만 인도 음식은 이러한 나의 기대를 저버리지 않았다.

| 제10굴에서 본 아잔타 석굴 전경 |

제 2 장

경이로움의 아잔타 석굴

적멸의 세계로 떠났으되
사바에 그대로 계신 부처님

드디어 아잔타 석굴로

인도 호텔에서는 가장 빠른 아침 공양 시간이 6시였다. 더 일찍 아침 식사를 한 적도 있지만 대부분은 6시였다. 그래서 아침 일정을 시작하는 것이 한계가 있었다. 만약에 이보다 더 아침 식사를 빨리하고 움직이려면 호텔에 특별 주문을 하거나 도시락으로 대체해야만 했다.

아침 공양을 일찍 끝내고, 103km를 2시간 30분 달려 아잔타 석굴에 도착했다. 입장표를 끊고 들어가는데 오전 9시 30분이 채 못 되었다. 아잔타 석굴은 오전 9시부터 개관하는데, 월요일이 휴관이라 일요일인 오늘 참배하러 온 것이다. 엘로라 석굴은 월요일인 내일 참배하게 될 것이다. 다행히 엘로라 석굴은 화요일이 휴관이다.

인도 최초의 석굴은 관대한 아소카Aśoka왕이 아지비카교 수행자들을 위해 기증한 파트나의 남쪽, 가야 근처의 바라바르 언덕에 있는 4개의 석굴이다. 카르나 초파르 굴(아소카왕 19년 명문), 수다마 굴(아소카왕 12년 명문), 로마스 리시 굴의 3개 석굴이 중시되고 있다. 불교 석굴로서 최초 굴은

B.C.E. 2세기경의 것으로, 아잔타 서쪽 뭄바이 인근에 위치한 콘디브테 석굴로 본다.

인도 석굴의 총 수는 1,200기 이상이며, 약 75%가 불교 석굴이다. B.C.E. 1세기~C.E. 2세기에 개굴된 전기굴과 C.E. 5~8세기에 개굴된 후기굴로 크게 구분된다. 전기굴은 사타바하나 왕조와 연관이 깊고 대부분 불교 석굴이며, 후기굴은 굽타 왕조와 그 이후 시대로 불교 석굴 외에 힌두교 석굴이 많다. 자이나교 석굴은 소수이나 두 시기 모두 존재한다.

인도 대륙 가운데를 동서로 가로지르는 데칸 고원의 서남단인 마하라슈트라주에 대부분 집중된 석굴군은 1,000여 개에 이른다. 비하르주, 동해안의 오리사주 및 안드라주에는 부분적으로 존재할 뿐이다. 그만큼 데칸의 석굴 사원은 불교 건축의 중심지라고 할 수 있다. 그중에서도 아잔타 석굴은 후기의 불교 석굴 중에서는 가장 먼저 개착되었으며 규모가 큰 석굴로서, 불교를 떠나서 인도의 고대 문화예술의 백미白眉이다.

그러면 왜 이렇게 많은 사원을 암벽에 굴을 파서 조성한 것일까? 더위와 비를 피하기에 적합하다는 실용성은 아잔타에 가 본 사람이라면 누구든 공감하는 바일 것이다. 이러한 실용성 외에도 인도인들은 바위에 대하여 어떤 종교적 영감 같은 것이 있었던 듯하다. 우리 경우에도 경주 남산 전체를 뒤덮은 마애불을 비롯하여, 전국에 산재한 마애불 조성은 자연에 존재하는 바위에 대한 종교적 정향을 상징하고 있다.

서울대 고고미술사학과 이주형 교수는 석굴을 생명의 근원인 자궁에 비유하곤 하는 인도인들이 석굴에서 무한한 종교적 상상력을 자극받았다고 말하면서, 빛에서 멀어지면서 형상 있는 것들을 해체하여 암흑으로 돌려놓는 석굴의 내부는 마치 현실을 넘어서 존재의 심원深遠에 다가간 듯한 느낌을 준다고 표현한다.*

　불교는 그 시작에서부터 석굴과의 인연이 등장하는데, 부처님 당시만해도 주로 자연 동굴에 간단한 손을 보아 거처하였던 것으로 보인다. 부처님께서 성도하시기 직전에 머무르셨던 전정각산의 유영굴, 영축산의 자연 동굴, 제석천왕에게 법문하신 라즈기르 근처의 인다살라 동굴, 마하가섭 존자가 머물렀다는 핍팔라 석실 등이 있다.

아잔타 석굴에 대하여

아잔타 석굴은 8세기 이후 1819년 주둔군이던 영국군 존 스미드에 의해 발견되기 전까지, 인도 마하라슈트라주 북서부의 레나푸르 마을의 숲속 깊은 곳에서 천년의 긴 잠에 빠져 있었다. 아잔타는 '인적이 드문'이라는 의미이다. 그 후 74년이 흐른 뒤 1893년 퍼어슨Person이 조사·발굴하면서 비로소 세상에 알려지게 되었고, 1983년 유네스코 세계문화유산으로 등재되었다.

　아잔타 석굴군은 총 30개의 석굴로, 사타바하나 왕조(B.C.E. 200~C.E. 225)부터 7세기까지 조성되었다고 본다. 조성 연대를 구분해 보면, B.C.E. 2세기경부터 약 1세기 동안 지어진 전기굴(前期窟=제1기 굴, 8~13굴의 6개)과 약 300년의 중단기를 거치고 난 후 조성된 후기굴(後期窟, 24개)로 크게 나뉜다. 후기굴은 다시 5세기 굽타 왕조 때의 제2기 굴 9개(6·7굴은 450~550년경, 14~20굴은 550년경), 7세기 제3기 굴의 나머지 14개(제21~26굴은 550~600년경, 제1~5굴은 600~625년, 제27~29굴은 625~642년경)로 세분된다. 30번 굴은 최근 추가되었다.

　석굴의 시기별 개착을 공간적으로 살펴보면, 북서쪽을 향해 와고라

* 이주형, 2007.

| 아잔타 석굴 위치도 |

계곡이 포물선을 그리는데, 그 포물선의 꼭짓점에서 석굴이 만들어지기 시작하여 좌우로 계속 3번에 걸쳐 확장되어 나간 것이다. 다시 말해 꼭 짓점에 10굴이 처음 만들어지고 연이어 5개 굴, 총 6개 굴이 만들어진다. 이것이 제1기이다. 그 다음 제2기에 첫 6개 굴의 좌우측에 9개 굴(좌측에 2개 굴, 우측에 7개 굴)이 추가된다. 3기에 다시 기존의 15개 굴에 나머지 15 개 굴이 다시 좌우의 끝을 늘리게 된다. 이번에는 좌측에 10개 굴, 우측 에 5개 굴이 덧붙여진 것이다.

5세기 중엽부터 8세기경에 불교 석굴은 제2의 번영기를 맞이한다. 이 는 4~5세기경 아프가니스탄이나 중앙아시아의 불교 석굴의 개굴開窟과 도 호응하는 것이다. 돈황에서는 4세기 후반부터 석굴이 만들어지고, 5 세기에는 중국의 병령사와 운강 석굴이 그 뒤를 이었다. 김대성이 전세前

世의 부모를 위해 세운 경주의 석굴암은 751년 착공이다.

용도별로 보면, 법당굴法堂窟과 승원굴僧院窟로 나눌 수 있다. 법당굴은 차이티야 굴, 승원굴은 비하라 굴이라고도 부른다. 법당굴은 예불 전용 공간으로 승방이 없고, 승원굴은 스님들이 거처하면서 정진하는 굴로서 승방 위주의 공간이다. 법당굴은 예배의 대상인 탑이나 불상을 모시기 때문에 천장이 승원굴보다 2배 이상 높은 돔형의 구조를 하고 있다면, 승원굴은 천장이 평면이다. 법당굴은 안쪽이 둥근 장방형長方形의 앱스형(apse)* 평면이며, 승원굴은 방형方形의 평면이다. 아잔타에서 법당굴은 9, 10, 19, 26, 29굴 등 총 5개이다. 이 중 9, 10굴은 전기의 법당굴에 속하며, 특히 10굴은 최초로 조성된 굴이자 최초로 발견된 굴이다. 19, 26, 29굴은 후기의 법당굴이다. 승원굴은 나머지 25개 굴이다.

법당굴과 승원굴은 일반적으로 하나의 법당굴에 하나 이상의 승원굴이 조합되어 한 단위의 사원을 형성한다고 본다. 그러므로 아잔타 석굴의 경우에도 30개의 석굴 중에서 법당굴은 5개이고 나머지 25개가 승원굴이므로, 실제 아잔타의 석굴들에서 스님들이 당시에 그러한 분배의 생활을 했는지는 알 수 없지만, 산술적으로는 법당굴 1개에 5개의 승원굴이 딸려 있는 셈이다.

예술적 측면에서 보면, 아잔타 석굴의 천장이나 측벽은 벽화로 장식되

---

* 기독교의 교회당에서 밖으로 돌출한 반원형의 내진부를 말한다. 법당굴의 앱스형 평면이 발달하는 과정을 살펴보자. 불교 최초 굴인 콘디브테 석굴의 경우, 안쪽에 주실主室인 원형의 방이 있고, 그 앞에 장방형에 가까운 전실前室이 있다. 원형의 방에는 탑을 세우고 탑 둘레로 한 사람이 간신히 걸을 수 있는 공간을 만들어 탑돌이를 할 수 있게 했다. 이처럼 초기에는 석굴의 실내 공간이 앞뒤로 원형과 방형의 두 방으로 이루어졌는데, 기원후 1세기경의 바자 석굴에서부터는 탑을 원형으로 둘러싸던 벽을 터서 앞뒤의 방을 하나로 만들어 안쪽이 둥글고 앞뒤로 긴 장방형의 공간으로 발전했다. 이를 서양 건축의 앱스와 닮았다고 해서 앱스형 평면이라 한다.
방형의 승원굴은 상대적으로 천장이 낮고 평평한 대신 측벽에 승방僧房kuti을 여럿 파서 마련하고, 대중들이 운집할 수 있는 중앙 홀이 넓으며, 후기에 불상을 모신다고 해도 안쪽 벽 가운데를 파들어가서 감실龕室을 설치한 것이므로 불상 뒤로 돌아 나올 수 있는 공간이 없다.

| 아잔타 석굴 전경 |

고, 입구의 가장자리와 회랑의 열주에는 아름다운 부조 장식이 조각되었다. 이러한 벽화와 뛰어난 부조는 아잔타 미술의 진수이다. 가장 아름다운 벽화굴이 후기의 승원굴인 1, 2, 16, 17굴이다. 후기의 법당굴은 벽화의 자리를 부조로써 메우게 되는데, 그러한 후기의 법당굴인 19, 26굴은 최고의 조각굴이다. 19굴은 가장 아름다운 조각굴이며 26굴은 조각의 보고寶庫이다. 아잔타의 법당굴은 건축학적으로 높은 평가를 받는다고 한다.

전기굴은 총6기 중 법당굴이 2기인 데 반해, 후기굴은 총 24기 중 법당굴이 3기이다. 법당굴이 차지하는 비중이 33.3%에서 12.5%로 줄어든 것이다. 거꾸로 승원굴은 66.7%에서 87.5%로 늘어났는데, 승원굴은 양도 많아지지만 규모도 커지고 안쪽 벽에 불상을 모시는 감실(전실과 주실)

을 설치하는 것이 일반화된다.

후기의 승원굴은 중앙의 큰방 가장자리에 열주列柱를 배열하고, 기둥 뒤로 회랑을 만들고 회랑 측벽에 승방을 배치하고, 출입문 맞은편인 안쪽 벽 중앙에는 감실을 개설하였다. 전실과 주실로 이루어진 감실에는 대개 불자를 들고 있는 두 명의 협시보살脇侍菩薩을 동반한 삼존三尊 형식의 불상이 조각되었다. 협시불이 있는 삼존 양식은 특히 제3기 굴에서는 거의 대부분 나타나는 현상이다. 1굴의 협시보살도는 매우 아름답고 유명하며, 다른 굴들에서도 부조로 광범위하게 조각되었다.

한편 후기의 법당굴(19굴이나 26굴)의 경우, 탑신에 조각된 주불은 아직은 단독불로 조성되었고, 협시불(26굴)은 굴 바깥의 벽면에 조성되는 데에 그치고 있다. 아잔타보다 늦게 조성된 엘로라 석굴에 이르면 법당굴의 경우에도 탑신의 주불 양쪽에 협시보살을 대동하기에 이른다.

승원굴에 모셔진 삼존 양식은 승원굴이 단순한 승방이 아닌, 예배 대상인 불상을 갖춘 가람으로서의 성격을 띠게 되었음을 말해 주는 것이다. 아잔타의 후기 석굴은 세간을 떠난 스님들의 은둔·정진처로서의 역할 외에도, 왕후·귀족이나 상인 등의 부유한 세속 세계와도 깊은 관련을 갖고 사원으로서의 역할도 담당했던 장소로 보인다.*

이러한 변화는 아잔타를 비롯한 서인도 지역의 수많은 석굴 사원들이 무역의 통로를 따라 조성된 것과도 상관이 있다. 부를 축적한 상인들은 무역이 잘 이루어지기를 기원했을 것이며, 그러한 바람이 석굴 조성에 기여했을 것이다. 12굴은 간마마다라는 상인이 시주한 것이다.

건축 양식의 측면에서 볼 때에도 무불상無佛像 양식의 법당굴과 화려한 채색의 협시보살들이 등장하는 승원굴이 함께 공존하는 것으로 보아서 부파불교의 승단과 대승불교의 승단이 시간적 간격을 두고 머물렀을 것으로 보이며, 석가 삼존불(불-연화-금강의 삼존)의 양식에서 보이듯 밀교의 영향도 있었을 것으로 보인다.

아잔타 회화의 특징

다양하고 생생한 색채와 선염법渲染法**과 하이라이트로 강조된 명암, 뚜렷한 윤곽선을 가진 아잔타 벽화는 질과 양 모든 면에서 인도 고대 회화의 보고寶庫이다. 현존하는 인도 고대 회화는 거의 벽화에 한정되어 있고, 아잔타를 제외하고는 단편적인 것에 지나지 않는다. 시대적으로는 인도 굽타 미술 융성기의 작품이다.

---

* 미야지 아키라, 2006.

** 계조階調, 그라데이션이라고노 한다. 명도 또는 채도 차를 이용하여 색을 점점 연하게 하는 것.

아잔타 벽화를 통해 드러나는 인도 회화의 특징은 인체의 비례, 자세, 손짓, 색채의 상징성을 중시한다는 점이다. 즉 인물, 동물의 묘사에 대한 구체적·구상적 파악과 더불어, 그에 깃든 상징적·종교적인 가치를 표현하려는 것이다. 색채의 상징성을 살펴보면, 기본 색채가 6가지(백·황·적·흑·청·녹)인데, 하얀색은 웃음(유머), 노랑은 경이驚異(불가사의), 빨강은 성냄(격앙), 분홍은 용기(용맹), 검정은 공포(무시무시함), 파랑은 즐거움(에로틱), 천연 색채라고 하는 녹색은 고요(평화)를 표현한다고 한다. 이는 바바와 라사라는 것인데, '바바'는 일상적 감정이고, 이것이 예술적 과정을 통해 승화된 미학적 즐거움이 '라사'이다. 위에서 괄호 밖이 바바이고, 괄호 안이 라사이다.*

아잔타 벽화의 기법과 작업 과정을 간단히 살펴보면 다음과 같다. 이 훌륭한 벽화들은 서양식 미술 용어를 빌면 템페라tempera(안료와 매체의 혼합물) 기법으로 그렸다고 한다. 그러나 아잔타 벽화는 달걀과 아교를 섞은 불투명 안료인 템페라를 쓴 것은 아니고 광물질에 아교나 고무를 사용한 방법이다. 작업 과정은 바탕 준비 작업, 밑그림, 채색, 광택 마무리의 단계를 거친다.

바탕 준비 작업은 석재 위에 2~3번 진흙을 입히는 과정으로, 처음에는 잔모래나 식물성 섬유질을 섞어 바른다. 두 번째는 아주 고운 돌가루와 모래, 섬세한 섬유질을 섞어서 정교하게 입힌다. 접착제로는 아교나 고무를 사용한다. 마지막으로 석회를 발라 표면을 다듬어서 바탕 준비를 끝낸다. 바탕 작업이 끝나면 붉은색으로 밑그림을 그리고, 그 위에 주로 광물질로 된 물감을 접착제에 섞어 채색을 한다. 파랑은 아프가니스

---

* 하진희, 2013. 우리나라 단청에서는 백白-서쪽·결백·존엄·엄숙·정갈, 황黄-중앙·지인덕智仁德을 갖춘 왕, 주朱(빨강)-남쪽·정열·환희·활기, 청靑-동쪽·청정·지혜·의지, 녹綠-동쪽과 중앙 사이·청춘·희망·안온·존엄을 상징한다고 한다. 여기에 오행론五行論이 첨가되어 차가운 색과 따뜻한 색을 교대로 칠한다. 인도의 색에 대한 감각과 비교하면 상당히 차이가 남을 알 수 있다.

탄에서 수입한 라피스라줄리lapis lazuli(青金石)를 사용하고, 음영을 넣기 위해 백색을 사용하였다고 한다. 채색이 끝나면 다시 윤곽선을 그리고, 매끈한 옥돌로 여러 번 문질러 광택을 내고 마무리한다.*

현지 가이드가 표를 끊어 오기를 기다렸다가 이윽고 언덕 너머에 있어서 아직은 보이지 않는 아잔타의 석벽을 향해 발걸음을 옮겼다. 거대한 반얀 나무를 지나서 하늘밖에 보이지 않는 가파른 작은 언덕을 올라가니, 저 멀리 계곡을 따라 늘어선 검은 회색의 암벽이 눈에 들어오기 시작한다. 철제 난간을 울타리 삼고 시멘트로 옷을 입은 보도의 가운데에 늘어선 몇 그루의 앙상한 나무들은 아직은 여기가 겨울임을 말해 주고, 그 옆의 언덕바지에 핀 붉은 꽃잎들은 이를 비웃는다. 춥다 해도 여름이고 덥다 해도 겨울인 것을 어쩌랴. 싱그럽고 찬란한 아침 햇살만이 춥고 덥고를 떠나서 스스로 만물을 감싸 안을 뿐이다.

---

* 하진희, 2013.

고대 벽화의 절정―제1굴

석굴을 눈앞에 두고 다시 한 번 더 가방 검사의 검색대를 거치고 좁은 문을 머리를 숙이고 들어와서야 비로소 제1굴 앞마당이다. 앞마당에서 석굴을 바라보니, 거무튀튀한 암반 아래로 서 있는 굵은 기둥들 뒤로 현관문과 창문을 통해 안쪽으로 깊이 착굴되어 있는 석굴의 내부가 검정색의 커튼처럼 보인다. 아잔타의 암반은 화산암으로 무르기는 하지만 섬세하게 표현하기엔 적합하지 않고, 결이 서로 얽혀 있어서 굴을 뚫어도 무너지지 않는다고 한다.

바깥에서 보면, 긴 베란다에 비해 상대적으로 낮은 천장을 하고 있어 가로로 긴 직사각형의 모습인데, 양쪽으로 측벽이 약간 앞으로 돌출해 있어 엎어 놓은 ㄷ자 모양이다. 원기둥과 각기둥 총 12개의 기둥 모양을 깎아 만들고, 기둥에 꽃문양을 드문드문 부조하고, 주두柱頭(기둥머리) 위로 본격적 부조 장식이 있다. 좌불상, 기둥을 떠받치는 난쟁이 약샤

| 연화수보살도 |

yakṣa(여자는 약시yakṣī), 비천飛天, 코끼리, 새 등이다. 석실 문틀에는 다양한 당초문唐草文이나 연화문蓮華文, 약샤-약시 부부 등이 부조되어 세련미를 더한다.

1굴은 600~642년에 걸쳐 조성되었다고 하는데, 전체 규모가 가로 35.7m×세로 27.6m이다. 석굴 안으로 들어서니 아! 드디어 아잔타 석굴, 그토록 갈망하던 자리에 들어선 것이다. 바깥의 부조 장식과는 비교할 수 없다. 16m×12m의 중앙 광장을 둘러싼 20개의 기둥과, 기둥 뒤쪽 회랑을 격하고 벽면을 뚫고 조성된 14개의 승방, 벽면과 천장의 꽉 찬 부조와 벽화들. 그러나 나의 목표점은 다른 곳에 있었으니, 그것은 바로 석실 입구의 맞은편에 위치한 안쪽 벽면*에 그려진 두 장의 보살도! 이것이 아잔타로 하여금 인도 고대 회화의 산실이라고 평가받게 만든 연화수蓮華手(파드마파니Padmapāṇi, 관세음보살의 다른 이름)보살도와 금강장金剛藏(바즈라가르바Vajragarba)보살도이다.

연화수보살도와 금강장보살도

왼쪽 벽면에 그려진 그림이 연화수보살도이다. 푸른빛이 나는 보석이 박힌 보관을 쓰고, 목걸이를 하고, 비너스상의 콘트라포스토Contrapposto에 비견되는, 허리와 목을 꺾은 삼곡三曲 자세를 취해 부처님을 시봉하고, 왼쪽 팔뚝에는 끈을 묶어 고귀함을 상징하고, 오른쪽 손에는 하얀 연꽃을 들고 아래를 그윽하게 내려다보시는 보살의 시선은 거룩한 침묵 속에서, 온 중생들을 연민해 마지않는 대비大悲의 모습 그 자체이다. 잔잔하고 고요하면서 한량없이 중생들의 고된 삶을 측은해하는 보살의 모습으로 자꾸만 빨려 들어간다. 내세움이 없이 오히려 반걸음 물러선 듯, 그

---

* 출입구 맞은편의 벽면 중앙에 뒤쪽으로 공간을 만들어 설법인說法印을 한 불상을 모신 감실을 설치했는데, 감실이 있는 벽을 여기서는 안쪽 벽이라 칭하기로 한다.

러나 중생을 위하는 크나큰 마음을 끝없이 발산하고 계신 분, 보살의 주
위에 시꺼먼 얼굴의 남자와 보관을 쓴 왕비와 또 다른 왕비, 하늘의 악
사 긴나라, 원숭이 등도 보이지만 모두 연화수보살의 대비의 눈길을 마
주하는 데 방해가 될 뿐이다.

　사실 필자는 이 한 점의 그림을 보기 위해서 아잔타에 온 것이다. 고
등학교 시절 수업시간에 연화수보살도의 칼라 화보를 보고서 깊은 감명
을 받은 적이 있다. 그때의 그 감명이 지금 아잔타 석굴의 1번 굴에 필자
를 있게 한 것이다. 그때는 불교가 뭔지도 모르던 때였는데, 번다한 장식
이 없는 연화수보살의 클로즈업된 화보는 부처님이나 성인은 저런 분이
구나! 하는 강력한 인상을 남겼다.

　이번 성지순례를 준비하면서 저 연화수보살도 사진을 촬영하여 한국
에 돌아가 두고두고 보고 싶어서 벽화 촬영이 허용되는지, 플래시를 사
용하지 않고 촬영 가능한 카메라는 어떤 것이 있는지 등 갖은 망상을 피
웠었다. 반쯤은 이루어진 그 소원의 남은 절반은 이미 진품을 직접 본
것으로 채우고 남는 듯하다. 어린 시절 보았던 연화수보살도의 색이 많
이 바랜 듯해 안타까울 뿐이었다.

　중앙의 불상에 합장 반배하고 오른쪽 벽면으로 가니 금강장보살도*

---

* 산스크리트어로 Vajragarba Bodhisattva, 초기의 대승불교에서 일찍부터 등장하는 보살로서, C.E.
50~150년에 성립된《십지경(화엄경 십지품)》에서 보살들이 거쳐야 할 수행의 10단계를 설하는 설법
자이며,《원각경》에서도 주요한 질문자로 나서는 등 대승경전에 광범위하게 등장한다. 금강장보살은
대자대비를 갖추고 공에 대한 금강 같은 깨달음을 지닌 보살이라는 의미이다. 밀교에도 수용되어 금
강계보살의 상수보살로서 현겁 16대 보살 중 한 명이다. 또한《불설다라니집경》(7세기 중엽, 아지구다
한역) 제1권에 부처님께서 불정법佛頂法을 행할 때에는 불-관자재보살-금강장보살의 삼존상을 모실
것을 설해 놓으셨다. 관자재보살은 불자와 연꽃, 금강장보살은 불자와 청련화 위에 금강저를 들고 있
게 된다. 이는 아미타불-관세음보살-대세지보살의 아미타 삼존에 대응한다고 볼 수 있다. 석가 삼존
은 이 양식 외에도 문수-보현, 아난-가섭 등의 삼존 양식이 있다.
금강장보살은 중국으로 전해져서 6세기에는 금강수 즉 바즈라파니 대신에 사용되기도 하고, 7세기에
는 혼용되어 사용되기도 하였다. 현재 남아 있는 중국과 한국의 불화에서는 대개 금강장보살도로 칭
하고 있다. 중국과 한국의 불화에서 금강장보살의 얼굴과 몸빛이 보통 살구색인 경우와 푸른색인 두
경우가 있는데 탱화의 협시보살로 등장할 때는 일반적으로 보통 살구색이다. 이것은 힌두신으로서의

| 금강장보살도 |

가 있다. 연화수보살과 마찬가지로 허리와 목을 꺾어 부처님을 시봉하는 자세를 취하고, 작은 보석들이 매달린 보관을 쓰고, 가는 보석 줄로 몸을 몇 번 휘감은 검은 피부의 금강장보살이 오른손으로 설법인(Vitarka Mudra)을 하고 있다. 왼손은 물감이 떨어져 나갔다. 아마도 금강저를 들었으리라. 그 앞에는 보관을 쓴 왕이 백련을 공양한다. 남성적인 얼굴의 연화수보살과는 달리 금강장보살은 여성적인 얼굴이다. 눈은 선정에 들어 있다.

　비취 톤의 배경색에 밤색의 피부를 하고 선정에 들어 있는 보살의 모습이 신비롭다. 몸에 감겨 있는 하얀 보석 줄들이 화려해 보이지 않는다. 왕 뒤의 아래위로 두 쌍의 남녀 그림이 있고, 보살의 왼팔 밑에도 한 사람의 모습이 칠이 벗겨진 채 남아 있지만 시선을 분산시킬 뿐이다. 필자의 시선은 오직 저 금강장보살! 그것에 꽂힐 뿐이다. 금강장보살의 선정에 잠긴 눈에 어린 차분함, 고요함이 자아내는 내향적 침잠과 그와 반대

바즈라가르바가 붉은색과 푸른색 얼굴의 두 경우가 있는 것에 대응한다고 보여진다.
아잔타 1굴의 보살도의 경우는 보관을 높이 쓰고 몸색깔이 푸른색이 아니며, 분노의 얼굴이 아니라 자애로운 얼굴을 하고 있는 점으로 보아서도 금강수보살이 아니라 금강장보살이라 해야 한다.
바즈라파니Vajrapāṇi는 바즈라는 금강저, 파니는 손에 쥔이라는 뜻으로 집금강 혹은 금강수라 번역한다. 최초의 경전적 근거는 《디가 니까야》에서 부처님의 두 번에 걸친 질문에 대답하지 않는 바라문이 대답하도록 야차가 도운 내용에 근거한다. 최초의 바즈라파니상은, 간다라에서 금강저를 들고 부처님의 왼쪽에 단독으로 협시하는 헤라클레스를 조성한 것이다. 기원후 2세기 작품이 남아있는데, 부처님보다 작게 조성되었다.
힘으로 상징되는 바즈라파니의 관념은 밀교계통에서 크게 발전하여 《대일경大日經》(724년 선무외 한역)에 이르면 불부-연화부-금강부의 삼부조직을 포함한 만다라(신성한 단에 부처님과 보살을 배치한 그림)를 구성하게 되고, 그 금강부의 상수(비밀주보살)가 금강수보살 혹은 금강살타이다. 그러므로 바즈라파니는 야차에서 보살에 이르기까지 금강저를 손에 쥔 존재들을 일컫는 말이라 할 수 있다. 밀교경전에서는 이러한 금강수보살은 푸른색의 몸에 여러 개의 팔과 분노한 얼굴을 한 모습으로 조성하도록 설해져 있고, 그에 따라 그려진 금강수보살상들을 특히 티베트 불교에서 어렵지 않게 확인할 수 있다. 몸이 푸른색인 것은 제석천이 호풍환우할 때의 구름 색깔이다. 티베트불교에서도 금강장보살도가 등장하는데 몸이 푸른색인 것과 여러 개의 팔을 가진 점 등은 금강수보살도와 동일하지만 자애의 얼굴을 하고서 높은 보관을 쓰고 있는 점은 다른 점이다.
티베트로 건너간 바즈라파니와는 달리, 중국 소림사에서 큰 몸을 가진 역사力士로 변신하며, 한국과 일본에서는 입을 다물고 있는 훔 금강역사 즉, 밀적금강密迹金剛이 된다. 밀적이란 비밀사적의 준말로서 이 금강역사가 부처님의 비밀사적을 호지하겠다는 원을 세웠기 때문이다.

로 두 번 꺾인 몸매와 약간 기울어져 있는 어깨에 드러나는 금방이라도 움직일 듯 강한 역동성은 선정과 지혜가 한 덩어리의 구름을 형성하듯(정혜쌍운定慧雙雲), 대조적 요소들의 절묘한 하모니를 보여 준다.

부처님의 마음은 연화수보살과 금강장보살을 통해 여과 없이 중생들에게 시현되고 있으니, 그것이 바로 연화수보살을 통해 보여지는 자비희사慈悲喜捨와 사무량심四無量心의 하나인 대비大悲이고, 다른 하나는 금강장보살을 통해 드러난 대적정大寂靜의 선정禪定과 살아 나올 듯한 지혜智慧이다. 깊은 선정에 들었다가 깨어나 중생을 보며 대비심을 일으키는 것

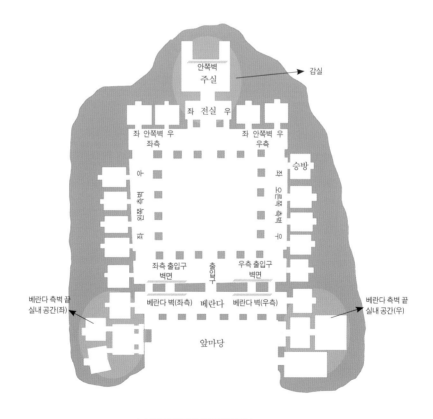

안쪽벽 주실 → 감실

좌 전실 우

좌 안쪽벽 우 좌측

좌 안쪽벽 우 우측

승방

좌 오른쪽 출입구 우

아 왼쪽 출입구 좌

좌측 출입구 벽면

출입구

우측 출입구 벽면

베란다 측벽 끝 실내 공간(좌) →

베란다 벽(좌측)

베란다

베란다 벽(우측)

← 베란다 측벽 끝 실내 공간(우)

앞마당

| 승원굴 평면도 및 벽면의 명칭들 |

이다. 불화가 그 그림을 그린 화가의 신앙 고백이라면, 저 보살도들을 그린 분들의 믿음과 우러름은 어떤 것일까? 그들의 염원은 무엇이었을까? 지금으로부터 1,500년 전 석벽에 남겨진 고귀한 마음을 조금이나마 짐작하려는데, 천장 벽화의 설명을 듣고 있던 일행들이 필자의 감상에 동참하듯 몰려온다. 이들 벽화는 7세기 초에 조성된 대표작이라고 할 수 있다. 석실 안은 어둡고 손전등과 관리인들이 제공하는 인공조명이 아니면 제대로 볼 수가 없다. 단체관람으로 사람들이 들어가니 관리인들도 조명을 비춰 준다.

시비 자타카 벽화

제1굴 내부의 안쪽 벽 좌우에 그려진 연화수보살도와 금강장보살도에 이어, 감실* 내의 앞쪽 공간인 전실의 안쪽 벽(전실 입구의 맞은편 벽)의 좌우에 다시 분위기가 비슷한 보살도를 그려 놓았다. 실로 대단한 장엄이 아닐 수 없다. 전실 좌측 벽에는 항마성도도降魔成道圖가 있고, 우측 벽에는 쉬라바스티의 대신변大神變, 천불화현千佛化現을 묘사했다.

다시 출입구로 돌아가서 살펴보자. 출입구가 있는 벽면의 좌측에 비둘기를 살리기 위해 자신의 살점을 떼어주는 시비 자타카Śibi Jātaka가 있다. 시비 자타카는 너무나 유명한 자타카이다. 굶주린 독수리에게 쫓기던 비둘기가 생명을 구원받기 위해 시비왕의 품에 날아들자, 시비왕은 독수리에게 비둘기를 잡아먹지 말고 놓아 주라고 명한다. 독수리가 비둘기만큼의 살점을 떼어 주면 살려 주겠다고 하자, 왕이 기꺼이 자신의 허벅지 살점을 떼어 주는 이야기이다. 비둘기를 한쪽 저울에 올려놓고 왕의 살점을 아무리 많이 떼어 올려도 비둘기 쪽으로 저울이 내려갔다. 결국 왕 자

---

* 출입구 맞은편 벽인 안쪽 벽면 중앙 뒤쪽으로 굴을 파서 만든 공간으로서, 예배 공간인 전실前室과 주실主室로 이루어져 있다.

신이 저울에 올라앉으니 그제야 평형을 이룬다. 왕의 살점이 아니라 왕의 목숨을 바쳐야 비둘기와 같은 무게가 되는 것이다. 아무리 미물이라도 그 생명의 무게는 같은 것이다. 시비왕의 희생적 보시 정신과 생명의 평등을 보여 주는데, 살점의 무게를 재기 위한 저울이 인상적이다.

시비 자타카의 좌측으로 반인반조半人半鳥의 음악 여신인 긴나리(남신은 긴나라) 마노하라 공주와 수다나왕자(Prince of Sudhana and Kinnari)의 본생담이 그려져 있다. 인도네시아의 보로부두르 불탑(800년경 조성)에도 20장면의 부조로 새겨져 있다. 이는 근본설일체유부 비나야약사 제13권에 수록된 것으로, 빔비사라왕이 방문했을 때 부처님께서 자신의 전생에 대해 말씀하신 내용이다. 우리나라의 나무꾼과 선녀 이야기가 여기서 유래했다고 한다. 줄거리 전개가 인도답게 약간 복잡하지만 요약해 보자.

옛날에 인도의 판찰라Pañcāla 북쪽 지역은 정의로운 다나Dhāna왕이 다스리는데다, 잔마지트라 용왕이 적절한 때에 비를 잘 내려 주어서 풍요롭고 태평성대를 이루었다. 그에 비해 남쪽 지역은 폭군이 다스려 백성들이 북쪽으로 이주해 버리면서 나라가 황폐해졌다. 남쪽의 폭군왕이 자신의 폭정을 반성하고, 사술을 행하는 바라문을 보내 잔마지트라 용왕을 잡아오게 하였다. 드디어 남쪽 바라문이 잔마지트라 용왕에게 주문을 거는 데 성공해 잡으려 하는 순간 사냥꾼이 활을 쏘아 용왕을 살려 준다. 이에 용왕이 사냥꾼을 용궁에 초대해 잘 대접하고 선물을 준다.

사냥꾼이 용궁을 나와 지상으로 돌아오자 어떤 선인仙人이 용궁에서 올가미를 받아오라고 시켜, 사냥꾼이 용궁에 다시 돌아가 아모가amogha라는 올가미를 받아오게 된다. 선인은 천계의 긴나라 왕국의 선녀들이 내려와 목욕하는 곳을 사냥꾼에게 알려 준다. 사냥꾼은 아모가를 사용해서 선녀를 잡았는데, 함께 내려왔던 공주 마노하라가 잡히게 된다. 이때 훌륭한 청년으로 장성한 북판찰라국의 수다나왕자는 사냥꾼에게 잡힌 마노하라 공주를 구해 주었는데, 그녀의 아름다움에 반해 공주를 데리고 북판찰라 왕국으로 돌아가 결혼하고 행복한 신혼생활을 하였다.

그러나 북판찰라 왕국에 국경 반란이 일어나고, 수다나왕자를 제거하려고 마음먹은 바라문이 반란 진압을 왕자에게 맡기라고 간언한다. 수다나왕자는 마노하라 공주가 갖고 있던 하늘을 나는 보석 머리장식을 어머니에게 맡기고 국경으로 떠났다. 한편 국왕이 불길한 꿈을 꾸었다는 말을 듣고 바라문은 왕이 곧 죽을 것이라는 예언을 하면서 왕의 죄를 사하기 위해서는 마노하라 공주를 제물로 바쳐 제사를 지낼 것을 권유한다. 이에 신변의 위협을 눈치 챈 마노하라가 왕비에게 보석 머리장식을 돌려받아 하늘나라로 날아가 버렸다.

파이치카 장군 휘히의 야차군의 도움으로 순식간에 반란 진압을 마치고 돌아온 수다나왕자는 마노하라 공주를 찾아 길을 떠난다. 그는 선인을 만나 공주의 반지를 받고 천계로 가는 길을 배운다. 그 후 7년 7개월 7일간의 방랑 끝에 마침내 긴나라 왕국에 도착한다. 왕자는 시녀들이 들고 가는 마노하라 공주의 목욕 물동이에 반지를 넣었다. 마노하라는 물항아리 안에 떨어진 반지를 보고 왕자가 자신을 찾아온 것을 알게 된다.

공주는 왕자를 궁전에 초대해 아버지 드루마 왕에게 인사를 시킨다. 드루마 왕은 왕자의 무예를 활솜씨로써 시험하고, 그의 인품을 보기 위해 공주와 닮은 많은 선녀들을 모아서 같은 옷을 입혀 놓고 그 안에서 마노하라 공주를 찾아내게 한다. 왕자는 단번에 마노하라를 찾아낸다. 드디어 왕자는 사위로 인정받게 되고 큰 연회가 베풀어진다. 왕자와 공주는 다시 북판찰라 왕국에 돌아오고, 왕자는 왕이 된다. 수다나왕과 마노하라 왕비는 많은 사람들에게 보시하는 등 선정을 베풀면서 이야기는 끝을 맺는다.

마노하라 공주의 목욕하는 장면과 수다나왕자가 마노하라 공주의 성에 나타난 장면이 있고, 거기에서 좌측 측벽으로 가면 용궁 내의 잔마지트라 용왕 부부와 사냥꾼을 그린 장면이 있다.

샹카파라 자타카와 마하자나카 자타카 벽화

왼쪽 측벽의 두 번째 승방문 위로 샹카파라 용왕 본생도(Saṅkhapāla Jātaka)가 그려져 있다. 왕위를 물려주고 출가하여 수행하는 아버지를 찾아간 둣요다라왕이 아버지의 법문을 듣고 있던 샹카파라 용왕의 훌륭함을 보고 용의 세계에 태어나고 싶다는 생각을 하였다. 왕국으로 돌아온 왕은 큰 보시를 행하고 계율을 지니고 포살일을 잘 지키면서 용의 세계를 동경하였다. 그는 목숨을 마치고 용의 세계에 태어나 샹카파라 용

왕이 되었다. 용왕은 시간이 흐르자 그 영화의 무상함을 느껴 다시 사람
으로 태어나기 위해 포살일을 지켰다. 그러나 용의 세계 안에서는 포살
일에 계행을 지켜낼 수가 없었던 샨카파라는 인간 세상으로 올라가 포
살일의 계를 맹세하고 자신의 몸을 보시하기 위해 강둑에 누웠는데, 지
나가는 열여섯 명의 사냥꾼들이 이것을 보고 창으로 찌르고 밧줄로 묶
어서 메고 갔다. 그때 상인 아라라가 이 광경을 보고 사냥꾼들에게 많은
재물을 건네주고 용왕을 풀어 주었다. 샨카파라는 자신을 구해 준 아라
라를 용궁에 초대해 즐거움을 누리게 하였다.

　용궁에서 일 년을 보낸 아라라는 샨카파라 용왕으로부터 "생명이란
언제나 머무는 것이 아니며, 변화하는 법임을 알아서, 쌓은 범행梵行(깨끗

76

한 행동)과 선업善業(보시행)에 의해 이 화려하고 풍요한 왕궁을 얻었지만, 인간세계 이외에는 청정한 열반도 없고 계율도 없으므로 나고 죽음을 아주 벗어나기 위해 인간으로 태어나려 한다"는 말을 듣는다. 이에 그는 용왕에게 출가의 뜻을 밝히고 설산으로 들어간다. 샨카파라 용왕은 일생 동안 포살계를 지켰다.

둣요다나왕의 아버지는 가섭존자, 상인 아라라는 사리불, 샨카파라 용왕은 부처님의 전신이다. 샨카파라의 전생 아버지에게 설법을 듣는 나가(뱀 혹은 용왕) 부부, 자신을 구해 준 상인 아라라를 용궁으로 인도하는 샨카파라왕, 뱀의 모습을 한 샨카파라왕을 잡으려는 사냥꾼들 등의 그림이 그려져 있다.

왼쪽 측벽 중앙에 마하자나카 자타카(Mahājanaka Jātaka)의 대형 벽화가 펼쳐져 있다. 이 이야기는 삼촌에게 왕국을 빼앗긴 마하자나카가 상인이 되어 위험한 항해를 이겨내고 왕국으로 돌아와 삼촌인 왕의 유언-세 가지 문제를 해결하는 이와 결혼해서 왕국을 다스리라는 유언-을 단번에 해결하고 아름다운 공주와 결혼해 왕이 된다. 그러나 왕의 부귀영화가 많은 사람들이 탐내는 위태로운 것임을 알고 히말라야로 가서 수도승이 된다는 이야기이다. 출가길에 벌어지는 왕과 왕비의 대화가 심오하다.

벽화에는 마하자나카 왕과 왕비, 역동적이고 섬세하게 표현된 춤추는 무희와 악사들, 성자에게 법문을 듣는 만족스러운 표정의 마하자나카 왕과 출가 장면, 부왕의 유언을 듣는 공주의 장면, 마하자나카왕의 귀환, 부자가 되기 위한 항해, 난파와 표류 등의 장면이 그려져 있다. 학자들은 이 작품을 7세기의 것으로 본다.

에피소드가 담긴 여러 벽화들

안쪽 벽의 감실(전실+주실) 좌측 두 개의 승방문 사이의 벽 아래쪽에 마하운마가(Mahā-Ummagga) 자타카에 나오는 선량한 아내 아마라Amara 의 에피소드 그림이 있다. 이 자타카는 16굴에도 그려져 있어 거기에서 내용을 소개하기로 한다. 그 위쪽에 부처님께 우유죽을 공양하는 모습, 왕자의 관정의식도灌頂儀式圖가 그려져 있다.

감실의 안쪽 벽의 우측에는 위에서 언급한 금강장보살도가 있고, 그 우측 옆으로 참페야Campeyya 자타카가 있다. 가난한 한 소년이 나가왕의 화려한 생활을 부러워하여 결국 나가왕으로 태어났으나, 화려한 삶에서 행복을 발견하지 못한다. 그는 다시 인간으로 태어나기 위해 왕궁을 나와서 포살계를 지키다가 브라만 승려에게 잡혀 춤추는 뱀으로 전락했다가 나가왕비 수마나의 간청으로 궁전에 다시 돌아온다. 용궁 내 용왕 부부 그림의 오른쪽 옆으로 뱀 춤을 구경하는 왕과 신하들 장면이 있고 그 밑에 용궁에 초대받은 왕과 시녀들의 그림이 있다.

오른쪽 측벽의 중간에는 너무 훼손되어 알 수 없는 그림이 있고, 그 우측에 자력왕慈力王(Maitrībala) 본생도로 추측되는 그림이 있다. 마이트 리발라 자타카는《초전법륜경》의 오비구의 전생 인연담이다.

어느 날 야차왕에게 쫓겨난 5명의 야차들이 자력왕이 다스리는 나라에 와서 백성들을 해치려고 하였으나 자애와 연민으로 백성을 다스리는 왕의 마음이 너무도 강해서 야차들이 전혀 힘을 발휘할 수 없었다. 그러자 야차들은 브라만으로 변장하여 깊은 숲속에 들어가 지나가는 사람들을 잡아먹으려고 했으나 오히려 목동이 겁을 전혀 내지 않았다. 야차들이 그 이유를 목동에게 묻자 그는 소같이 강한 왕이 지켜 주므로 두렵지 않다고 대답한다.

이에 야차들은 자력왕이 어떤 왕인지 궁금하여 왕궁으로 찾아가 본색을 드러내고, 따뜻한 피와 몸을 요구한다. 왕은 기꺼이 자신의 피와 몸을 준다. 야차들이 아무리 먹어도 왕의 피와 몸은 없어지지 않는다. 야차들은 왕에게 감동하고, 왕은 자신의 보시가 일체지를 얻어 중생들을 구원하기 위함이라고 말한다. 이에 야차들은 왕이 일체지를 얻었을 때 그 법을 최초로 듣기를 원하고, 왕은 승낙한다. 다리를 꼬고 앉은 왕비와 서 있는 왕비 맞은편에 왕이 앉아 있다. 둘 다 녹색 좌복 위에 앉은 것이 이색적이다.

출입구 바로 우측 벽면에 마하수닷사나왕의 이야기가 그려져 있다. 마하수닷사나왕은 옛날 크고 화려했던 쿠시나가르를 다스리던 전륜성왕轉輪聖王으로 수명이 8만 4천 년이었고, 사무량심(자애, 연민, 더불어 기뻐함, 평온)을 닦아 범천梵天에 태어난 부처님의 전생이다.

천장은 수많은 화려한 장식 문양으로 가득 채워져 있는데, 안쪽 벽의 불상을 모신 감실의 천장에는 원형의 도상이 그려져 있다. 중앙 홀의 원형은 물감이 떨어져 나갔지만, 도상 주위로는 방형으로 구분된 무수한 천장 패널panel에 페르시아풍의 복장을 하고 있는 왕과 신하들, 코끼리, 거위, 백련, 요동치듯 뻗어나가는 덩굴 줄기 사이에 부가된 거위와 백련이 풍요로운 생명력을 자아내고, 여기에 다정한 남녀의 비천, 악천樂天, 주유(난쟁이 약샤) 등이 더해져서 마치 궁궐의 호화스러운 분위기를 연출한다. 이와 같은 제1굴의 벽화를 표로 정리하여 보았다. (보록 참조)

닮은꼴의 벽화 굴 ― 제2굴

1굴에서 나와 바로 옆 2굴로 가니, 석굴 안의 많은 벽화를 햇빛으로부터 보호하려는지 입구 기둥의 반 이상까지 내려오도록 차광막이 2굴 전체를 가리고 있다. 베란다에 4개의 기둥, 실내에 12개의 기둥을 세우고, 10개의 승방을 둔 2굴은 가로 35.7m×세로 21.6m의 규모로 7세기 초엽에 만들어졌다.

벽화굴로 유명한 2굴의 벽면에 이와 같은 글귀가 적혀 있다.*

활짝 핀 꽃들이 나무를 치장하고
그 향기는 공기를 달콤하게 하며
나무에 매달린 등불은
다가온 먹구름 속에서도 빛을 발하네.
호수에는 연꽃과 수련이 넘쳐나고
그 향기에 취한 꿀벌들은 떠날 줄 모르네.
진정한 미덕은 자기를 드러내지 않고
그 존재만으로도 주위를 밝히는 것.

입구부터 내부까지 가득한 벽화

2굴은 베란다 벽에서부터 벽화를 그렸다. 중앙 출입구의 좌측에 보디사트바Bodhisattva(菩薩)와 비천으로 알려진 그림들을 그렸고, 좌측 측벽 안의 실내 공간에도 벽화의 흔적이 있다. 베란다 우측 측벽과 측벽 안에 파 놓은 실내 공간에 벽화들의 잔해가 남아 있다.

실내에 들어서면 가득 찬 벽화, 화려한 장식 부조의 기둥들, 설법인을 하고 있는 불상 등 1굴과 유사한 닮은꼴의 석굴이다. 그러나 1굴이 감실의 양쪽에 승방을 두 개씩 넣었다면, 2굴은 신상을 모신 감실을 양쪽에 하나씩 넣었다.

왼쪽 측벽의 베란다 쪽에 가장 가까운 첫 번째 승방문 주위로 함사Haṃsa(거위) 자타카가 그려져 있다. 이 이야기는 죽림정사에서 아난다 존

---

* 하진희, 2013.

자가 전생에 부처님을 위해 생명을 걸고 의리義理를 지킨 데 대해 법문하신 것이다. 내용은 다음과 같다.

바라나시의 케마 왕비가 설법하는 황금거위 꿈을 꾸고는 실제로 황금거위의 설법을 듣고 싶어 한다. 이에 왕은 거위의 온갖 먹이가 되는 식물을 심은 못을 만들고, 아무런 위험이 없다는 소문을 퍼뜨려 거위 떼를 유혹하고, 사냥꾼을 시켜 황금거위를 잡게 했다. 그 결과 동료들을 도망시키며 자신을 돌보지 않는 황금거위왕 다타랏타와 목숨을 걸고 도망가지 않은 친구 수무카는 잡히게 된다.

사냥꾼이 수무카에게 "다른 새들은 버리고 가는데 너만은 왜 남아 있느냐?"라고 묻자, 수무카는 "저 새는 우리 왕, 우리 동무, 우리 벗으로서 내 목숨과 같다. 그러므로 내 목숨을 바칠 때까지 저 새를 버리지 못한다"라고 대답한다. 이러한 광경에 놀란 사냥꾼이 황금거위를 풀어 주었다. 황금거위왕의 청으로 왕에게 데려다 주자, 왕과 왕비가 황금거위왕의 설법을 듣는다는 줄거리이다. 황금거위왕이 전생의 부처님이며 수무카는 아난다 존자이다.

승방문의 좌측 위쪽으로 탁자 위에 올라가 설법하는 황금거위왕 다타랏타, 문의 좌측 아래에 올가미에 붙잡힌 다타랏타, 승방문의 우측 상단에 거위를 포획하는 방법을 상의하는 바라나시왕, 그 아래에 거위들이 날아드는 연지蓮池가 그려져 있다.

왼쪽 측벽 두 번째 승방문 위에 검은 피부를 하고 의자에 똑바르게 앉아 계신 호명보살도護明菩薩圖가 있고, 승방문 오른쪽 상단에는 태몽을 점치는 광경, 그 밑에 싯다르타 태자 탄생도가 그려져 있다. 가운데 승방문 오른쪽에 현겁 4불과 공양자 그림이 있다. 왼쪽 측벽에 착굴된 다섯 개의 승방 중에서 네 번째 승방문의 왼쪽에는 현겁천불도가 있다.

감실 안과 밖의 벽화들

이제 출입구의 맞은편 벽인 안쪽 벽으로 시선을 돌려보자. 안쪽 벽의 중앙에 감실이 있다. 감실은 전실과 주실로 구분된다. 앞에 있는 전실의 왼쪽 측벽과 안쪽 벽 우측에 천불도千佛圖가 그려져 있다. 전실의 안쪽에 설치된 주실에는 설법인의 주불主佛과 흰색으로 채색을 한 협시보살이 불자拂子를 들고 있으며, 협시보살을 거느리고 설법하는 불좌상佛坐像의 화현도化現圖가 감실 안의 좌우 측벽을 메우고 있다.

협시보살 불좌상 벽화는 좌불은 눈을 반개半開(눈을 반쯤 뜨는 것)하고 있는데, 뒤의 협시보살들은 완전히 눈을 뜨고 있으며 시선도 다양하다. 주불에서 보아 좌우 앞쪽 벽은 양쪽 모두 보살 입상을 그렸으나 물감이 너무 많이 떨어져 나갔다. 오른쪽은 관음팔난구제도로 알려져 있고, 왼쪽은 1굴의 금강장보살도와도 흡사한 보살 벽화이다.

감실 밖으로 나와 안쪽 벽의 우측에 얼굴과 어깨마저도 물감이 군데 군데 떨어져 나간 채 금강장 보살도와 유사한 그림이 남아있고, 그 오른쪽 끝에 소감실을 두어서 모성애의 상징인 하리티-판치카의 신상을 배치했다. 퉁퉁하게 살찐 형상이다. 소감실의 좌우 측벽과 천장에 벽화가 많이 남아 있다. 안쪽 벽의 좌측에 쉬라바스티의 대신변이 묘사되어 있다. 녹색의 망고나무 주위로 출현한 천불의 화현이다. 그 왼쪽 끝에도 소감실을 설치하고 두 명의 살찐 약샤 좌상을 조각했다. 이곳의 좌우 측벽과 천장에도 벽화가 잘 남아 있다. 부富의 신神인 '샹카니디-파드마니디 와'라고 한다.

오른쪽 측벽에는 안쪽 벽에 가장 가깝게 루루사슴왕(Ruru) 자타카가 심하게 훼손된 채 남아 있다. 루루 자타카는 17굴에도 등장하는데, 데바닷다의 전생과도 관련된 자타카이다. 부호의 아들로 태어나 방탕한 삶과 재산 탕진, 빚 독촉으로 갠지스강에 투신자실을 시도한 방탕아의 실러 딜라는 외침에, 황금사슴왕은 구명지은求命之恩을 베푼다. 하지만 방탕아는 사슴왕을 배신하고, 바라나시왕에게 잡혀가게 한다. 그러나 사슴왕은 방탕아의 목숨을 살려 주는 제2의 은혜를 베풀 뿐만 아니라 바라나시왕 역시 사슴들에게 무외無畏(두려움 없이 살게 함)의 은혜를 베풀고, 사슴왕은 다시 그에 보답한다는 줄거리이다. 사슴왕을 배신한 방탕아가 데바닷다의 전생이다.

오른쪽 측벽 가운데 승방문 주변으로 현자 비두라판디타(Vidhurapaṇḍita) 자타카가 있다. 이 자타카는 어떤 왕국에 살던 비두라 현자의 이야기다. 나가왕국의 왕 바루나가 비두라 현자의 강연에 감동해서 머리의 마니주를 현자에게 선물하자, 그의 왕비가 현자의 심장을 요구하며 병석에 드러누워 버린다. 이것을 해결하기 위해 나가왕이 딸 이란다티 공주와 결혼시킬 용맹한 전사를 구한다. 공주는 왕의 말에 순종하여, 그네를 타고 노래를 불러 말을 타고 하늘을 나는 용맹한 장군 프르나카를 유혹한다.

사랑에 빠진 장군에게 공주가 비두라 현자의 심장을 가져오면 결혼해 주겠다고 하자, 어여쁜 여인에게 눈이 먼 장군은 심장을 가지러 간다. 그는 현자가 모시는 왕국의 왕과 주사위 게임을 하여 왕으로부터 비두라 현자를 데려간다. 장군은 현자의 심장을 꺼내기 위해 산 정상에서 그와 결전을 벌인다. 그러나 막상 현자와의 대결에서 그를 이길 수가 없자, 사랑하는 이를 위해 그의 심장이 필요하다는 말을 하게 된다. 현자는 장군과 함께 용궁으로 간다.

가운데 승방문 왼쪽에 비사문천왕의 궁전을 방문한 프르나카가 앉아 있고, 문 오른쪽에 그네를 타는 이란다티 공주가 노래를 불러 유혹하자 장군이 말을 타고 내려오는 모습, 그네 위로 친족회의를 하는 나가들, 그네 뒤로 나가왕이 공주에게 이야기하는 모습 등이 보인다. 또한 나가왕 바루나에게 설법하는 비두라 현자, 프르나카 장군의 소유가 된 비두라 현자, 비두라 현자의 귀향을 축하하는 군대 퍼레이드 장면도 있다.

비두라판디타 자타카에 붙여 그 우측으로 부루나 장로 아바다나(설화도)가 있다. 나가 친족회의 오른쪽에 부처님께 공양 올리는 부루나 장로의 장면, 설법하는 젊은 날의 부루나 장로, 배가 난파되어 물에 빠진 형을 구하는 부루나 장로, 부루나 장로에게 기원하는 형 등의 그림이 있다.

부루나 장로 벽화가 있는 승방문의 오른쪽 벽화는 잘 알기 어렵고 그 오른쪽 승방문, 즉 베란다에 가장 가까운 승방문의 왼쪽 상단에 자신의 살점을 도려내는 시비왕의 자타카가 그려져 있다.

제2굴의 천장벽화

기둥의 주두와 천장이 만나는 곳에도 난쟁이 약샤, 비천 등 다양한 부조가 새겨져 있는데, 그러한 부조에도 채색이 되어 있거나 벗겨진 모습이다. 돌을 조각했다는 느낌보다는 진흙을 빚은 느낌이다. 천장의 가장 큰 단일 작품은 만다라를 연상시키는 커다란 원형의 문양이다. 원형 장식 그림은 천장의 여러 군데 나타나는데, 예를 하나 들어 자세히 보자.

원형의 문양은 잔잔한 호수에 돌이 던져져서 원형의 물결이 더 큰 원형들을 연속해서 만들면서 펼쳐지는 듯한 기본 구조 위에, 가장 중앙에는 만개한 백련을 그리고, 그 바깥으로 녹색의 원형 테두리를 긋는다. 다음 면은 아주 작은 네모, 원, 당초 등의 문양으로 채우고 녹색의 경계와 백색의 경계를 차례로 둥글게 그리고, 그 다음 면에는 파도가 말려 올라가는 문양을 반복하고, 다시 흰 테두리를 두른다. 이어지는 면에 여의如意 덩굴이 요동치듯 한 바퀴 돌고 나면 그 사이사이의 공간에 녹색의 이파리, 오리, 만개한 백련, 꽃봉오리, 하얀 수련 등을 빽빽이 채우고, 그 바깥으로 두 겹의 백색 띠를 그어 마감한다. 가장 바깥 원과 바깥 네모구획 사이의 네 모서리 남은 공간에는 여자 천인이 남자 천인의 허벅지에 기대앉은 한 쌍의 남녀 비천도를 그려 메운다.

| 제2굴 천정 벽화 | 마주앉은 상인과 꽃

　원형도상 주위로 방형의 패널에 오리, 거위, 공작, 코끼리, 뒤쪽이 구름으로 화한 사자 등 동물들의 그림을 비롯해서 여러 가지 꽃들, 덩굴문, 기하학적 무늬, 인물 등 갖가지 그림을 그려 넣고 있다. 황색 패널의 초록색 바탕 위에 그려진 탐스러운 백련과 혹은 붉은색의 바탕 위에 그려진 긴 연대 사이의 백련에 채색된 파란색은 라피스라줄리라는 보석 물감으로 보이는데, 하얀 연꽃잎의 순도를 더욱 강조한다.

　두 상인이 마주앉아 대화를 나누는 그림에서 상인의 양말과 터번에도 파란 채색을 했는데, 이 역시 하얀 옷과 순수의 조화를 이룬다. 얼굴색은 밤색인데 아잔타 벽화에 밤색 피부가 많이 등장하는 것은 남인도 사람들의 피부색을 반영한 듯하고, 흰 옷 역시 남인도의 옷 색을 그대로 그린 것으로 보인다. (제2굴의 벽화를 표로 정리한 보록 참조)

최대 굴—제4굴

제4굴은 C.E. 635년 경 조성된 것으로 추정되는, 아잔타에서 가장 큰 석굴이다. 후원자의 이름이 적힌 명문이 발견되었지만 미완성이기도 하다. 명문에는 다음과 같이 적혀 있다.

이 공덕으로 그의 부모와 할아버지 그리고 모든 중생들이 구경의 진리를 깨닫기를 기원한다.

입구 전면에 8개의 팔각기둥으로 베란다를 만들고 있고, 출입문틀에는 왼쪽 상단과 오른쪽 하단에 넝쿨을 잡은 약시상이 상대적으로 크게 부조되어 있고, 그 주위로는 약샤, 약시 부부 부조를 많이 새겼다.

출입문틀 오른쪽 하단에 두 손으로 넝쿨을 잡고 있는 약시가 다리가 길고 둔부가 발달한 팔등신의 몸매인 것이 마치 서양인의 모습과 같아서 다른 약시상과는 좀 다르게 보인다. 문의 오른쪽에 혼자서는 잘 등장하지 않는 아름다운 관세음보살상이 단정하게 서 있는데, 팔 하나가 부러져 나가고 없다.

굴 안으로 들어서면, 28개의 팔각기둥을 세우고 21개의 승방을 갖춘 큰 실내 공간이 나타난다. 안쪽 벽 가운데 감실의 주실

| 제4굴 내부 |

에는 사슴 두 마리가 무릎을 꿇고 옹호하고 있는 불상이 설법인의 자세로 앉아 있고, 그 앞의 전실 좌우 측벽에는 각각 두 분의 불입상佛立像이 주름 없는 얇은 가사를 수하고 한쪽 무릎을 약간 구부린 삼곡 자세로 조각되어 있다.

아잔타의 불상들은 주름 없는 얇은 가사를 수한 점에서 5세기 사르나트 불상의 양식을 따르고 있지만, 거의 대부분이 곧은 자세를 하고 있는 점이 다르다. 선이 좀 더 두터워지고 불상의 살집도 두툼해졌다. 5세기의 사르나트 불상이 전체적으로 가는 선과 날씬한 몸매에, 한쪽 무릎을 약간 구부려서 동적이고 유연한 느낌을 강조한 것과는 사뭇 다르다. 사르나트가 사용한 적색 사암과는 달리, 이곳에서는 화산암을 재료로 사용한 것도 이러한 변화의 한 원인으로 작용했을 것이다.

기둥 바깥으로 충분한 공간의 회랑이 만들어져 있는데, 창문으로 들어오는 햇살이 회랑 복도를 푸르게 물들인다. 바닥과 벽면, 기둥 등은 매

| 제4굴 전실의 측벽 부조와 중앙 감실의 주 불상 |

끈하게 처리를 해 놓은 것에 비해, 천장은 울퉁불퉁한 모습이다. 기둥에도 감실 앞 기둥의 부조를 제외하고는 벽화나 부조의 장식이 거의 없다.

기둥 뒤쪽 벽에는 승방을 줄지어 파 놓았다. 벽면에 한 사람이 겨우 들어갈 만한 문을 만들어 그 안에 조그마한 개인 방을 만들어 놓았는데, 방마다 크기가 조금씩 다른 듯하고 완성되지 않은 방도 보인다. 옛 스님들이 머물렀던 방이라 생각하니 감개가 무량하다. 통째의 암반을 파내서 만든 큰 공간 벽에 다시 좁은 방을 만들어 거처로 삼아 머물렀던 것이다. 일행들을 방안에 앉게 해서 기념사진을 한 장씩 찍었다. 모두 성불하시기를!

유일한 2층 굴─제6굴

작업을 하다가 중단한 5굴을 지나쳐, 아잔타 유일의 2층 굴이라는 6굴로 가니 베란다 없이 바로 들어가는 문이다. 1층 굴은 가로 세로 4개씩 총 16개의 기둥이 바둑판처럼 배치되어 안마당 없이 2층 굴을 받치고 있는 구조이다. 안쪽 벽의 중앙 감실의 전실 좌측 측벽에 쉬라바스티의 신변도가 있고, 우측 측벽에는 항마성도도가 있으며, 감실 안쪽 공간인 주실의 주불 위 천장에도 아름다운 꽃문양의 그림이 수놓아져 있다. 그러나 보존 상태가 그리 양호해 보이지는 않는다.

2층 굴은 1층 석굴의 입구 쪽에서 다락방 올라가는 듯 좁고 경사가 심하고, 계단 하나하나가 높은 돌계단이다. 돌계단을 네 발로 기는 듯 올라가, 2층 실내 베란다를 지나 문을 통해 본당으로 들어서면 12개의 기둥을 받쳐 놓은 아담한 석굴이 나타난다. 산만함이 없는 고즈넉한 분위기에 참으로 아늑하다. 규모에 비해서 회랑 벽에 많은 승방들(17개)의 입구가 보였다. 우측 측벽의 가장 오른쪽(입구쪽) 승방 안을 들여다보면, 승방 안의 우측 측벽에 쉬라바스티의 대신변 그림이 그려져 있다.

이 2층 굴은 베란다가 이중으로 되어 있는 셈이었는데, 실내 베란다 바깥으로 실외 베란다가 설치되어 있다. 실외 베란다로 나오니 아잔타 석굴군 전체에 대한 아름다운 전망이 활짝 펼쳐진다.

참배를 마치고 밖으로 나오니, 일행들은 인도 가족들과 어울려 사진 촬영하며 잔치 분위기다. 특히 한 보살님에게 촬영 요청이 쇄도했는데, 절을 많이 해서 맑은 얼굴인데다 때마침 강렬한 태양에 눈부신 하얀 적삼과 회색 승복바지를 입고 있어, 인도 사람들 눈에 특별하게 보인 듯하다.

하얀 색은 남인도 사람들의 옷 색깔이기도 한데, 아소카왕의 석주 명문에도 스님이 아닌 자에게는 백의를 입힌다는 말이 나오고, 백의단월白衣檀越(흰 옷을 입은 보시자)이라는 불교용어도 인도의 흰 옷 문화에서 나온 말로 보인다. 백색은 옳고 선하고 좋은 것이며 흑색은 그 반대이고, 오른손으로는 인사하고 식사하고 남에게 물건을 줄 수 있지만 왼손은 그러한 행위를 할 수 없을 만큼, 흑백 논리가 유달리 발달한 인도인들은 흰색을 선호한다. 백색은 부처님과도 큰 인연이 있는 색깔이니, 태몽은 백련白蓮을 코로 감아쥔 흰 코끼리(白象)였고, 사문유관하실 때에는 네 마리의 백마白馬가 마차를 끌었으며, 출가하실 때에도 눈부신 백마를 타고 성을 넘었다.

절에서 스님들이 모여 단체생활에서 오는 일의 옳고 그름을 가릴 때, 취주取籌(산가지를 잡다)에 의한 대중공사(율장 용어로는 다인어多人語)를 하는 경우가 있는데, 찬성은 흰 색 산가지를 잡고, 반대는 검은색 산가지를 쥐어서 의사 표시를 한다. 여기에서도 흰 색은 옳음, 선善의 관념과 관련이 있는 것이다. 그 외에도 긴 것과 느린 것은 여법如法에 대응하고, 짧은 것과 급한 것은 비법非法에 대응한다.

최초의 법당굴—제10굴

두 개의 현관에 천불千佛 부조를 가진 7굴을 지나, 계단 밑으로 내려가야 들어갈 수 있는 8굴은 계단을 오르내리는 번거로움을 핑계 삼아 건너뛰고, 9굴은 10굴과 비슷하게 생겨서 일단 생략하고 아잔타 최초 굴이라는 10굴로 직행했다. 기원전에 조성된 것이라는 생각이 들지 않을 정도로 높고 크게 잘 만들어진 석굴이었다. 내부 중앙에는 불상 조각이 아직 없는 탑이 봉안되어 있는 법당굴이다.

여기에서 예불을 모셨다. 조금 전 참배했던 2층 굴에서 예불하지 않은 게 아쉬움을 남기긴 했지만, 최초 굴인 10굴에서의 예배는 그 상징성만으로도 충분했다. 우리는 향을 피우고 차를 올리고 탑을 향해 7정례, 이산혜연 선사 발원문, 반야심경을 독송했다. 예불하는 동안 예불문 합송 소리가 석굴을 울리고 우리의 마음을 울렸다. 오목한 모양의 예배당의 높은 천장과 탑 뒤의 둥근 공간은 음악당과도 같이 예불 음의 공명을

더욱 아름답게 만들어 주는 듯했다.

많은 사람들의 인생을 바꿔 놓았다는 아잔타! 기원전 2세기부터 900년에 걸쳐 조성된 석굴들, 석굴을 조성하도록 보시한 이들의 간절한 마음, 정을 쥐고 망치질하던 석공들의 노고, 그 안에서 정진하다 가셨을 스님들! 예불과 함께 피어오르는 상념들이 더욱 감정을 북받치게 하였다. 예불 소리들이 먼저 탑돌이 한 요도를 따라 탑돌이를 하면서 예불을 마감하고 그대로 입정入定에 들었다.

제10굴은 B.C.E. 2세기경 착공되었다고 본다. 발견된 명문에 바스티푸트라 카나하디, 바하다의 카나하카, 다르마데바(法天) 스님의 보시로 착굴했고, 여러 사람들의 기부로 채색과 벽화를 그렸다고 한다. 승방 없이 탑을 모신 예불 전용의 법당굴이기 때문에, 즉 대웅전과 같은 예불 장소이기 때문에 천장을 높게 하고 그 모양도 반구형 돔으로 하여 성스러움과 고귀함을 증가시켰다. 그리고 안쪽의 벽도 둥글게 해서 예배 대상에 대한 접근성과 친밀도를 높였다.

| 제10굴 내부 |

　길이×폭×높이가 28.5m×12.3m×11m의 높고 넓은 공간에, 좌우 벽을 따라서 암반을 깎아 39개의 팔각기둥 모양을 만들어 기둥과 벽 사이에 자연스럽게 회랑이 형성되고, 안쪽의 중앙탑도 기둥과 간격을 두어 탑돌이를 할 수 있게 요도를 설치했다.

　무불상無佛像 시대에 조성된 10굴은 불상 대신 탑을 예배의 대상으로 삼았다. 중앙탑은 아잔타에서 가장 큰 탑이다. 2단의 둥근 기단 위에 동그란 반구의 안다aṇḍa(탑신부: 만구형의 돔)가 놓여졌다. 상륜부를 보면, 안다 위에 방형의 울타리(평두)를 만들고 다시 방형의 단을 올리고 그 위에 3단의 받침대를 올렸는데, 위의 받침대를 더 크게 해 정면에서 보아 역삼각형의 모양으로 고귀함을 더하고 있다. 그 위에 있었을 산개傘蓋와 산간傘竿은 보이지 않는다.

산치 대탑의 평두平頭(하미카)가 단순히 방형의 울타리인 것에 비하면, 평두 역시 2단으로 높아지고 역삼각의 받침대를 가졌다. 또한 기단은 2단으로 높아졌지만 둥근 기단의 형태를 유지하여 방형으로 변화하지는 않았다. 안다도 공처럼 위로 솟아나지 않고 산치와 마찬가지로 거의 반원을 유지하고 있다. 이러한 탑의 모양은 산치의 탑보다는 변화를 가져왔지만, 상당히 고형古形의 모양새를 유지하고 있는 것이다.

팔각기둥 위로 천장 돔에 연결되는 측벽의 평면*이 일렬로 서 있는 팔각기둥들을 따라 법당을 한 바퀴 돌아 나오는데, 이 창방 평면의 직선미와 천장 돔의 오목한 모양새가 자아내는 곡선미가 단순성의 조화를 이루고, 중앙탑 평두의 직선미와 안다의 동그란 곡선미가 다시 한 번 더 단순성의 조화를 이루는 공간이다.

10굴은 또한 입구 전면이 다른 석굴과는 차별성을 가진다. 승원굴의 입구 전면은 현관문 정도 크기의 출입문을 내고 문 양쪽으로 창문을 만들어 채광을 도왔다면, 10굴은 석굴 실내의 커다란 돔형 공간 그대로가 입구이다. 현재는 나무로 틀을 짜서 벽을 치듯 입구 전체를 막고, 밑에 작은 출입문을 만든 형태이다. 만약 입구 전체를 벽처럼 막은 나무문이 없다면 바깥 햇살이 안쪽으로 몽땅 들어와서 석굴 안과 밖이 별로 구별이 되지 않을 정도이다.

팔각기둥 뒤쪽의 천장은 사각의 서까래가 조각되어 있고, 밖에서 보

---

* 이를 앞으로 창방 평면이라 부르기로 한다.

아 입구의 돔형 지붕에도 사각의 서까래가 일정 간격으로 조각되어 있어 목조건물의 양식을 차용하고 있다. 돔형의 입구는 윗부분의 꼭짓점이 뾰족하게 처리되는데, 그것은 보리수 잎 모양을 딴 것이다.

돌기둥을 팔각으로 깎은 것도 목조건물 양식으로 보인다. 한국의 고건축의 경우에는 궁궐이나 불당 같은 곳에 원기둥을 사용하고 절의 요사채寮舍寨나 민가에 각기둥을 사용하게 한 것과는 반대로, 아잔타에서는 예배 공간인 법당굴에 팔각기둥을 사용하고 승원굴에 원기둥을 많이 사용한 것을 볼 수 있어 한옥의 개념과는 정반대임을 알 수 있다. 그러나 이러한 모습은 후기의 법당굴인 19, 26굴에 가면 모두 원기둥으로 교체된 것을 볼 수 있다.

벽화는 B.C.E. 2세기와 C.E. 4세기의 두 번에 걸쳐 그려졌다고 본다. 벽화는 천장과 기둥을 가득 메운 듯하다. 천장 전체를 동일한 크기의 방형의 패널로 나누고 그렸던 벽화들의 흔적이 있고, 팔각기둥의 뒤쪽 회랑 천장에 벽화들이 남아 있다. 우측 벽의 벽화는 날카로운 못 같은 것으로 긁어 놓아 인위적인 파손이 심하다. 기둥에는 아직도 많은 벽화가 남아 있는데 마모 역시 많이 진행되었다. 육아상본생도, 한쪽 눈을 잃은 비구에게 법문하시는 부처님 등이 그려져 있으며, 검은 피부의 인물들이 부처님을 포함해서 많이 등장한다.

예불을 보고 나니 아잔타 참배의 한 고비를 지난 듯했다. 10굴의 참배를 마치고 나오는데 밝은 햇살이 눈부시고, 오른쪽 위로 병풍처럼 둘러친 석벽 중간에 파여진 네모진 작은 구멍들처럼 보이는 석굴들은 또 다른 염원을 상징하며 우리를 기다리고 있다. 각 굴의 참배와 관람은 이제 시작이다. 시간은 오전 11시 40분을 달리고 있다. 10굴의 환한 입구를 나와서 벽화굴로 유명한 16, 17굴로 갔다. 14굴부터 다시 후기굴이다.

닮은꼴의 법당굴—제9굴

전기의 법당굴인 9굴은 시간 관계상 오후에 개인적으로 참배했지만, 여기서 써두는 편이 좋을 듯하다. 10굴과 닮은꼴이기 때문이다. B.C.E. 1세기 사타바하나 왕조 때(B.C.E. 50~C.E. 50) 조성된 것으로 생각되며, 팔각기둥의 숫자가 10굴이 39개인데, 9굴은 23개로 16개가 적게 세워졌고, 전체 규모가 10굴보다 조금 작은 것을 제외하고는 원형의 돔 천장, 실내의 가장 안쪽에 모셔진 무불상의 탑, 팔각기둥과 천장과 회랑 벽에 채워진 채색 벽화 등 10굴과 동일하다.

10굴과 마찬가지로 기원전의 무불상 시대의 석굴이므로 불상이 없고, 중앙에 탑을 모시고 예배의 대상을 삼았는데 탑의 모양이 10굴과 같으면서도 세부적으로 조금 다르다. 밑에서부터 보면 먼저 기단이 10굴은 원형의 2단인데, 9굴의 탑은 1단의 원형이다. 안다 역시 동일하지만 10굴의 안다가 반원이라면, 9굴은 반원 이상으로 안다가 솟아올라 동그란 공 모양이 더욱 강조되어 있다. 이러한 안다의 변화 양상 역시 후기의 발전에 속한다고 본다.

가장 위쪽의 상륜부를 보면, 10굴이 2단을 이루는 방형 울타리(평두)와 사각 기둥 위에 3단의 받침대가 적절한 크기라면, 9굴은 방형으로 된 1단의 울타리 위에 사각기둥이 짧고 바로 5단의 받침대가 커다랗게 올려져 있다. 10굴보다 평두의 크기가 훨씬 커져 있는 것이다.

안다와 평두의 비례를 계산해 보면, 10굴이 안다의 폭이 평두의 폭의 2.15배였는데 9굴은 1.3배로 줄었고, 높이는 10굴이 평두의 1.5배였는데 9굴은 1.14배로 줄었다. 높이가 1.14배라는 것은 거의 같다는 것이다. 이는 후기로 갈수록 탑신부인 안다는 작아지고 기단과 상륜부가 커지는 경향과 정확히 일치하고 있다.

| 제9굴 내부 |

B.C.E. 3세기에 최초로 조성되었던 산치 대탑과 비교하면 그 형태의 변화가 있긴 하지만, 원형의 기단이 잘 보존되어 있고 기단과 안다에 아무런 부조나 장식이 없는 점은 초기 탑의 형태를 잘 보여 주는 예라고 할 것이다. 기원전에 조성된 법당굴인 9, 10굴의 탑과 기원후 5세기 이후에 조성된 법당굴인 19, 26굴의 탑을 비교하면 어떤 변화와 발전이 있었는지 한눈에 알 수 있다. 아잔타 석굴은 탑의 변천사를 한꺼번에 보여 주고 있는 것이다.

훼손이 심한 벽화들 가운데에 남아 있는 부처님의 모습은 오른쪽 어깨를 드러내고 단순히 주황색 가사를 걸친 비구의 모습이다. 부처님의 두광頭光(머리 광배)은 윤곽선만으로 처리하여 바탕색인 녹색과 동일하다. 한국의 불화에도 두광이 녹색인 경우가 많은데, 그것은 배경색과 달리하여 따로 녹색을 채색한 것이지만 여기는 녹색 바탕색에 두광의 윤곽선만

| 잔존하는 9굴 벽화들 |

그은 것이 다르다. 인도 회화에서 녹색이 평화를 의미한다면, 한국 불화에서 두광의 녹색은 진리를 상징한다고 한다. 두광 위로 일산日傘을 크게 그렸다.

9굴이 10굴과 크게 다른 점은 탑을 봉안한 안쪽의 평면이 방형이라는 점과 입구의 양식이다. 아잔타의 29굴을 제외한 모든 법당굴이 탑을 봉안한 안쪽의 평면이 원형인데, 9굴만은 방형의 평면으로 되어 있다. 탑을 돌아 나오는 기둥들이 방형의 평면에 원형의 선을 그리고 있음은 물론이다.

바깥에서 굴의 입구 쪽 전면前面을 보면, 10굴은 입구를 실내와 동일하게 뚫어서 큰 나무문을 엮어서 달았다면, 9굴은 바닥에서 천장까지의 높이를 2등분하여 위쪽에는 돔형의 큰 창을 하나 내고, 밑에는 중앙에 현관문을 만들고 양쪽으로 사각의 창문을 두어 채광을 돕고 있다. 이러

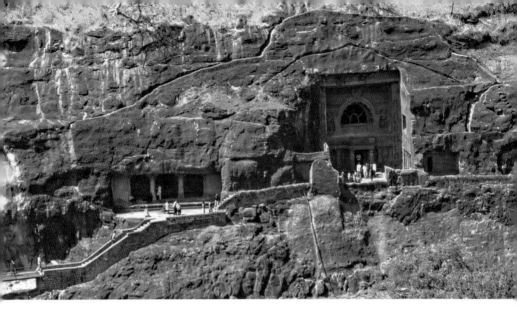

한 전면의 변화는 후기 법당굴(19굴과 26굴)의 원형을 이루는 것이다.

위층의 돔형 창에는 10굴과 마찬가지로 둥근 돔을 따라가면서 사각의 서까래를 일정 간격으로 조각해 목조건물의 모습을 하고 있고, 큰 돔 창문 아래에 동일한 모양의 작은 돔 창문 다섯 개를 횡으로 장식했다. 돔 창문은 후기로 갈수록 더욱 작아지고 장식 문양으로 사용된다. 1층의 현관문과 창문 위로는 비와 햇빛을 가리도록 짧은 지붕을 3개 내었다. 따라서 얼핏 보면 2층집 같아 보인다. 2층의 큰 돔 창문가에 장식된 불상들은 후기에 조성된 것으로 봐야 할 것이다.

안타까움의 제16굴

16굴의 입구는 코끼리 두 마리가 서로 마주보고 있어서 구별하기가 쉽다. 무겁고 큰 코를 바닥에 대고 앞발을 꿇고 들어오는 순례객에게 인사

| 우측부터 좌측으로 제16굴~제20굴의 외부 |

를 한다. 1,500년간 무릎을 꿇고 인사하고 있으니 코끼리의 공덕행이 웬 만한 이보다 낫다. 코끼리의 인사를 받고 계단을 밟아 올라가면 석굴 안 으로 들어간다.

16굴은 바카타카Vākāṭaka 왕조*하리세나왕(475~500)의 바라하데바 장 관이 자신의 양친을 위해 불교 교단에 봉헌하였다고 한다. 이 석굴은 넓 은 중앙 공간을 둘러싼 20개의 팔각기둥과 좌우로 14개의 승방(쿠티kuti) 을 구비하고 있다(베란다 좌우 방 2개를 포함하면 16개). 중앙 불상은 거대한 체구에 설법인을 하고 의자에 앉은 모습인데, 앞으로 가지런히 놓은 두 발이 유달리 크다. 이 석굴의 벽에는 다음과 같은 구절이 적혀 있다.

위대한 승려들이 거주하는 이 석굴에 들어오는 이는
누구든 모든 죄가 사해지고

---
* 3세기 후반~6세기 중엽 인도의 데칸 지방을 지배한 왕조

| 제16굴 입구 |

고요와 성스러움의 세계와 진정으로 하나가 되어
집착·슬픔과 고통으로부터 자유로워질 것이다.*

이 감동적이고도 자신감 넘치는 문구는 여기서 머물던 스님들의 위대
한 정진을 단적으로 묘사하고 있다. 고통이 있음으로써 고통으로부터의
자유가 있는 것이라면, 슬픔으로부터의 해방을 표현할 수 없을 때는 슬
픔을 표현하면 이미 그로부터의 해방을 말한 것이리라.

슬픔의 고통을 표현한 벽화–난다 출가도
이 석굴의 유명한 벽화 하나가 슬픔의 고통을 드러내고 있다. 왼쪽 측

---

* 하진희, 2013.

| 죽어가는 공주 |

벽 가운데에 있는 난다 출가도 중의 한 장면인 '죽어가는 공주'가 그것이다. 이 그림은 난다 왕자의 아내 자나파다칼라야니 공주가 난다 왕자가 출가하자 시름시름 앓고 있는 장면이다. 마음의 상심이 얼마나 컸는지 거의 죽어가는 것처럼 보여서 죽어가는 공주라는 이름이 붙었다.

이 그림은 아잔타의 수많은 그림들 중에서도 세속적 감정의 표현에 있어서 단연 압권인 작품이다. 인간의 내면 감정을 어찌 그림에 이토록 잘 담아낼 수 있는지 놀라울 뿐이다. 힘이 없어 의자에 늘어진 몸과 진한 슬픔이 가득한 얼굴! 생각지도 않은 일에 자신의 요구를 한 움큼만이라도 일으킬 수도 없고, 어쩔 수 없는 일에 삶의 온기가 갑자기 식어버린 듯하다. 등불이 사그라들 듯 생명력이 꺼져가는 한 여인의 모습이 처연하기 이를 데가 없다. 시중드는 여인의 표정도, 공주의 머리 위 천장에 목을 길게 빼고 엎드린 공작도 공주의 절망에 부응하고 있다.

| 난다 삭발도 |

인도의 회화나 조각의 뛰어난 점이 바로 내면과 표정의 표현인 것이 이 작품에서 절정에 달하고 있다. 삭발한 난다 왕자가 턱에 팔을 괴고 쪼그리고 앉아 기둥에 기댄 모습이 슬픈 공주의 모습과 쌍을 이루고 있다. 그림 왼쪽에 앉아 있는 사람이 삭발 중인 난다인데, 고개 숙인 머리 윗부분의 물감이 떨어져 나갔다. 그 외에도 난다 출가도는 카필라의 왕궁, 카필라성에서의 탁발, 부처님께 발우를 받는 난다, 부처님이 난다를 데리고 천상에 오른 장면 등이 그려져 있다.

마하운마가 자타카와 알란부사 자타카 벽화

난다 출가도 좌측에 소년 현자의 대서사시인 마하운마가(Mahā Ummagga) 자타카가 있다. 이 자타카는 마호사다Mahosadha라는 현자의 이야기다. 마호사다 현자는 부처님께서 태어난 세 번의 생에서 태어나자마자 말을 하신 첫 번째에 해당하는 탄생이며, 남방에서는 애니메이션으로 제작될

정도로 널리 알려진 본생담이다. 부처님은 비제하왕이 다스리는 미틸라 국에 시리밧다카의 아들로 태어났는데, 태어날 때 제석천이 준 약초를 손에 쥐고 태어나서, 어머니가 "아가야, 네 손에 쥔 것은 무엇이냐?" 하는 질문에 "어머니, 약입니다. 이 약은 어떤 병이라도 낫는 약이니 이 약으로 사람들을 고쳐 주십시오"라고 말했다고 한다. 그리하여 이름도 마호 사다, 즉 대약大藥이라 지었다.

마호사다는 7세가 되자 건축학적 재능을 발휘하여 장려한 회관과 연못으로 장엄된 정원을 짓고 온갖 부류의 사람들이 숙박하고 쉬어갈 수 있게 하였다. 또 고깃덩이를 채어 날아가는 매에게서 그 고깃덩이를 다시 뺏어 오고, 황소·목걸이·실로 만든 공·아내·수레의 도둑과 주인을 판별해 주고, 어린아이를 훔친 여자와 친엄마를 가려주었는데 마치 솔로몬의 지혜로운 재판과도 같이 느껴진다. 그 외 비제하왕이 낸 다양한 문제들을 모두 막힘없이 해결해 내고는 왕궁에 초대된다.

왕궁에 입궁하여 왕비의 목숨을 구해 주는 한편, 미틸라국의 현자인 세나카와 행복(복덕 내지 부귀)과 지혜의 우열에 관한 논쟁을 벌인다. 16세가 되어 아마라데비Amaradevī(불사비不死妃)라는 현명하고 아름다운 여자와 결혼하였다. 불사비를 아내로 맞아들이는 과정에서 시험하는 장면도 흥미롭다.

그는 비제하왕의 현자로서 활약하면서 당대의 최강대국인 웃타라판 찰라국과의 전쟁에서 승리하였다. 그가 전쟁에서 보여 주는 용의주도한 첩보진은 현대정보전과 같고, 적국에서 거대한 지하보도를 건설하여 비제하왕을 탈출시키는 장면은 할리우드 영화의 발상을 넘어서며, 전투에서의 책략은 제갈량의 신산과 계책을 능가하는 듯하다. 자신을 끝없이 모함하는 네 명의 미틸라국 현자들을 끝내 보호하고, 전쟁 와중에도 백한 명의 적국 왕들의 목숨을 구해줄 뿐만 아니라, 적국인 판찰라국의 왕의 신임과 존경까지 받게 되는 것은 바라밀을 행하는 보살답다. 전쟁이 끝나자 판찰라국 왕과의 약속대로, 비제하왕의 사후에 판찰라국 왕을 모셨다. 판찰라 국왕은 마호사다 현자를 이 세상에서 가장 소중한 사람으로 여기게 된다. 벽화에는 녹색인, 황색인, 홍색인의 청중을 등장시켜 인종적 다양성을 보여 주고 있다.

마하운마가 자타카의 우측에 알람부사 자타카(Alambusa Jātaka)가 그려져 있다. 알람부사 자타카는 알람부사라는 천녀天女가 수행자를 유혹하여 선정과 신통을 잃어버리게 한 이야기이다. 옛날 범여왕이 바라나시에서 나라를 다스릴 때, 정수精水에 젖은 풀과 물을 마시고 임신한 암사슴이 사람의 아들을 낳았다. 그때 선인의 도에 들어간 보살이 이 아이에게 이시싱가라는 이름을 지어주고 출가시켰다. 그리고 그가 나이 들어 죽을 때, 아들 이시싱가에게 이곳 설산에는 꽃에 비길 만한 아름다운 여자들이 있는데 그녀들의 손아귀에 들면 파멸할 것임을 주의시킨다. 이시싱가가 선정에 유희하면서 모든 감각기관의 활동을 잃을 정도로 과도한 고행을 하자, 그의 계율을 지키는 힘에 의해서 제석천의 자리가 흔들린다.

불안해진 제석천은 자신의 1억 2,500만 명의 천녀들 중 알람부사 외에는 이시싱가의 계율을 깨뜨릴 자가 없음을 알고, 알람부사로 하여금 이시싱가의 계율을 깨뜨리라고 명령한다. 선인들을 범한 이들이 다 지옥에 떨어져 우치愚癡의 윤회에 잠겼음을 알고 온 몸의 털이 일어서는 두려움을 느끼면서도 할 수 없이, 알람부사는 제석천이 시키는 대로, 태양 같은 광명을 발하고 황금빛 전단향을 풍기며 친구들을 거느리고 이시싱가 앞에 나타난다.

욕탕 청소를 하던 이시싱가는 아름다운 천녀를 보더니, 그녀의 넓적다리, 걸음걸이, 엉덩이, 배꼽, 유방, 목, 입술, 이빨, 눈동자, 머리카락을 차례로 칭찬한다. 그녀는 이시싱가의 어리석음을 알아차리고는, 그에게 "우리 이 도원에서 함께 즐기자. 나는 그대를 안아 주리라" 하고는 오히려 그곳을 떠나는 척하니, 평소에 기운이 빠져 행동도 느리던 고행자 이시싱가가 갑자기 활기를 띠고 재빨리 뛰어나가 그녀의 머리카락을 움켜잡았다. 아름다운 그녀는 곧바로 돌아서서 그를 껴안아 버렸다.

절치부심해 온 고행자의 범행梵行이 돌연히 깨지고 만 것이다. 그녀는 그를 안은 채 제석천이 숲속에 마련해 놓은 황금자리로 데리고 갔다. 그것은 오십 개의 덮개로 덮고 천 개의 일산을 씌워 휴식하기 좋은 자리였다. 한순간 취했다가 고행자는 깨어났다. 사방을 둘러보던 그의 눈에는 눈물이 가득 찼다. 그동안 3년이 흘러 버린 것이다. 한탄하며 후회했지만 선정과 신통이 사라져 버린 뒤였다.

내가 숲속에 살면서
위력으로 내 몸에 쌓아 둔 것을
마치 갖가지 보물을 가득히 실은 배를
바다에서 붙잡듯 잡은 이는 누구인가?

난다 출가도의 오른쪽 승방문 주위에는 제불병좌도諸佛並坐圖(부처님들께서 나란히 앉아 있는 모습을 그린 그림)가 있다. 제불병좌도의 오른쪽으로 비천의 그림이 자기 자신만을 겨우 벽에 남기고 있고, 그 옆에 양쪽으로 협시보살을 둔 부처님의 설법도가 있다. 부처님과 협시보살 등 세 분 모두 머리 물감이 떨어져 나간 모습이 안타까움을 더한다. 감실 바로 좌우측의 안쪽 벽에는 남아 있는 물감만으로는 알 수 없는 벽화의 흔적이 있다. 안쪽 벽의 오른쪽 모서리에 협시보살을 양쪽으로 대동하신 교각좌의 부처님이 양 발 옆에 귀여운 사자를 두고서 설법하고 있는데, 어깨 윗부분이 남아 있지 않다. 안쪽 벽의 왼쪽 모서리에는 역시 양쪽에 협시보살이 시립한 부처님 주위로 많은 군중이 모여들어 법문을 듣고 있다.

오른쪽 측벽 한가운데 있는 부처님 일생도에는 태몽을 얘기하는 장면, 카필라성내를 그린 장면, 싯다르타 태자 포육哺育, 사문유관, 수하정관樹下靜觀(부처님이 어린 태자 시절 나무 아래에서 선정에 든 모습), 우유죽 공양, 빔비사라왕의 방문 등이 차례로 그려져 있으나 그림이 많이 흐려졌다.

술과 관련된 쿰바 자타카 벽화

출입구 바로 우측 벽면의 가장 안쪽 구석진 곳에 벳산타라Vessantara 자타카로 추측되는 그림이 있으나 마모가 심하고, 옆에 쿰바Kumbha 자타카 역시 물감이 많이 떨어져 나갔다. 술병 그림이 이 자타카를 상징하고 있다.

쿰바 자타카는 술과 관련된 보기 드문 자타카이다. 술의 기원이 어디이며, 그 폐악이 나라를 망하게 할 정도라는 것을 말해 준다. 그리고 술을 마시는 개인에게는 또 어떤 일이 있는지 부처님의 전생 제석천이 바라문으로 화해 자세히 일러주는 이야기다. 좀 길긴 하지만 찾기 어려운 내용이므로 소개해 본다.

옛날 바라나시에서 범여왕이 나라를 다스릴 때, 설산에 나무 한 그루가 사람 키 높이 정도에서 가지가 세 개로 갈라졌다. 그 갈라진 사이에 술병만한 구멍이 있어 비가 오면 물이 고였다. 가자, 산사, 호추 등 주변의 열매가 익어 터진 것들과 새들이 먹다 떨어뜨린 곡식 등이 그 구멍에 떨어졌다. 그 물이 태양열에 뜨거워져 붉은 빛이 되었다.

뭇 새와 짐승들이 그것을 먹고 취해 나무에서 떨어져 쓰러져 자다가 일어나서 기분 좋게 날아갔다. 그때 가시국 사람으로 수라라는 산山사람이 그것을 보고는 자기도 마셨다. 취하면 고기가 먹고 싶어 술에 취해 나무 밑에 떨어져 있는 메추리, 닭 등을 주워서 구워 먹었다. 근처에 바루나라는 고행자가 살고 있었는데 그에게 권해서 같이 마시고 고기도 구워 먹었다.

이 둘은 왕에게 술을 팔기로 하고 마을로 갔다. 왕이 마시고는 자꾸 가져오라고 하자 원료와 나무껍질을 섞어 술을 만들었다. 그 성 사람들이 모두 술을 마시고는 방탕해지고 가난해지면서 그 성은 망해 버렸다. 둘은 바라나시로 도망가서 왕과 도시에 술을 팔았다. 또 먼저 성처럼 도시가 황폐해졌다. 그들은 사계다로 갔고, 거기서 다시 쉬라바스티로 가서 왕에게 술을 사라고 했다.

그때 쉬라바스티에서 삽바밋타왕이 그들의 말을 듣고 술을 만들도록 했다. 수라와 바루나는 오백 개의 병에 재료를 담고 병을 지키도록 고양이 한 마리씩을 매어 두었다. 술이 발효되어 병 밖으로 넘쳐 나오는 것을 고양이들이 받아먹고는 취해 잠이 들었다. 쥐들이 취한 고양이의 귀, 코, 수염, 꼬리 등을 갉아먹었다. 왕은 그들이 독을 만들었다고 생각하고 두 사람의 목을 비틀었다. 그들은 "술을 주시오, 꿀을 주시오"라고 외치면서 죽었다.

한참 뒤에 술이 깬 고양이들이 일어나서 돌아다니는 것을 본 왕은 그것이 독이 아니고 맛있는 꿀일 것이라 생각하고 드디어 그것을 먹기로 하였다. 대신들과 함께 잔칫상을 차리고 옥좌에 앉아 대신들에게 둘러싸여 술을 먹기 시작했다.

그때 제석천왕은 누가 부모에게 효도하며 선업을 잘 행하는지 이 세계를 둘러보다가 '만일 저 왕이 술을 먹게 되면 이 염부제는 망하고 말 것이다'라고 생각했다. 그리고 술이 가득 들어 있는 술병 하나를 들고 바라문으로 변장하여 왕 앞의 허공에 서서 "이 병을 사십시오. 이 병을 사십시오"라고 했다. 이것을 보고 왕이 말했다.

"그대는 누구인가? 저 도리천에서 나타나 하늘의 달처럼 이 밤을 비추나니, 사지四肢에서 그 광명을 놓아 번갯불이 하늘을 비추는 것 같구나. 너는 저 공중을 날아와 서서 병을 사라는 그 말뜻을 말하라."

그러자 제석은 게송으로 술의 화禍에 대해 말하였다.

술을 마시면,
- 벼랑이나 구덩이나 굴이나 도랑이나 수채에 넘어질 때도 있고, 거꾸러질 때도 있고, 먹지 않을 것을 과하게 먹을 때도 있으리니,
- 마음은 흩어져 구하는 것 없으며 먹이를 찾는 저 소처럼 헤매고, 의지할 데 없는 몸은 사람을 가까이 해 멈추리니,
- 옷 벗고 알몸으로 마을이나 또 거리를 헤맬 것이요, 멍청해 잠자기도 때를 안 가리리니,
- 서 있어도 벌벌 떨며, 또 머리 흔들고 팔을 휘저으면서 춤을 추는 그는 마치 꼭두각시 같으리니,
- 누워서 볕에 타고, 또 여우들에게 잡아먹히며, 결박과 살해와 약탈도 당하리니,
- 말하지 않을 것을 말하고, 옷을 벗고는 대중 앞에 앉으며, 토한 것 위에 거꾸러지고 뒹굴며 미끄러지나니,
- 눈은 게슴츠레해지고 마음은 커져 이 땅덩이는 다 내 소유다, 나는 사방을 다스리는 임금과 같다고 생각하리니,
- 잘난 체, 더 잘난 체, 말다툼, 두 가지 말, 추한 모양, 알몸 달리기, 도망치기, 도적과 도박꾼의 돌아가는 곳이리니,
- 부자로서 번영하고 수천 가지 보물을 가진 집에 태어났어도 재물을 모두 잃고 말리니,

파괴하는 자(술), 그는 부유한 집의 곡식과 재물과 금과 은, 밭과 소

를 모두 멸망시키리니,

– 교만한 사내는 그 어머니와 아버지를 욕하고, 계모와 양녀까지 범하고 마나니,

– 교만한 여자는 그 의부와 남편까지 욕하고, 종이나 하인을 범하는 일 있으리니,

– 어떤 사람은 바른 법에 사는 사문이나 바라문을 죽이고, 그것이 원인이 되어 나쁜 곳에 떨어지리니,

– 삿된 업을 행하나니 몸과 입과 뜻으로 사업邪業을 행하다가 지옥에 떨어지리니,

– 일찍이 구하여도 얻어지지 않았던 그 많은 금을 버리면서까지 그는 그것을 마시고 거짓을 말하나니,

– 남의 심부름꾼 되어 서둘러 해야 할 일이 있어도 그 일의 내용을 깨닫지 못하리니,

– 미디라 술에 취했을 때는 부끄러움 아는 이도 부끄러움 모르고 현자이면서도 말이 많나니

– 한 패거리 되어 아무 것도 먹지 않고 땅바닥에 쓰러져 세상의 업신여김과 욕설 듣나니,

– 머리를 떨어뜨리고 눕는 모습이 몽둥이에 실컷 맞은 저 소와 같네. 술 힘을 견디기 어렵기 때문이니,

– 독사처럼 사나워 사람들이 피하는 것 또 이 세상의 독약과 같나니,

– 열 명의 왕인 형제들(안다까벤후의 아들들)은 저 바닷가를 소요하면서 나무 몽둥이로 서로 때렸나니,

– 아수라는 몹시 취해서 영원히 도리천에서 사라졌나니,

그대는 이 병을 사라.

이 말을 듣고 왕은 술을 마시지 않고 술 기구를 모두 부수어 버리고 는 계율을 지키고 보시를 행하다가 천상세계로 올라갔다. 그러나 염부주 閻浮洲(우리가 살고 있는 남섬부주)에는 술을 마시는 사람이 차츰 많아졌다.

출입구 좌측 벽면 안쪽 끝에 자력왕 자타카로 추정되지만 알기 어려 운 그림이 있고, 그 옆으로 코끼리가 코를 길게 빼고 엎드린 하스티 자타 카가 있다. 이 자타카는 17굴에도 있으므로 그곳에서 언급하기로 한다.

16굴 천장은 벽화가 거의 사라지고 없다. 베란다 좌측 측벽에 벽화가 있지만 알아보기 어렵다. 16굴은 위대한 스님들의 서원과 더불어 실연, 음주 등 출세간과 세간의 융합된 이야기들이 전개되는 다이나믹한 공간 이다. 미술사가들에 의하면, 16굴의 벽화를 제일로 치고, 그 다음으로 17 굴과 1굴, 마지막으로 2굴을 드는데 2굴의 벽화가 다소 경직되어 있다는 평가도 있다. 그러나 평가 이전에 16굴의 벽화의 보존상태가 우려되지 않을 수 없다. 제3장 끝부분에 제16굴의 벽화를 표로 정리하였다.

벽화의 보고—제17굴

벽화가 많은 17굴 역시 차광막을 치고 있다. 17굴은 바카타카 왕조의 하 리세나왕의 가신(우판드라 굽타로 추정)이 시주하여 조성된 것이다. 동생의 죽음에 무상無常을 느껴 자선사업을 하고 탑을 세우고 가난한 자들을 돕 던 그는 마침내 실내에 기둥 20개와 승방 17개(베란다에 있는 방 2개를 포함하 면 19개)를 갖춘 17석굴을 조성했다. 그는 19굴도 조성했다고 한다.*

17굴로 들어오면 16굴 벽화의 흐릿함을 벗어나 선명함을 누릴 수 있

---

* 누넘, 2013.

다. 17굴은 베란다에서부터 벽화를 감상해야 한다. 17굴의 문틀 상방에 8불좌상八佛坐像이 그려져 있는데, 보통 이를 과거 칠불과 미륵불로 해석한다. 그 옆으로 압사라와 칠불께 공양하는 비천들이 그려져 있다. 베란다 좌측 벽에 벳산타라 본생도*로도 해석되는 그림이 있다. 벳산타라왕자의 몸 색깔이 흑록색이다. 왕자에게 안긴 맛디 왕자비의 눈매가 고혹적이다. 내부에 벳산타라 본생도의 대작이 있다. 베란다 우측 벽에는 술취한 코끼리 항복도가 그려져 있다.

베란다의 왼쪽 측벽에는 오취생사륜五趣生死輪**이 바퀴의 반도 채 못 남기고 있다. 그 좌측에 관음팔난구제도가 2굴 주실에서와 같이 단지 관음보살의 어깨 옆에 합장한 구원자를 그려둔 채 얼굴의 물감이 떨어져 나갔다. 얼굴이 보존되었다면 앞쪽의 오취를 윤회하는 중생들을 큰 자비심으로 지긋이 바라보시고 계셨으리라.

베란다의 우측 측벽에는 영축산 설법도가 그려져 있는데, 영산회상도靈山會上圖의 인도적 모습일 것으로 추정해 볼 수 있다. 천장에도 빼곡히 채워진 수많은 사각의 패널에 섬세하고 화려한 그림들로 메워져 있다.

자타카와 불화, 그리고 부처님의 일대기

실내로 들어서면 꽉 찬 벽화가 더욱 흥분시킨다. 출입구 바로 왼쪽 벽면에 6개의 상아를 가진 코끼리인 찻단타가 전생의 부인을 위하여 자신의 상아를 코로 말아 잘라 주는 육아백상六牙白象 본생도(찻단타 자타카)가

---

* 벳산타라왕자는 부처님께서 받은 마지막 인간의 몸으로서 보시를 많이 하셔서 보리수 하에서 성도하실 때 마왕의 공격을 물리치게 되는 원동력이 되었던 생이다. 이 본생도는 산치 대탑의 북문 가로들보의 앞뒤에 대형부조로 조각되어 생생히 남아 있으므로 그곳에서 자세한 설명을 하도록 하겠다.

** 오취는 중생의 존재 양태 다섯 가지로서 오도五道를 말한다. 아수라를 뺀 초기의 5취 윤회에서 나중에 6도 윤회로 정립된다.

| 육아백상 본생도 |

그려져 있다. 상아를 코로 말아 쥔 흰 코끼리 앞 궁궐에, 전생의 부인인 왕비가 다리를 뻗고 아픈 듯 앉아 있고, 맞은편에 상아를 큰 쟁반에 받쳐 든 사람이 서 있다. 찻단타 자타카는 산치 대탑의 남문 가로들보에도 큰 부조로 조각되어 있다. 거기에서 좀 더 자세히 서술하겠다.

육아상 본생도에서 왼쪽 측벽 방향으로, 강가에서 커다란 망고 열매를 따먹던 원숭이들이 바라나시왕의 군사들이 쏘는 화살에 생명이 위험해지자, 자신의 몸으로 다리를 놓아 원숭이들이 강을 건너게 해 구해 주는 원숭이왕의 이야기인 마하카피Mahākapi 자타카(407번째 자타카)가 그려져 있다. 그 옆 가장 구석에 코끼리 본생인 하스티Hasti 자타카가 있다. 히스티 자타카는 부처님이 힘센 코끼리로 태어나셨을 때, 산정에서 뛰어내려 독재자 왕에 의해 숲으로 내몰려서 굶주리고 지쳐 있는 700명의 여행자들에게 자신의 몸을 먹이로 제공한다는 내용이다.

모서리를 돌아 연속되는 왼쪽 측벽의 승방문 좌측에 보관을 쓴 왕과 청록색의 남자가 등장하는, 알려지지 않은 훌륭한 자타카 그림이 있고, 승방문 우측에 황금거위왕 본생담인 함사 자타카가 있다. 왕에게 설법하는 황금거위와 죽음을 마다않는 의리의 친구 수무카 뒤에 90도로 꺾여 들어온 좁은 측벽에 아래위로 거위들이 날고 있어 입체감을 더한다. 2굴 벽화에서도 있었던 자타카이다.

그 오른쪽으로 벽면을 길게 매우는 벳산타라 본생도의 대작이 그려져 있다. 벳산타라왕이 실내에서 부인과 대화하는 장면, 비를 내리는 코끼리를 보시하는 장면, 성에서 쫓겨나는 왕의 가족, 모든 것을 보시하고 산으로 가는 장면, 두 자식을 보시하는 장면, 왕의 관정 즉위 장면 등이 차례로 그려져 있다.

왼쪽 측벽의 가장 안쪽으로 들어가면, 원숭이 본생담인 마하카피 자타카(516번째 자타카)가 그려져 있다. 깊은 구덩이에 빠져 열흘이나 굶은 바라문을 원숭이가 구해주었는데, 바라문은 배은망덕하게도 원숭이가 자는 틈을 타서 돌로 때려죽여 자신의 주린 배를 채우려 한다. 그러나 원숭이는 바라문에게 또 은혜를 베풀어 숲에서 빠져나갈 길을 가르쳐 준다. 승방문 위로는 제석천의 전쟁도가 그려져 있다.

왼쪽 측벽에 연이은 안쪽 벽에 마하수타소마Mahāsutasoma 자타카의 대형 벽화가 있다. 이 자타카는 앙굴리마라의 전생담이기도 한데, 99명을 죽여 그들의 엄지손가락으로 목걸이를 만들어 다니던 살인마 앙굴리마라가 전생에 인육을 먹는 바라나시의 왕으로 태어났을 때, 보살의 바라밀을 행하던 수타소마왕을 만나 제도 받는 이야기이다. 수타소마는 듣기를 좋아한다는 의미이다.

바라나시의 왕은 전생에 야차였다가 왕과 암사자 사이에서 아들로 태어나 왕자가 되어 탁실라에서 왕자들의 교육을 수타소마왕자와 함께 받으면서 인연을 맺게 된다. 그 후 그는 바라나시로 돌아와 사우다사왕이 되지만, 어떤 계기로 사람 고기 맛을 본 뒤로 그 맛에 탐착하여 식인귀로 전락하게 되고, 결국 추방당해서 숲속에서 사람들을 잡아먹으면서 살아간다. 그는 백 한 명의 왕을 잡아 희생제를 지내기 위해 왕이 된 수타소마를 잡아 그 숫자를 채우려 한다. 식인귀에게 잡힌 수타소마왕은 성자聖者의 법문을 들으려고 하던 참이라 식인귀에게 그 법문을 듣고 다시 돌아와서 인육 보시를 하겠다고 약속한다. 수타소마왕은 식인귀로부터 허락을 받고 법문을 듣고 나서 그에게 돌아와 인육 보시의 약속을 지킨다. 생명을 걸고 약속을 지키는 수타소마왕의 행동과 그의 법문에 식인귀는 인육 먹기를 멈춘다.

왕에게 접근한 암사자, 아기를 등에 태우고 왕궁으로 가는 암사자, 인육을 조리하는 장면, 관정의식을 하는 사우다사왕, 암사자가 인계한 아기를 안고 자기의 아들로 인정하는 왕의 그림이 왼쪽에서부터 오른쪽으로 그려져 있다.

감실 중 전실의 좌측 측벽에 부처님께서 천상에서 어머니를 위해 3개월간의 법문을 마치고 상카시아로 하강하시는 삼도보계三道寶階의 그림이 있다. 제일 위에 천상에 앉아 설법하시는 부처님, 중간에 제석천과 범천을 좌우로 대동하고 보배 계단을 내려오시는 부처님, 가장 밑에 지상에 내려와 사람들에게 법문하시는 부처님을 상하로 배치하여 연속도법*에 의한 그림임을 보여 준다. 좌우로 많은 사람들의 다양한 시선, 표정, 자세, 복장이 흥미롭다. 큰 코끼리와 말을 타고 왕과 귀족들이 부처님을 뵈러 오고 있다.

---

* 한 장의 그림에 관련된 여러 장면을 시간적 순서에 관계없이 그려넣는 기법

전실의 우측 측벽에는 쉬라바스티의 대신변을 그렸는데, 다양한 포즈를 취하고 있는 여러 부처님들의 그림과 기적에 놀라고 있는 외도들을 묘사하였다. 전실의 안쪽 벽 왼쪽에 인상적인 벽화가 있으니, 깨달음을 성취한 후 부처님께서 카필라성으로 돌아와 탁발하는 광경에 부인 야쇼다라 비와 아들 라훌라가 함께 등장하는 그림이다. 부처님께서 귀환하자, 부인 야쇼다라는 라훌라에게 아버지에게 가서 유산을 달라 하라고 시킨다. 어린 라훌라는 어머니의 말씀대로 부처님께 유산을 달라고 한다. 부처님께서는 무상한 세속의 재산이 아니라 영원한 재산인 깨달음을 상속해 주기 위해 라훌라에게 발우를 건네주시고 출가하게 한다. 최초의 사미(19세 이하의 어린 스님)가 된 라훌라는 훌륭하게 장성하여 마침내 깨달음을 증득하고 밀행제일의 10대 제자가 된다. 방포方袍와도 같이 묘사된 단순한 노란색의 가사가 부처님의 거룩함을 더하고, 부처님을 상대적으로 크게 그린 것은 성자를 크게 묘사하는 인도인들의 심리를 반영한다. 19굴의 바깥 부조에도 비슷한 모티브의 부조 작품이 있다.

전실 안쪽의 주실에는 설법인을 한 불좌상 옆으로 백색으로 채색한 보살 입상이 고요 그 자체로 서 있다. 불좌상의 무릎 앞에 공양을 올리는 남자상이 양쪽으로 배치되어 있다.

안쪽 벽의 감실 오른쪽 첫 승방문 위쪽에 사라바 사슴왕(Sarabhamiga) 본생도가 있다. 사냥을 좋아하던 국왕이 사라바라는 사슴왕을 잡으려고 쫓아오다 크고 깊은 물구덩이에 빠져 죽게 되었을 때, 사슴왕은 자신의 목숨을 돌보지 않고 그 왕을 물웅덩이에서 꺼내서 살려 준다. 왕이 감격하여 사슴왕에게 자신의 왕국의 절반을 주겠다고 제안한다. 사슴왕은 이를 거절하고 5계를 지키라고 요구하여, 왕이 자신뿐만 아니라 모든 백성에게까지 5계를 지키게 했다는 내용이다.

그 아래쪽에 앞을 보지 못하는 어머니 코끼리를 봉양하는 아들 코끼리인 마투포사카Mātu Posaka 자타카가 그려져 있다. 마투mata(r)는 '어머니', 포사카posaka는 '양육'을 뜻하므로 '어머니 봉양 본생담'으로 번역할 수 있다. 온 몸이 하얀 아들 코끼리가 길을 잃은 사람을 구해 주었다가, 그 사람 때문에 오히려 바라나시왕에게 잡혀가게 된다. 아들 코끼리는 봉양을 받지 못해 굶고 있을 어머니를 생각하며 왕이 주는 음식을 먹지 않는다. 그러자 왕이 코끼리에게 그 연유를 묻게 되고 코끼리의 효성에 감동하여 그 코끼리를 놓아 준다. 돌아온 아들 코끼리는 어머니 코끼리 몸에 코로 물을 뿜어 자신의 귀환을 알린다. 모자母子 상봉에 기뻐하는 코끼리들이 살아 나올 듯하다.

그 우측에 물고기 본생도인 맛차Maccha 자타카, 더 오른쪽에 사마Sāma 자타카가 있다. 맛차 자타카의 내용을 알아보자. 이 이야기는 부처님께서 기원정사에 계실 때 쉬라바스티의 가뭄을 해소하시고 말씀하신 것이다. 맛차는 물고기라는 뜻이다. 힌두교에서는 비슈누의 화신으로, 상체는 푸른 몸을 한 사람이고 하체는 물고기인 반인반어半人半魚이다. 물고기 신앙의 기원은 기원전 13세기 메소포타미아로 거슬러 올라간다.

옛날 코살라국 쉬라바스티의 기원 연못에 물고기왕이 살았는데, 어느 때에 가뭄이 크게 들었다. 곡식이 마르고 연못의 물이 말라 연못에 살던 물고기들과 거북이들이 진흙 속으로 파고 들었지만, 몸이 다 가려지지 않아 이들을 먹으려고 새들이 부리로 쪼아대기 시작했다. 이를 안타까워한 물고기왕이 서원한다.

내가 아니면 저들을 고통에서 구제할 이가 없다.
맹세코 비를 내려 동족들을 죽음의 고통에서 벗어나게 하리라.

새까만 진흙을 헤치고 나온 보살은 칠흑漆黑 나무로 만든 단단한 그

롯 빛깔과 같은 몸에 잘 다듬어진 붉은 보석 같은 눈을 뜨고, 허공을 우러러 팟준나 천왕을 향해 큰 소리로 말했다.

팟준나여, 나는 동족을 위해 고민하고 있다.
너는 왜 덕이 높은 내가 이렇게 고민하고 있는데 비를 내리지 않는가?
나는 동족끼리 서로 잡아먹는 세계에 태어났지만,
쌀 낟알만큼도 어류를 비롯해 다른 생물의 목숨을 빼앗은 일이 없다.
이 진실에 의해 비를 내려 내 동족을 고통에서 구해 다오.

그러자 코살라국에 비가 내려 많은 중생을 죽음의 고통에서 벗어나게 했다.

사마 자타카는 눈먼 부모를 봉양하는 소년 사마가 독화살을 맞아 죽어가다가, 전생과 현생 부모님의 진실바라밀 공덕으로 회생하는 감동적인 이야기이다. 산치 대탑의 부조에도 조각되어 있으며, 실크로드의 도시 돈황의 석굴(299번)에도 중국적 설화로 변형되어 그려졌다고 한다. 사마 자타카의 내용은 산치 대탑 편에서 자세히 설명하기로 한다.

모서리를 돌자마자 우측 측벽에 어리석은 원숭이와 인욕하는 물소의 본생담인 마히사Mahisa 자타카가 있다. 물소의 머리에 올라앉아 그 물소의 눈을 가리고 똥오줌을 싸면서 패악질하는 원숭이가 있었다. 그러나 물소는 그 원숭이의 행동을 제지하지 않고 묵묵히 참았다. 그러자 목신이 나타나 물소에게 원숭이를 일벌백계하라고 부추긴다. 물소는 자신이 해를 입었다고 해서 남을 해치는 악업을 지을 수 없다고 말하고, 인욕하다가 그곳을 떠난다. 그 후 원숭이는 똑같은 행위를 반복하다가 다른 사나운 물소를 만나 죽임을 당한다.

| 싱할라 아바다나 |

싱할라 아바다나 벽화

오른쪽 측벽 중앙에 대형 벽화인 싱할라 아바다나가 펼쳐져 있다. 산스크리트어 아바다나avadāna는 장엄한, 고상한, 영웅적 행위 등으로 번역되고, 그에 상응하는 팔리어의 아파다나apadāna는 훈계·교훈의 의미를 가진다. 아바다나는 업의 작용과 믿음과 봉헌의 가치를 보이는 것을 주요 의도로 하는, 한 개인의 종교적 행위들의 내러티브*라고 정의된다. 주인공이 부처님이고 전생의 이야기인 자타카와 달리, 부처님이 아닌 좀

---

* John S. Strong, 1989. 정덕 스님, 2006에서 재인용

더 평범한 개인, 종종 재가자가 주인공인 현세現世의 설화를 의미한다.

아바다나들은 기원전 2세기경부터 적어도 기원후 11세기까지 만들어졌고, 14~5세기 인도에서 불교가 거의 보이지 않을 때까지도 만들어진 것으로 본다. 북부 산스크리트 전통에서는 이야기 모음집 형태로 유통되었고 많은 경우 독립적 작품의 형태를 취했다면, 남방 상좌부에서 아바다나는 장로들의 과거생의 고귀한 행위에 관한 이야기 모음집으로서 쿳다카 니까야(Khuddaka Nikāya, 小部)의 일부를 구성했다.

북방의 아바다나는 업과 그 결과로서의 과보(선업-선과, 악업-악과, 업의 소멸-열반)를 중심으로 이야기를 전개했으며, 남방의 아바다나 내지 자타카는 단순히 고통과 해탈, 선행과 열반의 성취를 설하고 있다. 아바다나를 그린 그림을 비유설화도譬喩說話圖라고 한다.

　부유한 상인의 아들인 싱할라가 배를 타고 먼 장삿길을 떠났다가 인육을 먹는 나찰녀들이 사는 섬에 표류하였을 때 백마로 화한 부처님의 구원을 받고 살아났다. 싱할라는 마침내 그 나라의 왕마저 잡아먹어 버린 나찰녀들을 모두 쫓아내고 왕이 된다. 나찰녀들이 상인들을 눕혀 놓고 인육을 먹는 모습, 방안에서 아름다운 백치미의 나찰녀에게 넘어가서 눈이 돌아가 버린 싱할라, 백마를 타고 탈출하는 모습, 아내를 자처하며 아기를 안고 있는 나찰녀, 왕궁을 습격하는 나찰녀, 나찰녀들의 섬을 정벌하러 코끼리를 타고 바다를 건너는 군대 등이 왼쪽에서 오른쪽으로 그려져 있다.

　싱할라 벽화가 끝나는 우측, 기둥 맞은편 벽에 거울을 들고 단장하는 공주의 모습이 그려져 있고, 공주 벽화의 오른쪽에는 거대한 붉은 코끼리를 타고 있는 왕의 그림이 그려져 있다. 이들 그림은 줄거리가 알려져 있지 않다.

　이들 미상도未詳圖의 오른쪽인 측벽 모서리에 자신의 두 눈을 보시하는 시비왕 자타카가 있다. 시비왕의 일상적 보시도와 눈을 보시하고 앞을 못 보는 시비왕이 의자에 앉아 한쪽 팔을 짚고 고통 속에 출가를 고민하는 장면이 아래위로 그려져 있다. 주위에 시종들의 염려스러운 표정이 시비왕의 상태와 잘 어울린다.

　출입구 오른쪽 벽면 가장 안쪽에 루루 사슴왕 본생도가 있다. 루루 자타카는 제1굴 벽화에서도 등장했었다. 사슴 사냥에 나선 왕, 왕의 마차를 타고 바라나시로 오는 황금 사슴의 그림이 밑에서 위로 그려져 있다. 사냥에 합류했던 개 세 마리도 보인다. 루루 자타카에서 입구 쪽으로 해석하기 어려운 그림이 있다. 곰(熊) 본생도라는 견해가 있다.

입구 바로 오른쪽 옆에는 니그로다미가Nigrodhamiga 본생도가 있다. 옛날 바라나시에 브라흐마닷타왕이 다스리고 있을 때, 왕의 사슴 사냥에 대응하여 사슴의 몰살을 막기 위하여, 사카(가지) 왕 사슴족과 니그로다(용나무)왕 사슴족이 하루에 한 마리씩 번갈아가며 단두대에 목을 걸기로 했다. 어느 날 사카왕 사슴족 중에서 새끼를 밴 암사슴 차례가 되었다. 암사슴은 사카왕에게 임신한 새끼를 위하여 순번을 뒤로 물려 달라고 요청하지만 거절당한다. 이에 그녀는 니그로다왕에게 호소하였는데, 니그로다왕은 이를 받아들여 그녀 대신 자신이 단두대로 나아간다. 이것을 알게 된 왕이 감동하여 사슴 고기는 물론이고 일체 짐승을 먹지 않겠다고 약속한다.*

17굴은 천장 벽화의 화려함이 극치에 달해 있는데, 4.5m의 천장 중앙은 커다란 원형의 도상과 수많은 사각 패널로 채워져 있다. 하나의 원 속에 여섯 명의 천인이 서로 마주보는 그림이 눈길을 끈다. 특히 반인반수半人半獸의 그림이 새로운 상상의 세계로 관람자를 인도한다. 상반신은 사람인데 하체가 새인 두 신인神人이 작은 날개와 긴 꼬리로 하늘을 날고, 말머리를 한 여인이 청록색의 피부를 한 남자와 함께 그려져 있으며, 몸체의 뒷부분이 아름다운 구름으로 변화한 뿔 난 염소 그림도 보인다.

벽화의 주제별 구성

이제까지 보아 온 석굴들 중에서 벽화를 많이 보존하고 있는 석굴은 1, 2, 16, 17굴 등 4개 굴이다. 이들 벽화를 주제별로 분류하고 산치 탑문

---

* 그 뒷 이야기를 좀 더 해 보면, 목숨을 유지하게 된 암사슴은 연꽃봉오리 같은 아들을 낳았다. 이 연꽃봉오리 같은 아들과 어머니 암사슴은 부처님 재세 시에 태어나서 쿠바라카사파 장로와 그 어머니 장로니가 된다. 그 어머니 장로니는 임신한 줄도 모르고 데바닷다의 승원에 출가하였다가 임신한 것이 밝혀져 추방당한 뒤에, 석가모니 부처님의 회상으로 가서 출가 전에 임신한 것이 밝혀지고 아들을 낳게 된다. 코살라국의 프라세나지트왕이 그 아들을 쿠마라카사파라는 이름의 왕자로서 키워주게 되고 자라서 출가하여 웅변제일의 대덕 장로가 된다. 어머니도 아라한과를 성취한다.

의 중심면 부조와 비교하면, 시대의 흐름에 따른 인도불교 미술의 흥미로운 변천사의 한 면모를 가늠할 수 있다.* 아잔타 4개 굴에 남아 있는 총 75점의 벽화를 주제별로 분류하면,** 부처님 일대기(18.7%), 자타카(52%), 불화(22.7%), 아바다나(6.7%) 등이다. 부처님의 전생 이야기인 자타카가 가장 많아서 절반 이상을 점하고 있고, 그 다음으로 불화, 부처님 일대기 순이다. 아바다나가 가장 적다.

유사한 주제로 부조를 새긴 산치 제1탑 탑문 부조(이하 산치 부조)의 경우 중심면만을 고려할 때, 부처님 일대기(56.8%), 자타카(12.3%), 불상징도(7.4%), 아소카왕도(6.2%)의 비율을 보인다.*** 여기서 불상징도를 불화에, 아소카왕도는 아바다나에 대응시킬 수 있다.

산치 부조에 비해서 아잔타의 벽화는 불화가 3배 이상**** 증가하고, 일대기가 3배 넘게 감소하였으며, 자타카는 4배 이상 늘어났다. 일대기의 감소와 불화와 자타카의 증가가 두드러진다. 불화의 증가는 불상징도가 불화로 전환되면서 벽화의 중심 주제로 떠올랐기 때문이다. 또한 자타카의 비중이 거의 절대적으로 증가하여 전체의 절반 이상을 차지하기에 이르렀고, 17굴의 경우에는 거의 대부분의 작품이 자타카로 구성되어 있다. 나아가 부처님이 주인공이 아닌 아바다나까지 벽화의 주제로

---

* 아잔타 벽화의 경우는 천장화를 생략한 것이고, 산치 탑문 부조의 경우는 중심면과 보조면으로 나눌 수 있는데, 보조면 자체가 장식적 경향이 많은데다가 불상징도의 경우 불화와 달리 장식적 경향이 강하므로 여기서는 중심면만을 고려하였다. 이렇듯 양자가 양식이 다르므로 일대일 대응이 정확할 수는 없지만, 유사한 주제를 묘사한 점에서 비교가 가능하다고 본다. 산치 탑문의 중심면과 보조면의 구체적인 내용은 산치 대탑 편 참조.

** 아잔타 석굴의 벽화는 이 외에도 2층 굴인 6굴, 법당굴인 9, 10, 19굴에도 일부 남아 있지만, 여기서는 제외하기로 한다.

*** 산치 제1탑 탑문의 전체 패널에서의 비율은 불상징도(16.8%), 부처님 일대기(25.7%), 자타카(5.8%), 아소카왕도(2.8%)의 비율을 보인다.

**** 산치 탑문 전체 부조의 비율에서 보면 1.3배 증가

| 제26굴 입구 |

등장하여 큰 그림으로 그려져 있기까지 한 것이다.

　그러므로 만개한 자타카, 내면세계의 표현이 극치에 이른 불화, 보다 자유로워진 그림 주제로 요약될 수 있는 아잔타 벽화의 특징은 산치 탑 문에서의 돌과 정이라는 투박한 재료와 도구가 물감과 붓이라는 세밀한 재료와 유연한 도구로 바뀌면서, 섬세하면서도 심연과도 같은 내면세계를 살아 있는 듯 표현해 내기에 이른 것이다.

조각의 보고―제26굴

시간은 정오를 가리키고, 17굴에서 나와 차례로 도열해 있는 여러 굴들을 훌쩍 뛰어넘어 마지막 굴인 26굴에 갔다. 26굴 직전에 24굴에 잠깐

| 제26굴 전면 |

들렀다. 24굴은 베란다에 6개의 원형기둥을 둔 대형굴인데, 기둥 색깔이 다른 굴과 달리 주황색인 점이 특별해 보였다. 주황색 기둥은 20굴에서도 볼 수 있다. 안을 들여다보니 바닥에 세로로 홈을 파듯 여러 군데 파다 말았는데, 이것이 암벽에 굴을 파는 방법이라고 한다. 한꺼번에 파는 것이 아니라 부분부분 나누어 파 들어가서 이들을 연결시키는 것이다.

와고라 강을 둘러싼 석벽의 보도 끝이 26굴이다. 아잔타 석굴군이 위치한 와고라 강의 계곡은 입구에서 들어가면 점점 상류로 거슬러 올라가게 되는데, 그에 따라 계곡을 둘러싸고 형성된 석벽 역시 처음의 낮은 높이가 점점 높아져서 28굴로 끝나는 석굴의 바로 뒤쪽에 7개의 폭포가 만드는 거대한 높이의 절벽 웅덩이가 만들어져 있다. 깎아지른 높은 단애斷崖가 폭포수가 만들어 낸 물웅덩이를 원형으로 둘러싸고 있다.

길을 따라 시나브로 높아진 26굴에 도착하니 안쪽으로 보이는 높고 험한 석벽, 석굴을 마주하고 전면에 좌우로 펼쳐진 절벽, 밑으로 보이는 와고라의 계곡, 그리고 검은 석벽 위에 새겨진 아름답고 섬세한 조각들! 마하가섭 존자는 "저 험준한 바위들이 나를 기쁨으로 새롭게 하네"라고 읊었던가?[*] 눈앞의 석벽과 상념이 시적 감흥을 자극한다.

> 높고 깊은 산중 도 닦는 맛 더하고
> 찬바람 얼굴 스치니 더욱 정신을 깨우네.
> 낮은 구릉 고운 치장보다 험한 절벽 깨진 돌들
> 구도의 마음 부추기네.

26굴 앞에 있는 27, 28굴은 입장할 수 없게 되어 있었다. 26굴은 500~542년경 스타비라 아찰라(Sthavira Achala) 스님이 위대한 스승 부처님을 위하여 만든 석굴이라는 명문이 발견되었다. 26굴은 열반상과 수하항마상 등 아잔타 조각의 백미를 보여 주는 조각 작품 그 자체이다.

전기의 법당굴인 10굴과 9굴이 닮았듯이, 후기의 법당굴인 26굴은 일견하기에도 19굴과 닮은꼴이다. 그러나 차이점도 많다. 가장 큰 차이는 19굴과 달리 석실 안의 회랑 벽 전체에 부조를 새겼다는 것과 전체 부조의 화려함과 섬세함이다. 벽화는 회랑 벽에서마저도 부조에 자리를 내주고 있다. 두 번째는 중앙탑의 시대적 변화, 발전이다. 일반적으로 기단이 높아지면서 원형에서 각형으로 바뀌고, 안다는 작아지고 상륜부가커지고, 장식이 증가한다. 26굴은 기단은 훨씬 높아졌지만 원형 기단을 유지하고 있고, 상륜부의 크기도 상대적으로 자제되어 있다. 그러나 중

---

* "those rocky crags refresh me(te selā ramayanti maṃ)". 《장로게경Tharagāthā 1068~1071》, 타니사로Thanisaro 비구의 영역본, *Access to Insight* (BCBS Edition), 30 November 2013. http://www.accesstoinsight.org/tipitaka/kn/thag/thag.18.00.than.html.

앙탑 장식이 증가했고, 불입상이 좌상으로 바뀌면서 독립된 불전佛殿(부처님을 모시는 전각)으로 발전하는 모습을 보여 주기 시작한다. 이러한 탑의 변형은 쿠샨 시대 스투파 양식의 특징들이다.

먼저 석굴의 전면(파사드facade)부터 보면, 19굴에 비해 입구의 장식이 훨씬 섬세해졌다. 불상의 부조가 차지하는 비중이 더 늘어나고, 2층의 돔 창문 옆의 쿠베라는 크기가 작아지고 앉은 자세로 바뀌고 살집도 더욱 풍만해졌다. 좌측의 쿠베라는 기운찬 생동감을 유지하는데 우측의 쿠베라는 생동감을 상실한 모습이다.

대신 쿠베라 옆에 양쪽으로 커다란 불입상을 삼곡 자세로 조각해 넣었다. 2층의 정면 벽에는 작은 가로 패널을 설치하고 좌상·입상의 작은 불상 조각들로 새겼는데, 하나의 패널 안에 간단히 천인들을 불상의 좌우 상방에 조각하는 데서 나아가 좌우에 보살시립侍立상을 새긴 경우가 많고, 그보다 더 작은 패널들과 구획 면에는 각종 신들과 동물들, 덩굴 문양 등을 장식했다. 사각 서까래를 조각한 돔 창 안쪽 면의 밑에도 많은 불상 부조들을 새겨 넣었다.

화려한 2층 벽면에 비해 1층은 부조가 거의 없이 문틀에만 섬세한 부조를 남겼다. 현관도 기둥도 없다. 실내로 들어가는 문만 3개 뚫었을 뿐이다. 입구의 벽이 의외로 빈 공간으로 남아 있다. 빈틈없는 부조 장식 가운데 남겨진 커다란 빈 공간, 장식의 극치를 달리고 있는 26굴에서 왜일까? 2층 돔 창문 밑에 현관 지붕을 설치할 곳에는 암반이 깨져나간 모습인데, 이로 말미암아 현관지붕 설치가 불가능했을 것으로 보인다.

마당을 형성해 주는 좌우측 돌출 측면의 1, 2층 장식 부조 역시 정면과 비슷한 양상이다. 2층에는 많은 불상들이 부조되어 있지만, 1층에는 부조 없이 기둥을 두 개 세우고 그 뒤로 실내 공간을 만들어 두었을 뿐이다. 2층 측벽의 제일 상단에 있는 입불상이 외벽의 부조 중에서는 가

| 제26굴 열반상 |

장 큰 작품이다. 실내 공간이 마련되어 있는 좌측 돌출벽 앞으로는 벽이
없고 옆의 27굴로 틔어져 있다. 즉, 앞마당과 27굴과의 경계선에 낮고 작
은 계단을 만들어 27굴로 갈 수 있게 하고, 그 계단의 좌우 낮은 벽면에
약사상, 덩굴 문양 등의 부조 패널을 설치하였다.

　26굴의 유명한 조각은 주실이 아니라 왼쪽 측면 회랑 벽의 열반상과
항마상이다. 마침 입구에서 석굴 관리인이 좌측 문으로 이끈다. 안으로
들어서자마자 거대한 열반상! 편안한 얼굴이 있다면 이 얼굴이리라. 모

1. 슬퍼하는 제자들
2. 아난다 존자

든 반연이 끊어져 편히 누웠으되 거룩하신 표정, 적멸寂滅의 세계로 떠났으되 사바에 그대로 계신 모습이다. 장대한 열반상 아래위로 슬퍼하거나 담담한 제자들의 모습이 열 지어 조각되어 있다. 그중에서도 오른손으로 얼굴을 괴고 비통과 안타까움에 젖은 승려상과 부처님 발 뒤쪽에 아난다 존자가 오른쪽 팔을 턱에 괴고 앉아서 슬퍼하는 부조는 시공을 격해 부처님 반열반의 슬픔을 그대로 전달하고 있다. 벽화에서뿐만 아니라 조각에서도 실감나는 표정의 표현이 인도 예술의 진미인가?

회랑을 따라 안으로 들어가면 직선코스 중간의 왼쪽 벽에 항마성도상의 부조가 있다. 이 부조상은 인물들로 꽉 채웠는데 압권은 보리수 아래 좌정하신 부처님 밑에 조각된 요염한 마라의 세 딸들이다. 그녀들의 이름은 딴하taṇhā, 아라띠arati, 라가rāga! 각각 갈애, 혐오, 애착의 의미를 가진다. 갈애와 혐오와 애착이 여인의 요염한 몸을 빌려 고혹적 자세를 취하며 농염한 기운을 풍긴다. 특히 중앙에 뒤꿈치를 들고 다리를 꼬면서 서 있는 여인은 부처님이 아니라 관람객들을 유혹 중인 듯하다. 누군들 넘어가지 않겠는가! 수백 수천 생을 떨쳐 버리지 못했던 매혹 그 자체인 욕망들이 시대를 넘어 살아서 움직이는 현장이다.

사각의 패널을 구획하여 입불상과 더불어 대부분 설법인을 하고 의자에 앉은 좌불상들의 부조로 장식된 벽면을 한 바퀴 돌면, 우측 입구로 나온다. 좌불상들은 정면만을 보는 것이 아니고 좌측이나 우측을 보는 자세로도 조각되어 시야를 넓히고 역동성과 유연성을 도입하고 있다. 발은 연화대에 얹고 그 연화대를 밑에서 약샤나 나가(뱀), 사슴 등이 받치고 있다. 좌불상의 위로는 다시 작은 패널에 입상과 좌상을 새겼다. 불보살의 장엄이라는 말이 어울리는 대단한 부조들이다.

중앙의 법당으로 들어오니 백회색의 순수와 숙연함, 화려한 부조가 주는 미려함이 몰려든다. 실내의 구조는 19굴과 거의 동일하다. 28개의 원통 열주들이 불상을 모신 중앙의 탑을 감싸면서 돌아 나오고, 기둥마다 얹어진 주두 역시 기둥을 따라 줄을 잇는다. 주두 위로 주두와 천장을 연결하는 창방 평면이 있고, 그 위로 사각의 서까래로 장식된 돔형의 높은 천장이 만들어졌다.

부조 장식은 주로 주두 면과 그 위의 창방 평면에 있다. 각 기둥 위쪽에 두 명씩 약시가 주두를 받치면서 풍요를 상징한다. 주두의 가운데 평면에는 불상이 부조되고, 좌우로는 약샤 부부가 한 쌍이 되어 중앙의 부처님을 옹호하고, 부조된 불상 위로는 상반신의 약샤가 윗벽인 창방 평면을 머리로 이고 있다. 그 위로 창방 평면은 역시 많은 방형의 패널로 구획되고 불상을 조각했는데, 19굴과 달리 불상은 상대적으로 크기가 작아졌다. 19굴보다 천장이 더 많이 내려와 사각 서까래가 수직의 요철 평면을 만들면서 창방 평면의 높이가 줄어든 데다, 주변의 문양 부조 등이 크게 증가한 것이다. 그러나 전반적으로 보다 섬세하고 화려해진 모습이다.

중앙의 탑도 훨씬 더 조각이 화려해졌다. 기본적으로 2단의 원형 기단을 유지하면서, 기단 정면에 현관을 설치해 좌불상을 모셨다.

제일 아래에 가로로 7명의 난쟁이 약샤들을 덩굴 문양과 번갈아 조각

| 26굴 중앙탑 |

하고, 그 위로 기둥을 양쪽에 세우고 수평의 현관 지붕을 설치했다.

부처님은 의자에 앉은 자세로 전법륜인(설법인)을 하고 있는데, 두 발이 연꽃 위에 얹어져 있고, 두 명의 나가 신(龍王)이 연꽃을 받치고 있다. 발을 딛고 있는 연화대 옆에 두 마리의 코끼리가 있고, 그 위로 장딴지 옆으로는 두 마리의 사자가 장식되어 있다. 어깨 옆으로는 거대한 양을 타고 있는 사람 부조가 있고, 머리 양 옆으로는 천인의 남녀가 하늘을 날고 있다. 불상 주변의 장식 역시 19굴과 다른 점이다.

중앙탑의 부처님! 범접할 수 없는 위엄으로 다가오는 고요와 중생에 대한 안타까운 연민을 발하시는 부처님, 장년 시절 많은 이들에게 법을 설하시던 모습이다. 전법륜인을 한 오른쪽 팔이 떨어져 나가고 코와 입이 훼손되었지만 그것이 진리를 설하는 것과 무슨 상관이랴. 다른 장식 없이 둥근 원을 얇게 양각한 두광頭光, 분명한 나발의 두상, 주름 없는 옷은 부처님의 검박한 삶을 보여 주는 듯하다.

상하 2단으로 구획된 기단에는 보살상과 기둥을 번갈아 조각했는데 아랫단은 크고, 윗단은 작게 새겼다. 안다의 둥근 면에도 천인의 남녀 한 쌍을 돌아가면서 조각해 두었다. 안다에 이러한 인물 조각이 나타난 것은 아잔타에서 이 탑이 유일한 듯하다. 일반적으로 부조로 장식된 탑의 안다에는 넝쿨이나 울타리 문양의 띠 돌림이 많다.

평두는 방형의 기둥에 울타리 문양 대신 세 개의 세로 패널로 나누어, 중앙에는 입불상을 부조하고 좌우로는 삼곡 자세의 보살상을 새겼다. 세 입상 위에는 모두 한 분씩의 좌상을 새겨서 총 6분의 불보살상을 부조했다. 그 위로 9칸의 얇은 받침대를 층층이 역삼각형으로 쌓아올리고, 그 위에 산개를 두었다. 좌측을 향해 앉은 약샤가 둥근 산개를 이고 있는데 나머지는 파손되어 없다. 평두와 산개의 규모가 크지 않고 평범하여, 크고 화려한 19굴의 그것과 비교할 수 없다. 7세기에 아잔타 석굴

을 다녀간 것으로 추정되는 현장 스님은 26굴에 대하여 다음과 같은 묘
사를 남기고 있다.

이 나라의 동쪽 경계에 큰 산이 있는데 산봉우리가 첩첩이 늘어서 있
고 높은 산들이 깊고 험하다. 이곳에 가람이 있는데 깊은 계곡에 터
를 잡고 있다. 높은 당堂과 커다란 건물은 암벽을 뚫고서 봉우리에 기
대어 있고, 중각重閣과 누각은 암벽을 등지고 계곡을 바라보고 있는
데 아절라 아라한이 세운 것이다. … 가람의 큰 정사는 높이가 100여
척에 달하는데 그 속에는 돌로 만들어진 불상이 있다. 불상의 높이는
70여 척에 달하며 위에는 돌 일산이 7층으로 겹겹이 조성되어 있는데
마치 허공에 걸려 있는 듯하다. 일산 각층 사이는 서로 각각 3척 남
짓 떨어져 있는데, 옛 노인들의 말에 의하면, 이것은 아라한의 원력으
로 말미암은 것이라고 하고, 또는 신통력에 의한 것이라고 하거나 또
는 약술의 공덕이라고 한다. … 정사의 주위로는 석벽에 조각하여 놓

| 우측에서 좌측으로 제20굴~제28굴의 외부 |

있는데 여래께서 옛날 보살행을 닦으시던 여러 인연의 일들을 만들어 둔 것이다. 성과聖果를 증득하시려는 성스러운 징조와 적멸에 드시려는 신령스러운 감응 등 크고 작은 일들을 하나도 빠짐없이 모두 부조 양식으로 새겨 놓았다.*

여기까지 보고 나니 시간이 점심 공양시간을 지나려 한다. 석굴 입구의 레스토랑에서 점심 공양을 했다. 거기서 식사하면 다시 표를 사지 않아도 재입장이 가능했기 때문이다. 레스토랑에서 인도 전통음식이 꽤 나오고, 여행사 사장님과 일행들도 각자 한국음식을 많이 내놨는데, 정신이 석굴에 모두 쏠려서인지 맛이 제대로 느껴지지 않았다.

오전에는 가이드의 설명을 들으면서 단체관람을 했다면, 점심 공양후 전망대에 모두 올라 전체를 조망하고 나서부터는 자유롭게 못 다 본

---

* 《대당서역기》, 2013.

석굴도 둘러보고 더 보고 싶은 곳도 보면서 개인관람의 시간을 가졌다. 30도 가까이 되는 더운 날씨였지만, 아잔타의 매력에 빠진 우리는 오후 일정을 모두 취소하고 아잔타에서 하루 종일 시간을 보냈다.

아잔타 석굴 전망대

석굴에서 와고라 강 맞은편 높은 언덕 위의 전망대는 아잔타의 전경을 보기에 적합했다. 전망대에서 왼쪽으로 시선을 돌리면 아잔타 석벽의 끝에 7층의 폭포물이 쏟아져 만든다는 큰 물웅덩이가 보인다. 물웅덩이에서 오른쪽으로 시선을 돌림에 따라 와고라 강을 건너는 첫 철교가 보이고, 건너편 석벽에 28굴부터 숫자를 줄여 붙여가는 석굴들이 조그만 구멍들처럼 보이기 시작한다.

폭포의 내리뻗는 물줄기에 힘입어 와고라 강물은 석벽을 움푹 파고서는 다시 거의 원 위치해 원형의 대형 물웅덩이를 만든 다음, 처음에는 평지였을 곳을 오랜 시간 파 내려가 전망대에서 보아 볼록한 긴 석벽을 강의 양 안에 남겼다.

멀리서 보아도 법당굴과 승원굴은 확연히 차이가 나는데, 거의 정사각형에 아치 지붕을 하고 2층집과도 같이 높아 보이는 것이 법당굴이며(29굴은 너무 작아서 구분이 어렵다), 옆으로 긴 직사각형의 모습에 열주를 세운 사각 구멍들은 대부분 승원굴이다. 긴 석벽이 그리는 볼록한 포물선의 꼭짓점이 13굴을 향한다. 꼭짓점 좌측으로 후기굴 17개가 위치하며, 그중에 코끼리 수문장이 입구를 지키는 벽화굴인 16굴이 쉽게 눈에 띈다. 꼭짓점의 우측으로 6개의 전기굴이 형성되어 있는데, 그중에서도 높은 아치형의 천장을 하고 목재로 입구를 만든 10굴이 최초굴이다. 10굴에서 더 우측으로 와고라 강을 건너는 철교가 설치되어 있는데, 철교는 7굴을 향하고 있다. 7굴부터 우측으로 7개의 후기굴이 자리하고 있다.

전망대를 내려와 28굴 쪽에 있는 철교를 건너려고 강변을 따라 걷다 보니, 철교에 못 미쳐 와고라 강을 건너는 돌 징검다리가 있다. 징검다리에는 떠내려 온 나뭇가지들이 쌓여 물의 흐름을 차단하고 있다. 반쯤은 나무인 다리를 건너니, 석굴 아래 넓은 강변 저지대가 펼쳐져 있다. 한강변 공원같이 나무도 여기저기 자라고 큰 나무는 그늘을 제공한다. 붉은 꽃들이 뜨거운 햇살에 타오른다. 이파리 하나 없이 가지만 드리운 앙상한 나무가 세월의 흐름 속에 자신을 던진 지 오래이다. 예전에 석굴에 살던 스님들이 공양 후에 이곳에 내려와 포행을 하면서 기분 전환을 하고, 소화도 시키며 경행하고 정진했으리라 짐작되었다.

강변 저지대에서 오른쪽 길을 따라 석굴 쪽으로 오르니 곧바로 코끼리 두 마리가 입구에서 큰 덩치에 무릎 꿇고 인사하며 서 있는 16굴이다. 코끼리와 인사, 발걸음은 자연스럽게 코끼리 사이로 난 계단을 통과해서 강의 상류로 거슬러 올라갈 수밖에 없었다. 1.5km에 달하는 아잔타 석굴의 입구 쪽은 석벽이기 때문에 그늘이 없어서 석굴 안으로 들어가야만 햇볕을 피할 수 있다. 오후의 땡볕이 결국 우리를 석굴 안의 서늘한 어둠 속으로 밀어 넣었고, 잠시 좌선으로 이어졌다. 개인관람이 어느새 거의 단체관람으로 바뀌어져 있었다.

가장 아름다운 조각 굴 — 제19굴

아잔타는 30기의 굴이 있다. 그중에서도 1~2굴과 16~17굴, 9~10굴과 19, 26굴을 반드시 봐야 한다. 앞의 네 굴은 벽화가 아름답고, 뒤의 네 굴은 희귀한 법당굴이기 때문이다. 한국의 절에서 법당의 건축이나 조각, 탱화가 아름답듯이, 아잔타 석굴 사원도 법당굴의 건축과 조각과 벽화

| 제19굴 전면 |

가 아름답다. 9, 10굴은 더욱 희귀한 기원전의 석굴이고, 19, 26굴은 굽타 예술이 절정에 이른 건축과 조각을 볼 수 있다. 오전에 9굴과 19굴을 제외하고 다른 6개의 굴은 어쨌든 이미 관람을 했다. 특히 19굴은 반드시 봐야 할 굴이지만 오후를 위해 남겨진 셈이었다. 외벽의 장식이 너무 훌륭해서였을까, 사실 19굴인지도 모르고 더위를 피해 들어갔다.

19굴은 C.E. 500~550년 경 조성된 아름다운 조각굴이다. 전면의 기본 형태는 일단 B.C.E. 1세기의 법당굴인 9굴과 동일하다. 그러나 조각의 양과 질은 크게 진보를 이룬 것이다. 전면(facade)은 1, 2층으로 나눠지고, 아래에 현관을 설치하여 장식된 원기둥을 양쪽으로 두 개 세웠다. 현관 양 옆 벽면에는 창문 없이 사각의 장식 기둥을 두 개씩 세우고, 기둥을

| 제19굴 전면의 부조 | 1.연등불 발밑에 머리를 풀어 절하는 선혜보살 2.석가모니불에게 유산을 달라고 하는 라훌라

패널 삼아 크고 작은 불상들을 부조했다. 측벽에도 빈 공간을 두지 않고 크고 작은 패널들을 만들어 불상 부조로 채웠다.

전면의 입불상 중에서 주목할 만한 것은 현관 좌우측에 등상불의 크기로 부조된 입불상이다. 좌측은 연등불께서 왼손으로 가사를 쥐고 오른손은 여원인與願印(중생의 소원을 들어주기 위해 아래로 내려 손바닥을 편 모양)을 하고 있고, 그 앞으로 선혜(수메다) 보살이 자신의 머리카락을 밟고 가시도록 목숨을 걸고 엎드려 있는 부조이다. 이때 선혜 보살이 서원을 발하니 "나는 지금 당장이라도 마음만 먹으면 아라한이 될 수가 있지만, 아라한이 되어 나 혼자 윤회에서 벗어난다 한들 무슨 소용이 있겠는가? 나는 일체 중생을 제도하는 부처가 되리라" 하였다. 이 간절한 발원은 훗날 대승불교 발흥의 정신적 모티브가 되었다. 오른쪽에는 야쇼다라 비가 시키는 대로 아들 라훌라가 유산을 달라고 하자, 석가모니 부처님께서 발우를 주시면서 출가라는 유산을 주시는 모습이다. 라훌라 위에 야쇼다라 비가 보인다. 두 부처님 모두 오른쪽 무릎을 살짝 구부리고 걷는 듯 삼곡 자세를 하고 있는 포즈가 절묘하다. 연등불과 석가모니불, 선혜 보살과 라훌라, 꽃 파는 여인 수밋타와 야쇼다라의 모습이 대조를 이룬다.

2층에는 반원형의 돔 창문을 크게 내고, 창문 높이의 반 정도 되는 크기로 좌우에 거의 옷을 입지 않은 채 근육질의 몸매를 자랑하는 쿠베라 입상을 삼곡 자세로 세웠다. 쿠베라는 위력과 생산력을 갖춘 약샤의 대장이다. 특히 재보財寶의 신으로 추앙받으며, 사천왕 중 북방의 수호신인 다문천왕多聞天王이라고 한다. 그러나 험상궂은 얼굴을 상상한 것과는 달리 통통하고 온화한 미소년이다. 한국의 사천왕의 시원이 드러나기 시작한 것이다. 며칠 후에 볼 산치 대탑의 탑문 기둥 안쪽 아래에 있는 점잖은 모습의 약샤상과도 그 외양이 많이 다르다.

창문 아래 창방昌枋 면에는, 앞서 보았던 전기의 법당굴인 9굴의 경우 작은 돔 창문 모양 5개로 채운 데 반해, 여기서는 그 크기가 더욱 작아져서 조그만 장식으로 변화되었다. 가로로 한 줄에 13개씩 두 줄을 장식으로 새겨 넣었다. 약샤 입상 위에도 두 줄의 돔 창 문양을 넣고 그 사이에는 작은 좌불상들을 횡으로 배열했다. 작은 좌불상은 돔 창 문양 위에 또 한 줄 넣어서 빈 공간을 두지 않았다. 이 석굴의 입구 전면의 부조 장식의 특징은 동물이나 여러 신상들보다는, 좌불이나 입불 등 불상 조각이 많다는 것이다.

무불상無佛像 시대에서 불상 표현 시대로 넘어오면서 불상을 자유자재로 표현할 수 있게 되자, 인물상의 표현에 있어서는 불상이 압도적인 주제로 등장하게 된다. 중심에는 불상을 조각하고 좌우나 주변에는 약샤나 약시, 천인, 동물 등을 장식하는 기법으로 변화한 것이다. 더 나아가 다른 주제들도 그렇지만, 불상 역시 크기가 작아져서 장식화하는 경향도 보인다. 입상은 여원인如願印이나 시무외인施無畏印*을 하고 있거나 가사를 쥐고 있다. 마투라 불상이나 사르나트의 입불상들은 시무외인이 일반적인데, 아잔타의 입불상은 한 손은 가사를 쥐고 다른 손은 여원인與願印을 한 입상이 대다수다. 좌불은 설법인說法印을 하거나 항마촉지인降魔觸地印을 한 경우가 많다.

19굴의 전면은 다른 석굴보다도 더욱 앞마당의 개념이 발달했음을 보여 주는데, 좌우측의 측벽이 앞으로 길게 튀어 나오고 거기에 두 개의 원기둥을 세워 기둥 뒤쪽으로 실내 공간을 만들어 두었다. 또한 측벽에 부조가 등장한다. 좌측 측벽 아래에는 7개의 머리를 가진 나가(뱀신)왕과 1개의 머리를 가진 두 명의 나기니(뱀 여신)를 수호신장으로 조각했다. 우측 측벽에는 전법륜인轉法輪印을 하고 의자에 앉은 좌불상을 부조했다.

1굴도 이와 유사한 형태이지만 1굴은 석굴의 긴 가로 길이에 비해서 측벽이 앞으로 튀어나온 비율이 적고 부조가 없는데, 19굴은 석굴의 가로 길이가 짧아서 측벽의 튀어나온 비율이 크고 부조들이 있어서 앞마당의 느낌이 강하게 전달된다. 엘로라 석굴은 이러한 앞마당의 개념이 더욱 발전하여, 마당 앞을 툭 트인 공간으로 놔두지 않고 마당 앞에 담을 만들어 가운데에 작은 출입구를 두었다.

문을 통과해서 실내로 들어서니 완벽에 가까운 미감의, 화려하면서도 단정한 법당이 눈앞에 펼쳐진다. 기원전 법당굴의 팔각기둥은 사라지고, 두툼한 볼륨의 원기둥 17개가 열주를 이루어 석굴 중앙에 세워진 아

---

* 시무외인이라는 수인은 원래 불교 고유의 것이 아니고 서아시아에서 인도에 이르기까지 상의 손 모양으로 널리 쓰이던 것이라는 견해가 있다. 예컨대 2세기 파르티아 군주상이 시무외인을 하고 있다. 이주형, 2003.

| 제19굴 중앙탑 |

름다운 탑을 뒤돌아 온다. 기둥 위의 주두에 빠짐없이 새겨진 좌불 부조들, 좌불의 좌우로 조각된 약샤, 약시, 수호 동물상들이 배치되었다. 주두와 천장을 연결하면서 열주를 따라 실내를 한 바퀴 돌아 나오는 넓고 긴 상방의 창방 평면에는 보다 큰 크기의 패널 속에 앉고 선 부처님 부조들과 천녀들이 자리하고, 패널의 구획 면에는 덩굴문 등이 장식되어 있다.

천장은 목조건물의 사각 서까래를 본떠서 만들었다. 전기굴이 돔형의 민무늬였던 것과는 다르다. 전기굴에서는 목조의 사각 서까래를 기둥 뒤쪽 회랑의 천장과 입구의 돔 창에만 장식했었는데, 후기굴로 오면서 천장 전체에 사각 서까래를 깐 것이다.

중앙의 탑! 아름다운 탑이 있다면 저 탑일 것이다. 9·10굴의 탑과 비교하면 너무도 화려해졌다. 세월은 무에서 유로 흐르는 것인가? 500년의 시간이 저 중앙탑의 변화 속에 깃들어 있는 것이다. 그것은 무엇보다도 탑에 불상이 조각되어 있다는 사실이다. 무불상 시대가 불상 시대로 넘어오면서 보여 주는 가장 큰 변화이다. 기단, 안다, 상륜부의 변화는 26굴에서 지적한 대로이다. 탑에 불상을 조각해 넣은 보다 이른 작품은 기원후 2세기에 조성된 칸헤리 4굴에서 이미 발견된다.

19굴의 중앙탑은 일견하기에도 기단이 높아지고 상륜부가 고도로 발달했다. 안다 높이의 2배가 된 2단의 기단은 만다라를 채용하여 모서리에 두 겹의 주름을 만들었다. 1층 기단의 정면, 가장 아래에는 귀여운 풍요의 신들(2명의 약샤)이 춤을 추고 있다. 약샤들 위에 횡으로 장식된 네 장의 보리수 잎 문양(돔 창문 모양)을 조각하여 부처님의 발 아래를 장엄했다.

2단 기단의 중앙 양쪽으로 원기둥을 세우고, 주두에는 타오르는 듯 풍성하기 그지없는 덩굴문이, 안다를 아래서부터 위로 파고 올라간 아치의 지붕을 받치고 있다. 장식은 여기에서 끝난다.

아치의 지붕 아래 마련된 공간에 더 이상의 장식 없이 서 계신 부처님, 비록 양 팔과 코가 없어졌지만 자애롭고 평화로운 모습이다. 저토록 희미하게 남아 있는 얼굴에 어린 저 즐거움의 미소는 어디서 온 것일까? 선명한 나발, 희미한 윤곽선만의 두광, 주름 없는 얇디얇은 가사를 망토처럼 수하시어 발목 부분에서 세 겹의 가로주름(윗 가사의 앞뒤 두 줄과 아랫가사의 한 줄)으로 단정히 늘어뜨리고, 필시 손은 두려움을 없애 주는 시무외인과 소원을 들어 주는 여원인을 했으리라. 구멍이 많고 거친 재질의 검은 회색 돌에 출현한 자애의 화신이다.*

생명력의 결정체인 공처럼 둥근 안다는 아래쪽을 부처님께 일부 내어주고, 정상에는 만다라 양식의 방형 평두를 얹었다. 평두의 앞면에는 울타리 문양 대신 가사는 붉게 채색하고 피부는 노란색으로 채색을 한 조그만 좌불상을 새겼다. 만다라 식으로 네 군데의 받침대 모서리를 접어 역삼각형으로 겹쳐 쌓은 위에 거대한 3단의 산개를 위로 크기를 줄여가면서 올렸는데, 각 층마다 약샤들이 네 방향에서 산개를 떠받치고 있다. 산개의 제일 위에 다시 둥근 공을 얹었다. 탑신의 안다가 그 중요성을 인정받아 자신의 분신分身을 최정상에 위치시키고 있는 것이다. 3단의 산개는 중앙의 입불상보다 더 큰 규모이다. 높이도 더 높고, 제일 아래 산개의 폭이 입불상이 있는 양 기둥 폭과 일치한다. 평두까지 합하면 상륜부의 높이가 안다와 기단의 위쪽 단을 합친 것보다 높다.

산개로 장엄되는 찰주는 고대인들의 태양 숭배 사상 중 우주목이 우주 하부의 물로부터 정화淨火로 이루어진 천상계로 이어지는 세계축이라는 사상이 도입된 것으로 보는데, 이 축이 인간과 신을 연결시키고 우주의 영원한 재생을 가능케 하고 우주적 질서를 인간사회에 부여한다고

---

* 이 불상과 동일한 불입상이 칸헤리 3굴의 베란다에 모셔져 있다. 7m에 이르는 건장하면서도 세련된 몸매, 쭉 뺀은 다리, 지긋한 눈매, 복스럽고 따스한 미소년 같은 칸헤리 3굴 불입상은 494년에 조성되었다.

| 제19굴 벽화 |

본다. 산개를 중첩시켜 상륜부를 키우는 것은 수직적 발전 지향성,* 즉 미래 지향성, 염원 지향성, 피안 지향성을 드러낸다. 이렇듯 19굴의 중앙 탑은 특히 고도로 높아진 상륜부의 장엄이 장식 없는 입불상 부조의 은은함을 더욱 강조하는 대비적 조화를 드러내는 탑이다.

후기의 법당굴은 기둥이 팔각에서 원으로 바뀌면서 그림을 그리기에 부적합하게 되었고, 기둥의 안쪽 실내는 회화적 요소보다 조각적 요소가 강해지면서 벽화보다는 부조 장식으로 채워졌다. 대신 부조 장식에 채색을 하고, 벽화는 평면이 있는 회랑 측벽으로 옮아갔다. 현재 남아 있는 채색의 흔적으로 보아 부조에는 빠짐없이 채색을 했고, 다른 부분도 거의 다 채색을 했던 듯하다. 3단의 높은 산개와 천장은 금색을 칠한 듯하고, 그 밑으로는 안다에 칠해진 흰색 등 백색이 가장 많이 남아 있다.

---

* 천득염, 2013.

기둥 뒤의 좌측 회랑의 측벽에는 부처님께서 설법하시는 많은 벽화들 [불설법제상佛說法諸相]이 있는데 대개 좌불이나 입불상이 많다. 부처님의 가사색이 다시 엷은 노란색(미색)으로 변했다. 혹은 검은색의 가사를 수하신 모습도 보인다. 두광의 색도 엷은 노란색인데, 검은 가사를 수하신 부처님의 두광 역시 엷은 노란색이다. 이로 보아 당시 스님들의 가사색이 매우 다양했음을 알 수 있다. 세속의 옷과는 다르게, 구별되게 입으라는 대원칙만은 그대로 유지되고 있는 것이다.

더위를 피해 우연히 들어온 이 아름다운 굴에서 좌선 정진을 25분 정도 하고 시줏돈을 놓으니, 사방에 코리아 순례객이 왔다고 소문이 금방 퍼져서 석굴 관리인들이 자기네 석굴로 유치하느라 호객 행위가 대단하다. 울림이 좋은 석굴, 부처님 미소가 좋은 석굴 관리인들이 한몫 잡았다. 석굴마다 석굴지기가 있고 안전요원이 따로 배치되어 있었다.

그 밖의 석굴

19굴에서 나와 오전에 보았던 26굴을 잊지 못해 다시 한번 26굴로 가서 둘러보고 나오는데, 일행 중 한 분이 인도 아이에게 사탕을 건네준다. 처음 만난 사람들 간에 마음이 교감하고 자애로움이 흐른다. 이국 아이에 대한 호감이 아직 못 다 본 석굴에 대한 호기심으로 전환되자마자, 석굴지기의 호객에 따라 우리는 다시 석굴 안으로 빨려 들어갔다.

울림이 좋은 제23굴
울림이 좋은 석굴은 23굴이었는데 상당히 규모가 크다. 제일 안쪽 벽 중앙에 부처님을 모시지 않은 감실 안에 안내를 받아 들어가서, 발성을

| 불상이 없는 제23굴 내부 |

하자 그 소리가 감실 안을 빙빙 돌았다. 부처님께서 무형의 소리로 그때 그때 출현하시니 형상을 조성한 것보다 훨씬 매력적이었다. 형상을 보는 즉시 모든 것은 제한되고 신비감도 없어져 버린다. 불상이 모셔지지 않은 미완의 굴속에서 울려 퍼지는 소리는 무한한 불세계佛世界에 대한 한 없는 지향을 일으키기에 충분했다.

울림이 좋은 제23굴은 실외 입구 베란다에 네 개의 원기둥을 세우고 기둥에 장식 띠를 세 번이나 두르고, 난쟁이 약샤들이 약샤 부부를 부조 한 주두를 네 모서리에서 떠받치고 있다. 문틀에도 아래쪽에 나가의 장식 부조가 있다. 실내로 들어서면 넓은 천장을 떠받치는 기둥들의 장식 도 대체로 밖의 네 기둥과 유사하거나 제대로 마감이 안 된 기둥도 있는 반면, 원반 같은 연꽃문양 안에 하반신이 꽃줄기로 변신한 약샤가 새겨 진 정교한 부조도 눈에 띈다.

승원굴로서의 석실의 기본 구조는 동일하다. 큰 중앙 홀을 둘러싼 기둥 뒤편으로 회랑이 있고, 회랑의 뒷벽에는 승방이 조성되어 있다. 그러나 중앙 감실에 불상도 없고 감실의 착굴도 하다만 상태이다. 가장 미완인 것이 감실이다. 23굴의 상태를 보면 석굴을 조성해 나가는 순서가 바깥에서 안으로 마감해 나갔음을 짐작케 한다.

미소가 좋은 제21굴

19굴에서 좌선하고 나와서부터 계속 부처님의 미소를 손짓으로 보여주면서 안내하겠다고 나섰던 인도 석굴지기의 요청에 응해, 23굴 옆의 21굴에 들어갔다. 안쪽 중앙의 감실에 불자를 들고 있는 좌우보처보살이 양쪽에 시립하고, 가운데 부처님은 전법륜인을 하고 있다.

번다한 장식이 없이 얇은 가사를 편단우견偏袒右肩하고, 두광도 단순한 윤곽선에, 머리카락도 나발을 밀어 없앴다. 그러나 역사적인 변화 과정을 보면 나발이 없는 삭두削頭형 민머리가 나발형보다 더 앞선 C.E. 3세기 전기로 본다. 좌우의 보살상도 머리에 쓴 보관과 좌측 보살의 목걸이를 제외하고는 장식이 거의 없다. 고요하고 그윽한 부처님의 얼굴이 끝없는 적정 속으로 들어가는 듯하다.

불자를 든 좌우보살은 대승불교의 발전 이후를 말하고, 주불의 육계肉髻를 봐서는 후기굴 중에서도 조금 이른 석굴에 속하는 것으로 보인다. 천장 쪽의 드문드문 보이는 흰색은 채색의 흔적으로 보인다. 불상의 팔과 다리, 좌측 보살상의 상체에 붉은 기가 도는 것은 암반의 색인 듯하다. 24굴과 20굴의 전면 기둥이 주황색이었던 기억이 난다.

잠시 부처님의 고요와 평온에 젖었다가 나오자 필자를 부른다. 감실에서 나와 오른편으로 가 보니, 안내인이 기둥을 쳐 보라면서 자기가 먼저 손으로 친다. 청아한 울림이 퍼져 나온다. 석종을 울린 듯 은은하다. 이를 음악기둥(Music pillar)이라 하는데, 아마도 아잔타 석벽의 재질이 화산암이다 보니 돌 속에 구멍이 많아 공명작용을 일으키는 듯하다. 6굴의 이층굴에도 있다고 한다.

21굴 역시 그 구조는 승원굴로서, 23굴과 거의 유사해서 닮은꼴의 석굴이라고 할 수 있다. 닮은꼴의 석굴들이 두세 개씩 붙어 있는 것을 보면 석굴을 조성할 때 단 하나의 석굴만을 착공한 것이 아니라 몇 개의 석굴을 동시에 개굴하였음을 알 수 있다. 그러나 23굴과 달리 완성된 석굴로서 천장에는 벽화도 많이 남아 있다.

채색 협시보살의 제20굴

20굴은 바깥 현관 기둥 위쪽 주두에 볼륨 있고 유연한 몸매의 아름다운 약시상이 사선으로 천장을 떠받치고 있다. 이는 산치 대탑 탑문 기둥에 위쪽 가로들보를 받치고 있는 풍만한 약시상과 그 궤를 같이하는 것으로 보인다. 여신상이 약시상인지는 덩굴이나 나뭇잎과 같이 조각되어 있는지 보면 구별할 수 있다. 약시는 본디 나무의 정령이기 때문이다.

안으로 들어가 보니 21굴보다는 규모가 작다. 안쪽 벽 중앙에 감실이 설치되어 있는데 눈에 띄는 것은 전실이다. 전실 전면에 네 개의 원기둥을 세워 전실 자체를 앞으로 빼낸 모습이 이색적이다. 안쪽 벽의 뒤쪽으로 공간을 파고들어가 전실을 포함한 감실을 설치하는 것이 일반적이기 때문이다. 전면에 일렬로 설치한 네 개의 원기둥에 '엎어 놓은 ㄷ자'의 평면을 조성하여 위쪽 가로 면에는 과거칠불을 부조하고, 양쪽 기둥의 세로 면에는 밑에 머리가 7개 달린 나가의 입상, 기둥 위에는 약시 입상을 배치하여 화려한 장식미를 더했다.

감실 내의 주불은 21굴과 아주 흡사했는데, 다만 머리의 나발螺髮이 잘 발달해 있다. 인도 초기의 불상(AD 2세기 전기)에서 소라 모양으로 주라朱螺를 틀어 올렸던 주라형 육계가 삭두형 육계의 민머리 불두佛頭(AD

| 제20굴 주불상 |

3세기 전기)를 거쳐, 세로줄의 머리카락 문양으로 변화(3세기 중기)한 뒤에, 하나하나 머리카락을 말아놓은 모양의 나발로 발전하게 되는데 나발형이 확실한 것이 3세기 후기이다.*

민무늬의 광배 옆으로 보리수 잎이 부조되어 있는 것이, 삭두형 육계가 나발형 육계로 변화했듯, 21굴과 달리 장식적 요소가 좀 더 증가한 모양새를 보인다. 보리수 잎은 녹색의 채색도 되어 있다. 광배에 녹색이 약

* 최완수, 1983.

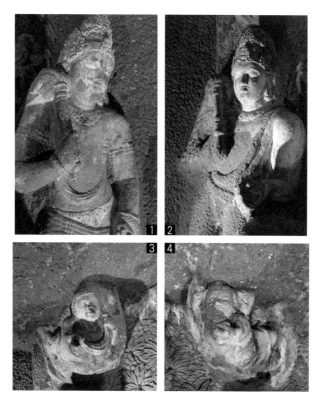

| 제20굴 채색조각상 | 1~2.좌우협시보살 3~4.비천상

간 남아 있는 것으로 봐서 광배에도 녹색의 칠을 한 듯하다. 천장에도 벽화가 남아 있고 각종 부조들에도 채색의 흔적이 강력히 남아 있어 채색이 완전했을 때의 석굴 안을 상상해 볼 만했다.

20굴은 채색 조각상을 볼 수 있었던 드문 기회였다. 주불을 모시고 있는 좌측 보살은 오른손에 불자拂子를 들어 어깨에 걸쳤는데, 상반신의 살갗이 주황색으로 채색되어 있다. 우측의 보살은 역시 자세는 같은데 흰색으로 채색되어 있다. 이러한 피부색에 차이를 둔 것은 1굴 벽화에서 연화수보살과 금강장보살의 피부색이 다른 것을 상기시킨다. 이러한 피부색의 차이는 9세기 당나라의 금강장보살도에서도 나타나는데, 그 보살도는 상반신의 피부색을 청동색을 칠해서 검은 녹색으로 되어 있다.

이런저런 호객에 응하고, 관광 온 현지인의 사진 촬영 요청도 응해 주고 나니, 뭄바이 근처 도시에 산다는 인도인도 말을 붙여 온다. 그러고서야 혼자가 되었는데 벌써 4시가 다 되어 간다. 16굴에 들어가 벽화를 다시 보고, 서둘러 못 봤던 9굴을 들르고, 급한 발걸음으로 1굴에 들어가 금강장보살 벽화만 촬영하고 나왔는데, 오전과 달리 조명도 꺼져 있고 관리인과 안전 요원들이 다가와 어색한 웃음을 지으면서 1달러 달라고 손을 벌린다. 석굴마다 2~3명한테 1달러씩 줬다. 아잔타 석굴 벽화를 사진자료로 남기는 것이 이번 인도 순례의 목적 중 하나였는데 석굴 벽화를 제대로 촬영하지도 못하고, 5시가 되려면 아직 1시간이나 남았건만 재촉하는 성화에 그냥 내려오는 마음이 서운하기만 하다.

아잔타에 머문 시간을 계산해 보면, 오전에 9:30~12:30, 전망대 2:00~2:30, 오후 2:30~4:00, 총 5시간 와고라 강변의 검은 석벽과 함께했다. 5시간 동안 14개의 석굴을 보았다. 오전에 9개굴, 오후에 7개굴(반복 2개굴)을 본 것이다. 16굴, 26굴은 오전 오후에 두 번 본 셈이다. 좀 더 시간을 아끼려면, 점심 도시락을 준비해서 강변 저지대에서 공양하는 것도 좋을 듯하다. 단체여행의 한계 속에서 이번 여행 중에 그나마 한 장소에 가장 오랫동안 머문 날이 아닌가 한다.

보록

아잔타 벽화 종합 도표

	불화	일대기	자타카	아바다나	총계
제1굴	4	4	7	1	16
제2굴	7	4	5	1	17
제16굴	4	1	6	1	12
제17굴	2	5	21	2	30
합계	17 (22.7%)	14 (18.7%)	39 (52%)	5 (6.7%)	75

아잔타 벽화와 산치 부조와의 비교표

	불화	일대기	자타카	아바다나	-	총계	비고
아잔타 4개굴 벽화	17 (22.7%)	14 (18.7%)	39 (52%)	5 (6.7%)	-	75점	천장화 생략
	불상징도	일대기	자타카	아소카	비불상징도	총계	
산치 중심면 부조	7 (9.5%)	37 (50%)	9 (12.2%)	7 (9.5%)	14 (18.9%)	74점	보조면 생략

※ 전체 부조(중심면+보조면) 중 불상징도는 50점(일대기와 비슷)

제1굴의 벽화표

위치		제목	내용(개수)	합계	비고
감실 전실	좌측 안쪽벽	보살권속도(연화수보살과 비슷)	불화(1)	2	
	우측 안쪽벽	보살권속도(금강장보살과 비슷)	불화(1)		
	좌측 측벽	항마성도도	일대기(1)	2	
	우측 측벽	천불화현도	일대기(1)		제2굴
안쪽 벽	좌측 (좌측에서 우측으로)	연화수보살도	불화(1)	4	제16굴
		마하운마가 자타카	자타카(1)		
		우유죽공양도	일대기(1)		
		관정의식도	일대기(1)		
		미상도未詳圖		–	
	우측	금강장보살도	불화(1)	2	출입구 좌측 벽화의 연속
		참페야 자타카	자타카(1)		
왼쪽 측벽	좌측에서 우측으로	수다나-긴나리 아바다나	아바다나(1)	3	
		샨카파라용왕 본생도	자타카(1)		
		마하자나타 자타카	자타카(1)		
오른쪽 측벽		자력왕 본생도	자타카(1)	1	
		미상도		–	
출입구 좌측 벽면	벽화를 향해 섰을 때, 좌측에서 우측으로	시비왕 자타카(살점 보시)	자타카(1)	1	제2굴
		수다나-긴나리 아바다나		–	좌측 측벽에 연속
출입구 우측 벽면		마하수닷사나 자타카	자타카(1)	1	
천장		원형 도상, 왕과 신하들, 비천, 악천, 주유, 다양한 동물들, 백련, 생명력 넘치는 덩굴들		–	
합계		불화4 / 일대기4 / 자타카7 / 아바다나1		16	

※ 미상도, 천장화는 계산에서 제외함. –표시는 계산에서 제외한 것임. AJANTA PAINTINGS Ⅱ, Ⅲ, 2000 참조

제2굴의 벽화표

위치			제목	내용(개수)	합계	비고
베란다 벽	좌측		보디사트바와 비천들(?)		–	
	우측		벽화의 흔적들			
베란다 측벽 끝 실내 공간	좌우		벽화의 흔적들		–	
감실	주실	좌측	협시보살을 거느린 설법천불도	불화(1)	4	측벽
			관음팔난구제도	불화(1)		주불 맞은편 앞쪽 벽
		우측	협시보살을 거느린 설법천불도	불화(1)		측벽
			보살도(1굴 금강장보살도와 유사)	불화(1)		주불 맞은편 앞쪽 벽
	전실	좌측 측벽	천불도	일대기(1)	2	
		우측 안쪽벽	천불도	일대기(1)		
안쪽벽	좌측		쉬라바스티의 천불화현도	일대기(1)	1	제1굴
			좌우측벽 벽화	미상도	–	소감실
	우측		보살도(1굴 금강장보살도와 유사)	불화(1)	1	
			좌우측벽 벽화	미상도	–	소감실
왼쪽 측벽	좌측에서 우측으로		함사 자타카	자타카(1)	5	제17굴
			호명보살도	자타카(1)		
			싯다르타태자 탄생도	일대기(1)		
			현겁4불과 공양자	불화(1)		
			현겁천불도	불화(1)		
오른쪽 측벽			루루사슴왕 자타카	자타카(1)	4	제17굴
			비두라판디타 자타카	자타카(1)		
			부루나장로 설화도	아바다나(1)		
			시비왕 자타카(살점 보시)	자타카(1)		제1굴
			미상도未詳圖		–	
천장			원형 도상, 기하학적 무늬, 인물, 다양한 동물들, 백련, 생명력 넘치는 덩굴들		–	
합계			불화7 / 일대기4 / 자타카5 / 아바다나1		17	

※ 소감실은 사당이므로 계산에서 제외함. –표시는 계산에서 제외한 것임. AJANTA PAINTINGS Ⅱ, Ⅲ, 2000 참조

제16굴의 벽화표

위치		제목	내용(개수)	합계	비고
베란다	좌측 전면	미상도		–	
안쪽 벽	좌측	부처님 설법도	불화(1)	1	
		미상도			
	우측	부처님 설법도	불화(1)	1	
왼쪽 측벽	좌측에서 우측으로	마하운마가 자타카	자타카(1)	5	
		알람부사 자타카	자타카(1)		
		난다 출가도(죽어가는 공주)	아바다나(1)		
		제불병좌도	불화(1)		제1굴
		부처님 설법도	불화(1)		
오른쪽 측벽		부처님 일생도 (태몽을 얘기하는 장면, 카필라성내, 태자 포육哺育, 사문유관, 수하정관樹下靜觀, 우유죽 공양, 빔비사라왕의 방문)	일대기(1)	1	산치 대탑 일부
출입구 좌측 벽면		자력왕(마이트리발라) 자타카	자타카(1)	1	
		하스티 자타카	자타카(1)	1	제17굴
출입구 우측 벽면	좌측에서 우측으로	벳산타라 자타카	자타카(1)	2	제17굴 2곳, 산치 북문
		쿰바 자타카	자타카(1)		
합계		불화4 / 일대기1 / 자타카6 / 아바다나1		12	

※ –표시는 계산에서 제외한 것임. AJANTA PAINTINGS Ⅱ, Ⅲ, 2000 참조

제17굴의 벽화표

위치			제목	내용(개수)	합계	비고
베란다벽	문틀 상방	중앙	8불 좌상(미륵불과 7불)	불화(1)	3	
		측면 좌측	압사라와 공양하는 비천들	–		
		측면 우측	압사라와 공양하는 비천들	–		
	좌측 전면 중앙		벳산타라 본생도	자타카(1)		16굴·17굴, 산치 북문
	우측 전면 중앙		취상조복도	일대기(1)		아마라바띠
전실	좌측 측벽		오취생사도	아바다나(1)	3	
			관음팔난구제도(?)	불화(1)		
	우측 측벽		영취산 설법도(?)	일대기(1)		
	좌측 측벽		삼도보계도	일대기(1)	3	산치 북문
	안쪽 벽 좌측		야쇼다라 영불도	일대기(1)		
	우측 측벽		쉬라바스티의 대신변	일대기(1)		
안쪽 벽	좌측		수타소마 자타카	자타카(1)	5	
	우측		사라바 사슴왕 본생도	자타카(1)		
			마투포사카 자타카	자타카(1)		
			맛차 자타카(물고기)	자타카(1)		
			사마 자타카	자타카(1)		
왼쪽 측벽	좌측에서 우측으로		보관을 쓴 왕과 청록색의 남자 자타카	자타카(1)	5	줄거리 미상
			함사 자타카	자타카(1)		2굴
			벳산타라 본생도	자타카(1)		16굴·17굴, 산치 북문
			마하카피 본생도(516, 돌에 맞는 원숭이)	자타카(1)		
			제석천왕 전쟁도	자타카(1)		
오른쪽 측벽			마히사 자타카(원숭이)	자타카(1)	5	
			싱할라 아바다나	아바다나(1)		
			거울을 들고 단장하는 공주	자타카(1)		
			붉은 코끼리를 탄 왕	자타카(1)		줄거리 미상
			시비왕 본생도(눈 보시)	자타카(1)		줄거리 미상
출입구 좌측 벽면			육아상 본생도	자타카(1)	3	산치 남문
			마하카피 본생도(407, 원왕 교각)	자타카(1)		산치 서문
			하스티 자타카(원숭이)	자타카(1)		
출입구 우측 벽면			루루 사슴왕 본생도	자타카(1)	3	2굴
			웅 본생도	자타카(1)		줄거리 미상
			니그로다 미가 본생도	자타카(1)		
천장			원형 도상, 많은 사각 패널들, 천인들의 쌍, 반인반수 등		–	
합계	불화2 / 일대기5 / 자타카21 / 아바다나2				30	

※ –표시는 계산에서 제외한 것임. AJANTA PAINTINGS Ⅱ, Ⅲ, 2000 참조

| 제10굴 중앙탑과 부처님 |

제3장

세종교가 공존하는 엘로라 석굴

여러 가지 꽃들이 모여
아름다운 화단을 만들고

엘로라 불교 석굴

아잔타에 대한 기억이 생생한데 하룻밤 자고 엘로라 석굴행이다. 5시 모닝콜, 6시 아침 공양, 6시 40분 출발의 아침 일정으로 시작했다. 산을 하나 가볍게 넘더니 이내 엘로라 석굴에 도착했다. 산을 넘는 도중에 버스가 잠시 정차하여 내렸다. 찬연한 아침 햇살을 가득 머금은 짚차가 우리가 올라온 오르막길을 따라 올라오고 있다. 어제 오후 일정에 가지 않았던 다울라타바드(야바다 왕조의 빌라마 5세가 12세기에 축조한 성)라고 하는 성곽이 저 멀리 눈에 들어왔다. 길고 높은 붉은 탑이 멀리서도 잘 보였다.

엘로라 석굴에 대하여

오늘의 순례지 엘로라 석굴은 아우랑가바드의 북서 34km 지점에, 남북으로 길게 늘어진 바위산 동쪽 사면 2km에 걸쳐 파여진 석굴 34개이다. 남쪽에서부터 번호를 차례로 붙여 올라오는데, 1굴에서 12굴까지는 불교 석굴로 6~8세기에 개굴되었다. 여기에 이어지는 13굴에서 29굴까지는 힌두교 석굴인데 6~8세기에 주로 개굴되었고, 늦은 것은 10세기까지도 조성되었다. 가장 북쪽의 다섯 개의 석굴(30굴~34굴)은 자이나교 석굴로 8세기말~10세기에 만들어졌다. 엘로라 석굴은 10, 16, 29, 32굴 등이 우수하다고 평가된다. 10굴은 불교 석굴이고, 16, 29굴은 힌두교 석굴, 32굴은 자이나교 석굴이다. 불교 석굴은 1~5번굴이 먼저 조성되었다고 보는 설이 일반적인데, 6번 굴이 최초라고 하기도 한다.

아침 7시 40분! 석굴의 입구는 아잔타와 달리 넓은 평지에 커다란 반얀 나무들이 즐비하게 늘어서 있었고, 반얀 나무들과 석굴들 사이에는 꽃으로 장식된 화단이 크게 형성되어 있었다. 잘 가꾸어진 화단은 사람의 손길이 계속해서 닿고 있음을 말없이 보여 준다. 그 화단 뒤로 멀리 평지에서 계단도 없이 형성된 석굴들이 보였다.

전체적으로 석굴군의 길이가 아잔타보다 길었지만, 석벽의 높이가 낮고 가로로 길게 펼쳐진 석벽이 세로 방향의 요철을 이루고, 석벽 앞은 강이 없는 대신 넓은 평지를 형성하고 있었으며, 더구나 자이나교 석굴은 조금 떨어져 있어서 아잔타와 달리 전체 석굴군이 한눈에 다 조망되진 않았다.

엘로라의 힌두교 석굴에서는 28굴과 29굴 사이로 석벽의 암반을 가로질러 물이 흘러서 서쪽으로 빠진다. 폭포가 흘러내리는 절벽이 장관이라고 한다. 불교굴에도 1굴과 12굴에 저장용 우물이 있으며, 비가 많이 오면 계곡이 형성되어 5굴의 암벽 위에 암기와처럼 깎아 놓은 처마 위로 물이 흘러 석굴 앞으로 떨어진다고 한다. 석굴에 앉아 폭포의 뒤쪽에서 물 떨어지는 것을 구경하는 풍취가 괜찮을 듯하다. 화단 바로 앞 넓은 광장을 격하고 유명한 16굴인 힌두교의 카일라사 사원이 보인다. 입구 정면에 위치한 카일라사 사원의 오른쪽 길을 따라 들어가 차례로 도열해 있는 불교 석굴 군에 먼저 참배하였다. 늘어선 거대한 반얀 나무들이 밤새

껏 정화한 아침 공기는 상쾌하기 그지없었다.

불교 석굴군으로 가는 길목에 30대로 되어 보이는 남자 맹인이 소년의 손을 붙잡고 자신의 한쪽 손을 벌리고 생계를 도모하고 있었다. 사지 멀쩡하고 혈색도 좋은데 눈만 보이지 않는가 보다. 적선을 하는 내게 그가 자신 있게 "코리언?" 하고 묻는다. 어찌 이리도 확실하게 한국 순례단인 줄 아는지 의아하기도 하고 장난기도 발동해서 "차이니~즈!"라고 대답하니, 감겨 있는 한쪽 눈을 번쩍 뜨면서 꽤나 당혹해 했다.

시각장애인의 관문을 통과하자 강아지 두 마리가 우리 일행을 반긴다. 아침의 청명한 햇살이 석굴 앞의 넓은 길을 어루만지는 것에 동참하려는 듯 길 가운데로 나와 있던 녀석들이 우리 일행을 향해 어린 눈을 껌뻑이자, 시선이 일제히 강아지에게 쏠리고 몇몇 분은 강아지들에게 특별한 사랑을 베푼다. 생명체들은 본능적으로 서로를 끌어당긴다. 쏠림과 베풂과 끌어당김이 없이는 하루도 살아갈 수 없는 우리네 삶! 그것이 살아 있는 것들의 본연이면 그 본연은 어디서 생겨난 것인가?

제10굴에서의 예불

먼저 예불을 올리기 위해 10굴로 향했다. 10굴은 입구의 폭 13.1m, 안쪽 깊이 26.2m의 이층 법당굴이다. 700~750년경에 조성되었으며, 사원 내부 7번째 기둥에서 13세기경에 증축되었다는 명문이 발견되었다. 엘로라의 불교굴 중에서 유일한 법당굴이며 나머지는 모두 승원굴이다. 전체 석굴에서 법당굴이 차지하는 비율이 더욱 감소, 아잔타 석굴의 경우에는 법당굴이 차지하는 비율이 전기굴 33.3%, 후기굴 12.5%인데 반해, 엘로라 석굴의 경우에는 8.3%로 감소한 것이다.

바깥에서 보면 전면의 기본적 형태는 아잔타의 법당굴과 동일하게 밖에서 볼 때만 2층이고, 실내는 여전히 천장이 높은 1층으로 되어 있다.

그러나 2층에 테라스를 만들고 1층에서 올라갈 수 있게 했으며, 2층의 돔 창은 다시 2단으로 구분하고 작은 2층 창을 두어 채광 효과를 더하고 있는 점이 다르다. 입구의 조각은 2층 돔 창의 상하 가로 면에는 세밀한 조각이 많지만, 벽면에는 빈 공간이 많다. 1층은 열주를 세워 아잔타의 승원굴과 같이 벽면을 베란다 안으로 집어넣었다.

엘로라 석굴의 또 다른 특징은 앞마당이다. 아잔타에서는 전면의 양쪽에 돌출 측벽이 작은 데 반해, 여기는 측벽 역시 전면의 연장으로서 2층에 테라스를 둔 완전한 건축물을 형성했다. 석굴 앞마당 앞쪽에도 울타리 벽을 설치하고, 앞마당과 외부를 오가는 좁은 입구를 두어 앞마당을 안마당으로 발전시킨 것이다.

마지막으로 누층 구조가 발달한 점이다. 승원굴의 경우에는 실내마저도 누층 구조를 완전히 형성하여 실내 공간이 엄청나게 늘어난 것이다.

10굴 안으로 들어서니, 아! 적멸에 든 부처님이 계신다면 바로 여기이 부처님이리라. 가라앉음, 놓아 버림, 완전한 휴식, 그 어떤 가식과 위엄도 없이 평온과 평정 속에 단지 그냥 있을 뿐이다. 반개半開한 눈, 오뚝한 코, 두툼한 아랫입술, 보고 또 봐도 친근한 십대 미소년의 얼굴이 어찌이토록 편안하단 말인가! 시립하는 보살들도 고요의 침잠 속에 들고, 하늘에서 꽃을 뿌리는 천인들마저 들뜸이라곤 없다. 자신의 존재만으로 이미 법을 설하고 계신 부처님! 발 앞의 심짓불,* 그 작은 빛만이 부처님이 법을 설한다고 말해 줄 뿐이다.

비록 돌에 형상을 새겨 조각된 부처님이었지만, 고요하고 평온한 마음이 한껏 느껴지는 아름다운 부처님께 예경하는 우리는 시공을 넘어서 부처님과 만나고, 저 부처님을 조각한 장인과 만나고, 저 부처님 앞에서

---

* 심지에 초를 먹여 붙이는 작은 불

| 제10굴 입구 |

예전에도 그렇듯 예불하고 정진한 스님들과 불자들을 만난다. 부처님 발앞에 켜진 작은 심짓불 옆으로 차를 올리고, 향을 올리고, 언제 준비했는지 과일도 올리고, 순례를 위해 준비한 쌈짓돈도 올린다. 발아래 합장하고 기원하고⋯, 언젠가는 부처님 세계에 꼭 들어가리라!

제10굴 중앙탑과 부처님

예불을 마치고 잠시 정좌를 했다. 석굴 관리인이 협조적이다. 불탑 앞에 쳐 놓았던 쇠사슬도 걷어 주고, 자신들이 할 수 있는 최대한 편의를 제공해 주었다. 아잔타 석굴보다도 관광객들이 적게 오리라 느껴지는 이곳은 그런 만큼 인심도 좋았다.

10굴은 목조건물을 모방한, 뛰어난 조각이 돋보이는 곳이다. 비슈바카르마(Vishvakarma, 장인의 신) 혹은 목수의 공방이라는 별칭이 있다. 제10굴의 내부 양식은 아잔타의 후기 법당굴인 19, 26굴과 양식이 동일하다. 28개의 팔각기둥(아잔타 9굴은 23개, 10굴은 39개)이 일정한 간격으로 줄을 지어 중앙탑을 돌아 나오고, 주두 위로 열주를 따라 천장에 연결된 상방의 창방 평면이 다시 중앙탑을 돌아 나오고 나면, 사각의 서까래를 간 천장이 오목한 돔을 만들고 있다. 그러나 아잔타의 법당굴보다 후기에 조성되었음에도 기원전의 법당굴에서 볼 수 있었던 팔각기둥이고, 주두의 크기와 장식이 크게 감소한 대신, 그 위의 창방 평면이 기둥 앞으로 많이 튀어나온 채 화려한 조각으로 볼륨감을 더했다.

중앙불탑은 높이 8.2m, 직경 4.9m로, 아잔타 26굴 중앙탑의 감성적 변용처럼 느껴진다. 높은 원통 기단은 26굴이 안다의 3배 남짓이던 것에서 5배로 볼륨을 키웠다. 안다는 더욱 타원형으로 부풀어 오른 모습이고, 평두는 만다라 형태를 크게 도입하여 네 장의 받침대 모서리를 네 번 접어 양쪽에 세로로 다섯 겹의 주름을 만들고, 공작의 벼슬처럼 위쪽을 펼쳐 아름다움을 더했다. 타원의 안다에 비례하여 키를 높이지 않은 것은 26굴과 같다. 이는 기단 앞에 부조된 불상 위의 타원 아치와 더불어, 전체적으로 곡선적으로 변하면서도 타원적 선을 수용하여 예술적 미감의 극치를 이루고 있다. 이는 아잔타의 그것이 둥근 안다와 직선의 기둥이 주는 기하학적 완결성의 느낌과는 판이하다.

중앙탑의 불상과 관련된 변화도 돋보인다. 불전佛殿이 발전하고 협시불이 등장한 것이다. 아잔타 26굴에서 이미 기단 상부에 돌출 현관을 설치하여 독립 불전이 나타나기 시작했는데, 이것이 더욱 발전한 것이다. 탑의 기단과는 다른 낮은 바닥의 기단 위에 양쪽으로 두 분의 협시보살 입상을 세우고, 이를 기둥 삼아 매끄럽지 않은 선, 두툼한 면, 두꺼운 두께로 이루어진 타원의 아치를 설치하고 천인들과 보리수를 조각하였다. 높이 3.3m의 전법륜인을 한 부처님이 아늑한 실내에 앉아 계신 듯 분위기를 조성한다.

협시불의 등장과 규모마저 커져 버린 돌출된 아치의 닫집 부조는 기단을 거의 가리면서 탑과 분리되어 따로 조각한 듯한 느낌마저 주고, 탑은 불상과 불전의 뒤로 밀려나 버렸다. 불상 표현의 가능성은 이제 법당에서 예배의 대상으로서의 탑을 거의 밀어낼 지경이다.

승가공동체의 공간-제5굴

예불을 마치고 나와서 5굴로 갔다. 전면에 보이는 절벽에 파여진 1~4굴 밑으로 단애가 형성되어 있다. 좁은 출입문을 통해 계단을 오르니, 길이 35m, 폭 17.6m의 커다란 실내 공간에 24개의 두툼한 사각 기둥을 두 줄로 세우고, 중앙에 감실 기둥 앞으로 긴 두 줄의 낮은 단을 만들어 두었다. 바닥도 낮은 두 줄의 단도 상태가 거칠고 매끈하지 못하다. 천장에는 벽화를 그렸던 흔적이 짙은 얼룩으로 남아 있을 뿐이다. 실내 공간이

| 엘로라 제5굴 내부 |

넓고 두 줄의 낮은 단이 있는 것으로 보아, 스님들이 모여서 공양이나 경전 공부, 혹은 승가 공동체의 일을 상의하는 곳으로 사용된 듯하다.

기둥은 사각이고 두꺼워졌지만 장식 부조는 없다. 사각 기둥과 주두 사이에 세로 줄을 넣어 꽃봉오리처럼 느껴지는 널직한 타원형을 얹었을 뿐 다른 장식이 없고, 주두도 사각의 방형이다. 기둥의 이러한 모습은 카일라사나타나 자이나교 33굴의 기둥과도 비슷한데, 오히려 그 장식성과 완성도가 현저히 떨어졌다. 아잔타 석굴의 둥근 원기둥의 화려한 곡선미가 단순미마저 없이 마감이 덜 된 듯한 직선으로 변화했다.

아무래도 후대로 내려올수록 조각은 난삽해져가는 듯하다. 초기 작품의 단순미는 후기의 복잡한 정교미로 발전하는 것이 예술의 진행 방향일 것이다. 그리고 그것이 어느 극에 이르면 수많은 복사품을 양산한 뒤에 전혀 다른 변용을 시작하는 것이다. 엘로라의 5굴은 아잔타 예술의 연장이라기보다는 카일라사 사원 기법의 어설픈 도용처럼 느껴졌다.

안쪽 벽의 중앙 감실에는 부처님이 전법륜인의 수인手印을 하고 교각상交脚像의 형태로 협시보살과 천신들과 함께 조각되어 있다. 감실 밖의 양 측벽에는 긴 연줄기 위에 핀 연꽃을 손에 쥔 연화수보살이 좌측에, 우측에는 금강장보살이 시립하고 있다.

수많은 불상이 조각된 3층 굴-제12굴

5굴을 나와서 입구 쪽으로 되돌아와, 예불을 올렸던 10굴을 지나 12굴에 들렀다. 12굴은 엘로라의 석굴 중에서도 후기에 속하는 굴이다. 3층 굴인 12굴은 보수공사를 위해 3층까지 설치한 비계들이 촘촘했고, 석굴 전면은 두툼한 벽으로 가로막아 놓은 채 가운데 좁은 출입 통로만 열어 두어 성벽으로 두른 듯하다.

12굴은 앞마당을 막은 울타리 벽이 10굴보다 훨씬 높아 아잔타에서 생겨나기 시작한 앞마당이 완전히 안마당으로 변화한 전형적인 예이다. 아무런 장식 없이 성글고 거칠게 모양만 만들어 놓은 울타리 벽 뒤로 3층의 아파트와도 같은 건물이 보인다. 계단을 올라 출입 통로를 통해 안마당으로 들어서니, 3층의 높은 아파트 건물이 정면과 좌우의 3면을 에워싸고 있다. 이 석굴은 3층 건물이라는 의미의 '띤딸'로 불린다고 한다. 폭 35m, 깊이 22m의 바닥 면적을 가진 큰 석굴이다. 10굴(폭 13.4m, 깊이 35m)과 5굴(폭 17.6m, 깊이 26m)에 비해서 폭이 거의 두 배 이상이고, 안으로 파 들어간 깊이는 얕은 편이지만 만만찮다. 아잔타의 1굴의 규모가 폭 35.7m, 깊이 27.6m이므로 그에 비해 손색이 없는 규모인데다, 3층 구조이니 건물의 실내 평수를 전부 고려한다면 아잔타 석굴에 비해서 실내 면적이 엄청나게 늘어난 것이다.

1층 실내로 들어서면 넓은 공간에 수많은 불상들이 조각되어 늘어서 있고, 전체적으로 대체로 마감이 제대로 되어 있지 않고 조각의 훼손도 상당하다. 1층 정면 베란다의 오른쪽 끝, 어두운 통로 계단을 통해 손전등을

| 제12굴 전면 - 띤딸 |

비춰 가며 2층으로 올라가니, 2층 계단 통로의 전면에 낮은 천장을 하고
불좌상과 불자를 든 보살상이 모셔져 있다. 우측 면의 부조 면에는 가운
데 보살을 약간 크게 조성하고 그보다는 약간 작게 양쪽에 보살들을 배치
했는데 한 분은 여인의 몸이다. 여인의 몸을 한 보살은 타라Tārā 보살이다.

   안쪽으로 들어서면 벽면에 연꽃을 든 관세음보살이 양쪽에 보관寶冠
을 쓰고 있는 여인의 몸을 한 타라보살들과 함께 새겨진 또 다른 부조상
이 있다. 관세음보살을 양 옆의 타라보살보다 조금 더 크게 조성해 놓았
다. 붉은색의 채색이 바래긴 했지만 아직 남아 있다. 타라보살은 고통의
강을 건네주는 어머니로서, 수억 겁 전 고음鼓音여래 시절에 10세부터 고
행과 명상을 계속해서 79세에 깨달았다는 혜월(이세다와) 공주가 사바의
삼사라samṣāra(輪廻)가 텅 비도록 여인의 모습으로 모든 중생을 도우리라
고 서원한 보살이다.

   벽면에 부조의 조각들이 있는데, 하늘에 한 여인이 앉아 있고, 그 밑

168

| 제12굴의 벽면 부조 | 관세음보살과 협좌한 타라보살

에 일산을 쓰고 말을 타고 가는 인물의 부조상이 눈길을 끈다. 한 사람
은 일산을 붙잡고 있고 다른 한 사람은 말의 고삐를 쥐고 있다. 일견하
기에 싯다르타 태자를 낳고 일주일 만에 돌아가셔서 천상에 태어났다는
마야부인과, 그 밑에는 말을 타고 출가하는 싯다르타 태자의 모습이 아
닌가 짐작된다. 베란다의 반대편 끝에 또한 불좌상이 협시의 보살상과
함께 모셔져 있다.

　3층의 실내는 장엄한 불상들이 장식된 대형 공간이다. 전체적으로 조
망해 보면, 여타의 승원굴과 마찬가지로, 안쪽 벽 중앙에 감실을 설치하
고 감실 입구의 양쪽 기둥면에 보살 입상을 세우고, 그 옆으로 세 명의
타라보살을 나란히 작게 앉히고, 연이어 대형 7불의 좌상을 양쪽으로 배
치해 매우 장엄하다. 감실 입구의 양 기둥면의 보살 입상은 좌측의 보살
이 보관을 쓰고 팔짱을 끼고 서 있는 모습이 이색적이고, 우측의 보살
입상은 팔의 손상이 심하다. 세 명의 타라보살이 손에 길게 솟아오른 연

꽃을 들고 한 발을 좌대 아래로 내려 연화대를 밟고 나란히 앉아 있다. 좌측 칠불의 좌상은 연화좌대蓮花座臺에 결가부좌를 하고 양손을 포개고 나란히 앉아 선정에 들어 있고, 우측 칠불의 좌상은 전법륜인을 하고 있어 설법 중이다.

그 옆으로 측벽에는 협시보살을 둔 네 구의 불좌상을 각각 배치하였다. 한쪽에 11구의 불좌상을 모셨으니 좌우 합하면 22구에, 중앙 감실의 부처님까지 23구이다. 협시보살과 주불을 장엄하는 작은 불좌상까지 합하면 50구가 넘는 듯하다.

| 제12굴 벽면 부조-싯다르타 출가도 |

좌우 측벽의 불좌상은 협시보살을 양 옆에 시립하는 동일한 양식이 아니다. 좌측의 한 부처님은 협시보살 없이 주불의 좌우로 두 분의 마주보는 작은 불좌상을 봉안했고, 우측의 한 불좌상은 협시의 보살 외에 다시 상하 삼단三段의 작은 불좌상을 양쪽에 총 6구를 조각했다. 천편일률적인 불상 모시기와는 거리가 멀다. 불상의 상호 역시 불좌상마다 조금씩 다르게 조성하여 형식성을 탈피하고 있다.

중앙의 감실은 매우 어두워 손전등이 없으면 보이지 않을 정도이다. 감실에는 결가부좌를 하고 항마촉지인을 하고 있는 주불을 모셨다. 주불의 특징은 신광身光(부처님 몸에서 나오는 광명)을 조각했다는 점이다. 신광

| 엘로라 제12굴 내부 | 1.우측벽 불좌상 2. 중앙 감실 좌우 옆기둥의 보살 입상

에는 붉은색의 채색이 남아 있다. 두광의 묘사만 있었을 뿐, 신광의 묘사는 이제까지 못 보던 것이었는데, 그러고 보니 좌우 칠불을 포함한 여러 조각상에도 신광이 조각되어 있다.

주불 뒤로는 협시보살들을 세웠는데, 쓰고 있는 보관이 특이하고 얼굴도 사각형의 남성적인 얼굴을 하고 있다. 두광에 붉은 채색이 많이 남아 있다. 특히 좌측의 협시보살 뒤로는 벽화가 그려져 있다. 짙은 곤색의 바탕에 붉은색의 높은 모자를 쓰고 양손을 들고 있는 모습의 인물벽화이다. 위 천장에는 둥근 도상이 중앙의 검붉은색의 원과 이를 테두리처럼 겹겹이 두른 검은 곤색이 짙은 이미지를 형성하고 있다. 채색의 흔적

| 과거칠불설법상 |

은 베란다 천장에도 드문드문 거무튀튀하게 남아 있다.

측벽에 조성된 불상을 포함해서 전체적으로 불상의 상호가 좋고 복스러우며, 몸매도 날씬하고, 조각의 선은 섬세하고 매끄럽다. 10굴의 부처님보다는 조금 더 성장한 얼굴이지만 젊은 용모를 하고 있다. 살이 찌거나 둔해진 모습이나 퇴화된 모습은 찾아볼 수 없다. 좌측 벽에 의자에 앉아 계신 복스럽게 생긴 부처님 상이 양팔이 부서져 나간 건 참을 수 있지만, 왼쪽 눈썹에서 오른쪽 눈으로 그어진 상처는 못내 안타깝다.

이상에서 보았듯이, 엘로라의 불교 석굴들은 아잔타석굴에 비해서 협시보살상들이 거의 빠짐없이 등장하고 있고, 타라보살상도 많이 조성되어 있음을 볼 수 있다. 이러한 점들은 아잔타 석굴에 비해서 밀교적 영향이 보다 증가했음을 보여 준다고 할 수 있다.

| 과거칠불선정상 |

　불교 석굴의 참배를 다 마치고 힌두교 석굴의 관람을 위해 아침 햇살 가득한 시원하고 넉넉한 석굴 앞길을 나서는데, 석굴로 들어오면서 보았던 강아지 두 마리가 아직 거기 그 자리에 그대로 있다. 좀 전에 받았던 사랑이 못내 아쉬웠던 모양이다. 강아지를 좋아한다는 한 보살님이 다시 사랑을 듬뿍 준다. 강아지들, 기다린 보람이 있다.

힌두교 석굴―카일라사나타

불교 석굴 바로 옆에 조성된 유명한 16굴로 갔다. 다큐멘터리에서 어렵지 않게 볼 수 있는 유명한 힌두 사원이다. 하나의 거대한 암반을 깎아

| 카일라사나타 입구 |

서 각종 건물까지 조각해 낸 카일라사나타Kailāśanātha! 라스트라쿠타 왕조의 크리슈티나 1세(757~783) 때에 착공, 100년 이상 걸려 완공했으며, 파낸 암반의 돌만 해도 4만여 톤에 이른다는 보고가 있다. 카일라사 Kailāśa는 수정水晶을 의미하는 켈라사kelāsa라는 단어에서 파생된 것인데, 이 사원이 본뜬 카일라스산을 말한다. 나타nātha는 주인·피난처를 의미하는 산스크리트어인데 사원을 뜻한다.

카일라스 산은 히말라야 남단에서 발생한 모든 종교의 경배 대상이다. 불교에서는 우주의 중심인 수미산이고, 힌두교에서는 시바Śiva가 사는 곳이다. 티베트의 서쪽에 있으며, 6,714m로 '눈(雪)의 보석'이라는 뜻으로 강린포체라고도 한다. 빙하만 250개가 넘고 인더스강을 비롯한 4대 하천의 발원지다. 수세기 동안 수많은 순례자들이 평생의 업을 지우기 위해 정기적으로 이 산을 돌았으며, 순례길에 이 산에 위치한 마나스

| 거대한 락슈미 상 |

로바 호수와 딜타푸리 온천을 방문한다고 한다.

　카일라사나타의 입구는 밖에서 보면 2층으로 보이는데, 2층에는 가로의 길고 낮은 직사각형의 구멍을 뚫어 놓았을 뿐 다른 부조 장식이 없다. 1층에서 2층으로 오르는 출입문을 하나만 만들고, 창문 없이 양쪽 벽에 세로로 긴 직사각형의 패널을 만들고 신상神像들을 부조해 놓았다. 패널들에 조각된 신상들은 불교 부조보다 훨씬 동적인 자세를 취하고 있다. 일견하기에도 불교 사원의 부조와는 다른 느낌이다. 패널들은 사각 기둥으로 구획되었는데 사각 기둥에는 부조 장식이 없다. 힌두교 사원이건만 훼손이 많이 되었다.

　보안 검색대를 설치한 출입문을 통과하자, 통로의 정면에 대형 락슈미 Lakṣmī 상의 부조가 풍요로움을 선사하고 있다. 락슈미는 부, 비옥함, 생식력을 상징하는 여신으로, 힌두교의 중요한 세 여신 중 하나이다. 보통 비슈누Viṣṇu의 배우자로 알려져 있는데, 시타Sita라는 이름으로 라마와도 결혼했고, 크리슈나Kṛṣṇa의 연인 라다Rādhā이자 아내 룩미니Rukmiṇī이다. 조각상의 모습을 보면 수많은 연잎 위의 연화대에 락슈미가 큰 유방으로 부와 비옥함과 생식력을 과시하면서 가운데 앉아 있고, 가부좌를 튼 무릎 옆으로 작은 코끼리 두 마리가 시립하고, 작은 코끼리 위에 큰 코끼리 두 마리가 호로병을 코로 잡아 거꾸로 뒤집어서 물을 내리뿌리고 있다. 코끼리가 한쪽 앞발을 들고 있는 자세는 기쁜 코끼리의 마음을 잘 보여 준다. 코끼리 위로는 천녀들이 날고 있다.

락슈미 위로 두 마리의 코끼리가 물을 쏟아 붓는 모습은 산치 대탑의 탑문 부조에 7번이나 등장하는 매우 익숙한 부조인데, 힌두교 사원의 대표인 카일라사나타의 안쪽 입구에 대표적인 부조상으로 등장하고 있는 것이다. 그러다보니 산치 탑문의 부조 역시 락슈미 상으로 해석하는 경우가 있는데, 이 순례기에서는 약시의 목욕상으로 해석하였다. 왜냐하면 인도의 고등종교들이 약시라는 고대의 자연 신앙을 흡수하여 각기 발전시켰다고 보기 때문이다. 아무튼 이 락슈미 목욕상은 카일라사나타를 대표하는 부조로 보인다. 좌우의 기둥면에는 높은 보관을 쓴 신상이 역동적인 삼곡 자세로 부조되어 있다. 불교의 보살상과 동일하지만 두광이 매우 적게 묘사되고 같은 삼곡 자세이지만 훨씬 동적이다.

락슈미 상의 좌우의 통로 바깥마당에 실물크기보다 배는 커 보이는 코끼리상이 한 마리씩 배치되어 있다. 좌측의 코끼리상에서 넓은 회랑을 따라 중앙신전을 한 바퀴 돌면, 우측의 코끼리상으로 오게 되어 있다. 코끼리상 앞에는 신전 높이와 같게 화려하고 섬세한 부조 장식을 한 사각의 기념 석주(stamba)를 세웠다. 중앙에 신전 건물을 배치하고, 마당 겸 회랑이 신전을 360도 감싸고 돈다. 회랑의 외벽은 거대한 절벽을 유지하고

| 카일라사나타의 암벽 캔틸레버 |

있다. 사진에서 보는 것만큼 규모(가로45m×세로85m×높이32m)*가 크게 느껴지진 않았지만, 사방의 석벽과 마당을 격하고 있는 중앙 신전의 조성은 완전한 힌두 사원 양식을 갖추고 있었다.

회랑의 좌측 바깥 측벽은 사각의 열주를 세우고, 열주 위의 천장은 기둥 밖으로 쑥 튀어나온 상태이다. 그 위의 암벽에는 부조나 장식 없이 거친 상태 그대로 두었다. 회랑의 오른쪽에 있는 신전의 벽은 그야말로 조각들이 밀집한 작품 과잉의 전시장이다. 긴장감과 더불어 종교적 숙연함마저 일으키는 암벽 캔틸레버**와 아트리움 형식의 마당 중앙에 위치시킨 화려한 장식의, 밑에서 쳐다보기에도 힘든 높은 중앙의 사원 건물은 신전으로서의 위엄을 확실하게 과시했다.

---

* 안영배, 2005.

** 기둥이 없는 회랑 지붕

| 힌두 바라문과 신도들 |

회랑을 따라 중앙신전 바깥을 오른쪽으로 한 바퀴 돌아, 머리가 파손되어 없어진 오른쪽 코끼리상 앞쪽에 있는 신전 입구를 통해 시바신의 상징인 링가liṅga와 요니yoni*를 모신 신전 2층으로 올라갔다. 온전하지 않은 입구문의 붉은 채색을 한 신상을 통과해 중앙신전으로 들어서자 실내가 깜깜하다. 안내인이 밝혀주는 이동식 전등불을 따라 화려한 부조 장식의 사각 기둥들을 지나 시바의 성물을 보았다. 사람들이 하도 만져서 새까매진 링가 위로 붉은 장미꽃 7송이가 진한 인상을 준다. 링가와 요니는 아리안족 이전 선주민先住民의 남근 숭배가 생식의 신 시바신과 결합된 것이라고 한다.

역사적으로 보면 힌두교는 많은 다른 사상들을 흡수하면서 발전을 거듭했다. 남근 숭배나 약샤, 약시 등 비非아리안적 기원을 가진 토착 신앙들을 흡수한 것은 물론이고, 거대한 흡인력을 한껏 발휘, 불교의 위대한 사상을 흡수하고 C.E. 5세기에 6파 철학을 등장시키면서, 정교하고도 고차원적인 이론 체계를 확립하고, 각종 힌두경전들을 확정했다. 이는 새로이 등장한 굽타 왕조의 제왕들에 의해 힌두교가 국교로 공인되면서 더욱 힘을 얻었다. 힌두교는 이러한 사상적 흡인에 그치지 않고, 석가모니불을 비슈누의 아홉 번째 화신으로 지명하면서 불교 교단 자체를 자신들 속으로 빨아들여 용해시켜 버리려고 하였다. 이에 때를 맞춰 편승한 이슬람의 군대가 불교 사원들을 파괴시켜 주니, 불교는 인도에서 멸절되고 말았던 것이다.

시바신의 성소에서 나와 반대편으로 가면 시바신이 타고 다니는 난디(소)가 바닥에 앉아 있다. 이를 지나쳐 가니 밖에서 보았던 입구 정면의 2층에 뚫렸던 가로로 긴 사각형의 구멍이다. 바깥 풍광이 한눈에 들어온

---

* 링가liṅga는 남자 생식기, 요니yoni는 여자 생식기를 말함.

| 미투나 상 |

다. 벽돌로 포장된 마당 뒤로, 반얀 나무의 군집이 맞닿은 지평선 위로
태양이 신전을 향해 떠오르듯 거꾸로 뒤집은 오메가 모양을 한 넓은 잔
디밭이 초록의 바탕 위에 노란 꽃들로 가로줄을 긋고 있다.

그 뒤로 돌아 나오는데, 삭발을 한 힌두 바라문이 신도들을 이끌고 선
두에 서서 요령을 흔들면서 민요같이 들리는 가락의 챈팅chanting을 하면
서 오고 있었다. 그 모습이 우리나라 스님이 49재를 지내고 재자齋者들을
이끌고 왕생往生 염불을 하면서 소대燒臺로 향하는 모습과 흡사해 보였다.

힌두교 일행들을 보내고 바깥으로 나올 수 있는 창문 베란다로 오니,
건너편에 예의 그 힌두 신자들 일행이 코끼리와 사각 스탐바(기념 석주)
가 보이는 곳에서 의식을 진행하고 있다. 멋진 부조 장식을 하고 있는 사
각 기둥이 받치고 있는 이 창문 베란다 벽면에는 유명한 카주라호 사원
에서 볼 수 있는 미투나 상들이 부조되어 있다. 카일라사 사원에서는 이
창문 베란다 부조가 유일한 미투나 상 부조라고 한다. 미투나 상은 힌두
사원에 등장하는 특이한 남녀교합상이다.

카일라사 사원을 나와 마지막 석굴인 자이나교 석굴로 가는데, 카일
라사 사원을 위에서 전체적으로 조망할 수 있는 언덕에 가자는 말이 입

끝에서 맴돌 뿐이다. 어제 일정을 바꿔서 오후 내내 아잔타에 있었던 탓에 또다시 '여기 가자, 저기 가자' 하는 말이 입에서 떨어지지 않았다.

자이나교 석굴

자이나교 사원은 엘로라 석굴 입구에서 셔틀버스를 타고 가야 했다. 셔틀버스로 5분, 걸어서 5분을 가니 넓게 포장된 광장 맞은편으로 멀리 오른편에서부터 인드라 사바(Indra Sabha)로 불리는 32굴을 필두로 33, 34번 굴이 차례대로 나란히 보였다. 입구 광장에서 자이나교 석굴에 참배하러 온, 자이나교 신자들인 듯한 여인들을 만났는데 무척이나 반가워했다. 전형적인 남인도의 순박한 시골 아낙네들이었다. 그중 한 명은 삭발을 하고 있었는데, 집안의 누군가가 돌아가신 모양이다. 이분들의 피부색을 보니, 1굴 벽화의 금강장보살이나 죽어가는 공주 등 짙은 밤색의 피부로 등장하는 벽화 상의 많은 인물들의 피부색과 동일해서 놀라지 않을 수 없었다.

자이나교

마하비라는 초기경전에 니간타 나타풋타(Nigaṇṭha Nāṭaputta, B.C.E. 599-527)라는 이름으로 등장한다. 나체외도裸體外道가 바로 그와 그 제자들이다. 금욕과 불살생의 원칙을 지키며 12년간 고행 후에 승리자(지나Jina)로 자처했던 니간타 나타풋타는 위대한 영웅이라는 의미의 마하비라Mahāvīra로 불린다. 그는 제24대 티르탕카라Tīrthaṅkara이다. 티르탕카라는 여울을 만드는 사람, 건널 수 있는 길을 만드는 사람이라는 뜻이다. 그는 본명이 바르다마나Vardhamana로서 바이샬리 근교 쿤다 마을의 크샤트리아 가문에서 부처님보다 더 일찍 태어나고 조금 더 빨리 세상을 떠났다.

바라문들의 희생제와 일원론적 관념론, 브라만 권력에 대한 비판이라는 점에서, 니간타 나타풋타의 주장은 석가모니를 포함한 당시 모든 사상적 개혁가들과 궤를 같이한다. 그러나 제법무아諸法無我와 공空 사상을 통해 자아의 실재를 부정한 불교와는 달리, 그는 영혼의 실재를 주장한 다원적 실재론자라고 할 수 있다. 즉, 영혼은 순수한데도 속된 물질의 카르마karma(業)에 속박되어 비참한 상태에 빠졌기 때문에, 고통의 원인인 업을 제거하고 본래의 더러움 없는 영혼을 되찾아야 하며, 이를 위해 불살생, 불음, 무소유, 금욕과 고행의 삶을 살아야 한다는 것이다. 이러한 사상은 인도 역사에 많은 영향을 주어 왔으며, 마하트마 간디의 비폭력 무저항주의도 여기에서 그 원천을 찾을 수 있다고 한다.

또한 세상 만물에 대한 관용과 다른 종교에 대한 무비판적 태도를 취함은 물론이고, 다른 이에게 자신들 종교를 전하는 데 적극적이지도 않다. 이는 마하비라가 사물은 상대적으로만 인식되며 진리는 다양하게 표현되어야 한다는 상대주의 입장을 표방했기 때문이다. 자이나교는 상대주의·금욕주의라고 할 수 있다. 아힘사ahiṃsā 정신에 기본한 불살생 계율로 인해 완벽한 채식주의자들이다. 농사를 지을 수 없으므로 상업·금융에 진출하여 교도 태반이 상인·금융업자이며, 인도의 부를 거머쥐고 있다.

석가모니불을 비슈누의 열 번째 화신으로 지명하는 데 성공한 힌두교는 마하비라 역시 영입을 시도했지만, 힌두교에 대항하여 24명의 티르탕카라의 계보를 만들어낸 자이나교의 강한 반발로 실패했다. 자신들의 교주를 힌두교의 화신으로 내어 주지 않은 자이나교는 인도의 치열한 종교 경합의 역사 속에서 자신들의 정체성을 유지하면서 살아남아 인도 내에서만 수백만 명의 교도를 유지하고 있고, 그러한 생존의 역사에 걸맞게 내적으로 강한 상호부조적인 성격을 갖고 있다.

| 자이나교 석굴 미니 카일라사 사원 입구 |

자이나교 석굴 중에서 가장 아름다운 미니 카일라사 사원

짙은 피부 밖으로 드러나는 저들의 순박미와 원초성은, 혜초 스님이 남인도를 여행하면서 그 풍속에 대해《왕오천축국전》에서 언급한 내용을 떠올리게 했다. 흥미로운 몇 가지를 들어보자.

옷 입는 복장, 언어, 풍속, 법률은 천축의 다섯 나라(오천축국)가 서로 비슷하다. 오직 남천축국 시골 백성들의 말은 차이가 있어 다르다. 그러나 관리들이 쓰는 말은 중천축국과 다르지 않다.

천축의 다섯 나라 법에는 사람 목에 칼을 씌우거나 몽둥이로 때리거나 감옥에 가두는 일이 없다. 죄가 있는 자에게는 죄의 경중에 따라 벌금을 물게 하고 형벌이나 죽이는 일은 없다. … 길에는 비록 도적들이 많으나 물건만 빼앗고 사람을 놓아주며 해치거나 죽이지는 않는다. 그렇지만 물건을 빼앗기지 않으려 하다가는 곧잘 상해를 당한다.

소송이 분분하여 매우 시끄럽지만 왕은 듣기만 하고 화를 내지 않는다. 그러다가 천천히 '그대는 옳고, 그대는 옳지 않다'고 알린다. 그러면 백성들은 왕의 이 한마디 말을 듣고 결정하여 다시 더 따지지 않는다. 왕과 백성들은 삼보三寶를 매우 공경하고 믿는다. 만약 스님 앞에 마주하게 되면 왕이나 수령들은 땅바닥에 앉고 평상에 앉지 않는다.

왕과 관리 집안이나 부유한 사람들은 상·하의의 옷 한 벌을 입고, 다른 사람들은 하의만 입으며, 가난한 사람들은 천 반 조각 정도를 몸에 걸친다. 여자들도 그렇게 한다.

절이나 왕의 집이 모두 3층으로 지어졌는데, 아래층은 창고로 쓰고 위 두 층에는 사람이 산다. 여러 큰 수령들의 집도 그러하다. 지붕은 평평하고 벽돌과 목재로 지었다. 그 밖의 집은 모두 초가집인데, 사막의 집처럼 비가 지붕의 한쪽으로만 내리게 되어 있고 또한 단층이다.

먹는 것은 멥쌀과 미숫가루, 빵, 곡식가루, 우유로 만든 식품, 수락 등이다. 간장은 없고 소금은 있다. 모두 흙으로 만든 솥을 사용하여 밥을 지어먹고 무쇠가마 등은 없다.

땅에서 나는 것은 모직물, 천, 코끼리, 말 등이다. 이곳에는 금과 은이 나지 않아 외국에서 들여온다. 낙타, 노새, 당나귀, 돼지 같은 가축도 기르지 않는다. 소는 모두 흰 소이며, 양과 말은 아주 적어 왕만이 200~300마리의 양과 60~70필의 말을 가지고 있을 뿐이다. 그 밖의 수령과 백성은 모두 가축을 기르지 않는다. 오직 소만 즐겨 길러 젖과 수락 등의 식품을 얻는다. 토착 주민들은 착하여 살생을 좋아하지 않는다. 그래서 시장 점포 안에는 짐승을 도살해서 고기를 파는 곳을 볼 수 없다.*

---

*《왕오천축국전》, 2010.

순박한 이들과 허물없는 인사를 하고는, 자이나교 석굴 중에서 가장 아름답다고 하는 인드라 사바(Indra Sabha, 32굴)로 들어갔다. 국적에 관계없이 다들 그곳으로 향했다. 우리도 흰 옷을 입은 맨발의 남인도 사람들을 따라서 자연스럽게 그쪽으로 갔다. 남인도의 여인들 역시 광장에서부터 맨발이다. 출입문에 설치된 보안문은 폼일 뿐 작동하지 않는다.

안으로 들어서자 앞마당이다. 이 앞마당은 카일라사나타의 축소판이다.* 카일라사나타의 중앙신전에 해당하는 위치에 세워진 크지 않은 건축물 중앙 감실에 봉안한 마하비라의 좌상이 오는 이들을 맞이한다. 중앙 건축물의 좌측으로 돌아가니 한국의 작은 한옥 뜰 같이 아기자기하다. 마당 좌측에 자이나교의 영광을 널리 알리는 기념 석주(stamba)를 하나만 세우고, 우측에 큰 코끼리도 한 마리만 배치했다. 앞마당에서 스탐바 뒤의 좌측 감실을 먼저 보는 것이 용이하다. 그 뒤의 두 번째 좌측 감실 안에 사자를 타고 있는 여신상(시다이카, Siddhaika)이 있다. 1m 크기로 아담하지만 표정, 머리카락, 귀고리 등의 장신구 조작이 매우 아름답다.

자이나의 교주 마하비라를 모신 제32굴

뒤쪽의 석굴 실내로 들어서자 공간이 넓어지면서 나체의 티르탕카라 부조상이 기둥에 서 있다. 1층의 기둥들은 거의 조각이 없고 마감 처리가 되지 않았다.

위층으로 가니 넓은 광장 같은 실내 홀(16.3×20m)에 많은 조각상들이 훌륭한 조각 솜씨로 조성되어 있었다. 천장을 받치고 있는 굵은 사각 기둥들은 커튼 모양으로 입체감 넘치고 섬세하게 조각했는데, 화려하기 이를 데 없다. 카일라사나타와 동일한 기법이다. 천장 중앙에는 풍만한 연

---

* 32굴에서 400m 이상 떨어져 있는 30굴이 미나카일라사(Little Kailasa 혹은 Chhota Kailasa)이다.

| 제32굴의 바후발리상 |

꽃(지름 약 4m)이 꽃가루를 뿌릴 듯 조각되어 있다. 안쪽 벽의 중앙 감실에는 마하비라의 좌상을 모셨다. 감실 앞의 두 기둥에는 장식 조각만 있는 다른 기둥들과는 달리 입상을 조각했다.

자이나교의 마하비라 신상을 보면서 불상과의 차이점이 느껴졌다. 전체적으로 실내에는 좌상보다는 입상이 많았다. 입상이 많은 것은 대부분의 티르탕카라들이 서 있는 자세로 수행했기 때문일 것이다. 입상이든 좌상이든 독립된 조각상은 없고 모두 벽에 붙여서 부조상으로 조성했다. 또 입좌상이 모두 나체이고 입상은 생식기를 구체적으로 조각해 놓았다.

입상과 좌상의 팔과 손의 자세와 육계 모양이 불상과 차이가 있다. 입상은 두 팔을 그냥 아래로 늘어뜨려 자연스럽게 허벅지 옆에 두고 있을 뿐 수인을 취하진 않았다. 좌상 역시 두 손을 포개고 있을 뿐, 선정인은 하지 않고 있다. 이것이 불상과의 가장 큰 차이였다. 육계는 솟아 있긴 하지만 그 크기가 작다. 머리카락은 나발을 하고 있는데 가끔 어깨에 머리카락을 조각해 놓았다. 어깨 머리카락은 1대 티르탕카라인 리샤바나타 Rishabhanatha의 특징이다.

실내에 조성된 신상들은 과거의 티르탕카라상들이다. 중앙 감실의 좌측 벽에 7개의 뱀 머리를 조각하여 두광頭光으로 삼고 있는 입상이 23대 티르탕카라 파르슈바나타(Parshvanatha, B.C.E. 8세기)이다. 그는 티르탕카라들 중 최초로 역사적 실존 인물로 인정된다. 우측 벽의 입상은 2대 티르탕카라인 바후발리Bahubali(=곰마테슈바라Gommatesvara)이다.* 바후발리상 중 가장 뛰어난 작품으로 평가된다.

바깥 베란다에는 불룩한 배를 탐스럽게 보여주면서 코끼리를 타고 있는 풍만한 남자 신상(마탕가Matanga)이 무성한 나뭇잎 아래 앉아 있다. 그 맞은편에 상체를 약간 휘게 해서 더욱 여성미를 돋우고 역시 풍성한 나뭇잎 아래 앉아 있는 여자 신상(싯다이카Siddhaika, 혹은 암비카Ambica)이 있다. 약샤와 약시의 대형 조각상(높이 2.4m)이다. 이로 보아 약샤·약시상은 자이나교에도 수용되었으며, 크기도 불교보다 훨씬 크다.

32굴의 2층은 33굴의 2층으로 이어져 있다. 암반 속으로 이어진 미로와도 같은 통로를 따라가는 길에, 인도 관리인이 뭘 보라고 하면서 손전

---

* 형과의 왕위 쟁탈전의 결투에서 승리를 눈앞에 두고 갑자기 세속적 존재의 허무함을 깨닫고 싸움을 멈춘 바후발리(둘째 아들)는 머리가락을 뽑고 출가하여 몇 년 동안 서 있는 채로 움직이지 않았다(이를 카욧사르가kayotsarga라고 한다). 그의 몸에 새와 뱀이 집을 짓고 덩굴식물이 몸을 휘감았다. 그러나 혹독한 고행에도 완전지(케발라 즈냐나kevala jnana)를 얻지 못했다. 자존심(pride)이 여전했기 때문이었다. 그때 그의 아버지인 초대 티르탕카라 리샤바나라가 딸들을 시켜 자존심을 버리라고 전해 주었다. 그는 자존심을 포기함으로써 마침내 완전지를 얻었다.

| 제33굴의 실내 전경 |

등을 비쳐 준다. 벽화! 거의 나신의 몸 주위 바탕에 분홍의 색들이 칠해
져 있고 곳곳에 파란색들이 눈에 띈다. 남녀의 그림인데 여인은 검은색
머리카락에 매우 율동적인 자세를 하고 있는 벽화였다. 약간은 거무튀튀
한 밝은 살구색에 분홍과 파랑이 어울린, 오래 되어 훼손이 많이 된 벽
화였지만 바래고 때 묻은 저 색에 깃든 세월이 가슴을 울린다. 아잔타 벽
화의 색에 매료되었던 필자로서는 벽화를 보니 참으로 반가웠다. 벽화는
33굴의 부조상 뒤에도 많이 남아 있는데, 아잔타 회화의 계승으로 본다.

  11세기에 착굴된 33굴(자간나트 사바Jagannath Sabha)의 2층(17.2m×15.2m)
은 벽의 부조가 24명의 티르탕카라들의 좌상으로 채워져 있다. 기둥 조
각의 화려함은 32굴의 2층에 못지않다. 자이나교 석굴의 조각은 전체적
으로 카일라사나타의 방식을 그대로 수용한 것으로 보인다. 그러나 힌두
신상들의 역동성과 불상들의 다양함과 비교하면, 자이나교의 신상은 몇

가지 유형으로 고정화 되어 활기와 생명력을 상실하고 있는 것으로 평가된다. 반면 조각의 섬세함과 정교함은 정점에 이르러 있다. 상아 세공 장인들이 작업한 것으로 추정된다.

아잔타에서의 감명이 워낙 컸던 터라 그에는 조금 미치지 못하는 엘로라 석굴군을 정신없이 보고는 오전 10시경 엘로라를 떠났다. 400여 년간 세 종교의 공존으로 인도의 종교적 관용의 상징, 난숙한 솜씨에 이른 조각술의 정수를 맛볼 수

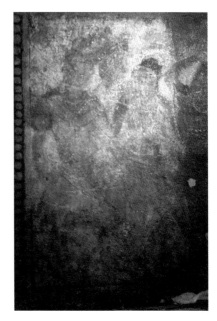

| 자이나교 석굴의 벽화 |

있는 곳으로부터 기약도 미련도 없이 발걸음을 옮긴 것이다. 다음 목적지인 산치 대탑 참배를 위한 준비가 바빴던 탓이리라. 만마드라는 도시로 가서 보팔행 오후 2시 50분발 기차를 타야 했다. 만마드역은 4개의 철도 노선이 교차하는 철도 교통의 교차점이다.

만마드역 가는 길

만마드는 마하라슈트라주에 속해 있으며, 나시크 지역에서 세 번째 큰 도시로 인구 약 8만 명(2011년) 정도이다. 엘로라에서 서북쪽으로 100km

정도 떨어져 있다.* 엘로라 석굴에서 나와 두 시간쯤 달린 후에 버스가 마을에 진입하자 화장실에도 갈 겸 잠시 정차했다. 길에는 두 개의 뿔이 멋지게 휘어진 흰 소와 검은 소가 끄는 마차가 연거푸 세 대 지나가더니 양파 산지답게 짐칸에 양파를 잔뜩 실은 트럭도 볼 수 있었다.

일행들이 볼일을 다 마치는 동안, 허름한 천막 밑에서 사탕수수즙을 사먹었는데 옅은 녹색의 액체가 그리 달지 않은데 먹을 만하다. 사탕수수즙은 긴 사탕수숫대 몇 개를 한 다발로 해서 커다란 바퀴가 두 개나 장착된 수동 기계에 밀어 넣고 돌려서 짜 주었는데, 일하는 인도 처사님의 표정이 진지하고 성실해 보였다. 옆에 있던, 초등학교 갓 들어갔을 듯한 남자 꼬마아이가 먹던 아이스크림의 녹은 액체를 입가에 묻힌 채, 노란색 기차 장난감을 손에 든 형님의 등 뒤로 수줍은 듯 처음 보는 이방인들을 향해 얼굴을 내민다.

다시 버스에 올라 조금 더 가니 만마드역이 가까워졌는지 기차 건널목에서 대기 중인데, 차창 밖으로 낮은 시멘트 담장의 평평한 윗면에 흰옷을 입은 현지인 남자 두 분이 세상사를 잊은 듯, 한 사람은 한쪽 무릎을 세우고 앉고, 다른 한 사람은 한쪽 팔을 베개 삼아 우협와右脅臥의 자세를 취하고 있는 모습이 눈길을 끈다. 인도의 여유가 뜨거운 태양과 함께 적나라하게 드러나고 있었다. 그런 모습이 우리나라에서는 이제 보기 드문 일이 되어 버렸는지 모두들 저기 보라고 신호를 한다.

건널목을 통과하고 나니, 수십 마리의 양과 소들이 떼를 지어 우리가 방금 철길 지나듯 도로를 횡단한다. 철길 건널목을 지나기 전에도 남자 두 명이 들판에 백 마리도 더 되어 보이는 양떼를 데리고 가는 것이 눈

---

* 만마드는 마라티어가 공식 언어이다. 유명한 시크교 사원과 아시아 최대 곡물창고가 있으며, 최대 양파시장 중 하나이기도 해서 만마드의 도매상들은 인근 마을의 양파를 사서 뭄바이에 되판다고 한다. 바라트 석유회사, 힌두스탄 석유회사 그리고 인디언 오일이라는 석유회사들의 사무실, 109년 된 중앙철도 엔지니어링 공장 등이 있다.

에 띄었다. 길을 건너는 양떼와 소들 앞으로 작은 풀들만 드문드문한 황량한 수평의 산들이 나타나기 시작한다. 산으로 가는 낮은 경사의 넓고 평평한 언덕에는, 분홍색과 흰색을 칠한 매우 조그만 힌두 사원들이 몇 보이고, 정상에 엄지손가락 모양을 한 암벽 봉우리가 눈길을 끈다.

엘로라 석굴에서 만마드로 가는 길은 데칸 고원의 서쪽에서 북쪽으로 비스듬히 올라가는 길이다. 데칸의 건조한 기후 때문에 차창 밖으로 보이는 산들은 나무가 거의 자라지 않는 돌산들인 것이다. 드문드문한 산들 아래로 펼쳐진 넓은 평원은 초지로 잘 조성되어 방목하기에 좋은 여건을 제공하는 듯 양떼들의 이동을 쉽게 볼 수 있었다.

만마드에 도착해서 쉬리 릴라Shree Leela 국제호텔에서의 점심 공양은 순례기간 중 가장 인도적인 음식들로 이루어졌다. 그도 그럴 것이 지금까지 식사가 거의 대부분 관광지화 된 곳의 호텔에서 이루어졌기 때문이다. 만마드는 남인도의 내륙에 있는 소도시인데다가 관광객들로 붐비는 곳도 아니어서인지 음식에 인도의 향기가 가득했다. 난* 한 소쿠리에 노란색, 빨간색, 녹색 커리가 한 그릇씩 차례대로 나와서 즐거운 공양 시간이었다. 녹색 커리는 시금치가 주재료인 팔락파니르이다.

필자의 테이블에는 인도 음식만 잔뜩 놓여 있는데, 일행들은 따로 준비해 온 한국 음식을 주로 먹는다. 여기서 오랜 역사를 자랑하는 커리에 대해 알아보자.

아유르베다의 음식─커리

인도 음식 하면 커리curry이다. 커리, 즉 카레라는 말은 남부 인도에서 채소와 고기를 기름에 볶은 매콤한 요리를 카릴kali 혹은 카리kari라 불렀

---

* 본디 페르시아어로서 빵이라는 말이다.

는데, 이것을 1600~1947년까지 인도를 지배한 영국인들이 커리라고 부른 데서 유래했다고 한다.

한국에서 카레라고 하면 강황이 주재료인 노란 향신료 가루에 감자, 당근, 채소, 고기 등을 볶아 끓인 물에 넣어 걸쭉하게 만든 요리를 말하지만, 이것은 인도를 지배하던 영국인들이 본국에 커리를 보낼 때 말린 혼합 가루 제품으로 이송할 수 있도록 개발한 것이 일본을 거쳐 한국에 전해진 것이다.

인도 커리는 20여 가지의 재료(커리잎=카라핀차, 강황, 코리앤더, 생강을 기본 베이스로 하며, 카르다몸, 머스터드 씨, 후추, 계피가루, 겨자, 마늘, 박하 잎, 칠리 페퍼, 정향 등)를 섞어 만든 스튜stew이다.* 이러한 커리의 재료들은 인도의 전통의학서인 아유르베다āyur veda(아유āyur : 삶, 베다veda : 앎)에 근거하고 있다. 아유르베다는 베다 중 맨 처음 기록된 의학에 관련된 베다로서, 인도에서 5천년 이상 동안 일상생활에 활용되어 왔다고 한다.** 오래된 의학서에 기반한 인도의 음식문화***는 인도인들의 건강을 수천 년간 지켜왔으며,

---

* 프랜시스 케이스 편집, 2009.

** 아유르베다에 의하면 건강 유지의 기본은 음식 조절과 규칙적인 생활이다. △식사를 일종의 명상이라 생각하고 규칙적이고 올바르게 한다. △체내의 독소를 감소시키는 방법으로 일주일에 하루는 단식을 한다. △식사는 천천히 한다. 최소한 32번 씹는다. △마음을 집중하여 음식의 맛을 느낀다. △사랑과 자각을 가지고 음식을 씹는다. 맛이란 음식을 먹는 사람의 느낌에 달려 있다. △먹는 동안 반듯하게 앉아서 TV 시청, 잡담 등 주의를 분산시키는 행동을 하지 않는다. △한 끼에 먹는 양은 두 움큼 정도가 적당하다. 과식은 소화기관 내에 독소를 형성한다. △위의 1/3은 음식, 1/3은 물, 1/3은 공기로 채워지는 것이 좋다. △8시 이전에 아침을 먹는다. △식사 뒤 15분간은 가벼운 산보를 한다. △매일 손가락에 참기름을 묻혀 잇몸을 마사지한다. △소화불량증세가 있으면, 더운 물을 마시는 단식을 하는 것이 좋다.

*** 아유르베다는 매운 맛, 신 맛, 짠 맛, 떫은 맛, 쓴 맛의 다섯 가지 맛으로 음식재료를 분류하고, 더운 음식(매운 맛, 신 맛, 짠 맛)과 찬 음식(우유와 대부분의 과일로서 단 맛, 떫은 맛)을 적절히 섞어서 요리하는 것을 권한다. 예컨대 채소 요리에 소금(더운 음식)과 설탕(찬 음식)을 동시에 첨가하는 것, 후추(더운 음식)와 요거트(찬 음식)를 함께 섞는 것 등이다. 더운 음식은 갈증이 나게 하고, 땀을 흘리게 하며 흥분하게 하는 반면, 찬 음식은 쾌활하게 하고 마음을 평온하게 한다고 한다. 더운 계절에는 몸에 에너지가 많이 필요하기에 찬 음식을, 추운 계절이 되면 더운 음식을 먹으라고 한다. 뿐만 아니라 그날그날의 상황에 맞춰 향신료의 양을 조절하도록 하고 있다.

치매를 예방하고 세계 최고의 두뇌들을 배출하는 원동력이 되었다.

입구의 카운터와 레스토랑 안에는 힌두 성자의 사진이 걸려 있었다. 마하리쉬의 사진인가 해서 물어 보니 이 지방에서 존경받는 힌두 바라문이라고 한다. 공양을 마치고 만마드역으로 갔다. 입구가 달라졌는지 역이 바로 옆인데 버스가 다시 한 바퀴 돌아야 한다고 한다. 그냥 철길을 걸어서 건너가자고 해서 무거운 트렁크는 짐꾼들에게 맡기고, 모두들 각자 배낭을 메고 철길을 건넜다. 철길에는 지뢰(소똥)와 지뢰 향기가 흐르고, 다리 밑에는 인도 사람들이 대거 앉아있다.

우리가 지나가자 낯선 여행객들에게 반갑게 손을 흔들어준다. 젊은 청년들이 내게 몇 명 다가오더니 2001년에 상영된 영화 '친구'의 한 장면처럼 잘생긴 얼굴에 약간은 껄렁한 자세로 멋지게 폼을 잡는다. 내 손에 들린 소형카메라를 보고 취하는 인도적 반응이다. 찍은 사진을 보더니 순수한 기쁨의 표정들이다.

기차역 플랫폼에서 기다리고 있는데, 플랫폼에는 과일 장수, 머리에 인 빵 장수, 바닥에 작은 상을 놓고 파는 빵 장수 등 이동식 가게를 운영하는 남자들이 많았다. 플랫폼의 위치가 높은지 바깥으로 역에 인접한 마을 건물들의 지붕이 보였다. 전체가 파란 양옥 건물 주변으로 슬레이트와 양철 지붕에 큼직한 돌과 벽돌들을 얹어놓고, 경계들에는 짙은 원색의 이불들을 널어놓았다. 지붕 위에 돌이나 벽돌을 얹은 모습은 인도 어디서나 쉽게 볼 수 있는 풍광이다. 약한 지붕 재료를 나름 보완하는 것일 터이다. 지붕도 깨끗해 보이지 않는데 이불을 일광욕시키는 것은, 바위와 나무가 적고 인구가 많은 인도에는 그만큼 뭔가 넓게 펼쳐서 태양 볕을 쬘 수 있는 공간이 부족하다는 것을 말해주는 듯하다. 파란 양옥 건물은 파란 깃발이 펄럭이고 있다. 이슬람교도의 집이다. 인도에서 녹색이나 연두색, 혹은 파란색은 이슬람의 색이며, 노란색이나 붉은색

| 기차역 풍경 | 1.파란색이 잘 어울리는 플랫폼의 빵장수 2. 짜이 청년 3. 소년의 눈빛

계통은 힌두교의 색이다. 이슬람 국가인 파키스탄의 국기는 전체가 녹색
바탕이다.

우리는 서두른 덕에 오후 1시 조금 지나 만마드의 한 호텔 레스토랑
에 도착해 여유롭게 공양을 마치고, 2시에 만마드역에 도착해서 2시 50
분 예정된 기차를 타는데 아무런 무리가 없었다. 엘로라에서 서둘러 나
온 것이 이러한 여유를 만들어준 것이다. 물론 서두른다고 오늘의 최종
목적지인 보팔에 더 일찍 도착할 수 있는 것은 아니었지만, 예약된 기차
를 놓친다면 다음의 모든 일정이 크게 어그러져 버릴 것이다.

인도에서는 대중교통으로서는 기차가 가장 발달해 있다. 그러나 이용
하는 사람들도 너무 많아서 기차표 구하기가 비행기표 구하는 것보다
어렵다고 한다. 가이드 말로는 인도의 기차 종류가 39가지에 역이 8만 4
천 개라고 한다. 아소카왕의 불탑이 8만 4천 개라고 하는데, 지금도 많
다는 표현이 8만 4천인지 실제 숫자인지는 모를 일이다.

인도에서는 기차가 연착하는 것도 비일비재하지만, 승객이 늦어서 예
약된 기차를 타지 못한다면 어디 가서 보상받기도 어렵다. 비행기를 이

용할 때 최소한 1~3시간 전에는 공항에 도착해서 수속을 밟아야 하는 것처럼, 기차도 또한 역에 빨리 도착할 필요가 있다. 인도의 도로교통 사정상 기차역에 가는 와중에서 또 어떤 지연 요소가 갑자기 발생할 수도 있기 때문이다.

보팔 역을 향해

기차는 달리기 시작하고 우리는 일찍 끝낸 일정과 더 이상 신경 쓸 것 없는 긴 이동에 안도하면서 편안한 마음으로 좌석에 앉았다. 3시간쯤 달리고 나자 기차는 강을 건너고 출출한 시간이 되었다. 마침 까무잡잡한 얼굴의 젊은 짜이 장수가 지나간다. 짜이를 주문했다. 그는 들고 있던 커다란 물통을 다리 사이에 끼우고, 포갠 컵을 쥔 왼손으로 물통을 받쳐 물통이 바닥에 닿지 않게 하고는, 짜이를 따르려고 몸을 구부린 상태로 주문 수량을 확인하기 위해, 우리를 향해 오른손으로 몇 잔이라고 신호를 한다. 짜이 맛보다 그 젊은 짜이 장수의 행동이 더 맛났다. 그러고 나자 작은 보릿대 빗자루로 열차 내의 중앙 통로를 쓸면서 앉은뱅이 소년이 지나간다. 눈이 서로 마주쳤다. 슬프지만 단단한 의지가 어려 있는 얼굴이다. 소년의 앞날에 행운이 있기를 기원한다.

기차는 11시간 40분을 달려 다음날 새벽 0시 30분이나 되어서야 보팔 역에 도착했고, 새벽 1시에 호텔에 도착했다. 만마드에서 보팔까지는 540km의 거리였다. 짐 옮기고 정리, 새벽 2시가 되어서야 취침할 수 있었으니 긴 승차로 지친 날이었다. 엘로라 석굴까지 1시간, 엘로라 석굴에서 만마드역까지 3시간의 버스 이동 시간까지 합하면 15시간 40분의 승차 시간이었다.

| 산치 대탑의 외관 |

제4장

아름다운 탑문 부조의 산치 대탑

천상과 신들의 수호 속에서
풍요로운 생명력이 솟아나고

산치 대탑을 향하여

5시 모닝콜, 6시 30분 아침 공양, 7시 출발의 아침 일정으로 산치 대탑 (Sāñchī stūpa)가는 길에 올랐다. 새벽에 잠 들자마자 일어나, 다시 하루 일정을 시작하는 셈이었다. 산치 대탑은 보팔의 북동쪽 약 48km 떨어진 거리에 있다.

보팔

보팔Bhopal은 298만(2016년)의 인구로, 인도의 정중앙에 위치해서 인도의 배꼽이라 불리는 호수의 도시이다. 평균 기온이 10~40도를 오가는 전형적인 인도 북부의 날씨이다. 델리와 뭄바이를 잇는 철도 교차점이며, 상공업의 도시이자, 마디아프라데시Madhya Pradesh 주의 주도이다.

보팔은 11세기에 라자 보즈(1010~1053)가 보자팔Bhojapal이라는 이름으로 창설한 도시로서, 팔pal은 댐으로 '라자 보즈의 댐'이라는 뜻이다. 18세기 초 아우랑제브의 사망과 더불어 무굴 제국이 몰락해 가기 시작하는 시기인 1723년, 아프간 출신의 정복자 도스트 무하마드 칸이 독립된 무슬림 왕국으로서 보팔 왕국을 세우고, 호수를 낀 도시 형태를 갖추기 시작했다. 그 후 할머니, 어머니, 딸로 이어진 세 명의 여왕들(베굼Begum)* 이 다스리던 1837년에서 1926년까지 90년 동안 균형적 발전의 황금기를 이루었다. 마라타족과는 대립하고 영국과는 우호적이어서 영국 식민 통치 하에서 두 번째로 큰 이슬람 제후국이었다고 한다. 영연방에서 독립한 보팔 왕국은 파키스탄에 속할 것을 선언하였지만, 1949년 인도 연방에 편입되었다. 이슬람이 더 많던 인구 구성도 1961년도에는 정반대로 역전되고, 지금은 힌두가 압도적이다.** 그러나 인도에서 가장 큰 모스크인 타지울마스지드(19세기)가 있고, 인도 이슬람의 본부도 이곳에 있다.

산치 대탑 가는 길

한 시간 가량 버스로 이동하니, 기와지붕을 한 집들이 연이은 마을을 통과한다. '인도에 기와라니!' 하면서 놀라고 있는데, 가이드가 소똥이라고 이야기해 준다. 모서리가 둥근 사각형의 시루떡 같아 보이기도 하는, 붉고 진한 갈색의 말린 소똥을 기와 얹듯 얹어 놓았다. 저것이 더위도 막아줄 것이지만 냄새도 별로 없는데다가 특히 소독 효과가 강력해서 벽에도 붙인다고 한다. 과학적 연구검증을 통해서 소독 성분이 밝혀졌다고 한다.

소똥 말린 것은 인도에서 매우 중요한 삶의 수단이다. 건축 재료로도 사용되고, 나무가 부족한데다 가스도 일반화되지 않은 인도에서는 음식

---

* 본래 이슬람 인도의 공주를 말한다.

** 보팔 인구 구성의 변화는 인도의 변화를 보여 주고 있는데, 1941년 힌두 34%, 무슬림 63%였던 것이 20년 후인 1961년 힌두 61%, 무슬림 34%로 역전되고, 40년 후인 1981년에는 힌두 76%, 무슬림 21%가 되었다.

| 소똥 기와 | 소똥 말린 것은 인도에서 매우 중요한 삶의 수단이다. 건축 재료로도 땔감으로도 쓰인다.

조리를 위해, 또 겨울의 추위를 피해 땔감으로도 쓰인다. 그래서인지 인도에서는 파리나 모기 등 벌레로부터 자유롭다. 우리나라도 소를 농사에 사용하던 어른들의 얘기를 들어보면, 말린 소똥으로 불을 피워 놓으면 화력도 좋고 지속력도 좋아서 밤새 탄다고 한다. 어릴 적 시골에서 다른 똥은 재수가 없지만 소똥을 밟은 것은 괜찮다고 했는데, 소똥이 깨끗하고 냄새가 별로 없기 때문이다. 길거리에서 쉽게 만날 수 있는 짜이 가게도 시골로 가면 소똥 불로 끓여 주는 것이라고 봐야 한다.

파트나에서 바이샬리로 가는 길에서는 크지 않은 바위들이 많고 평평한 마른 계곡 같은 곳에서 소똥을 말리는 것을 볼 수 있었는데, 어린 여아들과 아주머니가 소똥을 말리기 위해 맨손으로 모양을 만들어 놓고 있었다. 또 쉬라바스티 가는 도중에, 아요디아로 가는 고속도로 길에서 쉬라바스티로 빠져나오는 길가에서도 아낙들이 소똥을 맨손으로 펼쳐 말리는 것을 보았다. 남자들이 소똥을 모아주면 그것을 여자들이 하나하나 말리는 것이 아닌가 생각된다. 지저분해 보이는 라이프 스타일 속에 감춰진 빛나는 보석 같은 것이다.

소똥 지붕 마을을 지나 좀 번화한 곳에 도착하자 분홍색, 주황색, 주홍색, 노란색, 자주색 등으로 채색을 한 힌두 사원이 보인다. 여기를 통과하자 길이 갑자기 크게 달라진다. 길 폭의 1/3은 포장도로이고 2/3는 흙길이다. 흙길이 움푹 들어가 있어 다니기에 불편하다. 도로포장을 위해 파헤쳐 놓은 듯이 보였다. 무거운 대형트럭은 좁은 포장도로를 고집한다. 트럭을 위해서나 길을 위해서나 불가피한 처사다. 운전기사는 포장과 비포장이 뒤섞인 길에서 마주 오는 트럭을 피해 변주곡을 연주하고, 얼마 지나지 않아 산치 대탑이 언덕 위로 보이는 산치 마을에 도착한다. 8시 30분! 산치 대탑은 아침 7시부터 문을 연다고 한다.

산치 대탑에 오르는 입구에 위치한 박물관이 밖에서 보기에 아주 깔끔하게 정돈되어 있다. 박물관에서 산치 대탑에 오르는 경사진, 버스 하나 지나갈 넓지 않은 길가에 집들이 제법 있었는데, 이 집들은 정부로부터 철거 명령을 받은 상태이다. 언제 철거될지 알 수 없는 일이지만, 여기에서도 유물이 나올 가능성이 있기 때문이라고 한다.

산치 대탑의 시원

산치 대탑은 고대에 상업도시로 번성했던 비디샤Vidisha(고대 Besnagar)에서 멀지 않은 산치 마을(인구 6,785명, 2001년)의 90m 높이 사암 언덕에 위치해 있다. 13세기 이후 잊혀졌다가 1818년 영국 기병대장 테일러에 의해 발견된 후, 다시 100년 가까이 방치되었다. 1912년 존 마샬(John Marshall, 1876~1958)이 이끄는 영국 발굴팀에 의해 오늘날의 모습으로 복원되었으며, 1987년 유네스코에 등재되었다. 8개의 탑이 있었다고 하나, 현재는 3개의 탑만 남아 있다.

산치 대탑의 시원은 아소카왕으로 거슬러 올라간다. 아소카왕은 최

| 북문쪽 입구에서 본 산치 대탑 전경 |

초로 인도를 통일한 제왕이며, 그 이후 인도 역사에서 아소카왕만큼 영
토를 넓힌 왕은 없었다. 아소카왕은 전생에 '자나'라는 이름의 소년이었
을 때, 가섭불께 한 줌의 흙을 보시한 공덕으로 전 인도를 통치하는 성
스러운 왕이 되어 8만 4천 탑을 세울 것이라는 수기를 받은 바가 있다.

아소카는 왕위에 오르기 위해 99명의 이복형제를 죽였고, 왕위에 오
른 뒤에는 5백 명의 대신을 참수하고, 5백 명의 후궁들을 화형에 처했다.
동벵갈의 칼링가 전투에서는 15만 명이 추방되고, 10만 명이 현장에서
죽고, 수십만 명이 죽어갔다. 그리하여 잔인한 아소카라 불리게 된다.

그러나 동벵갈의 칼링가 전투를 계기로 불교에 귀의한* 아소카왕은

---

* 이 견해는 사흐바즈가리히 암벽 칙령에 이 전투를 계기로 아소카의 법 준수, 법 사랑, 법 전파가 더욱
열렬해졌다는 기록에 의거한 것이다. 그러나 불교 내의 기록인 북전의 아육왕전은 아소카가 왕궁 감옥

하루에 6만 명의 비구를 초청 공양하는 등 바라문들과 사문들을 접견하고 보시했으며, 8대 근본사리탑 중 콜리야족Koliyā(마야부인의 출신 종족)이 세운 사리탑인 라마그라마탑을 제외한 7기를 열어서 인도 전역에 8만 4천 탑을 세우고 8만 4천 사원을 건립했다. 256일간 법의 순례를 하였으며, 룸비니와 구나함모니불의 탑을 참배한 것은 역사적으로 검증되고 있다.

이러한 법의 순례 과정에서 발표한 도덕적 법령들을 아소카 석주石柱와 석벽(마애법칙) 등에 새김으로써 자신이 법에 의한 통치자임을 내세우고, 인도 국민의 도덕적·정신적 수준의 향상을 꾀하였다. 법칙령은 석주와 석벽에 새겼는데 현재까지 발견된 비문碑文이 40여 개이다. 비문 문자로는 인도 고대어인 프라크리트어와 그리스어, 아랍어까지 발견되었다. 1837년 J. 프린셉Prinsep이라는 영국 학자가 문자 해독에 성공했다.

인도를 통일한 대제왕이며, 세계 각처에 10명의 전법자傳法者를 파견해 그리스와 이집트에까지 불교를 전파했던 아소카왕의 생애 말년의 에피소드는 그의 불교에 대한 신심이 어떠했는가를 잘 말해주고 있다.

상속자이자 손자인 삼빠딘은 아소카왕이 병든 기회를 틈타 그가 소유한 모든 것을 박탈해 버렸다. 아소카왕에게는 단지 한 개의 금접시와 은접시만 남았다. 그는 그것을 즉시 꾹꾸따라마의 비구들에게 보냈다. 끝내는 아소카에게 반 조각의 아말라까만을 주었다. 그는 그 과일을 꾹꾸따라마 사원의 주지 야샤스에게 가져다주게 했다. 그러자 야샤스는 그것을 비구들이 먹을 국에 갈아 넣게 해서 모든 비구들이 그 보시를 받을 수 있게 했다. 아소카는 죽음이 임박했음을 느끼고

에서 죽음 직전에 아라한이 된 사무드라 스님의 신통을 보고 귀의했다고 하며, 남전의 마하방사는 즉위 4년 아소카의 형인 수마나의 아들인 니그로다 사미의 집중된 마음을 보고 귀의하였다고 한다.

유언을 만들어 라마굽따 대신에게 맡겼다. 그는 4대양에까지 미치는 잠부드비빠(섬부주=염부주) 전체를 승가에 보시했다. 아소카왕이 죽은 후, 라마굽따와 그의 동료들은 4꼬띠의 금을 상가에 주고 잠부드비빠를 다시 사서 상속자 삼빠딘에게 돌려 주었다.*

중국의 구법승들인 법현 스님(4~5세기)과 현장 스님(7세기)은 "신앙심이 돈독한 아소카왕은 세 번이나 섬부주(왕이 통치하던 전 영토)를 불교 승가에 보시했고 그것을 세 번이나 자신의 재산으로 도로 샀다"라는 비문이 새겨진 30척 이상 되는 석주를 보았다고 한다.

아소카왕은 왕위에 오르기 전에 웃자인Ujjain 지방의 총독으로 주둔하던 시절, 비디샤 지방의 상인들 우두머리의 딸인 데비와 결혼해서 왕자 마힌다와 공주 상가미따를 낳았다. 후에 아소카왕은 마힌다 왕자와 상가미따 공주를 스리랑카로 보내 불교를 전했다. 마힌다 왕자는 어머니 데비왕비를 찾아뵙고 한 달간 머문 다음, 어머니가 돌아가시자 아소카왕에게 소식을 전한 뒤 스리랑카로 떠났다. 아소카왕은 죽은 왕비를 기리기 위해 산치에 불탑을 세웠다. 그것이 지금의 산치 대탑이다. 현존하는 산치 대탑은 총 3기의 탑으로 구성되어 있다. 그중 제1탑의 핵심부가 아소카왕이 데비왕비를 위해 그녀의 고향인 이곳 산치에 건립한 것이다.

이곳은 불탑佛塔 건립 당시에는 인구 밀도가 높고, 상업 활동도 활발했으며, 비디샤 지방의 부유한 상인 계층이 그 경제적 기반이었다. 도시 근교에 두 개의 중요 무역로를 비롯하여, 베트와Betwa강과 베스Bès강의 합류점에 위치하고 있는 것도 종교적 풍요와 명상을 위한 적합한 분위기

* 라모뜨, 2006.

를 조성했다. 그리하여 마우리아 왕조, 숭가 왕조, 사타바하나 왕조, 굽타 왕조에 이르기까지 오랜 세월 스님들의 정진처로서, 재가신자들의 의지처로서 그 영향력을 넓혀 갔었다.*

산치 불탑군 봉헌자들의 기록을 조사한 결과에 따르면, 남성 재가신자가 152명, 여성이 103명, 비구 81명, 비구니 83명이다. 재가신자들의 신분은 가하파티**, 상인조합장, 직물공, 목수, 상아 세공인, 궁정 직원의 우두머리, 건축 감독관 순으로 나타났다고 한다.

인도불교의 흐름을 보면, 부처님 시대에 경제적 생산력의 증가와 함께 많은 신흥국가들이 등장하면서 무역 발달이 본격화되었다. 이러한 흐름은 알렉산더 대왕의 인도 정벌을 가속화시켰고, 아소카왕의 통일제국 시대에는 중국의 한나라와 서방의 로마제국을 잇는 국제 무역의 발달로 이어졌으며, 이것은 쿠샨 왕조에도 그대로 계승되었다. 이 시대에 불교는 제국의 지원을 받아 크게 번창했다. 그러나 한나라와 로마제국의 멸망은 국제 무역의 쇠퇴를 가져왔다. 그와 함께 등장한 굽타 왕조는 국제 무역보다는 농업에 기반을 두었을 뿐만 아니라, 굽타 왕조의 왕들도 힌두교를 신봉하는 제왕들이었다. 무역에 기반을 두고 발전한 인도 제국들이 불교를 옹호한 것은 위의 봉헌자들의 직업군에도 그대로 반영되어 있다.

산치 대탑의 외관

탑은 흙을 쌓아올린 것을 의미하는 산스크리트어 스투파stupa가 솔탑파率塔婆라 음역된 것이 탑塔이라 불리게 된 것이다.*** 지금의 산치 대탑

---

* 천득염, 2013.

** 집의 주인이라는 의미. 신흥 상인 계급을 일컫는 말이라고 한다.

*** 정각, 1993.

외관은 아소카왕 때의 벽돌탑에, 마우리아 왕조의 장군이었다가 마우리아 왕조를 무너뜨리고 숭가 왕조를 개창한 푸슈아미트라(B.C.E. 184~148) 시대에, 거친 돌을 쌓아 더욱 크게 한 것이다. 대부분의 경우 스투파의 크기가 후원자의 신앙심과 권위를 나타낸다고 여겨졌기 때문에 이후 여러 번의 확장이 있었다고 본다. 스투파 확장 시에는 기존 스투파 위에 돌을 덧씌워 새로운 외관을 만들고 그 사이를 흙이나 자갈로 채우는 것이 관행이었다.*

산치 대탑은 남인도 왕국의 사타바하나 왕조시대(기원후 1세기경)에 남·북·동·서쪽 순서로 탑문이 조성되었고, 굽타 시대에 들어 각 탑문 앞에 불상이 조성되어 현재의 모습으로 갖추어졌다. 이후 12세기에 이르도록 주변 사원군이 확장되었다.

일견하기에 반쯤은 땅에 묻힌 거대한 공룡 알처럼 보이기도 하고, 스님들의 발우를 엎어 놓은 것 같기도 한 산치 제1탑은 인도 불탑 양식의 시원적 형태이다. 원형의 기단부 위에 탑신부에 해당하는 반구형 돔이 조성되어 있는데, 전체가 높이 16.4m, 지면과 맞닿은 지름이 36.5m이다. 그 위에 상륜부에 해당하는 평두, 찰주擦柱와 산개가 올려져 있다. 돔은 안다aṇḍa라고 하며 한자로 복발覆鉢로 번역된다. 알의 의미이며 혹은 자궁을 의미하는 가르바garbha라고도 불리는데 어느 것이든 생명의 근원을 의미한다.

안다의 꼭대기에는 찰주와 산개, 이를 둘러싼 작은 울타리인 평두가 놓여 있다. 찰주는 우주목宇宙木 신화에서 세계축의 의미를 가진다.** 안다가 달 숭배, 모성과 연관된다면, 찰주는 태양 숭배, 남성성과 관련된다.

---

* 제켈, 2002.

** 아잔타 19굴에서 자세히 설명하였다. 가장 발전된 우주목 신화가 스칸디나비아의 이그드라실(물푸레나무) 신화이다.

| 산치 대탑의 외관 | 1.산치 대탑의 요도 2.산치 제1탑의 사방불

찰주의 수직 중앙선을 따라서 사리기를 봉안하는 것이 일반적이다. 찰주를 산개로 장식하여 탑의 고귀함을 나타내,고, 이를 다시 사각의 작은 울타리로 보호하여 세속의 탁함을 멀리하는 것이다. 후기로 갈수록 기단부와 상륜부가 발달하게 되고 탑신부인 안다는 작아지게 된다.

문(토라나torana : 스투파의 대문)과 난순欄楯(베디카vedikā : 스투파나 성역을 둘러싼 울타리)은 세속과 출세간을 구분하는 경계선이다. 제1탑의 화려한 장식 탑문을 통해 안으로 들어서면, 적색 사암을 매끈하게 깎아 세운 3m 높이의 울타리와 돔 사이에 복도와도 같은 요도가 돔을 감고 돌아 2층 복도로 연결되어 있다.

안다는 한국의 분황사 탑처럼 이 지방에서 나는 돌을 벽돌처럼 깎아서 봉분을 쌓아 만든 일종의 전탑 양식이며, 서남인도에서 가져온 사암으로 난순(울타리)과 조각을 만들었다고 한다. 이 지방 돌은 단단하고 좀 더 검은 붉은색인데, 서남인도 사암은 표면이 매끄럽고 좀 더 연한 붉은색이다. 봉분의 적벽돌들은 시멘트로 그 사이사이가 메워져 있었다. 처음에는 흙이었을 텐데 복원 과정에서 시멘트를 썼으리라는 추측을 해 본다.

불교의 다른 대부분의 유적지가 제대로 보존되지 못한 것에 비해, 산치 대탑이 잘 보존된 이유 중의 하나가 바로 이 유적의 재료와도 큰 상관이 있다. 대부분의 불교 유적지들이 흙을 구워 만든 벽돌을 건축 재료로 사용해 세월이 지난 후에 다시 흙으로 돌아갔다면, 산치 대탑은 이 지방의 붉은 돌로, 난순과 탑문은 서남인도 지방의 사암이라는 석재를 사용했기 때문에 오랜 세월의 풍화작용을 견뎌냈던 것이다.

반구半球의 안다를 중심에 두고 남북동서에 탑문을 설치한 산치 대탑의 시원적 불탑 양식은 간다라 지방을 포함한 인도의 수많은 불교 유적에서 재현되었을 뿐만 아니라, 네팔의 스와얌부나트와 보드나트, 스리랑카 아누다라푸라의 아바야기리 대탑, 미얀마의 쉐다곤 파고다 등 주변국으로 전파되어, 2,500여 년이 지난 지금도 여전히 그 원형을 간직하고 있다. 우리나라에 전래된 탑은 구형의 안다가 사각 내지 다각화되어 변형되었지만, 스님들의 부도탑에 그 구형의 안다를 보존하고 있다.

산치 대탑에서의 예불

대탑군의 출입구는 깨끗하게 관리된 푸른 잔디밭을 지나 산치 제1탑의 북문으로 연결되어 있었다. 북문으로 오르는 길은 양쪽의 잔디밭을 세로지르며 적색 사암으로 포장되어 있고, 공기는 청량했다.

대탑에 들어서니 감동이 밀려온다. 여기에까지 와 보게 되다니…. 불교에 대한 지식이 부족했을 무렵, 산치 대탑이 최초의 불탑이라는 말을 들었을 때 처음에는 '불탑이 저렇게 생겼었단 말인가?'라고 생각한 게 불과 며칠 전만 같다. 델리 박물관에서 본 산치 대탑 출토의 용머리 사자상을 보았을 때, 그 힘찬 역동감을 느끼면서 산치 대탑의 조각들이 보통 조각들이 아님을 예감했었다. 불탑을 북문에서 시계방향으로 돌아 동문, 남문을 지나 서문 안으로 들어서니, 여행사 사장님이 불탑 2층에서 올라오라고 부른다. 남방에서 온 스님들과 신도들이 내려오는 통로로 올라가 2층에서 부처님께 예경을 올렸다. 제불보살님들과 성문들과 이 불탑에서 정진하다가 가신 모든 위대한 스님들께도. 2층 통로를 석가모니불 정근을 하면서 한 바퀴 돌았다. 감동은 신심信心을 일으키고 고양된 신심은 서원을 하게 한다. "이 몸을 다 바쳐 불도佛道를 이루오리다! 반드시 이 길을 끝까지 가겠습니다!" 모두들 그런 마음들을 일으켰으리라.

산치 제1탑의 탑문에 대하여

제1탑의 남북동서 탑문에 장식된 화려하고 세밀하며 살아서 움직일 듯한 조각은 인도 불교 조각의 백미이다. 탑문을 만든 장인들은 데비 왕비의 출신지인 비디사의 상아 세공 기술자였다고 한다. 조각의 내용은 부처님 일대기가 많으며, 아소카왕의 보리수 순례를 포함한 무불상 시대의 양식이 주를 이룬다. 산치 제1탑은 부조가 탑문에만 있고, 산치 제2탑과 바르후트 탑은 울타리에도 부조가 장식되어 있다.

무불상 양식이란 부처님이 조각되어야 할 자리에 보리수, 금강좌, 사리탑, 불족적佛足跡, 법륜* 등을 조각하는 것을 말하는데, 인도에서는 지역에 따라서 기원후 2세기까지 지속되었다고 한다.

탑문은 꼭대기 상징물을 제외하고 높이는 약 10m 정도, 한 면이 두께가 0.68m, 높이가 4m인 두 개의 기둥으로 이루어져 있고, 기둥간 거리가 2.15m인 양쪽 기둥의 윗부분을 화려한 장식을 한 3층의 가로들보(횡량橫樑)로 연결한 모양이다. 기둥 중간에 1.25m의 큰 주두가 있는데 수문

---

* 보리수는 깨달음, 금강좌는 부처님의 현존, 사리탑은 열반, 불족적佛足跡은 고행, 법륜은 설법을 상징한다.

장들의 조각상으로 조성되어 있다. 이는 목조 건축의 양식이다. 따라서 석조 탑문 전에 목조 탑문이 있었다고 보는 견해도 있다. 또한 북문과 동문에 조각된 약시상의 표현은 인도 고유의 자연신앙의 흡수로 본다.

탑문은 대체로 같은 시대에 만들어졌는데, 남-북-동-서의 순서로 건립되었다고 한다. 보시자의 예를 들면, 남쪽 탑문은 쉬리 샤타카르니왕 (B.C.E. 75~20)*의 장인들의 우두머리인 아난다가, 남문의 중간 가로들보와 서문의 오른쪽 기둥은 발라미트라가, 동문의 왼쪽 기둥과 서문의 왼쪽 기둥은 은행가 나카비야가 보시했다.

탑문의 조각은 주제에 따라서 ① 동식물의 장식 문양 ② 수호신(민간신앙의 신들) ③상징적 도상 ④ 불교설화도로 나눌 수 있고,** 조각의 양태에 따라서는 ① 조각상 ② 부조로 나눌 수 있다. 조각상은 여기에서는 앞뒷면으로 완전히 하나의 형상을 갖춘 것을 말한다. 이러한 조각상들에는 여러 가지 동물상, 약시상, 약샤상 등이 있고, 이들이 탑문 가로들보의 일정한 위치에 배치되어 탑문의 의미를 배가하고 있다.

탑을 지키는 역할을 하는 조각이 세 부류가 있는데, 수호신과 수문장, 수호 동물이 그것이다. 이들 조각은 문 안의 공간이 고귀하고 성스러운 곳임을 나타낸다.

수호신인 약샤·약시상은 조각상과 부조를 겸한다. 네 방향의 탑문 기둥의 안쪽 밑에 양쪽으로 부조되어 있는 약샤상은 흡사 금강역사 내지는 사천왕의 역할에 비견된다.

수문장은 탑문 기둥의 중간 머리에 있는 주두 조각상인데, 그 위의 3층의 가로들보를 떠받치고 있는 동물들과 약샤(=가나: 배불뚝이 난쟁이)를

---

* 사타바하나 왕조의 제3대 통치자인 샤타카르니 1세. 왕용, 2014, P.114

** 미야지 아키라, 2006.

| **탑문의 수호상** | 1.제3탑 탑문의 수문장 2.북문의 수호 동물 사자

말한다. 남북동서 방향에 따라서 다르게 조각되어 있다. 남문은 4마리의 사자, 북문은 천녀가 앉은 4마리의 코끼리, 동문은 산개를 잡은 남자가 탄 4마리의 코끼리, 서문은 4명의 가나가 각각 수문장이다. 수문장은 탑문을 볼 때 가장 눈에 띄는 조각이며, 이들 수문장을 보면 어느 문인지를 쉽게 구별할 수 있다.

수호 동물은 조각상으로 만들어져서 탑문의 가로들보 위에 배치되어, 탑문 조각의 입체감을 배가시키고 있다.

부조는 탑문의 기둥면과 가로들보 면에 양각으로 새겨졌는데, 탑문을 앞뒤로 채우고 있다. 부조는 다시 그 위치 상 탑문 기둥 중간 주두의 수문장 조각상 윗부분과 아랫부분 기둥으로 나눌 수 있다. 수문장 윗부분은 가로들보에 조성된 대작들을 포함해서 부조가 앞뒤로 되어 있고, 조각상들이 배치되어 있는 곳이기도 하다. 수문장 아랫부분 기둥은 앞면과 안쪽면에 사각패널로 나뉘어진 장면 부조*가 새겨져 있고, 바깥면은

---

* 자타카나 부처님 일대기의 한 장면을 부조한 것이기에 장면 부조라는 말을 사용하였다.

문양이며, 뒤쪽은 탑의 울타리와 연결되는 부분이라 수문장 바로 밑의 1 장을 제외하고는 부조가 없다.

산치 제1탑의 북문

북문은 가장 보존이 잘 되어 있고 조각도 훌륭하다. 각 가로들보와 기둥의 교차칸 바깥쪽에 약시상을 배치했다. 수문장 코끼리 바로 옆 1층 가로들보 밑에 한 명의 큰 약시상을 조각하고, 위로 올라가면서 양쪽으로 두 명씩 작은 약시상을 배치했다. 양쪽으로 총 6명의 약시들로 하여금 참배하는 순례객들의 풍요를 기원해 주고, 위쪽의 작은 약시상 바깥에 한쪽에 사자 두 마리씩을 양쪽에 앉혀서(총 4마리의 수호 사자) 탑을 지키게 하였다.

약시(여신)와 약샤(남신)는 비非아리안적 기원*을 가진 민간신앙이다. 신성한 나무에 거처하는 정령으로, 두렵기도 하고 자비롭기도 한 불가사의한 힘을 가진 존재로 숭배되었다. 경외할 만한 힘을 가짐과 동시에 영원한 생명력을 지니고, 다산과 풍요로움의 한없는 원천으로 병을 치료하고, 자식·재물·번영·행운을 가져다주는 신이다.

약시는 나무의 정령이기 때문에, 산치 탑문의 조각상에서는 한쪽 팔로 망고나무 가지를 잡고 다른 팔로는 줄기에 팔짱을 낀 형태로 등장하고 있다. 바르후트의 부조에도 비슷한 양상으로 나오는데, 거기에는 한 팔은 위로 들어 나뭇가지를 잡고 왼팔과 왼다리로 줄기를 휘감은 자세이다. 이러한 모습은 룸비니 사원의 마야 부인이 싯다르타 태자를 출산할

---

* 태어난 아이를 약샤의 사당으로 데리고 가는 석가족의 풍습을 기록한 불교 문헌과 부조 조각도 있다고 한다.

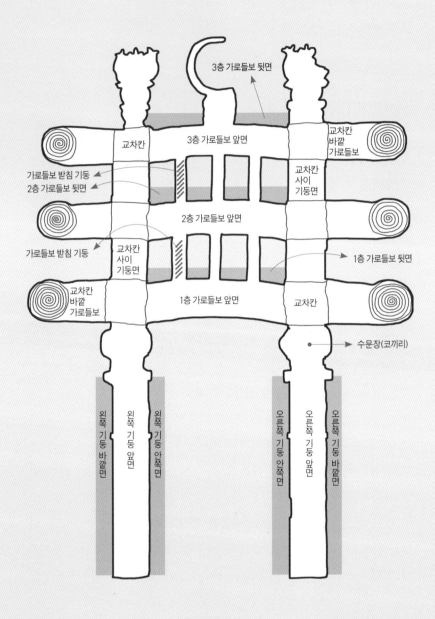

3층 가로들보 뒷면

교차칸

교차칸 바깥 가로들보

3층 가로들보 앞면

가로들보 받침 기둥
2층 가로들보 뒷면

교차칸 사이 기둥면

2층 가로들보 앞면

가로들보 받침 기둥

교차칸 사이 기둥면

1층 가로들보 뒷면

교차칸 바깥 가로들보

1층 가로들보 앞면

교차칸

수문장(코끼리)

왼쪽 기둥 바깥면

왼쪽 기둥 앞면

왼쪽 기둥 안쪽면

오른쪽 기둥 안쪽면

오른쪽 기둥 앞면

오른쪽 기둥 바깥면

| 탑문 부조면 명칭들 |

214

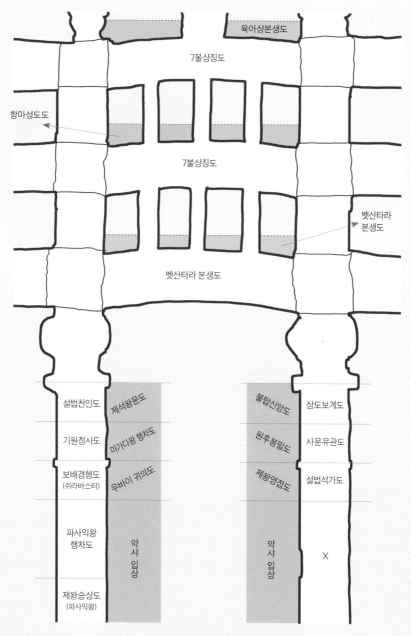

육아상본생도

7불상징도

항마성도도

7불상징도

벳산타라
본생도

벳산타라 본생도

설법천인도	제석왕문도		불탑신앙도	삼도보계도
기원정사도	마가다왕 행차도		원후봉밀도	사문유관도
보배경행도 (쉬라바스티)	우바이 귀의도		제왕영접도	설법석가도
파사익왕 행차도	약샤 입상		약샤 입상	X
제왕승상도 (파사익왕)				

| 북문의 부조 제목 |

때의 자세와도 흡사하다.

약샤는 보통 점잖은 귀인의 모습으로 등장한다. 동아시아불교의 사천왕의 시원이다(10쪽 사진 참조). 네 탑문의 기둥 안쪽 밑에 배치된 부조의 약샤들이 단일 인물상으로서는 산치 대탑에서 가장 큰 작품들인데, 탑을 지키는 수문신의 역할이다. 또 북문 제일 위에 한 구의 약샤 조각상이 서 있고, 나머지는 다양한 모습의 부조로 등장한다. 서문의 주두 수문장 조각에서는 가나(배불뚝이 난쟁이)의 모습으로 조각되어 있다. 바르후트 탑의 부조에

| 북문좌측의 약시 입상 |

서는 약샤의 우두머리인 쿠베라가 등장해서 가나를 밟고 있기도 하다.*

가로들보의 아래위를 받치기 위해 층마다 작은 받침 기둥을 3개 세웠다. 이렇게 함으로써 1층 가로들보와 2층 가로들보 사이의 3개의 받침 기둥과 양쪽 기둥 간에 생겨난 네 군데 공간에 코끼리 3마리의 조각이 남아 있다. 한 칸은 비어 있다. 2층과 3층 사이의 네 군데 공간에는 말을 탄 왕족 내지 귀족(군인)을 깎아서 넣었는데, 4개 모두 남아 있다. 말을 타고 아래를 내려다보는 군인의 모습은 탑의 위엄을 더해 주는 듯하다.

탑문의 제일 위에는 코끼리를 타고 있는 커다란 법륜이 깨어진 채 남아 있고, 그 옆에는 약샤상이 서서 사바세계를 굽어보고 있다. 제일 위의

---

* 바르후트 탑의 부조뿐만 아니라 마투라 근교(파르캄), 파트나 근교(디다르간지), 비디샤 등지에서 출토된 약시·약샤상들이 박물관에 소장되어 있다.

기둥 정상 양쪽에는 불법승 삼보를 상징하는 삼보표三寶標를 조각해서
세웠다.

가로들보와 수문장(코끼리상) 위의 기둥 부조

가로들보 앞면 | 눈을 부조로 옮겨 보면, 아래에서부터 위로 1, 2, 3층
세 개의 가로들보가 탑문의 기둥을 가로지르고 있다. 기둥 사이의 가로
들보는 좌우로 길다란 모양이어서, 이야기가 있는 조각을 하기에 좋다.

1층 가로들보 가운데 부조는 벳산타라 본생도이다. 2층과 3층은 모두
7불상징도이다. 2층은 7그루의 보리수, 3층은 5기의 사리탑 사이에 2그
루의 보리수가 부처님을 상징하고 있다. 7불상징도의 이러한 양식은 동
문의 3층 가로들보 앞뒷면, 남문의 3층 가로들보 뒷면, 서문의 3층 가로
들보 앞면에도 반복되고 있다.

벳산타라왕은 부처님의 바라밀을 행하는 보살로서의 마지막 생이다.
그는 태어나자마자 어머니에게 "어머니 집에 무엇이 있습니까? 저는 보시
를 하고자 합니다"라고 말했다고 한다. 그러므로 태어나자마자 말씀을 하
신 두 번째 생이다. 어려서부터 보시를 하면서 자라 성년이 되었을 뿐만
아니라, 태어날 때 비를 내리는 능력이 있는 코끼리와 함께 태어남으로써
그 코끼리 때문에 더욱 국민들의 신뢰의 대상이 되었다. 그러던 어느 때
가뭄이 든 이웃 나라 바라문들이 찾아와 코끼리를 빌려 달라는 청에 응
함으로써 왕국에서 추방당했다. 추방 선고를 받은 상태에서도 700의 큰
보시(sattasatakamahādāna)를 행하였다. 700의 큰 보시 내용은 700마리씩의
코끼리, 말, 소, 700대의 마차, 700명씩의 소녀, 남녀 노예, 700가지의 음식
과 독한 술을 포함한 음료, 주기에 적합한 모든 것들이다. 쫓겨나서 가족
과 함께 숲에 들어가는 도중에 마차를 끌던 네 마리 백마와 마차마저 보
시했고, 두 개의 초막에 살면서 아들과 딸, 아내를 차례로 보시했다.

| 벳산타라 본생도 | 북문 가로들보 앞면 1층. 추방되는 벳산타라왕자.

　　벳산타라왕의 생을 마지막으로 고타마 싯다르타로 태어난 부처님께
서는 보리수 밑 금강좌에 앉아서, 과거 생에 닦아온 열 가지 바라밀에
의한 공덕의 위력으로 마왕과 그 군대의 공격을 꽃과 향과 광명으로 바
꾸었다. 마지막으로 벳산타라왕 때 행한 큰 보시는 다시없는 보시였고,
부인 맛디를 버릴 때 그 보시는 극에 이르러 대지가 일곱 번이나 진동했
다고 말씀하셨다. 이를 증명하기 위해 오른손으로 대지를 가리키자, 대
지는 거대한 굉음을 내면서 회전하기 시작했다. 그러자 마왕이 타고 있
던 150요자나(yojana, 由旬)＊ 높이의 기리메칼라 코끼리가 무릎을 꿇고, 마
왕의 권속들은 머리장식이며 입고 있던 옷가지를 버리고 사방팔방으로

＊ 요자나는 어원적으로 소 등의 동물들에 멍에를 연결하는 행위를 뜻한다. 이후 멍에가 채워진 상태
에서 가축들이 하루 동안 갈 수 있는 거리로 의미가 확대되었다. 1요자나가 대략 15㎞ 정도 되므로
150요자나는 2,000㎞ 정도이다.

도망가느라 제각기 흩어졌다.

　1층 가로들보의 부조는 이러한 이야기의 주인공인 벳산타라왕이 4마리 말이 끄는 마차를 타고 가족과 함께 성을 떠나는 모습이다. 화면의 왼쪽 위에는 성을 떠나 숲으로 가는 도중에 보시한 4마리 말이 되돌아 오는 형태로 묘사되어 있다. 기둥의 바깥 왼쪽 끝 가로들보 면에는 마차도 말도 없이 숲에 도착하는 모습이다. 그 부조면의 윗부분에 숲에서 살던 두 채의 초막이 보인다. 벳산타라 본생도는 뒷면에도 새겨져, 하나의 거대한 작품을 이루고 있다.

　2, 3층의 7불상징도는 주로 보리수와 탑에 의해 부처님을 상징하여 7의 숫자를 맞추어 조각했는데, 보리수만 새겨서 7불을 상징할 수도 있고 탑만으로도 가능하며, 양자兩者를 섞어도 된다. 다만 보리수의 경우에 그 이파리의 생김새가 모두 다르다. 그것은 과거 7불께서 다른 종류

의 나무 아래에서 깨달으셨기 때문이다. 과거 7불께서 깨달으신 나무 이름은 과거불부터 차례로 파탈리 나무, 푼다리카 나무, 사라 나무, 시리사 나무, 우둠바라 나무, 니그로다 나무, 앗삿타 나무이다. 석가모니불께서 깨달으신 보리수의 이름이 앗삿타 나무이다.

받침 기둥 | 1, 2, 3층의 가로들보를 상하로 받치는 작은 받침 기둥을 3개 세웠다. 1층 가로대와 2층 가로대 사이의 중간 받침 기둥면에 보리수를, 양쪽 받침 기둥면에는 보살상을 부조했다. 2층과 3층 사이의 받침 기둥면에는 보살상, 석주 위의 법륜상, 식물 문양을 왼쪽에서부터 차례로 새겼다.

교차칸 | 3층의 가로들보와 기둥이 교차해서 한쪽에 3칸씩 양쪽 6칸의 교차칸이 생긴다. 여기에는 모두 동물들이 새겨져 있다. 이것은 북문뿐 아니라 동문, 남문, 서문도 마찬가지이다. 그러나 교차칸의 각 패널마다 동물의 종류는 다르다. 북문의 가로들보 앞면 교차칸의 경우, 기둥 양쪽으로 동일하게 아래에서 위로 올라가면서 두 마리씩의 소, 고삐를 단 날개 달린 사자를 두 사람이 타고 있고, 3층 교차칸에는 날개 달린 말을 두 마리씩 장식했다. 날개 달린 지상 동물들은 페르시아의 고대 유적에서도 많이 발견된다.

| 약시목욕도 |

교차칸 사이 기둥면 | 교차칸 사이의 기둥면이 한쪽에 2칸씩 양쪽 4칸이 생긴다. 여기에는 모두 연꽃 덩굴도, 석주, 사리탑, 약시목욕도 등이 새겨져 있다. 북문뿐만 아니라 동문, 남문, 서문도 마찬가지이다. 교차칸 사이의 왼쪽 기둥면에는 약시목욕도

(코끼리 두 마리가 약시를 목욕시키는 장면)를 두 번 넣었고, 오른쪽 기둥면에는 법륜을 두 번 조각했다. 약시목욕도는 뒷면에도 하나 조각되어 있다. 약시는 풍요로움의 상징이다.

교차칸 바깥 가로들보 ┃ 가로들보와 기둥이 만나는 교차칸의 바깥 가로들보에는, 2층·3층에 양쪽으로 동일하게 보리수와 사리탑이 각각 부조되어 있다. 이는 7불상징도七佛象徵圖의 숫자를 맞추기 위해서이다. 가로들보 가운데에 상징이 5개이므로 양쪽으로 2개를 더 새겨 넣은 것이다. 1층 가로들보의 바깥은 양쪽 모두 벳산타라 본생도의 연속 화면이다.

가로들보 뒷면 ┃ 뒤쪽 가로들보 가운데 부분에는 1층에는 벳산타라 본생도, 2층에는 항마성도도, 3층에는 육아상六牙象 본생도가 조각되어 있다. 1층의 벳산타라 본생도는 앞면에 이어서 벳산타라왕이 아들과 딸, 그리고 아내를 보시하는 장면이다.

화면 가운데의 밑에 아들과 딸을 바라문에게 인계하는 아버지 벳산타라왕의 모습이 있고, 그 왼쪽에 두 아이를 인계받아 회초리를 휘두르며 가는 바라문이 실감나게 묘사되어 있다. 그 왼쪽으로 왕이 자신의 아내를 보시하는 장면이 새겨져 있다. 가로들보의 기둥 바깥 왼쪽 면에는 벳산타라왕이 살던 궁전이 새겨졌고, 가로들보의 오른쪽 기둥 바깥에는 숲속에서의 행복했던 벳산타라왕 가족의 모습이 묘사되어 대조를 이루고 있다.

이 부조에서 한 가지 더 눈길을 끄는 것은 인물들의 의상이다. 한쪽 어깨를 드러낸 주름진 가사를 걸치고 있거나, 주름치마를 입고 있는 모습을 사실적으로 부조해 놓았다. 이것은 고대 인도 평민들의 복장으로 추측된다.

혜초 스님은 8세기에 5천축국을 둘러보고, 왕과 관리 집안이나 부유한 사람들은 상하의 옷 한 벌을 입고, 다른 사람들은 하의만 입으며, 가

| 벳산타라 본생도 | 북문 가로들보 뒷면 1층. 아들과 딸, 부인을 보시하는 벳산타라왕.

| 북문 가로들보 뒷면 2·3층의 대형부조 | 위(3층)는 육아상본생도, 아래(2층)는 항마성도도

난한 사람들은 천 반 조각 정도를 몸에 걸치며 여자들도 그렇게 한다고 당시 풍속을 전하고 있음은 엘로라 석굴 편에서 이야기했었다.

2층 가로들보의 항마성도도는 왼쪽 끝의 보리수가 부처님을 상징하고, 보리수의 왼쪽 밑에는 공양을 올리는 수자타Sujātā의 모습이 그려져 있다. 가운데 보리수를 향해 앉아 있는 마왕, 보리수와 앉은 마왕 사이에 서 있는 마왕, 보리수 오른쪽에서 보리수에 합장하는 마왕의 순서로 마왕이 부처님에게 항복하는 장면을 연속도법으로 묘사했다. 두상이 큰 마왕의 군대가 오른쪽 면을 가득 채우고 있다. 중인도와 남인도의 마군들이 배가 불룩하고 머리가 큰 난쟁이 형태라고 한다.*

받침 기둥 | 위층의 왼쪽 받침 기둥면만 약샤 입상이고, 나머지 5면은 세로로 긴 2단의 화병 여의덩굴도를 새겼다.

뒷면 교차칸 | 1, 2층의 교차칸에는 두 사람이 타고 있는 말 두 필과 한 쌍의 양羊을 각층에 양쪽으로 새겼다. 3층에는 날개 달린 사슴 두 마리를 배치했다. 이들 동물들은 앞쪽에서 보이지 않던 새로운 것들이다. 이로써 등장하는 동물들의 종류가 매우 다양하게 되었다.

교차칸 사이 기둥면 | 아래쪽 기둥면의 왼쪽에는 약시목욕도, 오른쪽에는 사리탑을 배치했다. 위쪽 기둥면에는 양쪽으로 화병 여의덩굴도를 새겼다.

교차칸 바깥 가로들보 | 1층 가로들보의 교차칸 바깥 부조는 벳산타라왕 가족의 숲속 생활이다. 위에서 이미 언급했다. 2층에는 양쪽으로 각각 공작 두 마리를 새겼다. 3층의 교차칸 바깥은 가로들보 중앙 장면인 육아상본생도의 연속 화면으로, 반얀 나무줄기를 코로 말아 쥔 큰 코끼리와 작은 코끼리들이다.

---

* 유근자, 2007.

| 북문 왼쪽 기둥 앞면 부조 |
1.기원정사도 2.보배경행도 3.제왕승상도

수문장(코끼리상) 아래 기둥 부조

북문 기둥 앞면 | 왼쪽 기둥 앞쪽에 5장면의 부조를 넣고, 기둥 안쪽에는 3장면과 약샤 입상을 새겼다. 앞쪽은 위에서부터 설법천인도說法天人圖, 기원정사도祇園精舍圖, 보배경행도寶貝經行圖, 파사익왕행차도波斯匿王行次圖 제왕승상도帝王昇象圖이다. 안쪽으로는 위에서부터 제석왕문도帝釋往問圖, 마가다왕행차도摩竭陀王行次圖, 우바이귀의도優婆夷歸依圖가 부조되었다. 그 밑에 부조 2장면 크기의 약샤상이 시립하고 있다.

왼쪽 기둥 앞쪽 | 부처님께서 라즈기르에서 전단향 발우사건을 계기로 재가자들 앞에서 제자들의 신통을 금지시켰다. 그리고 '4개월 후 음력 6월 보름날 쉬라바스티의 망고나무 아래에서 신통을 보일 것'이라고 예언하고, 4개월 동안 45요자나(약 670km)의 길을 걸으셨다. 외도들은 부처님의 신통을 두려워하여 쉬라바스티의 망고나무를 모두 베어버렸다. 부처님은 쉬라바스티에 도착하여 탁발을 나가는 중에, 왕의 정원사 칸다가 올린 망고를

잡수시고 그 씨를 땅에 심자 순식간에 망고가 주렁주렁 달렸다.

여기서 부처님께서 일만 세계의 수미산을 기둥삼아 보배경행대(폭 12요 자나=120km)를 만들어 그 위를 걸으시면서 쌍신변雙神變, 6종광명六種光明, 세계개현世界開顯(육도의 존재들이 상대방 세계를 서로 다 볼 수 있게 하는 것), 천불 화현千佛化現의 신통을 보이셨다. 게다가 화신化身 부처님으로 하여금 질 문을 하게 해 법문을 하셨는데, 이를 통해 2억의 인간들과 천신들이 법을 증득하였다고 한다.

첫 번째 설법천인도는 이러한 쉬라바스티에서의 대신변 때에 부처님 께서 설법하시는 것을 듣는 인간들과 천신들을 묘사한 것이다. 세 번째 장면은 보배경행대를 표현한 것이다. 가운데 망고나무, 그 옆으로 찬탄 하는 대중들, 위로는 보배경행대를 새겼다.

두 번째는 기원정사도로 알려져 있다. 기원정사는 경론 상에는 부처 님 당시에 4~5개의 큰 건물이 있었다고 전해지는데, 영국의 고고학자 커 닝엄(Alexander Cunningham, 1814~1893)에 의해 간다 쿠티와 코삼바 쿠티가 발굴되었다. 부조의 그림은 그중 세 채의 쿠티로 보여진다. 제일 위가 간 다 쿠티, 왼쪽 아래가 코삼바 쿠티, 오른쪽 아래가 카레리 쿠티(Kareri kuti) 이다. 쿠티 아래에는 부처님을 상징하는 금강좌가 있고, 아래의 두 쿠티 는 울타리로 둘러쳐져 있다. 화면 가득 숲이 우거져 있다. 기원정사에는 전단향, 망고, 사라 나무 등이 많았다고 한다. 건물 옆의 세 인물은 급고 독 장자와 제타 왕자, 프라세나지트왕으로 보인다.

세 번째 파사익왕행차도는 프라세나지트Prasenajit(파세나디pasenadi, 파사 익波斯匿, 코살라국왕, 재위 B.C.E. 534~490) 왕이 부처님께서 신통을 보이실 곳 에 천막을 쳐 주기 위해 기원정사로 부처님을 찾아뵙는 그림이다. 맨 밑 에 제왕승상도는 코끼리 두 마리에 각각 왕이 타고 있는데, 그중 한 마리 에는 왕과 두 명의 왕비, 다른 한 마리에는 왕이 한 여인을 코끼리 위로

| 북문 왼쪽 기둥 안쪽의 부조 | 1.제석왕문도 2.마가다왕행차도 3.우바이귀의도

손을 잡고 끌어올리고 있다. 이는 프라세나지트왕이 말리카라는 하녀를 왕비로 맞이한 것을 상징화한 모습으로 보인다.

　　왼쪽 기둥 안쪽 | 기둥 안쪽으로는 위에서부터 제석왕문도, 마가다왕 행차도, 우바이귀의도, 약샤 입상이다. 첫 번째 부조인 제석왕문도는 부처님께서 라즈기르 근처 암바산다 마을의 북쪽 산에 있는 인다살라 동굴에 계실 때, 제석천왕이 부처님을 찾아뵙고 신수심법身受心法을 관찰하는 사념처四念處 수행 중 '느낌(受)에 관한 통찰'에 대한 법문을 듣는 모습이다. 이때 제석천왕은 죽음에 다다르고 있었는데, 설법을 듣고 다시 젊은 제석천왕의 몸으로 그 자리에서 환생한다.

　　마가다왕행차도는 부처님을 친견하기 위해 행차하는 왕의 그림이다. 부처님 재세 시에 빔비사라왕, 아자타샤트루왕, 프라세나지트왕 등 여러 명의 왕들이 부처님을 친견하고 법문을 들었다. 그중에서도 마가다국 빔비사라왕과 그의 아들 아자타샤트루왕으로 보인다. 아래 위의 부조가 모두 라즈기르(왕사성)에서 일어난 일을 묘사하고 있는 것으로 봐서, 이 부조는 라즈기르의 궁전에 살던 마가다국 왕의 행차도로 보는 것이 적절하다.

세 번째의 우바이(우파시카upāsikā:여성 재가신자)
귀의도는 웃타라Uttarā와 시리마Sirimā라는 두 여
인이 부처님께 귀의하는 것을 묘사한 것으로 보인
다. 부처님을 상징하는 보리수 밑에 앉은 두 사람의
등 뒤로, 길게 흘러내린 머리카락은 둘 다 여인임을
말해 준다. 보리수 옆으로 대나무를 묘사해서, 부처
님이 라즈기르의 죽림정사에 계심을 보여 준다. 그
일화는 다음과 같다.

웃타라라는 여인이 시집을 가서 바라문교도인
시아버지의 허락을 받지 못해 부처님을 뵐 수 없게
되었다. 그러자 친정아버지가 준 돈으로 하룻밤에
1,000냥을 받는 시리마라는 유녀遊女를 사서 보름
간 남편 시중을 들게 하고, 자신은 죽림정사에 계신
부처님께 직접 공양을 올릴 수 있게 되었다.

보름째가 되는 마지막 날, 유녀 시리마는 공양을
준비하던 웃타라를 바라보며 웃음 짓는 웃타라의 남
편을 보게 된다. 그녀는 순간 그가 자신의 남편이라
는 착각에 빠져 웃타라에게 불같은 질투심이 일어
나 펄펄 끓는 기름을 웃타라에게 퍼붓는다. 이때 웃
타라는 '내가 화를 낸다면 기름이 내 몸을 태울 것이
고 화를 내지 않는다면 내 몸을 태우지 못할 것이다'
라고 생각하면서 자애삼매에 들었다. 기름은 웃타라

| 북문 왼쪽 기둥 바깥쪽의 부조 |

| 북문 오른쪽 기둥 앞면 부조 |
1.삼도보계도 2.사문유관도 3.설법석가도

를 태우지 못했다. 웃타라는 시리마를 용서하고 부처님께 참회하고 공양하게 하여 부처님 법문을 듣게 하였다. 이에 부처님께서 게송을 읊으셨다.

분노는 자애로 이겨내고
악은 선으로 이겨낸다네.
인색은 보시로 이겨내고
거짓말은 진실로 이겨낸다네.

왼쪽 기둥 바깥쪽 | 왼쪽 바깥기둥은 연꽃과 피어오르는 줄기의 반복으로 이루어진 장식을 전체면에 확대하고, 동물이나 천녀 등 움직이는 생명체들을 생략, 단순화한 대신에 제일 위에는 불법승 삼보를 상징하는 삼보표를 새겼다. 제일 아래에는 불족적이 선명히 각인되어 위대한 부처님의 고행을 상징한다.

오른쪽 기둥 앞쪽 | 오른쪽 기둥은 앞쪽에 위에서부터 삼도보계도三道寶階圖, 제왕행차도帝王行次圖, 설법석가도說法釋迦圖가 새겨져 있다. 그 밑 부분은 훼손되어 2장면의 부조가 깨어져 나갔다. 기둥 안쪽으로는 위에서부터 불탑예찬도佛塔禮讚圖, 원후봉밀도猿猴奉蜜圖, 카필라귀환도迦毘羅歸還圖가

차례로 조각되고, 제일 밑에 약샤상이 시립하고 있다.

삼도보계도는 부처님께서 쉬라바스티의 대신변을 보여 주시고, 천상에서 3개월간 설법하신 후 상카시아로 하강下降하실 때, 양 옆으로 제석천과 범천의 호위를 받으시면서 딛고 내려온 보배 계단을 말한다.

두 번째는 사문유관도四門遊觀圖로 보인다. 산치 대탑의 부조에서 일산日傘이 등장하는 것은 사리를 포함한 부처님의 상징과 부처님의 전생(벳산타라왕, 6개의 어금니를 가진 육아상) 외에는 부처님의 아버지인 정반왕, 마왕 파순, 아소카왕 정도이다. 성문을 나가는 마차에 일산이 씌어져 있는 것은 싯다르타 태자를 표현한 듯하다.

세 번째는 일반적으로 설법석가도로 본다. 부처님은 성도 후 2년 만에 카필라성을 방문한다. 석가족은 부처님보다 촌수가 낮거나 어린 사람들만 앞으로 내보내어 인사를 시켰는데, 그러한 석가족의 자만심을 꺾기 위하여 물과 불을 동시에 뿜는 쌍신변을 보이신 후, 일만 세계의 수미산을 기둥으로 하는 보배경행대를 만들어 그 위를 걸으시면서 사리불 존자의 청으로 《불종성경佛種姓經》을 설하셨다. 이 법문을 듣고 헤아릴 수 없는 많은 이들이 깨달음을 성취하였다.

이때 아버지 정반왕淨飯王(숫도다나Suddhodana)도 카필라의 귀족들로 하여금 아들이 2명 이상인 집에 한하여 한 집에 한 명 이상씩 출가하도록 하여 석가족 500명이 출가하는 등 많은 출가자들이 양산되었다. 이는 초기의 승단을 발전시키는 계기가 되었다. 그 후 콜리야족과 석가족 간의 물 분쟁을 해결하고, 코살라의 비루다카Virūḍhaka(Viḍūḍabha, 비유리毘琉璃)왕의 카필라성 정벌을 3번이나 막는 등 많은 인연을 보이셨다.

오른쪽 기둥 안쪽 | 안쪽 제일 위에 있는 불탑예찬도佛塔禮讚圖는 북을 치고 피리를 불면서 부처님을 찬탄하는 모습이다. 후대에 발달된 불탑 문화의 일단면을 보여 준다. 불탑 신앙에서 대승불교가 발전하였다는

| 북문 오른쪽 기둥 안쪽면의 부조 |
1.제석환생도 2.원후봉밀도 3.제왕영접도

학설이 있다. 인도 당국은 부조의 드 장 인물들을 그리스인으로 본다. 불탑의 산개가 3개이다.

원후봉밀도는 원숭이왕이 부처님께 꿀을 공양하는 장면이다. 며칠 뒤에 방문할 바이샬리의 중각강당 유적지에는 이를 기리는 탑이 조성되어 있고, 그 뒤에는 원숭이들이 팠다는 연못이 있다.

제왕영접도帝王迎接圖는 부처님께서 성도 후에 카필라성을 방문했을 때 아버지인 정반왕이 마중을 나온 모습을 묘사한 것이다. 보리수 위로 보배경행대가 보인다.

오른쪽 기둥 바깥쪽 | 오른쪽 기둥의 바깥에는 긴 기둥면을 세로로 삼등분하여, 양쪽으로 연꽃과 줄기가 반복해서 이어지는 여의덩굴도를 새겼다. 가운데에는 만개한 연꽃 위의 연방蓮房에서 피어오르는 새로운 줄기에 새, 코끼리, 천녀 등이 부가되어 부처님의 깨달음을 장엄하고 있다. 실로 화려하고 섬세한 부조의 극치라고 하지 않을 수 없다.

산치 제1탑의 동문

동문은 북문에 버금가게 보존이 잘 되어 있긴 하나, 약시상이 오른쪽 수문장 코끼리 바로 옆 1층 가로들보 밑에 큰 약시 1상과 2층 가로들보 위에 작은 약시 1상만 남아 있다. 약시상들이 있었던 흔적인 구멍만 2층과 3층 가로들보의 바깥 아랫면에 있을 뿐이다. 큰 약시상을 바깥으로 감싸던 망고나무 줄기도 깨어져 없다. 수호 동물의 경우에도, 북문은 수호 사자가 2, 3층 가로들보의 양 끝에 대칭적으로 남아 있어 보는 이로 하여금 그 위용을 느끼게 하는데, 동문의 경우 오른쪽은 수호 코끼리가 2, 3층 가로들보의 끝에 남아 있고, 왼쪽은 1층 가로들보의 끝에 남아 있어 대칭이 되지 않고, 수호 사자는 오른쪽 1층 가로대 끝에 앉았는데 작아서 잘 보이지 않는다. 동문의 수호 사자 1마리는 델리박물관에 보관되어 있다.

　1, 2, 3층 가운데 가로들보 사이를 아래위로 받치는 짧은 받침 기둥 사이의 조각상은 남아 있지 않다. 제일 위 가로들보의 약샤상도 보이지 않고, 다만 불법승佛法僧 삼보를 표시하는 삼보표만 오른쪽 기둥 위에 남아 있다.

가로들보와 수문장(코끼리상) 위의 기둥 부조
　가로들보 앞면 | 가로들보의 가운데 부조는 아래에서부터 황후봉유도皇后奉乳圖, 유성출가도踰城出家圖, 7불상징도七佛象徵圖이다.

　유명한 황후봉유도에 얽힌 이야기는 다음과 같다. 아소카왕이 보드가야 보리수를 너무 사랑하자, 이를 질투하여 티샤락쉬타 왕비(아소카왕의 왕비)가 마탕가라는 형리刑吏를 시켜서 보리수에 주술이 걸린 실을 묶어 죽이려고 하였다. 보리수가 시들자 아소카왕의 슬픔이 너무도 컸기 때문에, 왕비 자신이 수천 항아리의 우유를 보리수에 줘서 나무를 살렸

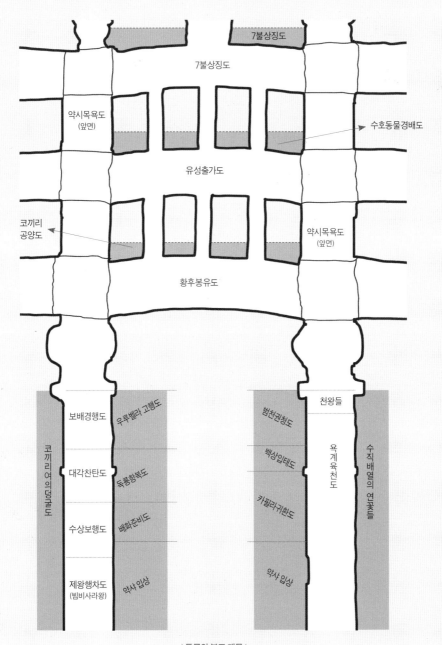

7불상징도

7불상징도

약시목욕도
(앞면)

수호동물경배도

유성출가도

코끼리
공양도

약시목욕도
(앞면)

황후봉유도

보배경행도

우루벨라 고행도

천왕들

범천권청도

대각찬탄도

독룡항복도

백상입태도

욕계육천도

수직배열의 연꽃들

수상보행도

배회준비도

카필라귀환도

코끼리여의덩굴도

제왕행차도
(빔비사라왕)

약사 입상

약사 입상

| 동문의 부조 제목 |

| 동문 가로들보 앞면의 대형 부조 | 위(2층)는 유성출가도 아래(1층)는 황후봉유도

다. 아소카왕은 죽어가던 보드가야의 보리수가 다시 생기를 찾은 것을 기념해서 30만 명의 스님들께 공양을 올렸다는 스리랑카의 전승기록이 있다.[*]

보리수 왼편에 우유 항아리를 들고 있는 행렬, 보리수 오른편에 보리수에 참회하는 왕비, 꿇어앉은 코끼리 등 위에 앉아 있는 아소카왕이 왕비의 부축을 받고 있는 장면이다.

2층 가로들보의 중앙 부조는 유성출가도로 알려져 있다. 발굽 소리가 나지 않도록 신들에 의해 들려나가고 있는 백마 칸타카가 왼쪽에서부터 차례대로 등장하고, 그 위에는 싯다르타 왕자가 타고 있음을 상징하는 일산日傘이 씌워져 있다. 오른쪽 끝의 불족적佛足跡은 고행에 나선 싯다르타 왕자를 상징한다. 불족적에 인사하는 찬다카와 일산이 없는 빈 말을 데리고 돌아오는 찬다카의 모습이 그려져 있다. 화면의 가운데에 있는 나무는 어릴 적 카필라성의 파종제播種祭 행사 때에 선정에 들었던 잠부나무로 보인다.

3층 가로들보의 7불상징도는, 북문의 3층 가로들보 부조와 같이, 5기의 사리탑과 그 사이 2그루의 보리수가 7불을 상징한다.

받침 기둥 | 받침 기둥면의 부조도 사르나트 석주 3개와 단순화된 보리수 3그루로 처리했다. 아래층과 위층의 가운데 받침 기둥면은 석주 위에 법륜法輪을 지고 있는 네 마리 사자 주두이다. 사르나트 석주를 그대로 베꼈다. 아래층 왼쪽 석주는 꼭대기에 사자 1마리가 올라가 있는 형상이다. 받침 기둥면의 부조는 북문과 동문에만 있는 것이므로, 북문 다음으로는 동문의 조각이 화려하다 할 것이다.

교차칸 | 1, 2층의 교차칸 양쪽 네 군데에는 3마리씩의 날개 달린 사

* 라모뜨, 2006.

| 산치 제1탑의 동문 |

자를 새겨 넣었다. 3층 교차칸 양쪽에는 두 사람이 두 마리의 소를 타고 있는 모습을 부조했다. 눈썹이 아래로 처진 사자 얼굴이 자비심에 감화된 듯 정감이 있고, 2층의 사자들은 입을 벌리고 있는 것이 제법 포효를 하려고 하는 듯도 하다.

교차칸 사이 기둥면 | 약시목욕도가 왼쪽 기둥 위층과 오른쪽 기둥 아래층에 부조되어 있다. 코끼리 두 마리가 앉은 약시에게 항아리로 물을 붓는 장면인데, 왼쪽 기둥의 목욕도에서 두 마리의 코끼리가 항아리를 뒤집어 내리붓는 물줄기가 하나로 합해져서 약시의 머리에 시원하게 쏟아지는 모습은 보는 이의 더위마저 식혀 주는 듯하다. 북문에도 3점의 목욕도가 있었다.

왼쪽 기둥의 아래 기둥면에는 법륜, 오른쪽 기둥의 위쪽에는 보리수 밑에 주전자가 있다. 주전자로 보아 보리수에 공양하는 모습으로 보인다.

교차칸 바깥 가로들보 | 1, 2층 가로들보의 교차칸 바깥 가로들보 부조는 공작과 코끼리로 단순하게 처리했다. 3층의 경우는 7불 상징의 개수를 맞추기 위한 사리탑이다.

동문 뒷면

가로들보 뒷면 | 뒷면은 1층 가로들보 가운데는 코끼리공양도, 2층은 수호동물군집도守護動物群集圖, 3층에는 7그루의 보리수가 7불을 상징하고 있다. 교차칸의 바깥 가로들보에는 1층에 코끼리 두 마리, 2층에는 무소들을 새겼다. 1층의 코끼리공양도는 부처님께서 코삼비 비구들의 불화로 인해 빨릴레이야까 숲에 가서서 홀로 머무실 때 그 숲의 코끼리의 공양을 받으신 것을 묘사한 것으로 볼 수 있다.

2층 수호동물경배도는 탑문의 보조면에 조각된 온갖 수호 동물들이 부처님께 경배하는 장면이다. 부처님이 눈먼 부모를 모시는 사마로 태어났을 때 숲속의 동물들이 모두 사마를 따랐다고 한다. 부처님의 교화가 천인들이나 인간에게 국한되는 것이 아니라, 축생들에게도 미치는 것은 이러한 과거생의 공덕 때문일 것이다. 부처님의 교화를 받은 동물들은 동시에 부처님의 수호신들로서 탑문 곳곳에 새겨져 탑을 지킨다. 그리고 언젠가 축생보의 윤회를 끊고 인간계나 천상에 태어나서 불제자가 되어 깨달음을 이룰 것이다. 이러한 예를 이미 아잔타 석굴의 벽화에 그려진 니그로다미가 자타카에서 보았다.

받침 기둥 | 북문의 받침 기둥 뒷면과 같이 6개의 받침 기둥면 모두에 세로로 긴 2단의 화병여의덩굴도를 새겼다.

교차칸 | 밑에서부터 서로 반대 방향을 보고 있는 두 마리씩의 양, 낙타, 사자를 두 사람이 타고 있는 장면을 양쪽으로 넣었다. 모두 재갈을 물리고 있다. 왼쪽 기둥의 사자는 갈기만 있고, 오른쪽 기둥의 사자는 날

개와 사슴뿔을 달고 있다. 이것은 용의 승천과도 같은 사자의 승천이다.

교차칸 사이 기둥면 ┃ 아래층에는 양쪽으로 연꽃여의덩굴도, 위층에는 양쪽으로 사리탑이 부조되어 있다.

교차칸 바깥 가로들보 ┃ 세 층 모두 가운데 가로들보 부조의 연속 화면이다.

수문장(코끼리상) 아래 기둥 부조

왼쪽 기둥 앞쪽 ┃ 수문장 코끼리 밑의 왼쪽 기둥 부조는 앞쪽에 네 장면, 옆쪽에 세 장면 그리고 그 밑에 약샤 입상이 있다. 앞쪽은 위에서부터 아래로 보배경행도, 대각찬탄도大覺讚歎圖, 수상보행도水上步行圖, 제왕행차도帝王行次圖이다.

보배경행도는 부처님께서 성도하신 후 3주째에 북동쪽 앞에 나아가 눈도 깜빡이지 않고 보리좌를 바라보신 곳과 보리수 사이를 일주일 동안 경행하신 모습을 묘사한 것이다. 화면 중간에 가로로 경행대를 새기고 그 아래위로 찬탄하는 천인들을 배치했다. 북문의 보배경행도와 유사하나 망고나무가 빠져 있다.

대각찬탄도는 부처님의 큰 깨달음을 찬탄하는 장면이다. 산치 대탑이 세워졌을 때는 이미 아소카왕에 의해 마하보디 사원이 건립되었으므로 마하보디 사원의 당시 모습을 추측케 하는데, 가로들보 앞면 1층의 황후 봉유도의 가운데 사원 모습과 동일하다. 보리수, 마하보디 사원, 금강보좌를 수직으로 배열하고 그 옆에 찬탄하는 천인들, 그 위에 건달바를 새긴 것이다.

수상보행도는 부처님께서 깨달으신 후에 사르나트로 가서 5비구와 야사 등을 제도하고, 곧바로 다시 보드가야 인근의 우루벨라로 돌아와 가섭 3형제를 제도하셨다. 부처님께서 우루벨라 가섭을 제도하기 위해 그

| 동문 가로들보 뒷면의 대형 부조 | 위(2층)는 수호동물경배도, 아래(1층)는 코끼리공양도

| 수상보행도 |

의 처소에 머물고 있던 어느 날 큰 비가 와서 네란자라Nerañjarā 강물이 흘러 넘쳐 물난리가 났다. 가섭은 불쑥 자신을 찾아온 젊은 수행자(부처님)가 염려되어 배를 타고 제자들과 함께 찾아보았는데 부처님이 물 위를 걸어서 건너는 것이었다. 부처님을 상징하는 석판 위에 물결과 배를 탄 가섭 3형제를 새겼다. 부처님을 두리번거리며 찾는 가섭의 모습이 생생하기 그지없다.

제왕행차도는 부처님의 깨달음 소식을 듣고 성을 출발하는 빔비사라왕의 모습을 묘사한 것이다. 부처님은 우루벨라 가섭 3형제를 제도하고는 빔비사라왕과의 약속을 지키기 위해 라즈기르(왕사성)로 가신다. 빔비사라왕은 성도 전에 수행자 싯다르타를 만나 자신의 왕국을 넘기려 했으나 거절당하자, 성도 후에 자신을 찾아와 깨달은 진리를 설해 줄 것을 간곡히 부탁했었다.

왼쪽 기둥 안쪽 | 기둥 안쪽 그림은 세 장면인데, 첫 번째는 우루벨라Uruvelā 고행도苦行圖, 두 번째는 불을 뿜는 독룡항복도毒龍降伏圖, 세 번째는 배화준비도拜火準備圖이다. 첫 번째 장면인 우루벨라 고행도는 화면 가운데에 고행자 싯다르타를 상징하는 산개를 씌운 금강보좌金剛寶座가 있고, 고행하시던 우루벨라 마을의 모습을 묘사했다.

두 번째 독룡항복도는 부처님께서 우루벨라 가섭을 교화하기 위해 먼저 독룡을 제압하는 장면이다. 왼쪽에 가섭 3형제가 서 있고, 5개의 머리를 가진 독룡 앞에 횃불이 묘사되어 있으며, 오른쪽 초막에는 우루벨라 가섭이 앉아 있다. 왼쪽 하단에는 겨울철 찬물에 목욕하는 배화교도들이 그려져 있다.

세 번째 배화준비도는 우루벨라 가섭의 무리들이 불을 섬기는 제식을 거행하려고 준비하는 모습이다. 이들은 배화교도로서, 머리에 커다란 상투(나계:螺髻)를 틀고, 담을 쌓아 호마護摩*를 사르고, 불의 신 아그니에게 제사를 지내고, 신자들의 길흉을 점치거나 한겨울 강에서 목욕을 했다. 화면 중간에 담을 쌓은 호마로가 보이고, 나무를 해 오고 불을 피우고 장작을 패는 교도들의 모습이 묘사되어 있다.

| 오른쪽 기둥 앞쪽-욕계육천 |

왼쪽 기둥 바깥쪽 | 왼쪽 기둥은 기둥 아래의 코끼리가 입에서 토해내는 여의덩굴도이다. 좌우 요철을 그리면서 힘차게 올라가는 줄기 사이에 연꽃으로 화면을 가득 채우고 있다.

오른쪽 기둥 앞쪽 | 오른쪽 기둥에는 앞쪽에 여섯 장면, 안쪽에 네 장면 밑에 약샤 입상을 넣었다. 앞쪽의 부조는 욕계육천欲界六天의 모습을 형상화한 것이다. 욕계육천은 위에서부터 타화자재천他化自在天, 화락천化樂天, 도솔천兜率天, 야마천夜摩天, 도리천忉利天, 사천왕천四天王天이다. 부조에서는 상위의 하늘은 위에, 하위의 하늘은 밑에 새겼다. 제일 위의 두 천신은 제석천과 범천으로 보인다. 팔각기둥으로 받쳐진 천궁의 가운

---

* 공물을 불 속에 던져 연기로 천상의 신에게 바쳐서 기원하는 의식. 후에 밀교에서 보다 높은 깨달음으로 이끄는 수단으로 수용됨

데에 금강저金剛杵를 들고 있는 이가 각 천의 천왕으로 보인다. 하단의 두 궁전은 가운데가 부분적으로 훼손되어 있다.

오른쪽 기둥 안쪽 | 오른쪽 기둥 안쪽에는 세 장면을 넣었다. 범천권청도梵天勸請圖, 백상입태도白象入胎圖, 카필라귀환도迦毘羅歸還圖가 차례로 새겨져 있다. 그 밑에 약샤 입상이 부조되어 있다. 범천권청도는 사함파티 범천이 이 세상에는 번뇌의 티끌이 적은 중생도 많이 있음을 상기시키고 법을 설하기를 청하는 장면이다. 부처님께서 성도 후 49일간 선정락禪定樂을 누리셨다. 그리고 다시 야자팔라 니그로다 나무 아래에 앉으셔서 스스로 증득한 진리가 너무도 심오해서 이해하기 어렵고 피곤할 뿐이므로 그대로 열반에 들려고 하셨기 때문에, 범천이 권청하게 된 것이다.

백상입태도는 마야부인이 부처님을 잉태할 적에 흰 코끼리가 옆구리로 들어오는 꿈을 꾼 것을 말한다. 부처님은 도솔천의 호명보살護明菩薩*로 계시다가 세상에 부처님으로 출현하시라는 천인들의 권청을 수용하고 깊은 생각에 잠기면서 다시 태어나게 된다. 호명보살은 흰 코끼리로 화해서 코로 흰 연꽃을 들고, 누워 있는 마야부인의 옆구리로 입태하였다.

카필라귀환도는 부처님께서 성도한 다음해에 정반왕이 보낸 칼루다이 대신의 청으로 카필라성을 방문한 이야기이다. 부조에는 부처님을 만나러 말을 타고 가는 정반왕, 제일 아래 왼쪽에는 부처님을 상징하는 보리수, 그 앞에는 보리수를 등지고 있는 모습이나 뒷모습을 조각하여 석가족들의 거만함을 표현하였다.

오른쪽 기둥 바깥쪽 | 오른쪽 기둥 바깥은 긴 기둥면을 세로로 삼등분하고, 가운데에 커다란 연꽃들을 수직으로 배열하고, 양 옆으로 여의덩굴도를 새겼다.

---

* 일생보처보살로 도솔천에 머물렀을 때의 이름. 깨달음의 길로 가고자 하는 중생을 보호하고 그 길을 밝게 밝혀 주므로 호명이라는 이름을 얻었다.

산치 제1탑의 남문

남문은 가장 먼저 건립되었고 가장 보존 상태가 좋지 않다. 수문장 역할을 하는 사자상 조각 외에는 조각상이 남아 있지 않다. 가로들보의 바깥쪽에 있던 수호 동물도 없으며, 가로들보 사이의 받침 기둥의 부조는 물론 그 사이의 조각상들도 없다. 그러나 2층과 3층의 가로들보 밑 부분에는 조각상을 끼웠던 네모진 구멍이 5개씩 남아 있는 것으로 봐서 조각상이 있었을 것이다. 1층 가로들보 오른쪽 끝에도 큰 구멍이 남아 있어, 북문이나 동문과 같이 큰 약시상이 있었을 것으로 추정된다.

가로들보와 수문장(사자상) 위의 기둥 부조

가로들보 앞면 │ 1층 가로들보 가운데에 약샤여의덩굴도, 2층에는 용왕호탑도龍王護塔圖, 3층에는 큰 약시목욕도이다.

1층 약샤여의덩굴도는 양쪽에 배치된 약샤의 입에서 여의덩굴이 토해져 나오는 모습으로 묘사되어 있다. 약샤는 본디 나무의 정령으로 풍요의 상징이다. 약샤의 입에서 토해내는 덩굴을 여의덩굴이라고 한다. 여의덩굴은 원하는 것을 가져다주는 덩굴로, 뱀처럼 기어가는 덩굴의 마디마다 화환과 꽃의 장식이 화면을 가득 메우고, 네 명의 정령들의 입에서 이파리를 토해내고 있다. 이와 거의 흡사한 부조가 바르후트 탑에서도 보이는데, 거기에서는 코끼리가 입으로 여의덩굴을 토해내는 코끼리여의덩굴도이다.

여의덩굴도는 탑문의 기둥을 장식하는 소재로도 많이 사용되고 있다. 북문의 오른쪽 기둥 바깥면, 동문의 왼쪽 기둥 바깥면, 남문의 왼쪽 기둥 바깥면은 여의덩굴 부조의 극치를 보여 준다. 동문의 왼쪽 기둥 바깥면은 바르후트 부조와 같이 코끼리가 입으로 덩굴을 토해내는 코끼리

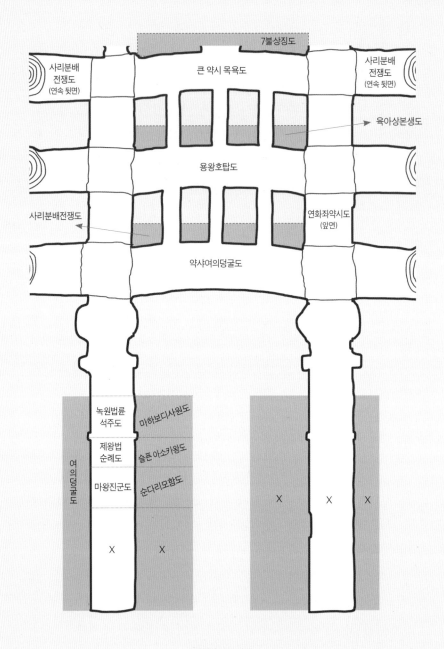

7불상징도

사리분배
전쟁도
(연속 뒷면)

큰 약시 목욕도

사리분배
전쟁도
(연속 뒷면)

육아상본생도

용왕호탑도

사리분배전쟁도

연화좌약시도
(앞면)

약샤여의덩굴도

여의덩굴도

녹원법륜
석주도

마하보디사원도

제왕법
순례도

슬픈 아소카왕도

마왕진군도

순다리모함도

X   X

X   X   X

| 남문의 부조 제목 |

| 남문 가로들보 앞면의 대형 부조 | 위(2층)는 용왕호탑도, 아래(1층)는 약사여의덩굴도

여의덩굴도이다.*

　남문의 기둥 바깥 부조는 덩굴이 좌우의 벽면을 섞바꾸며 기어올라 마지막에 또르르 말려서 마감되어 있다. 덩굴 주변에는 약시들, 동물들, 화환들, 꽃, 새들로 화려하게 장식 쇠퇴하지 않는 풍요를 나타낸다. 또한 여의덩굴도는 작게 축소되어, 모든 탑문 기둥의 부조 작품에 대한 가장자리 액자를 장식하고 있다.

　뿐만 아니라 각 탑문의 가로들보의 끝부분에 여의덩굴을 밑에서 위로 7~9회에 걸쳐 둥글게 돌돌 말아서 새순이 돋는 덩굴의 끝부분을 가운데 넣은 원형덩굴다발을 새김으로써, 가로들보의 날아갈 듯한 날렵함을 표현하면서 동시에 강력한 생명력의 응축을 보여 준다. 북문은 원형 덩굴다발을 가장 많이 말아 놓았고 섬세하게 조각을 했으며, 그 다음으로는 남문이다.

　여의덩굴의 모티브는 화병에서 연화 줄기가 피어올라 화면 가득히 봉우리들, 반개·만개한 꽃들로 채워지는 것인데, 탑문의 수문장 주두 조각 위쪽에 나타나는 꽃문양들이 그것이다. 약시목욕도에서 연화대 주위로 피어오르는 줄기와 꽃 또한 동일한 모티브이다. 당시 조각에서 큰 인기가 있었다고 한다.

　2층의 용왕호탑도는 아소카왕이 근본 8탑을 열어 8만4천 탑을 세울 때에 라마그라마Rāmagrāma 탑에 갔었던 일화이다. 부처님의 모계 종족인 콜리야족들이 부처님 반열반 후에 사리를 분배받아 라마그라마에 사리탑을 세웠다. 수백 년 뒤에 아소카왕이 탑에 보관된 사리를 꺼내려고 하자, 그 사리탑을 지키던 용왕이 나타나서 아소카왕을 용궁으로 데리고 가서, 자신들이 사리를 어떻게 보관하고 있는지를 보여 주었다. 그러

---

* 바르후트의 경우에 약시의 배꼽에서 피어나는 경우도 있음.

자 아소카왕은 이보다 더 잘 보관할 수 없다고 생각하고, 이 탑은 열지 않았다고 한다.

라마그라마 탑이 중앙에 있고, 오른쪽에 마차를 타고 있는 아소카왕이 보이고, 아소카왕 앞에 사리용기를 든 사람이 말을 타고 있다. 왼쪽에는 두 용들이 사리탑에 이마를 대고 절을 하고 있으며 그 뒤로 화환을 든 용왕과 공양을 올리는 용녀가 묘사되어 있다. 그 뒤에 용왕들이 앉아서 합장하고 있다. 등장인물들 머리 위로 뱀 머리가 조각되어 있으면 용(나가)을 의미한다.

3층의 큰 약시목욕도는 약시목욕도가 여의덩굴도의 모티브와 합쳐진 작품으로 보인다. 두 마리의 코끼리가 항아리로 약시에게 물을 붓고, 그 주위를 연꽃과 공작새로 장식했다. 이를 통해 부처님의 입태가 이 세계에 가져다 줄 풍요로움을 한껏 발산하고 있는 것이다.

받침 기둥 | 가로들보 받침 기둥 앞면은 매끈하게 마모되어 있다.

교차칸 | 1층 교차칸부터 위로 가면서 차례대로 한 쌍의 사슴, 두 필의 말, 사람을 태운 말 두 마리가 부조되어 있다. 오른쪽의 2층 교차칸은 지워지고 없다.

교차칸 사이 기둥면 | 왼쪽의 기둥면에는 아랫면에 산개가 5개나 되는 사리탑이 있고, 윗면에는 수자타공양도가 1/3쯤 깨어져 나가고 없다. 오른쪽 기둥면은 밑에서부터 연화좌약시도, 수자타공양도이다. 연화좌약시도는 다른 약시목욕도와 달리 물을 붓는 코끼리 두 마리가 없다. 수자타공양도는 보리수에 공양하는 여인의 모습으로 표현되어 있다.

교차칸 바깥 가로들보 | 1층은 오른쪽에만 공작 한 마리가 부조되어 있다. 2층은 왼쪽에만 코끼리를 타고 있는 왕과 왕비가 새겨졌다. 3층은 양쪽 모두 큰 약시목욕도의 연장이다.

| 남문 가로들보 뒷면의 대형 부조 | 위(2층)는 육아상본생도, 아래(1층)는 사리분배전쟁도

남문 뒷면

가로들보 뒷면 | 뒷면은 1층 가로들보에 사리분배전쟁도舍利分配戰爭
圖, 2층 가로들보에 제2 육아상본생도六牙象本生圖, 3층의 부조는 7불상징
도이다(4그루의 보리수와 3기의 사리탑). 1층의 사리분배전쟁도는 사리를 얻기
위해 쿠시나가르에 모여든 왕들이 화살을 활에 재고 있는 등 마치 전투
직전의 긴박한 모습과 쿠시나가르의 성벽이 사실적으로 묘사되어 있다.
화면 끝에는 사리를 분배받아 귀환하는 의기양양한 모습을 새겨 놓았
다. 부처님의 사리를 상징하는 일산 6개가 등장한다. 3층 가로들보의 기
둥 바깥면도 이 부조의 연속 화면인데, 여기에도 일산이 각각 하나씩 부
조되어 있어 총 8개의 일산이 등장한다. 사리가 8분 되었음을 보여 준다.

제2 육아상본생도는 전생에 부처님이 히말라야 호수 변에서 8만 마
리의 코끼리 무리를 거느리고 여섯 개의 상아를 가진 찻단타라는 이름
의 코끼리였던 것을 그린 장면이다. 아잔타 제17굴의 벽화로도 선명하게
남아 있다. 찻단타에게는 두 명의 아내가 있었다. 어느 날 찻단타가 무심
코 흔든 사라수의 만개한 꽃들이 첫째 부인에게 흩날리자, 이를 둘째 아
내가 질투하다가 죽어서 바라나시의 왕비로 다시 태어났다. 그녀는 전생
의 복수를 위해 사냥꾼을 시켜 전생의 남편인 찻단타의 상아를 가져오
게 하였다. 이에 찻단타는 스스로 자신의 크고 긴 코로 여섯 개의 엄니
를 톱으로 잘라 주고는 숨진다. 오른쪽 끝에 활을 쏘려는 사냥꾼이 새겨
져 있어 화면을 드라마틱하게 만들고 있다.

받침 기둥 | 가로들보 받침 기둥 뒷면은 매끈하게 마모되어 있다.

교차칸 | 1층은 가로들보의 가운데 그림인 사리분배전쟁도의 연속이
다. 쿠시나가르에 사리 분배를 위해 모여든 각국의 왕들이 코끼리 두 마
리를 타고 있다. 2층과 3층은 두 사람이 소 두 마리를 타고 있는 모습인
데, 왼쪽 중간 칸은 마모되고 없다.

교차칸 사이 기둥면 | 왼쪽 기둥 윗면은 작은 연꽃덩굴도이고, 오른쪽 윗면은 보리수에 화환으로 장엄하는 장면이다. 왼쪽 기둥의 아랫면은 앞면과 같은 수자타공양도로 보인다. 오른쪽 아랫면은 공양을 끝내고 기뻐하는 모습이다.

교차칸 바깥 가로들보 | 1층의 바깥 가로들보는 가로들보 가운데의 사리분배전쟁도의 연속 화면이다. 2층 가로들보의 바깥은 마모되어 사라졌다. 3층의 바깥 가로들보 부조는 왕이 왕비 혹은 아들을 말에 태우고 떠나는 모습이다. 이것은 1층 가운데 가로들보의 사리분배전쟁도를 3층에 가져와 연속해서 묘사한 것이다.

수문장(사자상) 아래 기둥 부조

왼쪽 기둥 앞쪽 | 오른쪽 기둥에는 부조가 없다. 왼쪽 기둥이 그나마 부조가 남아 있는데, 앞쪽에 3장면, 안쪽에 3장면이다. 그 밑으로는 마모되었다. 앞쪽 3장면은 위에서부터 법륜석주도法輪石柱圖, 제왕법순례도帝王法巡禮圖, 그 밑에 마왕진군도魔王進軍圖이다.

첫 번째 법륜석주도는 아소카왕이 석주를 세우고 정상에 커다란 법륜을 부조하여, 전법傳法과 법치法治를 희구한 것을 묘사한 것이다. 석주 좌측에 합장하고 있는 아소카왕이 보인다. 두 번째 제왕법순례도는 아소카왕이 256일

| 남문 왼쪽 기둥 앞쪽의 부조 |
위에서부터 법륜석주도, 제왕법순례도, 마왕진군도

간의 법의 순례를 하는 모습을 묘사한 것으로 보인다.

맨 밑에 마왕진군도는 마왕 파순이 150요자나 높이의 기리메칼라 코끼리를 타고 가는 모습이다. 마왕의 세 딸 딴하, 아라띠, 라가가 마왕의 옆을 따르고 있고, 기리메칼라 코끼리 발 밑으로 마군들이 행군하고 있다.

| 남문 왼쪽 기둥 안쪽의 부조 |
위에서부터 마하보디사원도, 슬픈 아소카왕도, 순다리모함도

왼쪽 기둥 안쪽 | 안쪽 세 장면은 위에서부터 마하보디사원도, 슬픈 아소카왕도이며, 맨 밑의 장면은 순다리Sundarī모함도이다. 첫 번째 마하보디사원도는 금강보좌와 보리수 사이에 마하보디 사원을 크게 배치한 것이다. 동문의 대각찬탄도에는 마하보디 사원이 작게 묘사되고 찬탄하는 천인들이 함께 부조된 반면, 여기에서는 마하보디 사원이 화면을 채우면서 천인들이 생략되어 있다.

두 번째 부조인 슬픈 아소카왕도는 보드가야의 보리수가 시들자 시름에 빠진 아소카왕을 두 왕비가 부축하고 있고, 우유 항아리를 든 왕비가 옆에 서 있다. 아소카왕의 휘청거리는 듯한 걸음새가 당시의 모습을 실감나게 하고 있다.

맨 밑의 장면인 순다리모함도는 정발보탑도頂髮寶塔圖로 보기도 한다. 싯다르타 태자가 성을 넘어 출가하여 30요자나 거리의 아노마Anomā 강변에 이르렀다. 싯다르타는 아노마의 의미가 최승最勝(가장 뛰어난)이라는 것을 생각하고 "나의 출가도 아노마가 되리라"고 말하고, 마침내 삭발염의를 단행한다. 싯다르타 태자는 오른손으로 자신이 갖고 있던 칼을 쥐고, 왼손으로 상투와 머리카락을 붙잡고 잘랐다. 그리고 "내가 만약 부처가 된다면 공중에 머무를 것이요, 그렇지 않다면 땅에 떨어지리라" 하면서 상투와 머리카락을 하늘로 던지자, 보석 터번에 감싸여 있던 상투는 1요자나의 높이까지 올라가 공중에 멈추었다. 이를 제석천왕이 1요자나 크기의 보석상자로 받아서, 삼십삼천에 정발보탑을 세웠다.

그러나 이 장면을 순다리모함도로 보는 이유는 터번을 등지고 있는 여인 부조 때문이다. 전체 분위기도 천상세계의 깨끗하고 기쁨에 차 있는 느낌을 전달하기에 미흡해 보인다. 사원 건물 밑 중앙에 터번과 터번을 등지고 가는 여성이 묘사되어 있고, 주변에 사람들로 붐비고 있다. 일산이 씌워진 터번은 부처님을 상징하므로, 터번을 등지고 가는 모습을 보이는 여인은 기원정사에서 부처님과 밤을 보내고 나온다고 모함한 순다리로 볼 수 있을 것이다. 부처님을 보리수나 금강보좌로 묘사하지 않고 터번으로 그린 것은, 순다리의 모함에 부응한 부처님의 상징이어야 하기 때문일 것이다. 터번은 출가 전의 싯다르타 태자를 의미한다.

왼쪽 기둥 바깥쪽 │ 윗부분에 부조가 남았는데, 좌우 요철을 그리며 올라가는 기다란 연 줄기 사이에 화환들, 천녀들, 새들 등의 작은 그림들로 장식한 여의덩굴도를 새겼다.

오른쪽 기둥 앞쪽, 안쪽, 바깥쪽 │ 오른쪽 기둥 앞쪽, 안쪽, 바깥쪽은 모두 지워져 없다.

| 산치 제1탑의 서문 |

산치 제1탑의 서문

서문은 보존 상태가 양호한 편이고, 부조의 새김 역시 북문만큼이나 다
채롭고 세밀한 편이다. 그러나 그 선이 날카로워서 앞의 탑문들의 부조
에서 주는 부드러움과 풍만감이 덜하다. 조각상은 남아 있지 않다. 이곳
에도 1층과 2층 가로들보의 양 끝 밑 부분에 구멍이 나 있어서, 망고나무
약시상 등 조각상이 있었던 흔적이 고스란히 남아 있다.

가로들보와 수문장(난쟁이상) 위의 기둥 부조

가로들보 앞면 | 가로들보 가운데에는 1층에서부터 제1 육아상본생
도, 2층은 초전법륜도初轉法輪圖, 3층은 7불상징도이다(보리수 4그루와 사리
탑 3기). 가로들보 간의 상하 받침 기둥은 부조가 없다. 육아상본생도는

260

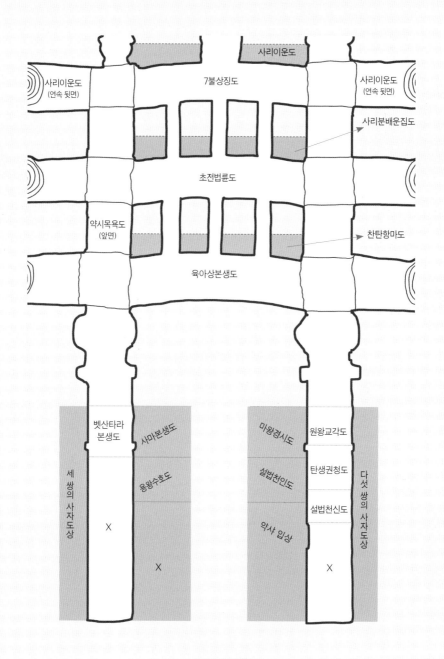

사리이운도

사리이운도
(연속 뒷면)

7불상징도

사리분배운집도

초전법륜도

약시목욕도
(앞면)

찬탄항마도

육아상본생도

벳산타라
본생도

시마본생도

용왕수호도

세 쌍의 사자도상

X

X

마왕경시도

원왕교각도

설법천인도

탄생권청도

약사 입상

설법천신도

다섯 쌍의 사자도상

X

| 서문의 부조 제목 |

| 서문 가로들보 앞면의 대형 부조 | 위(2층)는 초전법륜도, 아래(1층)는 육아상본생도

남문의 뒤쪽 2층 가로들보에도 등장했었다. 남문 2층이 육아상본생의 이야기 중에서 사냥꾼이 코끼리왕을 잡으러 간 부분이라면, 서문의 제1 육아상본생도는 코끼리왕이 두 부인을 거느리고 살던 시절의 모습이다. 그때 코끼리 왕이 무심코 만개한 사라나무를 코로 흔들었다. 그 꽃들이 첫째 부인에게 떨어져 둘째 부인의 질투를 샀다. 둘째 부인에게는 썩은 둥치들이 떨어졌다. 화면 왼쪽 끝에 사라나무 꽃으로 장식한 첫째 부인 코끼리가 있고, 그 위로 질투심과 증오에 찬 둘째 부인 코끼리가 등을 지고 가고 있는 모습으로 묘사되어 있다.

받침 기둥 | 부조가 없다.

교차칸 | 1층은 두 마리의 앉은 코끼리를 사람들이 타고 있고, 2층은 서 있는 말을 사람들이 타고 있다. 3층에는 3마리의 그리핀griffon이 새겨져 있다. 독수리 머리와 날개에 사자의 몸을 한 동물을 그리핀이라고 하는데, 그 기원은 인도의 B.C.E. 17~18세기 무렵의 직조물에서 발견된다. 이것이 약 200년 뒤에 소아시아로 전래되고, 다시 B.C.E. 14세기에 이르면 그리스에서 찾아볼 수 있게 된다고 한다.

교차칸 사이 기둥면 | 왼쪽 아랫면에는 서 있는 약시목욕도이고, 나머지 세 면은 보리수를 화환으로 장식하는 모습을 묘사했다. 약시의 목욕도가 이로써 각 문의 목욕도를 합하면 총 7장이 되는 셈이며, 모든 문에서 발견할 수 있다. 남문의 코끼리 없는 연화좌약시도를 목욕도에 넣을 수 있을지 의문이다(포함시키면 8장). 단일 그림으로서는 7불상징도(6장)보다 크기는 작지만, 횟수는 더 많다.

교차칸 바깥 가로들보 | 1층 바깥 가로들보는 양쪽 모두 사리탑이고, 2, 3층의 바깥 가로들보는 모두 보리수이다. 3층 보리수는 7불 상징의 숫자를 채우는 보리수이다. 보리수는 화환으로 장식을 하고 있는 장면이거나, 장식을 이미 마치고 합장 공경하는 모습이다.

| 교차칸 좌우측의 귀여운 아기 사자 |

가로들보 뒷면 | 가로들보 뒷면 1층 부조는 찬탄항마도讚歎降魔圖, 2층은 사리분배운집도舍利分配雲集圖, 3층은 사리이운도舍利移運圖이다. 1층의 찬탄항마도는 보리수를 사이에 두고 부처님의 깨달음을 찬탄하는 신들과, 부처님의 깨달음을 방해하려다 패퇴敗退해 도망가는 마군들의 모습을 대조적으로 그렸다. 이에 관해 불전佛典의 이야기는 다음과 같다.

고타마 보살께서 깨달음을 위해 보리수 밑에 앉으시자, 마군들이 쳐들어왔다. 이때 보살의 주변에서 찬가를 부르던 천인들은 칼라 용왕, 제석천, 범천 그 누구 할 것 없이 모두 도망가 버리고, 보살 혼자 남아서 마군들을 항복시키신다. 마군을 항복시킨 보살의 무기는 과거에 행한 10바라밀과 벳산타라왕의 보시에 대한 관조觀照였다. 마왕의 무리들이 도망쳐 버리자 천인들이 화려한 화환을 들고 다시 모여 들었다. 그리고 찬가를 불렀다.

이것은 상서로운 부처님의 승리이며 사악한 마왕의 패배이다.
깨달음의 도량에서 기뻐하는 용의 무리는
그때 대선인大仙人의 승리를 소리 높이 외쳤다.

| 찬탄항마도 | 서문 가로들보 뒷면 1층 대형 부조

    2층의 사리분배운집도는 부처님 반열반 이후에 사리를 분배해서 돌아
가는 모습을 표현하고 있다. 남문의 1층 가로들보의 뒷면에는 사리분배전
쟁도가 있었다. 서문의 이 사리분배운집도는 남문에서의 사리분배전쟁
을 마감하고 사리분배를 원만히 마친 모습이다. 사리를 상징하는 일산이
아홉 개가 등장한다. 3층의 사리이운도는 다비를 마치고 사리를 말라족
들이 쿠시나가르 성 안으로 이운하는 장면이다. 여기에 사리를 상징하는
일산이 한 개 등장하는데, 2층의 사리분배도와 합하면 총 열 개의 일산
이 된다. 이는 8분된 사리와 사리함, 재를 의미하는 것으로 보인다.

    가로들보 뒷면 받침 기둥 | 부조가 없다.

    가로들보 뒷면 교차칸 | 교차칸마다 밑에서부터 날개가 달린 사자가
세 마리, 두 마리, 세 마리씩 양쪽으로 총 열여섯 마리가 조각되었는데,
표정들이 모두 제각각이면서도 해학적인 것이 서문 부조를 보는 재미가

있다. 2층 교차칸의 날개 달린 사자 두 마리는 머리에 사슴뿔이 났는데, 재갈을 문 채 입을 벌리고 멍청한 표정을 짓고 있다. 제일 아래 1층 교차 칸은 양쪽 모두 세 마리 사자 중에 가운데 얼굴을 내민 녀석은 새끼사자 얼굴인데, 눈썹이 밑으로 처진 것이 귀엽기 그지없다. 아빠 엄마 사자를 양쪽으로 새기고 그 가운데에 새끼사자를 조각했나 싶다. 표정을 생동감 있게 재현해 내는 인도적인 요소와 날개를 다는 등 외관적인 모양에는 페르시아와도 공통된 요소가 잘 결합되어 있다. 날개 달린 사자는 현재 이탈리아 베네치아의 수호 동물이기도 하다.

　페르시아의 그리핀이나 동물 조각들이 용맹스럽고 힘찬 선이 강조되어 불패不敗의 이미지를 전달하는 반면에, 인도의 그리핀이나 동물들은 맹수의 표정은 사라지고 따뜻하고 웃음을 머금은 얼굴로 바뀌었다. 이는 인도의 고대 예술이 불교나 자이나교의 영향을 받아서 불해不害(아힘사

| 서문 가로들보 뒷면의 대형 부조 | 위(3층)는 사리이운도, 아래(2층)는 사리분배운집도

ahiṃsā:해치지 않음), 불살생, 나아가 자비의 덕목이 강조되었기 때문인 듯하다.* 용맹스러운 사자들도 부처님의 자비에 감화되어 표정이 바뀌는 것이다. 이러한 전통은 인도의 일부가 되어서 현대에 이르러서는 마하트마 간디에게서 부활하였을 뿐만 아니라, 한국에까지 그대로 전해져서 한국 불교의 금강역사, 사천왕을 위시해서 여러 인물이나 동물들의 표정 묘사에서도 정감 있고 따뜻한, 소위 '해학성'으로 나타나는 게 아닐까 한다.

교차칸 사이 기둥면 | 왼쪽 아래 기둥면에는 법륜을 새기고, 나머지 3면은 모두 사리탑으로 장식했다. 제1탑의 탑문에는 총 30기의 사리탑이 부조되어 있다고 한다. 조각되어 있는 사리탑의 평두가 거의 모두 역삼각형이고 안다의 길이가 길어지고, 안다에 난간 모양 등의 조각이 부가된 형태이다. 부조된 탑 모양이 산치 대탑과 다른 것은 그 조성연대가 다르다는 것을 보여 준다. 후기로 가면서 탑의 건축 양식이 변천하고 있는 것이다.

교차칸 바깥 가로들보 | 모두 가로들보 가운데 그림의 연속 화면이다. 1층 바깥면은 찬탄항마도의 연속 화면이고, 2층 바깥면은 사리분배운집도의 연속 화면이다. 3층 바깥면은 사리이운도의 연속 화면이다.

수문장(난쟁이상) 아래 기둥 부조

수문장(난쟁이상) 밑기둥에는 왼쪽 기둥 앞쪽에 한 장, 안쪽에 두 장 반이 남아 있다. 오른쪽 기둥에는 앞쪽에 네 장, 안쪽에 두 장, 그 밑으로 약샤 입상이 부조되어 있다.

왼쪽 기둥 앞쪽 | 제일 위쪽 그림은 벳산타라 본생도로 보인다. 벳산타라왕과 맛디왕비의 다정한 모습을 5군데에 표현하고 있다. 왼쪽 아래

---

* 반면에 힌두의 조각들은 이러한 점과 거리가 있어서 전혀 다른 느낌을 준다.

| 사마본생도 |

는 왕궁에서의 다정한 모습이고, 왕궁에서 추방당한 뒤에 살던 두 군데의 초막에서 아들과 딸의 보시를 부인에게 설명하고 있는 모습, 마차를 끌던 네 마리 말을 보시하고 나서 서 있는 모습, 부인을 위로하는 모습 등을 그리고 있다.

　왼쪽 기둥 안쪽 | 두 장의 그림 밑에 반 남은 그림이 밑의 마모된 부분을 더욱 안타깝게 한다. 위에서 첫 번째 장면은 사마본생도(Sāma Jātaka)이다. 강을 사이에 두고 사냥을 업으로 하는 두 마을에서 각각 태어난 청년 두쿠라와 처녀 파리카는 두 마을의 어른들이 합의하여 결혼하지만, 사냥을 하지도 않고 사냥해 온 것들을 관리하지도 않는다. 결국 마을에서 추방되어 숲속에서 수행자의 삶을 살았다. 어느 날 두쿠라 부부의 불행을 예견한 제석천이 내려와 자식을 가질 것을 권유한다. 그러나 두쿠라는 아내와 잠자리를 하는 것에 대해서 "차마 어찌 그런 일을 하겠느냐?"고 하면서 거절한다. 제석천이 그렇다면 아내의 배꼽을 손으로 문

지를 수 있겠느냐고 되묻자, 두쿠라가 그 정도는 할 수 있다고 대답한다. 그리하여 남편 두쿠라가 아내 파리카의 배꼽을 손으로 문질러 아이를 갖게 된다.

이렇게 태어난 사마는 황금빛이 나서 수바나사마Suvaṇṇasāma라고도 하는데, 긴나라 여신들이 유모 역할을 해 주었다. 사마가 자라서 소년이 되었을 때, 두쿠라와 파리카가 산책을 나갔다. 그들이 잠시 앉아서 쉬고 있을 때, 이마의 땀 한 방울이 떨어져 땅에 있는 구멍 속으로 들어가 그 속에 있던 독사의 눈에 떨어졌다. 화가 난 독사는 독기를 내뿜고, 그로 인해 두 분 다 눈이 멀게 된다. 눈이 먼 부부는 겨우 더듬더듬 움막으로 돌아왔는데, 그 중간에 부모님을 찾아 나선 사마를 만난다.

사마는 눈먼 부모님을 보고 울다가 웃다가 하였다. 아버지가 너는 왜 울다가 웃다가 하느냐고 물었다. 사마는 대답하기를, 우는 것은 부모님이 아직 젊으신데 눈이 보이지 않게 되어서 울었고, 웃은 것은 자신이 부모님을 봉양할 수 있게 되어서 웃었다고 한다. 그는 부모님이 다니는 모든 곳에 그물을 치고, 아침에 일찍 일어나 청소하고, 양치하고 목욕시켜 드리며, 물을 긷고, 나무뿌리와 과일로써 공양하였다.

그러던 어느 날 물을 길러 미가삼아타 강에 갔다가, 바라나시왕 피리약카가 쏜 독화살에 맞아 쓰러졌다. 그러나 그는 왕을 원망하지 않았다. 이에 감동한 왕이 사마의 부모를 모시고 오게 된다. 이에 시체가 되어 누워 있는 사마의 몸에 손을 얹고, 어머니가 서언誓言을 하여 아들의 독기를 풀어 주리라 하였다.

이 사마는
전에 법행法行을 행하였다고
전에 범행梵行을 행하였다고

| 용왕수호도 |

전에 진실을 말한 자라고
부모를 공양하였다고
일가의 어른들을 공경하였다고
모든 생물을 사랑했다고
이 진실한 말에 의하여
사마의 독기가 다 풀리기를
나와 또 그 아버지가 행한
어떠한 복덕도 그 모두가
선이었던 그것에 의해
사마의 독기가 다 풀리기를….

이러한 서언을 아버지가 반복하고, 몇 생 전에 어머니였으며 사마를 지극히 사랑하는 바후소다리 여신이 내려와 서언*을 반복하자, 독기가 모두 풀린 사마는 황금빛을 되찾고 살아났다고 한다. 화면 하단에 미가삼아타 강이 흐르고, 그 위로 물동이를 어깨에 짊어진 사마가 있다. 그 위에 어머니가 보이며, 왼쪽 끝에 활을 쏘는 바라나시의 왕과 화살을 맞고 쓰러진 사마가 묘사되어 있다.

두 번째 그림은 용왕수호도龍王守護圖로 보인다. 용은 경전에서 사람 외에 가장 많이 등장하는 존재이다. 성도 후 여섯 번째 일주일에 폭우가 쏟아질 때 무찰린다 용왕이 부처님을 보호하였다. 또한 부처님께서 바이샬리의 가뭄을 해결하시고 천신들을 비롯한 온갖 종류의 중생들의 찬탄과 장엄을 받으시면서 라즈기르로 귀환하시는 도중에 갠지스강을 건널 때, 용왕의 초대에 응하셔서 용궁을 방문하셨다고 한다.

또한 부처님은 전생에 참페야 용왕, 브리닷타 용왕, 샨카파라 용왕 등 용왕으로도 태어났었다. 우리에게는 용왕계연龍王偈緣이 널리 알려져 있다. 용왕계연은 부처님께서 전생에 데바닷다와 함께 두 용왕으로 태어났을 때 부처님께서 읊으셨던 게송이다.**

유리하다고 교만하지 말고 불리하다고 비굴하지 말라.

자기가 아는 대로 진실만을 말하여 주고받는 말마다 악을 막아

듣는 이에게 기쁨을 주어라.

무엇을 들었다고 쉽게 행동하지 말고

---

* 여신의 서언은 다음과 같다.
히말라야의 간다마다나 산 위에서 나는 오랫동안 살아왔나니 / 다른 그 어느 누구보다도 내 가장 사랑하는 사마였다. / 이 진실한 말에 의하여 사마의 독기가 다 풀리기를….
간다마다나 산의 나의 영역에 있는 모든 나무들은 / 한 가지씩의 향기를 풍기나니 / 이 진실한 말에 의하여 사마의 독기가 다 풀리기를….

** 《잡보장경》 3권 21번째 전생담.

그것이 사실인지를 깊이 생각하여 이치가 명확할 때 과감히 행동하라.

지나치게 인색하지 말고 성내거나 미워하지 말라.

이기심을 채우고자 정의를 등지지 말고 원망을 원망으로 갚지 말라.

위험에 직면하여 두려워 말고 이익을 위해 남을 모함하지 말라.

객기를 부려 만용하지 말고 허약하여 비겁하지 말라.

사나우면 남들이 꺼려하고 나약하면 남이 업신여기나니

사나움과 나약함을 버려 지혜롭게 중도를 지켜라.

태산 같은 자부심을 갖고 누운 풀처럼 자기를 낮추어라.

역경을 참아 이겨내고 형편이 잘 풀릴 때를 조심하라.

재물을 오물처럼 보고 터지는 분노를 잘 다스려라.

때와 처지를 살필 줄 알고 부귀와 쇠망이 교차함을 알라.

왼쪽 기둥 바깥쪽 | 서문은 기둥 바깥면 부조의 주제가 북·동·남문의 연꽃과 달리 사자이다. 왼쪽 바깥면에는 세 쌍의 사자도상인데, 중간까지만 부조가 남아 있다. 제일 밑의 두 사자 사이 중앙에 한 사람을 새기고, 위의 두 쌍의 사자들에는 사자 한 마리에 한 사람씩 타고 있다. 뿔

| 오른쪽 앞쪽 기둥의 부조 | 1.원왕교각도 2.탄생권청도 3.설법천신도

| 서문 오른쪽 기둥 안쪽 |
위에서부터 마왕경시도와 설법천인도

모양이 다양한데 두 가닥으로 된 사슴뿔, 일각수, 뿔이 없는 경우 등이다.

오른쪽 기둥 앞쪽 | 오른쪽 기둥에는 앞쪽에 세 장면인데, 위에서부터 원왕교각도猿王橋脚圖, 탄생권청도誕生勸請圖, 설법천신도說法天神圖이다. 기둥 안쪽에는 위에서부터 아래로 항마성도도降魔成道圖, 보리수설법도菩提樹說法圖, 약샤 입상이다. 원왕교각도는 히말라야까지 망고 열매를 먹으러 온 바라나시왕의 궁사들을 피해 도망갈 수 있도록, 원숭이왕이 강 사이로 한쪽에는 자신의 몸에 묶은 등나무 줄기를 매고 다른 쪽에는 망고 나뭇가지를 붙잡고 몸으로 다리를 놓아, 다른 원숭이들을 모두 건너가게 하는 마하카피 자타카Mahākapi Jātaka의 한 장면이다.

이때 데바닷다 전생의 원숭이가 원숭이왕의 등 위로 높은 가지에서 힘껏 뛰어내리고 가 버렸다. 이를 자세히 본 바라나시왕이 원숭이왕을 끌어내려 돌보자, 원숭이왕은 "덩굴에 묶였다는 사실이 괴롭지도 않고, 죽는다는 사실도 고통스럽지 않으니, 나를 따르던 이들에게 행복이 찾아오게 하였기 때문입니다"라고 말하고 숨을 거둔다.

두 번째 그림은 탄생권청도이다. 이 부조는 부처님이 호명보살로 도솔천에 머무실 때, 부처님의 출현에 대한 탄성이 있었다. 이에 대천세계의 천인들이 모여 호명보살에게 일체지一切智를 이루고 세간 사람들을 제도

하기 위해 부처가 되기를 청하는 장면이다. 보살이 권청을 수락하시고 모였던 천인들을 돌려보내고 화락원畫樂園(도리천의 네 정원 중의 하나로 보살이 머물던 궁)으로 돌아오시자, 도솔천의 천인들이 보살의 과거 선업을 기억해 내도록 보살을 감싸고 빙빙 돌았고, 보살은 재생을 위해 깊은 생각에 들었다.

세 번째는 설법천신도이다. 부처님께서는 천신天神들이나 천인天人들에게도 많은 법문을 하셨는데, 그중에서도 특히《대회경大會經》을 설하는 장면이 아닌가 생각된다. 천인 설법의 대표적인 것이 쉬라바스티의 대신변 후 마야부인을 위한 천상 설법, 카필라성 방문 때의 일만 수미산을 기둥으로 삼아 만든 보배경행대 위에서 설하신《불종성경》, 바이샬리의 전염병을 물리친 지 얼마 되지 않은 음력 5월 보름날 부처님을 비롯한 500명의 아라한에게 예경하러 온 일만 세계의 천신들에게 설하신《대회경》등을 들 수 있다.

《대회경》을 설하실 때, 너무 많은 천신들이 몰려와서 설 자리마저 없을 지경이었다. 부처님께서 화신불을 만들어 질문을 하게 하고, 천신들의 이름을 하나하나 다 불러주자 10만(혹은 1조)의 천신들이 아라한과를 증득하였고, 그 아래의 도과道果를 성취한 이도 헤아릴 수 없었다고 한다. 부조는 천신들이 서서 법문을 듣는 모습을 잘 묘사하고 있다. 맨 밑 장면은 사자 세 마리의 도상이다.

| 서문 오른쪽 기둥 |
바깥쪽의 아름다운 부조

오른쪽 기둥 안쪽 | 위에서부터 아래로 마왕경시도魔王輕視圖, 설법천인도이다. 그 밑에는 약샤 입상인데, 창을 쥐고 있는 모습이 이채롭다. 마왕경시도는 부처님께서 금강보좌에 앉아서 대각을 이루는 과정에서, 마왕의 방해를 극복하고 성도하시는 모습을 묘사한 것이다. 오른쪽 아래에 마왕 파순波旬(파피야스Pāpīyas)은 욕계欲界의 최고천인 타화자재천他化自在天의 왕으로서 욕계의 주인이다.

마왕은 "싯다르타 태자가 나의 영역을 뛰어넘으려 한다"면서 군대를 이끌고 쳐들어왔는데, 오른쪽 하단에 허리에 손을 얹고 금강보좌를 내려보는 마왕은 '네가 어찌 감히 나의 영역을 뛰어넘을 수 있겠느냐' 하는 자세이다. 마왕의 공격을 물리친 부처님은 화면 위로 올려져서 금강보좌 위에 보리수가 피어오른 모습으로 묘사되어 있다.

설법천인도는 부처님이 천상의 천인들에게 법문하시는 모습이다. 화면의 위쪽 양 모서리에 천신들과 함께 등장하는 건달바가 새겨져 있다.

오른쪽 기둥 바깥쪽 | 두 마리 사자가 엉덩이를 맞댄 채 다섯 쌍이 수직으로 배열되어 있다. 제일 아래에만 한 사람이 두 마리 사자 가운데 있고, 나머지는 모두 사자 한 마리가 한 사람씩을 태우고 있다.

서문의 부조는 사자 장식이 압도적으로 많고, 동물들이 날개를 달고 등장하는 경우도 많으며, 동물이 아니라 마군을 수문장으로 삼은 점 등 다른 문들과는 다른 모습을 보여 주고 있다. 기둥 밑 부분의 약샤 입상이 창을 쥐고 있는 모습은 페르세폴리스의 창을 들고 서 있는 인물상들을 생각나게 한다. 날개, 꽃, 대신, 사자, 창 등은 페르시아와의 관련성을 강하게 풍기는 동시에, 인도 고유의 풍만한 질감과 해학적이고 해함이 없는 아힘사의 표정을 잘 표현하고 있다.

산치 대탑 주변 유적들

산치 대탑군의 사원 유적은 제1탑을 중심으로 동문, 남문, 서문 정면에 사원이 하나씩 건립되어 있다. 즉, 제1탑을 중심으로 방사형의 구조를 형성하고 있는 것이다. 동문 정면 앞에는 45번(유적 발굴 당시 지정된 번호임), 남문 정면 앞에는 18번, 서문 정면 앞으로는 계단을 내려가서 정방형의 사원 유적(51번)이 있다. 51번 사원 유적에서 언덕바지를 내려가면 제2탑이 있다. 제2탑은 제1탑에서는 보이지 않는다. 북문 앞에는 경사지일뿐더러 유적이 없고, 북동쪽에 제3탑과 그 앞에 작은 사원(28번)이 하나 있을 뿐이다. 산치 대탑의 북쪽 경계 바깥에 대탑 유적의 발굴 보존을 지원해 온 스리랑카 사원이 있다. 스리랑카 사원이 아니었으면 산치 대탑 유적은 지금처럼 보존될 수 없었을 것이라고 한다.

　제3탑은 제1탑의 북문 오른쪽 바로 앞에 있다. 사리불존자와 목련존자의 사리탑이다. 직경 15m, 높이 8m로 정상에 평두와 일산 하나가 서 있으며, 탑문도 하나만 조성되어 있다. 문 양쪽 기둥 중간의 수문장 조각은 제1탑의 서문과 같이 난쟁이상이다. 탑문 부조 역시 제1탑에 못지 않다.

북문과 동문 사이 유적

　북문과 동문 사이 제3탑 앞에 작은 사원(28번)이 있다. 그 앞에는 5개의 뱀 머리를 가진 나기니상(뱀 여신)이 마모된 얼굴과 가슴에도 불구하고 여전히 사원을 지키고 서 있다. 사원의 외벽은 돌을 벽돌처럼 깎아

| 28번 사원 앞 나기니상(뱀 여신) |

| 28번 사원 내부에 두 발만 남은 입상의 흔적 |

쌓아올린 형태이고, 내부는 제1탑의 난순과 동일한 사암으로 조성되어
있다. 그러나 내부의 기둥들의 조각 양식이 다름을 쉽게 감지할 수 있다.
6~7세기경 건립, 10~11세기경 증축되었다고 본다.

중앙에는 좌불을 모셨는데, 처음부터 좌대에 앉은 것이 아니었다고
한다. 마모와 훼손이 심하다. 얼굴은 뭉개져 있고, 양팔은 팔꿈치부터 떨
어져 나가고 없다. 입구에 두 발만 남은 입상의 흔적이 그 옛날 어느 때
벌어졌을 파괴의 시간을 상상케 한다.

동문 앞 유적

동문 정면 앞으로 나 있는 계단을 밟아 올라가면 다시 사원 유적지가
넓게 펼쳐진다. 잔디밭을 가로질러 사람 키만한 담장(47번 사원 유적) 안으
로 들어서니, 제법 넓은 중앙 실내마당에 문양이 조각된 다양한 석조 파
편들을 모아 두었다. 그 왼쪽(북쪽)으로는 스님들이 기거하던 방이 다닥
다닥 붙어 있다. 제1탑을 쌓아올린 것과 같은 붉은 돌들을 벽돌처럼 깎

| 동문 앞 45번 사원 |

아 쌓아 만든 방들이다. 벽 두께가 1m는 족히 되어 보인다. 더운 날씨에
맞춘 건축법이라고 짐작된다. 건물 기단 정면 바깥으로 승방들로 보이는
유적이 기단 부위만 남기고 펼쳐져 있다.

그 오른쪽(동남쪽) 앞으로 10m 이상 되어 보이는 첨성대 같은 모양의
건축물(45번)이 있다. 제법 높이가 있는 기단을 쌓아 앞마당처럼 되어 있
고, 그 앞마당 위로 조성된 법당은 실내 바닥은 앞마당보다 낮지만 위로
높이 솟은 특이한 양식이었다. 보드가야의 마하보디 사원과 같은 고탑
高塔 양식을 도입한 사원이다. 고탑형 스투파(불전)는 굽타 시대의 특징적
양식이다. 높은 탑과 같은 법당은 한 사람 겨우 통과할 정도의 공간을 두
고 다시 담으로 둘러쳐져 있다. 불탄 흔적이 있는 7~8세기경의 잔해 위
에 9~10세기경 재건한 것으로 본다.

법당문은 쇠창살문으로 잠겨 있는데, 안에 항마촉지인좌상을 모신
불당이다. 법당 안에는 얇은 붕대를 감은 듯 주름이 많고 섬세한 가사를
몸에 딱 붙게 입은 좌불이, 허리는 가늘고 어깨는 딱 벌어진 채 너무도

| 동문 앞 45번 사원 내 불상 |

똑바른 자세로 앉아 계신다. 오른쪽 팔이 어깨에서부터 떨어져 나가고 없고, 코와 턱도 훼손되고, 왼손도 없고, 오른발도 바깥 부분이 떨어져 나갔다. 불상의 얼굴은 사르나트 시대의 특징이라 할 수 있는 소년상에서 벗어나 사각의 어른 모습이다. 두광은 날란다양식의 타원형이다. 온전하지 못한 불상의 모습이 안타까울 뿐이다. 불상 좌우의 두 모서리 기둥의 장식이 세밀하고 화려하다.

법당 문 위에는 봉창이 나 있다. 문설주의 제법 긴 석재와 다양한 크기의 석재들을 쌓아올려 만든 키가 큰 법당인데, 특히 봉창 옆으로 쌓아올린 석재들이 무너지지 않을까 약간 불안해 보이기도 한다. 법당 문설주에는 구름과 크고 작은 약시상 등 여러 가지 조각이 있고, 사자 두

| 동문 앞 45번 사원 옆 불상 |

마리 등의 조각이 섬세하다.

북문과 동문 사이에 있는 사원(28번)의 수문장이 남성 용왕이 아니라 여성 용왕으로 바뀌었듯이, 이 사원의 수문장 역시 약샤(남성)에서 약시 (여성)로 바뀐 것이 흥미롭다.

그러나 문설주의 부조에 이르러서는 에로스적인 모습을 띠고 있어, 힌두교적 영향이라 하지 않을 수 없다. 법당과 담 사이의 좁은 공간을 탑 돌이 하듯 시계 방향으로 돌아 나와서, 45번 사원 남쪽의 또 다른 유적 으로 들어섰다. 지붕은 없고, 기둥과 벽채가 온전히 남아 있다. 45번 법 당을 등지고 좌불상을 남쪽을 향하도록 봉안하고, 불상의 우측 벽에 방 을 몇 개 넣었다. 이 좌불의 둥글넓적한 얼굴에는 고요, 자애, 순수, 성스

| 미투나 상이 조각된 문설주 |

러움 등의 인도 불상 고유의 느낌은 사라져 버렸다. 후기로 오면서 불교
의 교주인 불상의 얼굴 모습에마저 힌두교적 모습이 투영되고 있는 것
이다. 두세 개의 선으로 표현된 단순한 가사는 은은한데, 두상의 타원형
광배는 살아나올 듯 화려하고 입체적이다. 어울리지 않는 두 개의 조각
양식이 병치되어 있는 것이다. 이 좌불 역시 훼손이 심해 양손과 오른발
이 없고, 코가 떨어져 나가고, 전체적으로 마모가 심한 편이다.

불상의 상호가 변화된 것에 맞추어, 좌불상 우측 벽의 방 문설주에는
힌두교적 미투나 조각(남녀교합상) 장식이 많다. 남아 있는 산치 대탑의 유
적 중에서도 힌두교적 삼투현상이 가장 강력한 불상과 사원이다. 이러한
변질된 모습들을 보면서, 자신의 정체성을 지켜내지 못한 집단(종교든 정치
든)은 결국 소멸할 수밖에 없다는 역사의 철칙을 뼈저리고 가슴 아프게
느끼지 않을 수 없었다. 법당 공간에 연이은 뒤쪽의 승방에는 장식이 없
다. 승방문 맞은편 실내 벽에 바깥으로 조그만 구멍을 만들어 채광을 돕

고 있다. 산치의 유적은 무불상시대로부터 불상시대, 그리고 힌두교의 침
투시대를 거쳐 이슬람에 의한 파괴의 역사를 고스란히 한 곳에 간직하고
있는 역사 변천의 보고이다.

남문 앞 유적

동문 앞의 유적을 둘러보고 남문 앞으로 가니, 아소카왕의 부러진 석
주가 탑문 옆에 작달막하게 서 있고, 그 앞에 지붕을 씌워 부러진 기둥
들을 전시해 두고 있다. 북문 앞에도 깨어진 석주 윗부분과 아랫부분이
놓여 있다. 법륜이 없는 4사자상의 주두는 입구 박물관에 전시되어 있다
고 한다.

산치 대탑 유적에서 탑만큼이나 중요한 것이 아소카왕석주이다. 석주
들이 파탈리푸트라를 중심으로 배치되었을 것으로 보아, 산치의 석주는
가장 멀리까지 운반된 것이다. 수십 톤에 달하는 긴 석주를 어떻게 옮겼
을지 궁금하다. 남문 앞의 석주에는 지금은 많이 마모되어 있지만, 다음
과 같은 내용의 아소카 법칙령이 있다.

> … 승가의 화합을 깨뜨려(서는 안 된다) …. 나의 왕자·증손들이 통치
> 하는 한, 해와 달이 비치는 한, 나는 비구 또는 비구니들의 화합을 명
> 령했다. 비구 또는 비구니로서 승가의 화합을 깨뜨린 사람은 백의를
> 입혀서 주처가 아닌 곳에 살게 해야 한다. 왜냐하면 내가 원하는 것은
> 화합한 승가를 오래 계속하도록 하는 것이기 때문이다.[*]

아소카왕석주에 새겨진 내용을 아소카 법칙이라고 부른다. 산치의 석

----

[*] 게이쇼, 2008.

| 남문 앞 17·18번 사원 유적 |

주에 적힌 내용이 사르나트 녹야원의 아소카 석주 비문과도 거의 동일하다. 승단의 화합과 분열에 관련된 내용을 언급하고 있기 때문에 코삼비 법칙과 더불어 분열 법칙이라고 한다. 이 내용은 아소카 시대 부파불교의 성립과 관련된 교단 연구에 결정적인 의미를 가지고 있다.

남문 앞 폐허의 그리스 신전과도 같이 기둥만 남은 사원 유적(18번)이 있다. 18번 사원은 7세기에 세워졌고, 마우리아 시대와 숭가 시대에 유행한 반원형 홀의 초기 양식을 보여 준다*고 한다. 현재는 사각 기둥만 13개 남아 있다.

왼쪽 옆에 좀 더 작은 건물(17번)은 불상 숭배 열기가 고조되면서 굽타 시대에 불상만을 모시기 위한 법당이 요구되었는데, 이 법당이 바로 그에 부응한 건축 양식이다. 앞에 네 개의 기둥과 뒤에 두 개의 기둥이 받치고 있는 공간이 현관의 역할을 한다. 그 뒤로 불상을 모신 법당이

---

* 천득염, 2013.

| 서문 앞 사원 유적 |

배치되었다. 이는 동시대, 그리고 이후의 힌두 사당과도 동일한 양식이라고 한다. 사각의 기둥을 밑에서 1/3 지점부터 위로 올라가면서 팔각, 16각, 원형으로 다듬은 다음, 마지막은 다시 사각으로 연결해서 기둥을 보는 즐거움을 더하고 있다.

서문 앞 유적

남문에서 두 그루의 큰 보리수를 지나 서문 정면 밑으로 계단을 내려오면, 중앙에 큰 공간을 두고 사방으로 개인 방들로 빙 둘러싼 제법 큰 사원 유적(51번)이 있다. 가로 세로 33m의 정방형으로 인도 전형의 사원 양식이다. 그 왼쪽 앞에는 연못, 뒤에는 큰 석조 수각이 부분적으로 파손된 채 세월을 먹고 있다.

제2탑

사원 유적 옆으로 길을 따라 내리막길을 내려가면, 작은 연못 옆에 위

| 제2탑 |

치한 제2탑이 나온다. 즉, 1탑의 서쪽 정면 경사지 320m 아래에 있는 것이다. 규모는 제3탑과 비슷하나, 탑문(토라나)이 없고 울타리(난순)만 둘러쳐져 있다. 평두와 산개도 남아 있지 않다. 울타리의 입구 기둥에 부조가 빽빽이 조각되어 있고, 울타리 벽에도 코끼리, 사자, 말, 새 등 다양한 동물들의 부조가 조각되어 있다.

화려한 장식의 탑문 없이 나무들 사이로 홀로 선 2탑은 한적하고 고요해서, 숲속 한거閑居의 향기를 내뿜는 듯했다. 옆에 자리한 나무 그늘이 많은 연못은 2탑의 충족감을 더욱 부채질한다. 그러나 그 탑은 발굴과정에서 많은 손상을 입었고, 부조들도 소실되었다. 2탑은 적어도 3세대를 이루는 10명의 고승 사리가 발견된 탑이다. 사리를 모신 석궤와 동석사리용기 4점이 발견

| 제2탑 난순 부조 |

되었는데, 거기에 10명의 고승 이름이 적혀 있었다. 그중 1세대의 세 명은 아소카왕이 히말라야로 보낸 전법사들이었다.*

탑을 보고 다시 올라가는데, 제일 연세가 많으신 보살님이 제일 뒤처지는 것을 보니 세월은 속일 수 없는 건가 싶다. 젊었을 때는 절을 많이 해서 건강하셨는데, 손자를 4명이나 키우고 나서는 체력이 많이 쇠해지셨다고 한다. 누군들 그렇지 않겠는가! 그러고도 인도 순례에 동참해서 빡빡한 일정을 거뜬히 수행하는 모습에서 큰 신심이 느껴진다.

보팔에서 아그라로

아쉬움 속에 산치 대탑에 작별 인사를 고했다. 다시 숙박했던 호텔로 돌아오는 길에, 우리가 탄 전용 버스 앞의 작은 트럭 짐칸에는 소 세 마리를 태우고, 그 앞으로 운전석 지붕에 남자 두 명이 앉아서 서로 얼굴을 마주보면서 대화를 나누고 있다. 멀리 수평의 구릉이 보이고, 보팔시 외곽에 들어서니 우시장이 보인다. 팔려 가기 위해 나와 있는 소들이 검은 소가 많다.

집이 없는 넓은 초지 들판에는 파란색과 노란색의 텐트가 쳐져 있는데, 인도의 집시들이 사는 곳이라고 한다. 세계 각지를 떠돌기 이전의 고향은 히말라야 산맥에 이어지는 산록이나 평야일 것으로 본다. 그들은 산스크리트계의 언어를 사용한다. 유럽에는 14~15세기에 나타났다. 모든 집시가 떠돌이 생활을 하는 것은 아니어서, 루마니아의 부제스쿠 집시들은 금속 공예로 부를 축적하여 화려한 저택을 갖추고 부유하게 산

---

* 라모뜨, 2006. p588. 이들은 설산부(상좌부의 한 부파) 스님들이었다.

다고 한다. 유럽인들은 이들의 고향이 이집트일 것이라고 생각하여 이집
트인을 의미하는 그리스어 Gyphtoi에서 영어로 집시gypsy라고 불렀다지
만, 떠돌이 생활을 하는 집시가 처음 나타난 곳은 인도라고 한다. 전 세
계적으로 수백만 명에서 천만 이상으로도 추정하나, 정확한 통계는 알
수 없다.

호텔에 도착하니 11시 30분이다. 예상보다 일찍 도착했다. 어떤 보살님
말로는 갈 때와 올 때 길이 달랐다고 한다. 점심시간을 12시 30분으로
예약했기 때문에 기다렸다가 점심을 먹었다. 한국에서라면 30분이라도
당겨서 식사를 했겠지만, 인도는 재미있는 것이 한국과 달리 예약시간보
다 일찍 가더라도 식사를 할 수가 없다. 고스란히 1시간을 기다려야 했
다. 기다리는 동안 아침에 바빠서 제대로 살펴보지 못한 호텔을 천천히
돌아볼 수 있었다.

누르 어스 사바 호텔

이 호텔은 이름이 누르 어스 사바(NOOR US SABAH)로 옛 왕국의 궁전
이다. 보팔은 두 개의 호수를 두고 구시가지와 신시가지가 나뉘는데, 이
슬람 도시로 시작됐기 때문에 현재에도 구시가지에는 무슬림이 많고, 신
시가지에는 힌두가 절대다수이다. 구시가지에는 호수 주위에 이곳에 강
력하게 군림하였던 이슬람 공주인 베굼들이 머물던 여러 개의 궁전과
1728년 세운 요새, 수많은 정원이 있다. 이 호텔도 그 궁전들 중의 하나
이다. 궁전답게 갑옷이나 병장기의 장식도 있고, 탁자나 소품 등이 궁전
의 품이 나는 것들이다.

1층 로비 뒷마당에는 잔디가 심어져 있고, 잔디마당의 끝에 풀장이 호
수를 바라보면서 탁 트인 전망을 한껏 과시하고 있다. 호수가 바다처럼
컸는데, 호수의 이름이 어퍼레이크upperlake이다. 호숫가를 따라 둘레길이

조성되어 있고, 호변 산책, 호수 뱃놀이, 호수를 바로 앞에 둔 카페에서의 차 한잔 등으로 한가로운 시간을 보내기 좋아 보였다. 이만한 정도의 전경을 제시하는 곳은 이번 인도 성지순례 일정엔 없었다.

필자에게 배정된 방은 3층이라 전망이 더 좋았다. 침대 다리의 장식도 오스트리아 왕궁에서 본 것과 유사해 보였다. 그리 크지 않으면서도 안정되고 기품이 있어 보이는 이 시골의 작은 궁전은 규모에 비해 세계로 뻗어 나갈 것만 같은 전망을 제시하고 있는 듯했다. 이 궁전에 살던 사람들은 기상이 대단했을 거라는 생각이 들었다. 이 호텔을 떠난 다음에도 모두들 이 호텔을 그리워했다.

호텔을 살펴보고, 샤워도 한 번 더 할 수 있었다. 한 시간이 금방이다. 식당으로 내려가니, 음식도 전형적인 인도 음식이고 식당의 좌석과 테이블과 그 장식과 분위기도 고전적이다.

보팔 역 승차

이제 남은 것은 아그라로 이동하는 것뿐, 오늘 참배 일정은 끝났다. 아그라를 향해 긴 이동을 시작해야 되기 때문이었다. 기차역으로 이동하는 중간에, 현재는 아스팔트 도로의 문으로 사용되고 있는 옛 성곽의 문을 통과했다. 옛 성문과 성곽이 현대 건물들과 전깃줄 등과 얽혀 있다. 주변을 깨끗하게 정비하면 훌륭한 관광자원 내지는 도시인들의 휴식공간이 되겠다는 생각이 든다.

보팔 역이 공사 중이고 짐 싣는 곳이 달라져서 짐 부치는 일이 매우 까다롭다고 한 것과는 달리, 보팔 역 플랫폼까지 버스가 바로 들어갈 수 있었다. 도착하니 1시 30분! 우리가 탈 기차는 2시 30분, 예정된 열차보다 1시간 일찍 역에 나간 것이다. 내리쬐는 태양 볕을 버스 안에서 피하면서 한참을 기다렸다가, 버스 조수가 비좁은 버스 트렁크에 들어가서 내려 주는 짐을 각자 받아 끌고 플랫폼으로 갔다.

| 헤나 문신을 한 소녀 |

플랫폼에서는 배정받은 좌석이 있는 객차 칸 앞에 트렁크를 줄 세웠다. 나중에 객차가 도착했을 때 보니 객차 끝에 좌석명단표가 붙어 있다. 트렁크를 줄 세우고 좌석명단을 확인하고 나자, 뜨거워진 객차를 식히려는 건지 세차를 하려는 건지 불분명하지만 기차역 종사자들이 객차에 물을 뿌리며 지나간다. 어쨌든 정말 더위에 걸맞은 방식이라는 생각이 들었다. 기다리는 중에 일행 중 어떤 보살님이 인도 여인들과 사진을 같이 찍는데, 그중 성숙해 보이는 소녀가 손바닥에 진한 밤색의 붉은 문신을 잔뜩 그려놓은 것이 눈에 띄었다. 그러고 보니 플랫폼에서 기차를 기다리는 인도 여인들의 팔과 손에 붉은 그림들이 쉬이 눈에 뜨인다. 이를 헤나henna 문신이라고 한다. 바늘로 피부에 상처를 내고 색을 입히는 영구적인 문신이 아니고, 씻으면 지워지는 그림이다. 헤나는 천연 염료이다.

땡볕에서 기다리는데, 대나무 지팡이 하나를 짚고 절뚝거리는 남자, 다리 하나가 없어 목발 짚고 다니는 파란색 사리의 여자…. 걸인들은 인도의 어디 가나 쉬이 마주치게 된다. 목발의 여자 걸인에게 먹을 것과 1불을 줬더니 뭐라 뭐라 말하는데 인도 말이다. 결국 인도 남자들에게 가더니 인도 화폐로 환전을 하는 것이다. 아마도 달러가 아닌 루피로 달라고 한 말이었던 모양이다.

　보팔 역에서 만난 이 장애인들은 1984년의 희생자들이 아닐까? 다른 곳에서는 그래도 사지 멀쩡한 걸인들이 많은데 이곳은 유독 신체 장애인들이 많다. 자연스레 보팔 참사를 생각나게 하였다.

　보팔 참사는 1984년 12월 3일 새벽 보팔에서, 미국의 다국적 기업인 유니언 카바이드 살충제 제조공장에서 원료인 메틸이소시아네이트 유독가스(약 36톤)가 유출된 사건이다. 가스에 노출되었던 50만 명 중 2만 명이 사망, 12만 명이 사고 후유증에 시달리게 되었다. 이 사건으로 인해 보팔은 화학산업의 히로시마라고 불리게 된다.

　1965년~1966년 계속된 가뭄으로 겪은 극심한 식량 부족 사태를 계기로, 인도 정부는 녹색혁명이라 불리는 고수확품종의 보급을 본격화하였다. 이로 인해 인도의 곡물 총생산은 획기적으로 증대하게 되지만, 고수확품종 재배에 필수적인 화학비료와 살충제의 보급도 급증하게 된다.

　여기에 인도 살충제 관련법은 다른 나라에서 사용 금지된 살충제의 수입, 제조, 사용을 방치하여, 매년 3~4만 톤에 이르는 금지 내지 고도로 제한된 살충제가 사용되고 있었다. 이러한 연장선상에서 살충제 제조가 일으킬 수 있는 최악의 비극적 사건이 보팔 참사였다.

　객차에 올라 자리를 잡고 앉으니, 물통을 하나씩 배급해 준다. 물통을 받으면서 자연스레 이 기차가 상당히 고급열차라는 느낌이 들었다. 붉은색의 물통이 좌석의 녹색과 대조를 이룬다.

　아그라행 기차에서 다른 분들은 모두 우리 일행과 짝을 지어 자리를 잡고 앉았는데, 한 분은 나이 지긋해 보이는 인도 여성과 자리를 함께했다. 일행의 숫자가 홀수이니 어쩔 수 없는 상황이었다. 인도 여성은 몇 정거장 뒤 기차에서 내렸다. 같이 앉았던 우리 일행이 자리에서 일어나 객차의 문까지 그 현지인 짝꿍을 배웅했다. 짧은 시간이었지만 함께한 것에 대한 인연이 크게 느껴진 모양이다. 두 사람의 시선 사이로 석별의 정이 흐른다.

아그라 도착

3층 칸의 객차 안에서 6시간여의 여행 끝에 드디어 아그라에 도착했다. 보팔에서 아그라를 향해 북쪽으로 526km를 달려온 것이다. 밤 9시 10분, 오늘의 숙박지인 아그라의 무갈 쉐라톤 호텔에 도착, 입구에서 공항 검사대같이 통과 검사를 했다. 검사대를 통과해서 로비에 들어선 일행들은 호텔의 화려함에 탄성을 질렀다. 이 호텔은 이슬람 건축상을 수상한 호텔인데, 여행 내내 최고의 호텔로 기억되었다.

건축학자에 의하면, 이 호텔은 인도의 전통건축의 이미지를 현대건축으로 잘 표현한 수준 높은 건축 작품이란다. 외부 형태에서부터 중정中庭의 조경 그리고 마카라나 대리석을 사용한 실내 인테리어까지 모두 우수해서 국제적 건축상인 아가 칸 상을 수상했다고 한다. 현대는 융합의 시대이다. 각 분야 간의 융합뿐만 아니라 과거와 현재의 융합이 크게 주목받고 있는 것이다.

밤 9시 30분, 저녁 공양하러 시끌벅적한 호텔 레스토랑에 들어서니 서양에서 온 백인들로 북적댄다. 음식은 인도 특유의 음식 맛은 사라지고 서양화된 음식과 맛이다. 아그라가 워낙 큰 도시인데다가 인도 최대의 관광도시인지라, 음식도 외국인의 취향에 맞춰져 있다.

밤 10시쯤 식사를 마치고 배정된 방에 들어가니, 전날 잤던 보팔의 궁전호텔보다 고풍스럽지 않지만 훨씬 고급스럽다. 그러나 침대 시트 등이 지저분했다는 평가도 있었다. 오늘 이동 시간은 산치 대탑 왕복 3시간 (97.2km), 기차여행 6시간(526km) 등 9시간 정도였다(총 623.2km). 하지만 어제 오전 10시부터 시작된 긴 이동 시간 때문인지 매우 피곤했다.

보록

산치 대탑 탑문 부조

전체적 조망

이제까지 탑문의 부조들을 개별적으로 서술해 보았다. 이들 부조들을 전체적으로 조망해 본다면 종합적 이해에 도움이 될 것이다. 산치 탑문의 부조(총 179점)는 줄거리가 있는 내용도(61점)와 상징적·장엄적 요소가 강한 상징도(118점)로 나눌 수 있다. 내용도는 부처님 일대기, 본생도, 아소카왕도를 포함하고, 상징도는 불佛상징도와 비불非佛상징도로 나눌 수 있다.

부조의 위치에 따라 중심면과 보조면으로 구분할 수 있다. 중심면은 위치상 탑문의 중심이라고 할 수 있는 가로들보 앞뒷면과 기둥의 앞면과 안쪽면이라 할 수 있고, 보조면은 기둥과 가로들보가 만나는 교차칸과 그 사이기둥면, 가로들보의 가장자리 바깥면, 그리고 기둥의 바깥면 등이라고 할 수 있다. 탑문 부조를 내용도와 상징도, 중심면과 보조면의 범주에 따라 연관시켜 보면, 내용도는 모두 중심면에 부조되어 있고, 상징도는 대부분 보조면에 위치하고 있지만 중심면에도 부조(21점)되어 있다.

먼저 양적으로 볼 때, 보조적 위치에 놓인 상징도가 133점(58.6%)으로 중심에 위치한 내용도 53점(23.3%)보다 더 많은데, 이것은 보조 부조가 중심 부조의 사이사이나 옆에 장식적 요소로 자리하면서 대부분 크기가 작게 조성되었기 때문이다. 부조가 차지하는 면적으로 본다면 중심 부조가 보조 부조보다 훨씬 더 넓은 영역을 차지한다.

부조의 주제별로 볼 때, 전체 부조에서 각 주제별 부조가 차지하는 비중을 보면, 불상징도 22%(50점)와 부처님 일대기 22.5%(51점), 본생도 6.6%(15점), 아소카왕도 3.1%(7점)이다. 부처님 일대기가 가장 많고 그 다음이 불상징도이며 본생도와 아소카왕도는 미미하다.

중심면의 내용도만 살펴보면, 부처님 일대기가 50%, 본생도가 12.2%, 아소카왕도가 9.5%로서 일대기가 압도적 비중을 차지하고 있다. 불상징도는 중심면에는 7점(9.5%)밖에 없지만 보조면의 43점으로 대부분 보조면에 위치해 있다.

산치 대탑 부조의 백미인 가로들보면의 대형부조는 탑문 당 6점씩 총 24점인데, 내용도가 15점(62.5%), 상징도가 9점(37.5%)이다. 내용도는 부처님 일대기 8장(33.3%)과 본생담 5장(20.8%), 그리고 아소카왕도 2장(8.3%)이다. 상징도는 7불상징도 6장(25%), 비불상징도 2점(8.3%, 약시목욕도와 여의덩굴도 각 1장), 수호동물경배도 1점(4.1%)을 포함하고 있다.

따라서 탑문 부조의 주제는 일대기가 중심을 형성하고, 본생담이 그 조연을 맡고 있고, 그 주변으로 부처님의 상징도로 장엄되고 있으며, 그 사이사이를 다양한 주제의 상징도들로 장식되어 있다고 볼 수 있다.

그러나 이러한 분석은 양적이고 평면적인 분석에 불과하고, 중심면에 새겨진 내용도들 간의 위치의 중요도를 다시 면밀히 고찰해 볼 필요가 있다. 특히 가장 큰 대작들로 구성된 가로들보면 부조들이 주제에 따라 어디에 위치했는가가 중요하다.

먼저 중심면을 보면, 중심면(가로들보면+기둥면) 중에서도 가로들보의 바깥면이 가장 눈에 띄고 면적도 넓으며 중요하다고 할 것이다. 가로들보면은 각 탑문마다 3층을 형성하므로, 아래에서 위로 높이 올려다보아야 하는 시야 상 가장 아래쪽, 즉 1층의 가로들보면의 바깥면이 가장 중요한 위치이다. 위로 올라갈수록 시야에서 멀어지면서 중요도가 떨어져서 바깥면의 3층이 가장 덜 중요한 위치라고 할 수 있을 것이다. 따라서 가로들보 바깥면의 3층에는 4탑문 모두 상징도가 있고, 2층에도 상징도가 나타난다.

가로들보의 1층 바깥면(남문)에는 상징도가 유일하게 1점 있는데, 그것이 여의덩굴도이다. 가장 중요한 부조면에 해당하는 가로들보의 1층 바깥면에 내용도가 아닌 상징도를 부조했다는 것은 당시 사람들이 여의덩굴도의 상징을 얼마나 중시했는지를 잘 보여 준다.

그에 비해 가로들보면의 안쪽면은 2층 요도에서 1·2·3층의 가로들보면 모두를 그리 멀지 않은 거리에서 보는 이의 시선 정면으로 잘 볼 수 있다. 그러므로 1·2·3층 가로들보면의 중요도가 차이가 나지 않는다고 본다. 따라서 1·2층의 가로들보 안쪽면뿐만 아니라 3층 가로들보면에도 대부분 내용도이며, 상징도는 동문 한 군데밖에 없다.

가장 중요한 1층 가로들보 바깥면 중 남문을 제외한 나머지 바깥면에는 본생담 2점(벳산타라본생과 육아상본생)과 아소카왕도가 그려져 있다. 이러한 점, 즉 본생담 2점이 가장 중요한 면에 50%를 차지한다는 것은 산치 탑문 부조의 조각가들이 주로 전달하고자 한 내용이 무엇인가를 다시금 반추하게 한다.

특히 부처님이 유년시절 사문유관 시에 사문沙門을 만난 북문에 항마성도도와 함께 1층 가로들보의 앞뒷면에 걸쳐 새겨진 벳산타라 본생도는 가장 큰 대작이자 산치 탑문의 부조를 대표하는 메시지를 전달하고 있다고 해석해도 지나치지 않을 것이다. 벳산타라 본생도와 항마성도도가 합해져서 이끌어 내는 가장 큰 의미는 성도成道로 이끄는 가장 중요한 원동력이 자기희생적 바라밀행이라 할 수 있을 것이다.

부처님 일대기는 가장 많은 8점에 달하지만 중간 정도의 중요성을 가진 자리인 가로들보 바깥면의 2층과 안쪽면에 조성해 놓았다. 또한 일대기의 주제도 단순해서 5가지 중요한 주제로 압축했다. 즉 출가(동문 1점), 성도(북문과 서문, 2점), 초전법륜(서문 1점), 열반(사리분배 3점)으로 《열반경》에서 말씀하신 4대 성지와 자비심(코끼리공양도, 수호동물경배도)이다.

따라서 부처님 일대기가 전체 부조에서 차지하는 비중이 압도적이긴 하지만 그것은 오히려 양적인 측면에 치우쳐 있고, 의미 있는 본생담의 큰 작품들을 가장 중요한 자리에 놓음으로써 탑문 부조의 의미 전달력을 최대화시키면서 보살의 바라밀행에 따른 성도를 강조하였다. 이러한 내용의 본생담 부조와 일대기를 불상징도가 장엄하며, 그 틈새를 다양한 주제의 상징들이 꾸밈새를 더하고 있다.

탑문 방향에 따른 의미

탑문의 방향에 따라 새겨진 부조를 보면 흥미로운 점이 발견된다. 북문에 배치된 벳산타라 본생도, 사문유관도, 항마성도도는 부처님 성도의 의미를 부각시키고 있다. 동문의 경우 출가하신 방향이므로 유성출가도를 가로들보 2층 바깥면에 두고 있다. 남문의 경우 태양빛이 가장 강렬한 곳이므로, 풍요와 생명력의 상징인 여의덩굴도와 큰 약시도를 1층과 3층의 가로들보 바깥면에 새겨서 그 의미를 연결시키고 있다. 서문은 해가 지듯 열반에 드신 부처님의 사리에 관련한 부조를 두 장이나 겹쳐서 그리고 있다.

특히 서문의 경우, 1층 가로들보의 안쪽면에 그려진 찬탄항마도가 한쪽은 패퇴하는 마왕의 군대, 반대편에는 찬탄하는 신들을 새긴 것이라든지, 가로들보를 떠받치고 있는 수문장이 부처님께 항복한 마군의 변형된 모습인 가나(난쟁이 약샤)의 모습을 하고 있는 점, 기둥 바깥면에 꽃과 여의덩굴도 대신 사자도상을 그린 것, 수문신 약샤가 창을 들고 서 있는 모습 등은, 오늘날의 파키스탄에 해당하는 인도 서쪽인 간다라지방이 인도문명의 발상지였음에도 불구하고, 외래문화의 수입통로이면서도 끊임없는 이민족의 침략통로였던 점과 관련하여 생각하면, 페르시아 등 서쪽 너머의 세계에 대한 인도 사람들의 오랜 역사에 걸친 대항적 의식의 발로가 아닌가 생각된다.

기둥 부조 | 중심부조면 중 기둥 앞쪽과 안쪽(50면)에도 내용도와 상징도가 다 그려져 있지만 역시 내용도가 대부분(38점)이다. 상징도(12점)는 약시 입상과 욕계육천으로 단순하다. 내용도는 부처님 일대기와 본생담, 아소카왕도로 나뉜다. 본생담 4점과 아소카왕도 5점을 제외하고는 모두 일대기(38점)이다.

그런데 이 일대기를 들여다보면, 그 주제와 관련하여 특색이 있다. 신들과 관련된 부조가 가장 많아 11점이며(신들 중에서는 제석천왕이 가장 자주 등장), 그 다음이 왕들과 관련된 것(8점, 그중 아소카왕 관련이 3점으로 가장 많을 뿐만 아니라 부처님 당대에 생존하지 않은 왕으로서는 유일하다), 그 다음이 신통(6점), 우루벨라 가섭존자 관련(4점, 부처님 직계 제자로는 유일하게 부조에 등장하는 인물이다), 석가족(3점) 등의 순서이다. 나머지는 4대 성지와 관련된 주제이며, 이상에 속하지 않는 것은 기원정사도와 사문유관도밖에 없다.

기둥에 새겨진 본생담 4점 중 1점(벳산타라 본생)은 가로들보 부조의 반복이다. 나머지는 탄생과 관련된 1점, 원숭이와 관련된 본생 1점, 그리고 사마본생 1점이다. 가로들보의 육아상본생도와 함께 생각한다면, 산치 탑문 부조에 등장하는 전생의 동물은 코끼리, 원숭이, 용의 세 종류이다. 용과 관련된 본생담은 제3탑 가로들보에 새겨져 있다.

상징도 | 상징도는 중심면에도 7불상징도, 여의덩굴도, 큰 약시도, 천상계, 약샤 입상 등으로 일부 새겨졌지만, 보조면을 꽉 채우고 있다. 모

든 교차칸에 공통적으로 동물을 새겼고, 사이 기둥면에 보리수, 탑, 작은 약시목욕도, 작은 여의덩굴도, 법륜을 새겼다. 가로들보 바깥면 중 비연속 13장에는 공작새 등 동물(9점), 보리수(2점), 탑(2점)으로 되어 있다. 여기서 비연속이라는 말은 중앙의 긴 가로들보 부조의 연속 화면이 교차칸의 가로들보 바깥면에 그려진 것이 일반적인데, 이 13면만은 연속 화면을 그리지 않고 독자적인 부조를 새겼다는 의미이다. 기둥 바깥면에는 마모된 남문 1점을 제외하고 나머지 7면에는 서문의 사자도상(2점)을 제외하고는 모두 여의덩굴도(3점) 내지 꽃문양(2점)이다.

보조적 부조를 주제별로 보면, 보리수와 탑·법륜은 부처님을 상징하는 것이며, 천상계와 약샤는 불법의 수호와 보편성을, 동물은 불법의 위엄과 따르는 무리를, 여의덩굴도와 꽃문양은 생명력을, 약시목욕도는 풍요를 상징한다.

보리수, 탑, 법륜, 금강보좌 등 부처님의 상징 숫자를 세어보면 총 120점(상징도에만 66개에 61점의 내용도에 1점 당 1개 이상의 부처님 상징이 있으므로)이 넘는 많은 숫자이다. 이러한 숫자는 비록 부처님을 사람의 형상으로 표현하지 않는 무불상시대이지만, 부처님에 대한 표현의 욕구가 응축되어 있다고 볼 수 있다. 실제로 산치 대탑의 미얀마적 형태라 할 수 있는 세계 최대의 불탑인 미얀마 양곤의 쉐다곤 파고다에도, 산치 대탑의 동서남북 사방불의 위치에 감실형 전각을 마련하고 많은 불상을 모셨다. 또 파고다를 둘러싼 회랑식 앞마당을 격하고 형성된 많은 전각에 수많은 불상들을 안치하고 있는 것은 이러한 불상 표현의 강력한 욕구의 역사적 발전 양상이라 할 것이다.

이렇게 탑문에 새겨진 부조를 통해 부조의 조각가들은 천상과 신들의 수호 속에서 풍요로운 생명력이 솟아나는 배경을 조건으로 하면서, 주로 천상과 왕과 신통과 관련된 부처님 일대기들을 많이 설치하였으며,

근본적이고 실천적인 가치의 기준으로서 부처님의 보살로서의 바라밀행을 본생담을 통해 제시하였다고 해석된다. 또한 이것은 기원후 1세기까지 발전된 불전문학의 대중화 정도를 반영하는 것이다. 6~7세기까지 조성된 아잔타 석굴의 벽화에 이르게 되면, 본생담은 그 종류도 많아질 뿐만 아니라 아바다나에 이르기까지 다양한 변화를 보여 주며, 내용도 고도로 발전하게 된다.

이상에서 북동남서의 탑문에 새겨진 부조들을 주제와 내용별로 전체적인 분류와 더불어 살펴보았다. 이를 전체적으로 표로 정리하였다. 더욱 자세하고 전문적 관심이 있는 이는 참고하기 바란다.

탑문 부조 전체표

		상징도			내용도				총계
		비불 상징도	불 상징도	소계	부처님 일대기	본생도	아소카 왕도	소계	
전 체 면	중심면	14	7	21	37	9	7	53	74(32%)
	보조면	90	43	133	14	6	-	20	153(68%)
	소계	104 (45.8%)	50 (22.0%)	154 (67.8%)	51 (22.5%)	15 (6.6%)	7 (3.1%)	73 (32.2%)	227 (100%)

※총계(227점) 대비 비율임

탑문 부조 중심면

	상징도			내용도				총계
	비불 상징도	불 상징도	소계	부처님 일대기	본생도	아소카 왕도	소계	
중심면	14 (18.9%)	7 (9.5%)	21 (28.4%)	37 (50.0%)	9 (12.2%)	7 (9.5%)	53 (71.6%)	74 (100%)

※총계(74점) 대비 비율임

가로들보 면 부조

	상징도			내용도				총계
	비불 상징도	불 상징도	소계	부처님 일대기	본생도	아소카 왕도	소계	
가로들보 면	2 (8.3%)	7 (29.2%)	9 (37.5%)	8 (33.3%)	5 (20.8%)	2 (8.3%)	15 (62.5%)	24 (100%)

산치 탑문 부조 상세표

상 : 불상징도 / 비 : 비불상징도 / 일 : 부처님 일대기 / 본 : 본생담 / 야 : 아바다나

구분			북문	수	동문	수	남문	수	서문	수	횡합
가로들보	앞면	1층	벳산타라본생도[본]	본	황후봉유도[야]	상1	약사여의덩굴[상]	비1 야1	육아상본생도[본]	상1 일1 본1	12
		2층	칠불상징도[상]	본2 상2	유성출가도[일]	일1	용왕호탑도[야]		초전법륜도[일]		
		3층	칠불상징도[상]		칠불상징도[상]	야1	큰약사목욕도[상]		칠불상징도[상]		
	뒷면	1층	벳산타라본생도[본]	본2 일1	코끼리공양도[일]	상2 일1	사리분배전쟁[일]	상1	찬탄항마도[일]	일3	12
		2층	항마성도[상]		수호동물경배[상]		육아상본생도[본]		사리분배운[일]		
		3층	육아상본생도[본]		칠불상징도[상]		칠불상징도[상]	본1	사리이운도[일]		
	소계		상2, 일1, 본3	6	상3, 일2, 야1	6	상1+비1, 일2, 일1, 본1, 야1	6	상1, 일4, 본1		24
			상징도9 = 상7 + 비2 / 내용도15= 일8 + 본5 + 야2								
기둥	앞면	좌	설법천인도[일], 기원정사도[일], 보배경행도[일], 파사익왕행차[일], 제왕승상도[일]	일5	보배경행도[일], 대각찬탄도[일], 수상보행도[일], 제왕행차도[일]	일4	녹원법륜석주[야], 제왕법순례[야], 마왕진군[일]	일1 야2	벳산타라본생본	본1	13
		우	삼도보계도[일], 사문유관도[일], 설법석가도[일]	일3	천왕들[상], 욕계육천도[상]	일7	마하보디사원[야], 슬픈아소카왕[야], 순다리모함[일]	일1 야2	원왕교각도[본], 탄생권청도[본], 설법천인도[일]	일1 본2	16
	뒷면	좌	제석왕문도[일], 마가다왕행차[일], 우바이귀의도[일], 약사입상[상]	비1 일3	우루벨라고행[일], 독룡항복도[일], 배화준비도[일], 약사입상[상]	일1 비1	-		사마본생도[본], 용왕수호도[일]	일1 본1	10
		우	불탑신앙도[야], 원후봉밀도[일], 제왕영접도[일], 약사입상[상]	비1 일3	범천권청도[일], 백상입태도[일], 카필라귀환[일], 약사입상[상]	일3 비1	-	-	마왕경시도[일], 설법천인도[일], 약사입상[상]	비1 일2	11
	소계		비2, 일13, 야1	16	비9, 일10	19	일2, 야4	6	비1, 일4, 본4	9	50
			상징도12 = 비12 / 내용도38= 일29 + 본4 + 야5								
중심면 합계			상2+비2 / 일14, 본3, 야1	22	상3+비9 / 일12, 야1	25	상1+비2 / 일9, 본1, 야5	12	상1+비1 / 일8, 본5	15	74
			상징도21 = 상7+비14 / 내용도53= 일37 + 본9 + 야7								
기둥 바깥	좌		연꽃과 불족적	상1	코끼리여의덩굴	비2	여의덩굴		사자도상 3쌍	비2	7
	우		삼등분 여의덩굴	비1	삼등분여의덩굴		-		사자도상 5쌍		
횡량 바깥	앞면	1층	벳산타라 연속(좌우)	본2 상2	공작2(좌우)	상2	공작1(우)	비4	사리탑(좌우)	상6	22
		2층	보리수(좌우)		코끼리1(좌우)		코끼리1(좌)		보리수(좌우)		
		3층	사리탑(좌우)		사리탑(좌우)		큰약사목욕 연장(좌우)		보리수(좌우)		
	뒷면	1층	벳산타라 연속(좌우)	본2	상공양 연속(좌우)	일2	사리전쟁 연속(좌우)	일4	찬탄항마 연속	일6	22
		2층	공작 둘(좌우)		수호동물 연속(좌우)		수호물 연속(좌우)		사리분배 연속		
		3층	육아상 연속(좌우)		칠불상징 연속(좌우)		사리전쟁 연속(좌우)		사리이운 연속[일]		
교차칸	1층		앞: 소2(좌우) / 뒤: 양2(좌우)	비4	앞: 날개사자3(좌우) / 뒤: 양2(좌우)	비4	앞: 사슴2(좌우) / 뒤: 사리전쟁 연속(좌우)	비4 일2	앞: 코끼리2(좌우) / 뒤: 날개사자3(좌우)	비4	16
	2층		앞: 날개사자2(좌우) / 뒤: 양2(좌우)	비4	앞: 날개사자3(좌우) / 뒤: 낙타2(좌우)	비4	앞: 말2(좌우) / 뒤: 소2(우)	비4	앞: 말2(좌우) / 뒤: 날개사자2(좌우)	비4	14
	3층		앞: 날개말2(좌우) / 뒤: 날개사슴(좌우)	비4	앞: 소 둘(좌우) / 뒤: 사자 둘(좌우)	비4	앞: 말2(좌우) / 뒤: 말2(좌우)	비4	앞: 그리핀3(좌우) / 뒤: 날개사자2(좌우)	비4	16
교차칸 사이 기둥면	1층		앞좌: 약시목욕 / 앞우: 법륜1 / 뒤좌: 약시목욕 / 뒤우: 사리탑1	비4	앞좌: 법륜 / 앞우: 약시목욕 / 뒤우: 여의덩굴(좌우)	상1 비3	앞좌: 사리탑1 / 앞우: 연화좌약시1 / 뒤: 수자타공양도(좌우)	상3	앞좌: 약시목욕 / 앞우: 보리수 / 뒤좌: 법륜 / 뒤우: 사리탑	상3 비1	16
	2층		앞좌: 약시목욕 / 앞우: 법륜1 / 뒤: 화병여의(좌우)	비4	앞좌: 약시목욕1 / 앞우: 보리수 / 뒤: 사리탑(좌우)	상3 비1	앞: 수자타공양도(좌우) / 뒤좌: 연꽃덩굴 / 뒤우: 보리수	상3 비1	앞좌: 보리수(좌우) / 뒤우: 사리탑(좌우)	비4	16
받침 기둥면	1층		앞: 보리수1, 보살상2 / 뒤: 화병여의3	상1 비5	앞: 석주2, 보리수2 / 뒤: 화병여의3	상3 비5			-	-	12
	2층		앞: 보살상1, 석주, 법륜1, 식물문양1 / 뒤: 화병여의2, 약사입상1	상1 비5	앞: 석주1, 보리수2 / 뒤: 화병여의3	상3 비5			-	-	12
보조면 합계			상/+비33 + 본6	46	상16+비28+일2	46	상7+비14/ 일6	27	상13+비15/일6	34	153
			상징도133 = 상43 + 비90 / 내용도20= 일14 + 본6								
탑문별 합계			상9+비35 / 일14, 본9, 야1	68	상18+비38 / 일14, 야6	71	상8+비16 / 일9, 본1, 야5	39	상14+비16 / 일14, 본5	46	227
총합계			상징도154 = 상49 + 비105 / 내용도73= 일51 + 본15 + 야7								

| 타지마할 |

제5장

마지막 왕조의 옛 도읍 아그라

인도의 문화적 자긍심은
문화적 독자성을 위한 원동력

무굴 제국의 옛 도읍 — 아그라

아그라Agra는 인도 북부 우타르프라데시주의 서부, 델리 남동쪽 200km 지점에 있다. 인구 약 221만여 명(2020년)의 도시로 야무나 강 우안右岸에 있는 지방 행정의 중심지이다. 동쪽에는 갠지스강 유역의 광대한 평야가 전개되고, 북쪽은 야무나 강 연안을 따라 델리를 거쳐 펀자브 지방의 평야에 연속되어 있다.

이 도시는 무굴 제국*의 고도古都이다. 3대 악바르Akbar(재위 1556~1605) 왕이 1556년 성곽을 쌓아 무굴 제국의 수도로 한 이래, 그의 아들 자한기르Jahangir(재위 1605~1627)와 손자 샤 자한Shah Jahan(재위 1628~1658)에 이르기까지 약 1세기 동안 북부 인도를 지배했다. 특히 5대왕 샤 자한 당시 크게 번영, 다수의 이슬람 건축을 축조했다.

---

* 무굴 제국은 아버지를 통해 티무르의 피를 이어받았고, 어머니를 통해 칭기스칸의 혈통을 이었다는 바부르가 1526년 파니파트 전투에서 대승을 거둠으로써 델리 술탄국의 로디 왕조를 무너뜨리고 세운 나라이다.

아그라는 그때 지어진 이슬람 건축으로 인해 관광지로 매우 유명(연간 300만 명)하다. 또한 영국 식민지가 되기 전 마지막 왕국인 무굴 제국의 수도였던지라, 유서 깊은 고도일 뿐 아니라 교통편의 연결 상 거쳐가야 하는 교통의 요지이기 때문에 들르지 않을 수 없는 곳이기도 하다.

오늘은 순례 일정 중 예외적인 날이다. 불교 유적지를 참배하는 일정이 없기 때문이다. 인도에서 불교를 탄압해 소멸시켜 버린 이슬람교도들이 더 후세대에 와서 세운 무굴 제국 왕비의 무덤 건축인 타지마할과 궁궐 성곽인 아그라 성 등 문화 탐방의 날이다.

타지마할과 아그라 성은 힌두의 대지 위에 세워진 무슬림 문화의 절정이다. 인도에서 힌두교와 이슬람의 대립은 가장 심각한 사회문제이긴 하지만, 문화 탐방은 종교적 시각을 초월하여 접근하는 것이 바람직하다. 타지마할과 관련된 깊은 사랑의 이야기는 인도인들로 하여금 그들을 통치했던 영국의 셰익스피어의 비극 《로미오와 줄리엣》의 러브 스토리에 무관심하도록 했을 것이다. 그리고 이것은 그들에게 영국 식민 통치 아래서도 강한 문화적 자긍심을 기르게 했을 것이다.

영국 식민지로부터의 독립 이후에는 인도에서 천년 이상에 걸쳐 발달해온 천연 향신료 문화가 미국 코카콜라의 유입을 막아 주었고, 수많은 신화와 본생담에 펼쳐진 종교적 상상력이 미국 할리우드 영화에 대한 무관심을 초래했다고 한다. 이러한 전통의 요소들이 인도의 문화적 독자성을 유지하게 하는 원동력이 되었던 것이 아닐까 생각된다.

인도판 로미오와 줄리엣―타지마할

아침에 일찍 일어나지 못하고 여섯 시가 가까워서야 일어났다. 잠시 좌선을 한 뒤, 샤워하고 짐을 챙겨 방을 나서니 아침 6시 30분, 이미 다른 분들은 식사를 끝낸 상태다. 오늘 아침은 일행 중 한 보살님이 한국에서 가져온 연자죽을 준비해 준다고 했는데 너무 늦게 나가서 보살님께 미안하기도 하고, 어쨌든 연자죽 공양은 허사가 되어 버렸다. 그래도 어제 저녁 공양 때 맛보았으니 그것으로 위안을 삼았다. 아침 식사를 스프 종류에 치즈를 곁들여 먹고는 타지마할로 출발했다.

타지마할에 버스로 도착해서 다시 전기차 셔틀버스로 갈아탔다. 자동차 배기가스가 타지마할의 하얀 대리석을 누렇게 변색시켜서 이를 방지하기 위한 조치라고 한다. 문화재 보호를 위해 가까운 이동거리이긴 하지만 자동차 배기가스를 줄이고자 애쓰는 모습이 대견스럽다.

입구를 향해 걷는데 제일 연세 많으신 보살님이 멀미를 시작했다. 급히 화장실로 보냈다. 차멀미가 있어서 매일 아침마다 멀미약을 복용하면서 순례를 다니고 있는데 오늘 아침에 멀미약 먹는 것을 깜빡 했다는 것이다. 멀미 시작 후에는 백약이 무효이다. 보살님의 멀미는 점점 심해졌다. 타지마할에 입장해서도 입구 한쪽에 앉아서 저 앞으로 보이는 본당 건물을 멀리서 바라보며 시간을 보내야만 했다.

타지마할에 입장하기 전에 입구에 있는 타지마할 장식과 동일한 기법인 대리석 상감기법(피에트라 두라Pietra Dura)으로 만든 여러 작품을 전시하고 있는 가게에 들어가 보았다. 접시, 그릇, 탁자, 코끼리, 불상 등의 작품이 전시되어 있는데 화려하고 섬세한 조각이 찬란했다. 타지마할의 장식은 이슬람 서예(캘리그라피), 식물 모양, 기하학적 문양들이 주를 이룬다. 타지마할의 정문과 묘당의 대형 출입구, 묘당 내부의 이완iwan들, 뭄타즈 마할의 무덤 등에는 캘리그라피로 장엄되어 있음을 볼 수 있다. 이것은 이슬람 경전인 쿠란의 구절들을 아랍어로 아름답게 써 놓은 것이다.* 이 글씨들은 아래에서 위로 올라가면서 크기를 미묘하게 키웠다고 하는데, 시선에서 멀어지면서 글씨 크기가 줄어드는 것을 방지하기 위해서였다.

드디어 타지마할에 입장했다. 2년 전 처음 왔을 때보다 훨씬 여유가 있었다. 가이드의 안내에 따라, 보리수 모양을 한 돔형 입구의 성문을 급히 앞으로 걷고 뒤로 걸으니 타지마할이 필자를 따라온다.

5대 왕 샤 자한이 14번째 딸을 낳다가 39세의 나이에 죽은 왕비 뭄타즈 마할(1593~1631, 황궁의 보석이라는 의미, 본명은 아르주만드 바누 베굼, 4대 왕비 누르자한의 조카)을 위해 지었다는 무덤 건축 타지마할! 궁정 연대기 기록은 '폐하의 무한한 관심과 애정은 오직 뭄타즈 마할만을 향했다'고 전하였다. 그들에 의해 '완벽한 아내'로 평가된 그 왕비는 미모에 지혜를 겸비해 샤 자한왕의 통치에 조언자로서의 역할을 하면서 전쟁터에까지 따라다녔다고 한다. 왕비가 죽으면서 남편인 왕에게 청한 소원이 바로 자신을 위한 아름다운 무덤 건축이다. 그리고 그것이 샤 자한왕이 야무나 강을 건너와서 왕비가 처음 만났던 장소에 무덤의 아름다움으로써 시간에 마술을 걸기 위해, 유럽과 페르시아의 기술자까지 초빙하여 장인들만 해도 2만 명을 동원하여 22년간의 공사 기간을 거쳐 1653년 완성된 것이 타지마할이다. 이를 두고 시인 타고르는 "경이로운 꽃다발을 짜서 우아하지 않은 주검을 죽음을 모르는 우아함으로 덮어 버렸다네"라고 읊었다.

세계 7대 불가사의라는 타지마할! 야무나 강을 배후에 두고 동서 300m, 남북 560m로 5만여 평의 대지를 차지하고 있는 타지마할은 전정前庭, 사분할四分割 정원(차바그Charbagh), 본관(묘당, 4개의 첨탑, 모스크Masjid

---

* "오 영혼이여, 예술을 통해 평안을 얻으라, 주님께 돌아가 안식을 얻으라, 그리고 그분과 함께 평화를 얻으리라."라는 문구라고 한다. 1609년 압돌 하크가 쓰고, 그에 감탄한 샤 자한이 아마나트 칸이라는 이름을 하사했다고 한다. 뭄타즈 마할의 무덤에도 그녀의 아름다움을 찬양하는 문구가 적혀 있다고 한다.

와 영빈관Mehmaankhana)으로 구성된
다. 전정은 본 마당에 들어서기 전
의 마당이라는 의미로 서·남·동문
을 통해 들어서서 정문 앞에 펼쳐
진 공간을 말한다. 이곳을 지나야
그제서야 타지마할 본당 못지않게
장대하게 지어진 붉은 사암의 다르
와자Darwaza 정문(1648년 완공)을 통
과하게 된다. 차토리(작은 돔, 산스크리
트어로 우산)들로 장식된 다르와자 정
문의 깜깜한 통로를 빠져나오기 전
타지마할로 내려서는 계단을 1.5m
정도 앞에 두고 서면, 통로는 아치

| 입구에서 바라본 타지마할 |

형 액자가 되고 그 안에 등장한 타지마할의 묘당(라우자rauza)이 다가갈수
록 멀어진다. 뒷걸음질을 치면 되려 따라온다. 샤 자한왕의 아내에 대한
짙은 그리움이 느껴지는 곳이다.

정문을 통과하면 가로 세로 300m에 이르는 넓은 정원이다. 이 넓은
정원은 정문에서 본당에 이르기까지 남북으로 설치된 너비 6m, 길이
300m의 긴 수로와 석조 보도들로 나누어진 16개의 화단으로 구성된 사
분할 정원*이다. 이 긴 수로는 풍요로운 수로라는 뜻을 가진 알 하우드
알 카후타(al Hawd al Kawthar)로 불린다. 사분할 정원은 십자형의 수로를
뚫고 그 중앙에 건물을 두는 이슬람 정원**의 독특한 양식으로 핵심은

---

* 사분할 정원은 후마 윤의 무덤에서 시작하여 악바르 황제의 무덤인 시칸드라를 거쳐 타지마할에서
완성되었다고 본다.

** 이슬람 정원은 7세기 중반 아랍 제국의 건설과 함께 기존의 페르시아 정원의 기법을 수용하고 이

물, 즉 수로이다. 사막에서 물은 생명이며 생존 그 자체다. 수로에는 분수대가 설치되고, 열십자로 된 수로 중앙에 로터스 연못이 있다. 주변에는 과실수들이 풍성한 열매를 맺을 것이다. 타지마할은 일자형의 긴 수로를 설치하고 그 끝에 건물을 안치하여 조금 다른 배치를 보여 준다.*

분수대의 긴 행렬로 장식된 수로 뒤에 백련처럼 솟아 있는 본관에 해당하는 묘당은 가로 세로 56m 정방형의 네 모서리를 잘라낸 변형 팔각형이며, 높이 65m의 규모이다. 폭 95m 높이 7m의 기단 위에 세워져 있다. 묘당의 동서남북의 대형 출입구는 아치 모양의 대형 이완을 둘러싸고 있는 직육면체의 거대한 피슈타크이다. 대형 출입구 피슈타크의 양 옆면과 본래는 정방형이었을 건물의 네 모서리를 잘라서 생겨난 간방의 평면에는 좀 더 작은 이완들을 상하로 발코니처럼 배치하였다. 8각의 외부 벽면들은 크고 작은 이완들의 다양성과 통일성의 조화가 묻어나고 있다. 이완의 모양을 한 창문들에는 얇은 대리석 판에 기하학적 문양이나 식물 모양의 수많은 구멍을 파낸 격자창을 설치했는데, 이것을 잘리 jali라고 한다. 이 구멍들로 햇빛이 통과하여 채광을 돕고, 공기가 더 빠른 속도로 통과하면서 실내 온도를 낮추어준다.

묘당의 지붕인 중앙 돔은 7m 높이의 원통형 기단 위에 올려진 높이 30m, 바깥지름 33.53m의 거대한 돔이다. 양파 모양을 해서 양파 돔이라 불린다. 돔 꼭대기에 연꽃무늬가 새겨져 있다. 그 옆으로 설치된 4개의 작은 돔들은 8개의 기둥 위에 올려져 기둥들 사이의 빈 공간을 통해 빛을 실내로 전달해 주는 역할을 한다. 멀리서 보면 긴 연못 끝에 크고

를 코란에서 묘사한 내세의 파라다이스와 접목시켜 나타난 정원 양식이다. 코란에 140번 이상 사후 세계의 정원이 묘사되는데, 신이 모하메드에게 "나를 믿고 옳은 일을 행하는 자는 물이 흐르는 정원을 얻게 된다고 전하라"고 명했다고 한다.

* 야무나 강 건너편에 마텝 바그(달빛 정원이라는 뜻) 터가 발견되어 야무나 강을 횡단수로로 보아 타지마할을 수로 중앙에 배치했다는 주장이 있기는 하다.

하얀 연꽃 봉오리가 작은 연꽃 봉오리들과 함께 솟아올라 있는 듯하다.

영빈관을 대칭을 위해 마주보는 부속건물(자와브jawab)로 배치했을 정도로 전후좌우의 정밀한 대칭미, 반투명의 마크라나 대리석(Makrana Marble)에 상감된 세밀하고도 화려한 문양들, 이 아름다운 건축물이 지진에 의해 기울거나 붕괴되지 않도록 물에 젖을수록 단단해지는 아프리카산 흑단 목재*를 수입해 만든 건물 기반, 사방에 설치한 40m의 네 첨탑minaret이 안으로 휘어져 보이는 것을 막고, 유사시에 본 건물로 쓰러지지 않도록 바깥으로 기울인 것 등이 타지마할의 불가사의한 아름다움을 떠받치고 있다. 수직의 네 첨탑이 둥근 곡선의 지붕을 한 본당을 수호신처럼 호위하는 타지마할은 완벽의 대칭이 줄 지루함조차 없애기 위해 다름을 그 속에 품었다고 한다. 그것은 백색의 살갗에 새긴 헤나 문신과도 같은 대리석 문양의 다양성이다.

대칭을 보면서 이슬람의 사고방식을 생각해 본다. 우상 숭배 금지라는 이슬람의 교리에 따라 일체의 신상神像을 배제한 그들의 건축물에 새겨진 대칭적 문양만큼 대칭적 사고를 할 것이다. 이들의 대칭적 사고는 눈에는 눈, 이에는 이라는 코란의 사고에서 비롯한 것일까? 아니면 합리적·수학적 사고의 발전의 산물일까? 어쨌든 이슬람은 세계 7대 불가사의에 속하는 훌륭한 건축을 낳았다.

기단에서 묘당 본관으로 올라가는 길에 캐나다 퀘벡에서 왔다는 딸 둘(초등학생과 중학생)에게 인도 사리를 입혀 타지마할 관람을 하는 백인 일가족을 만났는데 인도 전통의상을 입은 어린아이들의 모습이 맑고 아

---

* 타지마할의 재료들은 천여 마리의 코끼리들이 운반했다고 하는데, 대리석은 조드푸르의 마크라나 Makrana, 붉은 사암은 파테푸르Fatehpur의 시크리Sikri, 벽옥은 펀자브 주, 다이아몬드는 자이푸르 상인들, 홍옥은 바그다드 상인들, 연옥은 투르키스탄, 수정은 중국, 터키옥은 티베트, 라피스라줄리는 아프가니스탄, 사파이어는 스리랑카, 마노는 예멘, 산호는 아라비아에서 가져왔으며 총 28종의 보석과 준보석이 사용되었다고 한다.

름다웠다. 서양 사람들의 교육방식의 한 예를 보는 것 같았다.

일행 중 한 보살님이 외국인 친화력이 대단해서 캐나다 어린이들과 함께 사진을 찍더니, 타지마할 기단의 넓은 마당에 올라가서는 40~50명 되는 인도인 관광 팀과 금방 친해져서 같이 사진 찍고 인사한다. 그 인도 사람들의 피부색이 엘로라에서 보았던 남인도 여자들보다 더 까맣다. 그들 중 연세 드신 한 중년 남자분이 어디서 왔느냐고 묻기에 "코리아!"라고 대답하니 잘 모르겠다고 한다. 그는 벵갈루루Bengaluru에서 왔다고 한다. 벵갈루루는 아잔타와 인도의 남쪽 땅 끝의 중간에 위치한 남인도의 카르나타카주의 주도로서 고도 920m, 인구 1,230만여 명(2020년)이며, 인도의 실리콘벨리로서 IT산업, 항공우주산업, 바이오산업의 중심지이다. 남자들이 모두 남인도 특유의 흰색 옷을 입고 있다.

현지 가이드에 따르면, 인도 사람들의 한국에 대한 관념은 '깨끗함과 편리함에 대한 우려'라고 한다. 즉 한국이 부자 나라라는 인식보다는 깨끗한 나라라고 여긴다는 것이다. 게다가 한국 사람이 너무 편리한 삶을 살고 있어서 그런 여건이 더 이상 제공되지 않는 상황에서 과연 한국 사람들이 얼마나 생존할 수 있을까 걱정한다고 한다. 그는 또한 한국을 시멘트 국가라고도 하였는데, 모두 다 부인하기 어려웠다.

외부의 화려하고 완벽한 모습과는 달리 타지마할의 내부는 만다라 형상의 횡단면 설계에 중앙 홀을 만들고 지하와 천장을 하나의 수직 공간으로 만들어 그 지하에 왕과 왕비의 관을 안치했는데, 1층 중앙에 놓여 있는 화려한 장식의 두 관은 가묘이다. 지하에는 왕비의 관이 정중앙에 위치하고, 이슬람 율법에 따라 장식도 외부보다 단순하다. 외관에 비해 좁은 실내 공간은 무덤 건축의 특성을 부각시킨다.

점심 공양을 위해 다시 럭셔리한 호텔로 돌아왔다. 멀미를 한 보살님의 증상이 더욱 심해져서 가이드가 호텔 방에서 숙박 연장 형태로 오후

| 아그라 성 서문 입구 |

1시 30분까지 있을 수 있게 했다고 한다. 내가 저녁 출발 때까지 방에서 있을 수 있게 해 주면 좋겠다고 하니까 추가요금 부담 없이 저녁 6시 30분까지 그 호텔 방에서 쉴 수 있게 해 주었다. 몇 년 전 인도 최고 가이드로 뽑혔다던 그의 능력이 발휘되는 순간이었다. 일행들 사이에서 그의 인기가 최정점에 이른 순간이기도 했다.

호사스런 점심 공양을 마치고 환자를 호텔에 혼자 남겨둔 채 아그라 성과 5대 왕비가 아버지를 위해 지었다는 무덤을 보러 갔다.

역대 황제들의 거처 — 아그라 성

아그라 성 역시 두 번째다. 처음 왔을 때는 참으로 낯설고 잘 이해되지 않던 이곳이 이젠 제법 익숙하다. 아그라 성은 1565년에서 1573년까지 8

| 서문을 들어서면 비켜서 있는 아말싱 문 |

년에 걸쳐 3대 왕 악바르와 5대 왕 샤 자한에 의해 세워졌다. 그리고 3·4·5대 왕이 각각 붉은색 궁전, 흰 페인트로 칠한 궁전, 마크라나 대리석 궁전에서 살았다고 한다. 아그라 성 중 10%는 아직도 군인이 주둔하여 입장 금지라고 한다.

서쪽 입구는 높고 두껍고 견고하고 화려한 세 개의 성문이 방문객을 끌어당기면서도 내리누르는 곳이다. 해자 위에 교각으로 연결된 서문을 통해 성으로 들어서면, 경사진 바닥 위로 다시 안쪽 문(아말싱 문)이 들어선 문과는 왼쪽으로 비껴선 자세로 서 있고, 다시 그 문을 통과하면 이번에는 오른쪽으로 90도 돌아선 문(아크바리 문)이 다시 나타난다.

그 문을 통과하면 이번에는 경사진 좁은 회랑 같은 통로가 길게 나타나고, 그 끝에 다시 이중으로 된 문이 멀리 보인다. 이중문 안은 디와니암이라 불리는 왕의 공적 접견실이다. 이중문을 통과하지 않고 그 앞에서 오른쪽으로 자한기르 궁전이 넓디넓은 잔디밭을 격해 위치해 있다. 싱그러운 잔디밭 가운데로 자한기르 궁전의 중앙문으로 이어지는 통로 가운데에는 왕이 쓰던 커다란 석조 목욕통이 전시되어 있다.

자한기르 궁전에 이르는 문들과 통로를 통과하면서 걷는 기분은 썩

| 자한기르 궁전 |

별로이다. 아크바리 문을 통과하면 걸어 올라야 하는 이 협곡 같은 긴 직각의 통로에는 숨을 곳이 없어 보이고, 수직의 벽은 높아서 올라가기에 벅찰뿐더러 중간에 잡을 곳이 없다. 성곽 위의 누군가가 이 통로를 지나가는 사람을 죽이려 한다면 쉬운 일이고, 이 통로에 있는 사람이 방어하기에는 어렵게 되어 있다. 마음의 평온과 생명에 대한 사랑을 저절로 식어 버리게 하는 어두운 골목길이다. 이 어두운 골목길 뒤에 절대 권력의 화려한 보금자리가 마련되어 있다. 자한기르 궁전의 중앙문 위쪽에는 노란색의 채색이 돋보였다. 가이드에 따르면 이곳에서 900km 떨어진 사막 근처에서 나는 노란색 돌을 가져와서 물감으로 만들어 칠한 것이라고 한다. 무굴 제국의 힘이 대단했음을 느끼게 한다.

자한기르 궁전은 중앙문을 중심으로 양쪽으로 역시 대칭적 구조를 보였는데, 벽에 조각된 꽃무늬 장식의 다름을 통해 겨우 다양성의 숨통을 틔워 놓았다. 안으로 들어서면 붉은 나무를 조각해서 만든 듯한 정교한 조각의 목조 건축 같은 적석赤石 건물들로 사방이 둘러싸인 정방형의 마당이 나타난다. 거기서 밖으로 나가니 다시 넓은 마당에 연꽃무늬

| 유폐의 방과 타지마할 |

의 작은 수조를 지면 밑으로 파서 조성해 놓았고, 그 너머로 보도블록을 깐 마당을 격해 있는 성벽의 창을 통해 야무나 강가의 타지마할이 보이기 시작한다.

거기서 다시 좌회전해서 문을 통과하니 천장에 백색 페인트를 칠한 건물 공간이 나타난다. 자한기르왕은 백색을 좋아해서 건물 실내를 온통 백색 페인트로 칠하게 했다고 한다. 그 건물을 나와서 바로 앞의 공간으로 들어서자 이번에는 지붕도 천장도 벽도 금색인 패빌리온(부속 건물)을 통과해서 그 앞의 마당의 작은 석조 문을 나서면 꽃무늬 패턴으로 장식된 정원을 가진 하스마할이다. 하스마할은 샤 자한왕의 거실이다. 거기서 다시 금색 패빌리온을 지나자 흰 대리석에 각종 색깔의 보석류의 석재를 상감기법으로 장식한 궁전이 나타났다.

여기가 타지마할을 세운 샤 자한이 자신의 아들에게 감금당해 8년 만에 생을 마감한 방, 무삼만 버즈Musamman Burj(포로의 방)이다. 저 멀리

| 디와니암의 기둥과 천정 |

타지마할이 뚜렷이 보였다. 화려하고 아름답기 그지없는 이 유폐의 방은 현재 보수공사를 위해 철재 비계들이 겹겹이 쳐져 있어서 감금과 화려함, 사랑과 격리, 죽음과 그리움, 최고 권력과 최고 무력감 등 상반된 감정을 더욱 부추겼다.

유폐의 방을 나오니 사적 접견실로 사용되었다는 디와니하스가 나타났다. 여기로 나오니 우리는 2층에 서 있는 셈이 되었다. 이층의 건물과 그 회랑으로 둘러싸인 아트리움atrium식의 1층 정원은 햇빛을 받아 잔디밭의 녹색을 뿜어내고 있었다. 회랑 바닥은 돌과 돌을 쇠로 연결하는 꺾쇠가 박혀 있었다. 이 또한 인도 석조 건축의 특징 중 하나라고 가이드가 설명한다. 석조로 조성되어 있는 갠지스강가 계단에도 동일한 기법이 사용되어서 매년 우기마다 계단이 물에 잠기지만 수백 년 유지되어온 건축 상의 비결이라는 것이다.

야무나 강과 타지마할이 잘 보이는 전망 좋은 2층의 넓은 대리석 바

| 어둠의 통로 |

닥의 야외 공간에는, 강 쪽으로 검은 대리석 좌대가 놓여 있고, 맞은편
에는 흰 대리석 좌대座臺가 놓여 있다. 검은 좌대는 황제의 자리이고 흰
좌대는 황비의 좌대이다. 검은 대리석 좌대는 깨져서 금이 가 있었는데,
2년 전만 해도 이 검은 좌대에 올라가 단체사진을 찍던 기억이 났다. 황
제 혼자 앉으라고 만든 흑석 좌대에 수십 명이 올라갔으니 깨질 만도 하
다. 지금은 앉을 수 없도록 보호 울타리를 만들어 놓았다. 흰색 좌대는 2
년 전에는 없었던 것 같은데 새로 가져다 놓았나 보다.

디와니하스에서 야무나 강을 등지고 1층으로 내려와 녹색정원을 빠
져나오자, 공적 접견실인 디와니암이다. 디와니암은 수십 개의 열주들이
늘어선 장방형의 커다란 홀이었는데 야무나 강 방향으로 긴 대리석 벽
이며 나머지 세 면은 바깥마당으로 문 없이 틔어 있는 개방적 공간이었
다. '백주百株의 간間'이라 불리는 궁전의 알현전에 해당되는 디와니암의
기둥과 천정의 대리석 조각은 그 자체가 예술품으로 평가된다. 쿰라하르
의 아소카왕 궁전과 페르세폴리스의 아파다나가 유명하다.(466쪽 참조) 대

리석 벽 가운데에 사람 키 높이 위로 황제가 앉는 자리가 구멍처럼 파져 있다.

디와니암에는 흰 턱수염이 풍성한 노인이 구부러진 두꺼운 장도長刀를 들고 폼을 잡고 있었다. 아마도 관광객들을 상대로 사진을 찍어 달라고 하는 듯했다. 일행 중 한 보살님이 장도를 받아 그에게 올리는 시늉을 하자 그도 호응해서 장도를 받아들고 칼을 높이 쳐들었다. 노년의 여가 선용을 심심치 않게 잘하시는 분 같아 보였다.

디와니하스의 큰 광장에서 한국인 젊은이 남녀 한 쌍을 만나 인사를 하고 바깥으로 나가는 2중문을 지나니 왼편으로 다시 자한기르 궁전이다. 처음 들어갔던 음침하고 우울한 통로를 빠져나오는데 2년 전 기억이 떠오른다. 이 통로에서 젊은 인도인 부부를 만났고 문밖으로 빠져나가서는 할머니들의 활짝 핀 웃음을 보았었다. 그러나 이번 여행에서는 입구문을 나왔는데 버스마저 없다. 아뿔싸! 주변에 일행도 보이지 않고 성곽 앞 도로에 줄줄이 정차해 놓은 관광버스를 일일이 뒤지고 다니다가 다시 성곽 문 앞으로 돌아오니 그제야 일행들이 전용 버스에 타고 있다.

왕가의 기둥 ― 이티마드 우드 다울라

아그라 성을 나와서 4대 왕비인 누르 자한이 자신의 아버지 미르자 기야스 백(Mirza Ghiyas Beg)을 위해 지었다는 무덤 건축인 이티마드 우드 다울라(Itmad Ud Daulah)를 보러 갔다. 강변에 위치한 이곳은 규모는 작지만 그 화려함은 타지마할 이상으로, 타지마할보다 13년 앞서 건축된 최초의 흰 대리석 건축물이다. 후일 타지마할의 건축에 큰 영향을 주었다고 한다. 미르자 기야스 백은 퇴폐적 향락문화에 심취한 황제 자한기르를 대신해

| 이티마드 우드 다울라 |

서 실권을 장악했던 인물로, 이티마드 다울라는 '왕가의 기둥'이라는 의미이다. 그래서인지 황제의 묘 못지않게 화려했다.

입구 쪽 문으로 나오는데 이슬람 가족을 만나 사진을 찍었다. 이슬람 여인들은 사진 찍는 걸 좋아하고 그 행동이 적극적이고 외국인에 대해 개방적이며 교육을 잘 받은 느낌을 주었다. 초등학교나 중학생쯤 되어 보이는 그녀의 아들 사진을 하나 찍었는데 밝고 씩씩했다.

오늘 본 아그라의 세 장소는 아그라 시내의 3대 유적이라고 한다. 호텔 포함 각 장소 간에 이동 시간도 15분을 넘기지 않았다. 아그라에서 서북쪽 약 10km 떨어진 시칸드라의 샤르바 정원에 3대 악바르 황제의 묘가 있다.

악바르 황제 묘는 정식 명칭으로 악바르 마우솔레움(Akbar's Mausoleum) 혹은 지명을 그대로 차용해서 시칸드라Sikandra라고 불리는데, 악바르 황제의 재위 마지막 해인 1605년에 착공해서 아들인 자한 기르 시대 1613년에 완공되었다. 700m의 사분할 정원 중앙에 150미터의 정방형의 기단 위에 세워진 97m의 정방형의 묘이다. 타지마할이 백색, 수직적 구조, 정교하고 화려한 여성성이 특징이라면 악바르 황제의 묘는 적색, 수평적 구조, 검소하고 소박한 남성성이 특징이라고 한다. 이 악바르 황제의 묘를 타지마할보다 더 우수한 건축이라고 평가하는 건축가도 있다.* 이번 순례에는 일정에 넣지 않은 곳이었는데, 시간이 허락된다면 가볼 만한 곳이라고 생각된다.

아그라의 밤

오후 4시 30분, 일정이 조금 일찍 끝나자 일행들이 소망하던 쇼핑에 나섰다. 쇼핑센터는 사가SAGA라는 4층 단독건물이었다. 가이드가 아그라에서 가장 고급품을 취급하는 곳이라고 소개했다. 각 층별로 판매하는 물품이 달랐다. 지하 1층에는 타지마할 앞에서 보았던 대리석 조각품, 2·3층은 각종 섬유제품과 보석 등 공예품, 4층은 카펫을 판매했다. 일행들의 주된 관심은 대리석 조각품과 캐시미어와 면 등의 섬유제품이었다.

　지하 1층에 내려가니 대리석 조각품을 가공하는 장인이 대나무 막대기를 밀면서 대리석 원판에 들어갈 작은 준 보석류 장식들을 연마기에 갈고 있었다. 대나무 막대를 한손으로 잡고 밀면 둥근 원판의 연마기가 회전했다. 가이드 말로는 대대로 이어온 일인데 요즘에는 이런 장인들이 줄어들고 있다고 한다. 물론 이유는 수입이 적어서이다.

　다른 사람들이 다 사라지고 난 뒤 이 장인 청년은 내게 노란색 하트 모양의 조그만 장식을 사 달라고 했다. 가게는 주인이 따로 있고 영업직

---

* 안영배, 2005.

원들이 별도로 있어서 이 장인은 일정한 급료를 받고 오직 제작만 해야 되는 사람으로 보였다. 수입이 적어서 요즘에는 이런 장인들이 줄어들고 있다는 조금 전 가이드의 설명으로 보아, 돈이 궁하긴 궁했던 모양이다. 하트 모양에 구멍까지 뚫려 있어 줄을 걸 수 있게 한 손톱만한 소품이었는데, 인도 대리석 가공 장인과 만난 기념이라 생각하고 사 주었다.

쇼핑을 잘 마치고, 저녁 공양을 하러 주변의 작은 호텔인 푸쉽 빌라(Pushp Villa) 호텔로 갔다. 시간은 6시 20분쯤 되었다. 저녁 공양을 마치고 갈 곳도 마땅찮고 시간도 어정쩡해서 근처의 짜이 집을 찾아 나섰다. 여행사 사장님과 일행 중의 청일점靑一點 거사님이 동행을 해 준다. 청일점 거사님은 부인과 함께 오셨는데, 남자로서도 부부동반으로서도 유일한 분이셨다. 이역만리 순례길에 오른다는 것이 아무리 교통이 편리해졌다고는 하지만 쉬운 일이 아닐 텐데, 더우기 부부동반으로 동참하신 것이니 더욱 의미 있어 보였다.

마하가섭 존자도 부인과의 인연을 여러 생 거듭하여 2,500여 년 전에도 부인과 인연을 함께하여 결혼 생활 중에 함께 출가하여 대수행자가 되고 아라한이 되었으니, 미래세에 청일점 처사님이 마하가섭 존자와 같은 대수행자, 아라한이 되지 말라는 법이 없지 않은가 싶었다. 여행사 사장님이 즉석에서 인도 현지 안내인을 한 분 섭외해 주었다. 가로등이 있지만 변변찮아 어두운 거리를 한참을 걸어가니 가게가 한 곳 나왔다.

가게에는 몇 명의 남자들이 있었는데 우리를 구경한다고 가지도 않는다. 엉덩이는 푹 들어가고 상체가 뒤로 젖혀지는 쇠로 만든 안락의자를 권해서 좀 앉았다가 그리 편하지만도 않아서 일어나서 청일점 거사님에게 양보했다. 거사님이 앉으시는데 의자 앞부분에 엉덩이를 대고 걸터앉으니 일반 의자와 동일해져 버렸다. 짜이 주문을 하자 젊은 남자가 그때부터 준비해서 끓이기 시작한다. 이미 만들어 놓았다가 주는 것이 아니라 새로 만들어서 주는 이 방식이 참으로 마음에 들었다.

인도에서 짜이는 차 음료를 포괄하는 말이다. 그래서 인도 호텔에서 짜이를 달라고 하면 홍차를 주거나 홍차에 우유를 타 준다. 마살라 향신료를 넣지 않을 뿐만 아니라 우유를 제대로 끓이지 않는 단순 밀크 티이다. 마살라 짜이를 마시고 싶으면 호텔 직원에게 마살라 짜이를 따로 주문해야 한다. 물론 무료이다. 인도의 길거리 짜이 가게에 가서 짜이를 달라고 하면 마살라 짜이를 준다. 마살라 짜이는 홍차와 우유, 인도식 향신료를 함께 넣고 끓인 음료이다. 그 인도 향신료를 마살라라고 한다. 즉, 마살라는 인도 요리에 사용되는 혼합 향신료를 일컫는 말로서 강황, 생강, 카라핀차, 코리앤더가 네 가지 기본 구성이다. 커리와 사실상 같은 의미를 가지는 듯하다. 인도의 서민들의 길거리 음식인 마살라 짜이가 우리나라에도 소개되어 우리에게 짜이라고 하면 마살라 짜이를 지칭한다.

짜이는 영국의 홍차 문화가 인도에 들어와 20세기 초에 인도의 가정에까지 정착한 인도식 차 문화이다. 1840년의 아편전쟁*을 계기로 영국이 인도의 아삼 지방에서 재배하기 시작한 차가 1880년 이후로 립턴 Lipton, 트와이닝스Twinings 등 회사들의 대대적인 선전과 함께 보급되었는다.** 아삼 차는 잎뿐만 아니라 줄기까지 갈아 넣어 중국 차보다 진하고 저렴했다. 아삼 차는 인도의 탄광, 공장 노동자들 사이에 유포되면서, 우유를 중시하는 힌두적 음식관과 향신료를 좋아하는 커리 전통이 결합하여 대중적 차 문화로 발전하였다.

---

* 17~8세기에 영국에서는 일용직 노동자들까지도 중국의 홍차를 즐기게 되자 많은 양의 중국차를 막대한 은을 주고 수입하게 된다. 이러한 적자를 해소하기 위하여 영국은 인도의 비하르주와 벵골 지역 등에서 재배한 아편을 중국에 팔고 그 대가로 중국차를 수입했다. 이에 반발한 청나라 황실과 영국과의 전쟁이 아편전쟁이다.

** 공영수, 2014.

| 다메크 스투파 |

제 6 장

최초 설법 사르나트와 갠지스강

최초의 사자후

비구들이여, 두 가지 극단을 버려라

툰달라역의 바라나시행 밤기차

밤 짜이를 한잔 잘하고, 밤 8시 넘어서쯤 저녁 공양한 호텔에서 1시간가량 이동해 툰달라역에 도착했다. 대합실은 남녀 구분이다. 플랫폼 전깃줄에 빼곡히 새들이 앉아 있고, 그 밑 복도에는 새똥이 새들보다 많은 흔적을 그리고 있다. 여행사 사장님과 가이드는 짐꾼들이 옮겨다 준 트렁크들을 우리가 타야 할 A1 객차 앞 플랫폼에 모아 두고 지키고 있다.

대합실에서 기다리다가 플랫폼으로 나가니 배낭여행 온 한국인 여성 두 명을 만났다. 한 명은 20대의 대구 출신이고, 다른 이는 50대로 보이는데 서울에 산다고 한다. 각자 따로 왔다가 우연히 만났다고 한다. 두 분 다 바라나시행 기차를 기다리고 있다.

필자는 내심 적잖이 놀랐다. 인도 배낭여행은 쉽지 않으리라 여겨졌기 때문이다. 워낙 복잡하고 질서가 다른 곳이기 때문이다. 50대 여성분은 몇 번 경험이 있다고 하고, 20대의 젊은 아가씨는 유럽에서 한 달 간 배낭여행 경험이 있는데 인도는 처음이라고 한다. 얼굴이 예쁜 이 아가

| 달리는 기차를 따라 뛰는 어깨짐 상인들 |

씨는 대형 등산용 배낭을 갖고 있었는데, 체격이 제법 좋아 감당할 만해 보였다.

밤 12시 30분경, 예정보다 4시간 연착한 기차를 기다리던 끝에 탔다. 기차가 플랫폼으로 들어오자 어깨에 짐을 멘 장사꾼들이 달려오는 기차의 창살을 잡고 따라 뛰기 시작한다. 하나라도 더 팔기 위한 분투가 대단하다. 본디 저녁 8시 30분 기차다. 가이드는 기차의 연착 상황을 정확히 알고 있었는데, 그것은 스마트폰에 인도 기차 앱이 설치되어 있어서 예약된 기차가 현재 어느 역에서 출발했는지의 여부까지 알 수 있는 모양이었다. 앱의 명칭은 인디안레일IndianRail이다. 그 앱을 설치해 봤는데 쓸일은 없는 듯하다.

인도 기차는 종류도 다양할 뿐만 아니라, 한 기차에도 다양한 종류의 객차들이 붙어 있고, 좌석은 실명제로 운영되는 특징이 있다. 기차 안을 통해서는 한 객차에서 다른 객차로 이동할 수 없는 경우도 있어서 자신

| 단란한 인도 가족 |

이 승차할 객차 앞에 정확히 기다리는 것이 중요하다. 게다가 스무 개 가까이 되는 트렁크 짐을 객차로 실어 올려야 되는 입장에서는 필수불가결의 것이었다. 가이드 말로는 현지 여행 가이드들이 가장 꺼려하는 교통수단이 기차라고 한다. 이유는 짐 때문이다.

필자의 좌석은 일행 중 부부동반으로 참여하신 분과 같은 침대칸이었다. 배정받은 자리에 가자 다른 사람들이 누워 있다. 세 자리 중 두 자리를 점거 당했는데, 어떤 인도 남자가 자신의 부인과 아이들을 재우고 있으니 자신의 본래 다른 두 자리와 바꾸자고 한다. 우리도 두 명이 부부라 내 자리 하나만 바꿔 줄 수 있다고 했는데, 다행히 바로 옆 칸 2층이 그 남자의 자리여서 그의 가족을 보살필 수 있을 것이라고 말하니 그도 수긍한다. 자리 바꿔서 정해진 침대, 어두컴컴한 2층 객차 침대에 모포를 대충 깔고 미리 꺼내 둔 패드를 입은 채, 하나 더 얻은 모포를 덮고 잤다. 추운 줄은 몰랐지만, 엊저녁 보이차와 커피를 많이 마셔서 2층 칸

| 명상하는 인도 여인 |

에 자다가 세 번이나 일어나서 화장실을 다녀왔다. 어둠 속에서 2층 칸 침대에 오르내리는 게 보통 일이 아니다. 아침에 침대칸에서 늑장을 부리고 있으니 벌써 햇살이 창에 가득하다. 화장실 다녀오는데 객차 칸 사이 공간의 벽에도 2층에 해당하는 높이에 침대를 매달아 한 사람이 흰 시트를 두르고 자고 있고, 바닥에도 한 사람 자고 있다.

어제 그 자리로 돌아와 보니 그 인도인 가족의 단란한 한때이다. 우리 일행 부부가 아이들에게 초콜릿, 사탕을 나눠 주었다. 아이들은 둘 다 남자 아이인데 2살, 5살이다. 부인은 초록색 사리(인도 전통 복장)에, 벵갈 보석 팔찌를 주렁주렁 손목에 걸었고, 셋째 발가락에도 양쪽으로 반지를 하고 있다. 발가락 반지는 결혼한 여성의 표시라고 한다. 부인도 남편도 작은 체구지만 미녀 미남이다. 남자는 잘 교육받고 교양과 지식을 갖추고 좋은 직장에 근무하고 있다는 것이 목소리와 표정, 행동에서 보였다. 단정함과 굳건함이 넘치는 표정이 일순 지나간다. 큰 아이에게 볼펜 하나를 선물했다.

그 반대편 뒤쪽 창가에 가로붙은 자리에는 지긋한 나이의 여성이 사리를 입고 좌선 중이다. 창가로 비쳐드는 아침 햇살이 얼굴의 반만 비추는데, 앉은 자세와 표정이 훌륭하다. 종교와 요가의 나라 인도를 실감나게 해 주는 장면이었다.

다음 객차로 가보니 우리 일행들은 다들 일어나 있고, 기도를 하는 보살님들도 있다. 한 보살님은 2층 칸에 올라앉아 여행사 사장님이 들고 다니던 보온밥통의 잔반을 손으로 주물러 주먹밥으로 만들고 있었다. 주먹밥 향이 퍼져 입맛을 돋운다. 또 한쪽에는 컵라면이 인기다. 컵라면은 한국에서 올 때 가져와서 트렁크에 넣어 다녔을 텐데, 기차 타면서 순발력 있게 꺼내 둔 것이리라. 주먹밥과 컵라면 냄새에 동해서, 마침 지나가는 마살라 짜이 보이에게 짜이를 한 잔 주문하여 주먹밥과 라면 냄새의 유혹에 대항하지 않을 수 없었다. 가이드가 기차도시락을 주문했다. 도시락은 빵, 감자 고로케, 튀김 등 세 가지로 간단하게 나왔다.

밤새 8시간을 달려 무갈사라이 역에 아침 8시 30분 도착했다. 이 시간은 벌써 호텔에 도착해서 아침 식사를 마치고 하루 일정을 시작했을 시간이다. 빨간 상의의 쿨리(짐꾼)들이 모여들어 짐을 배분하는데, 어찌된 건지 시간이 제법 걸린다. 트렁크를 두 개씩 머리에 이고 하나는 팔에 걸고 간다. 한 쿨리가 플라스틱

| 쿨리들 |

트렁크를 머리에 겹쳐 이려다가 미끄러져서 땅바닥에 패대기쳐져 버린다. 뭣 때문인지 싸우기도 하고, 거친 삶을 살아가는 사람들! 호텔의 짐 보이와는 완전히 다른 세계다.

영적인 빛의 도시—바라나시

무갈사라이 역에 내리니 복잡함의 수준이 거의 바라나시와 다를 바가 없다. 무갈사라이 역에서 호텔에 도착하니 오후 2시 30분이다. 버스를 타고 갠지스강을 건너 바라나시로 들어오니 바라나시 역이 보인다. 바라나시 역사驛舍는 양쪽으로 길쭉하고 둥근 뾰쪽탑 모양의 힌두 사원 양식

의 건물을 양쪽에 두고 이를 연결한 평평한 건물의 중앙에 큰 법륜을 장식한 모습이다. 인근에서 발견된 사르나트 아소카왕석주 주두의 법륜을 상기시킨다.

바라나시 역 옆의 시외버스터미널을 지나서도 한참을 더 가서야 우리가 짐을 풀 곳이다. 아그라에서 바라나시까지가 600km가 약간 넘는 거리지만 무갈사라이 역에서 바라나시까지도 상당한 거리였던 것이다(호텔까지 6시간). 사르나트의 초전법륜지를 참배하기 위하여 우리가 묵는 래디슨Radisson 호텔은 바라나시에 위치한 호텔이다.

바라나시는 인구 약 166만(2020년)의 우타르프라데시주의 도시이다. 과거에는 '영적인 빛의 도시'라는 뜻의 카시Kāśi로 불렸다. 부처님도 출가하실 때 카시산産 옷을 입고 있었다고 한다. 바라나시라는 이름은 바루나 강과 아시 강 사이에 있다고 해서 붙여진 이름이다.

인도에서 가장 오래된 도시 중의 하나인 이곳은 힌두교에서 가장 신성한 도시로 여기는 곳이다. 독실한 이슬람교도여서 성자라고까지 불렸던 무굴 제국 6대 아우랑제브 황제 때에 도시 대부분과 여러 힌두교 사원이 파괴되었다고 한다. 연간 100만 명이 넘는 순례자들이 방문, 과거의 업이 씻겨 내려가기를 기원한다고 한다.

현장 스님의《대당서역기》에서 묘사하는 바라나시를 보자.

바라나시국의 둘레가 4,000여 리이다. 도성은 길이가 18~19리, 폭이 5~6리 정도 된다. 서쪽에 갠지스강이 있다. 주민들은 순박하고 재능이나 예술을 중시하며, 풍족한 생활을 한다. 대부분 외교外教를 믿고 불교를 믿는 사람은 적다. 기후는 사람이 살기에 적당하며, 늘 농작물이 풍성하고 과일이 많이 난다. 사원 10여 곳에 승려 3,000여 명이 있으며, 모두 소승불교의 정량부正量部 법을 공부한다. 외교 사원은 100

여 곳이며 외교를 믿는 사람은 1만 명이 넘는다.

사르나트의 영불탑

사르나트는 바라나시 북동쪽 약 9.5km 거리이다. 점심 공양을 하고 영불탑迎佛塔(차우칸디 스투파)에 들르니 오후 3시 20분쯤 되었다. 밤새 기차를 타고 다시 버스를 6시간 달려서 오후 3시가 넘어서야 오늘의 첫 순례지에 도착했다. 이제부터야말로 본격적인 인도 불교 성지순례의 첫 걸음을 떼는 것이라고 할 수 있다.

사르나트는 부처님께서 절박함을 일으켜야 할 네 군데 장소 중의 한 곳으로 말씀하신 곳이자, 부처님께서 깨달으신 진리가 세상에 처음으로 출현한 곳이며, 그로 인하여 최초의 승가가 형성된 곳이라는 점에서 그 중요성은 더 말할 나위가 없다.

사르나트라는 지명은 사용된 지 불과 200여 년에 불과하다고 한다. 사슴의 왕을 말하는 사랑가나타sāraṅganātha를 어원으로 여긴다. 즉, 아잔타 석굴(제17굴)의 벽화에도 등장하였던 니그로다 미가 자타카와 관계가 있는 사랑가나타가 축약되어 사르나트가 되었다는 것이다. 팔리어 불전에는 이시파타나isipatana로 표기하며, 후대 산스크리트 불전에는 르시파타나 므르가다바(ṛṣipatana mṛgadâva)로 나온다. 이시isi는 '현자', 파타나patana는 '날다(flying)', '내리다(falling)'의 뜻이 있는데, 히말라야의 현자들이 세속에 올 때 날아서 내리던 곳, 혹은 머물다가 날아간 곳, 내지는 벽지불들이 일주일씩 머물던 곳이다. 이시파타나는 평화롭게 머물고 명상하기에 좋아서 현자들은 여기에서 고독과 엄격한 수련을 통해 정신적 진

| 영불탑 |

전을 이루었다.* 므르가mṛga는 사슴, 다바dàva는 숲을 의미한다. 4세기의
구법승 법현 스님은 이를 선인녹원정사仙人鹿苑精舍라고 번역하였다.

영불탑은 다섯 비구가 부처님을 영접한 곳이라 하여 영불탑이라 한
다. 부처님께서는 깨달음을 얻으신 후에 보리수 앞에 있는 라자야타나
나무 아래에 앉아 설법할 사람을 물색하셨다. 처음에는 출가 후 스승을
찾아 라즈기르에 가서 만났던 알라라 칼라마(Alara Kalama)와 웃다카 라
마풋타(Uddaka Ramaputta)를 떠올리셨다. 그러나 알라라 칼라마는 7일 전
에 죽었고, 웃다카 라마풋타는 전날 죽었음을 알고 "크게 잃었다"고 탄
식하셨다. 그리고 누구에게 법을 전할까 고심하시다가 이들 다섯 비구를

* G.P. Malalasekera, D.Litt, Professor Emeritus, W.G. Weeraratine 편집, 1990, pp591~593

생각해 냈다. 부처님께서는 보드가야에서 이곳 사르나트까지 걸어오셔서 다섯 비구를 만났다. 걸어오시는 도중에 우파카라는 외도를 만나 게송을 읊어 주었는데, 그 인연으로 훗날 우파카는 부처님을 찾아와 출가해 아나함이 되었다.*

음력 6월 보름 늦은 오후, 부처님과 다섯 비구는 재회한다. 부처님을 발견한 다섯 비구는 다음과 같이 약속하였다

친구들이여! 저기 사문 고타마가 오고 있다. 그는 명상 수행을 포기한 자이다. 네 가지 필수품을 얻으려고 애쓰는 자요, 네 가지 필수품을 얻는 생활로 되돌아간 자이다. 그러니 우리들은 사문 고타마에게 존경심을 표하지 말자. 그에게 인사하지 말자. 단지 그가 원한다면 자리 정도는 내 주어도 좋을 것이다.

그러한 분위기를 파악한 부처님께서는 다섯 사문을 향해 특별한 자애심을 보이셨다. 부처님이 점점 가까이 다가옴에 따라 자애심을 비롯한 부처님의 위력에 부딪히게 되자, 그들은 자신들이 한 약속을 지킬 수 없음을 깨닫고, 적절한 존경을 표했다. 그러나 그들은 여전히 부처님과 자신들을 동등하다고 생각해 부처님을 '고타마'나 '벗이여'라고 불렀다. 이에 부처님께서는 고타마나 벗이라고 부름으로써 당신을 그들과 동등한 자로 만들지 말라고 말한 다음, 이와 같이 말했다.

나는 진실로 바르고 원만히 깨달은 붓다로서, 진리로 파악해야 할 모든 법들에 대한 앎을 갖추었다. 그 앎은 완벽하고 진실하며 꿰뚫어졌

---

* 일창 스님, 2012.

고 명료한 것이다. 나는 불사不死의 열반을 성취하였나니, 그대들에게 그 법을 가르치겠노라. 만일 나의 가르침에 따라 수행한다면 그대들은 바로 이생에서 직관지直觀知를 통해 아라한과의 행복을 재빨리 깨달을 것이다.

몇 번 반복해서 주장했지만, 여전히 다섯 사문들은 회의적이었다. 부처님은 방법을 바꾸었다.

사문들이여, 우루벨라 숲에서 명상 수행에 전념할 때 그대들에게 용기를 주기 위해, 그대들이 나와 고행하는 것을 귀찮게 여기지 않도록 하기 위해, 나아가 그대들로부터 내가 높은 평가를 받기 위해 이런 말을 한 적이 있었소?

다섯 사문들이 곰곰이 숙고했다.

사문 고타마가 명상 수행을 하면서 '나는 아라한이 되었다'라고 말했다면 우리는 기꺼이 믿었을 것이다. 그는 우리에게 자랑을 하거나 속인 적이 없다. 지금 그는 자신이 정말 증득한 것에 대해 말하고 있다.

그들은 이러한 생각에 이르렀고 사문 고타마에 대한 믿음을 회복했으며, 나아가 부처님으로 인정하게 되었다. 그리하여 다음과 같이 말하였다.

세존이신 부처님, 이전에 부처님은 그런 식으로 말씀하신 적이 없습니다. 부처님은 그런 말씀을 하지 않으셨습니다.

이때가 해가 어둠을 쫓은 뒤 서쪽으로 막 지고, 달이 다시 어둠을 물리치면서 동쪽에서 막 떠오를 때였다. 이때 부처님께서 첫 사자후를 토하시니,

비구들이여, 두 가지 극단이 있다!

이 말씀은 위로는 무색계의 가장 높은 유정천에서 아래로는 지옥에서도 가장 낮은 아비지옥에 이르기까지 일만 세계 전체에 퍼졌다.*

영불탑은 5세기경 굽타 왕조 때 건립된 것으로 7세기 중엽 현장 스님이 이곳을 방문했을 때는 약 100m나 되는 장대한 모습이었다고 한다. 지금은 많이 허물어져 내린 위에 8각의 3층 건물이 세워져 있다. 이것은 무굴 제국 2대 황제 후마윤이 쫓겨 다닐 당시 맘타 비구니의 도움으로 이곳 스투파에 몸을 숨긴 것을 기념하기 위해 아들 악바르 황제가 세운 것이라고 한다. 현재는 탑 둘레 길을 만들고 탑에 접근할 수 없도록 해놓았다. 탑 한 켠에는 울타리에 접해서 그 너머로 힌두교도들이 모여 법문을 듣고 있다.

사르나트 박물관

박물관 폐장 시간이 오후 5시라 곧바로 녹야원 앞 사르나트 박물관으로 향했다.

---

* 《전법륜경》

4사자상 주두

박물관 안에는 가방이나 카메라를 소지할 수 없었다.[*] 전시장 안으로 들어서니 바로 앞에 210cm 높이의 아소카왕석주 4사자상 주두가 강한 힘을 내뿜고 있다. 그런데 다시 보니 혀를 날름 내놓고 있어 코믹하기까지 하다. 사자 네 마리가 밟고 있는 정판頂板 테두리에 생동감 넘치는 말과 코끼리, 소, 법륜 등이 조각되어 있다. 인도 국장으로 손색이 없다.

사르나트 박물관의 가장 대표적인 전시품이 아소카왕석주의 4사자상 주두이다. 아소카왕석주 위에 네 마리의 사자를 조각해 놓은 것은 산치 대탑의 예와 사르나트의 예, 두 군데로 알려져 있다. 그러나 산치의 석주에는 법륜은 설치되지 않았다.

| 4사자상 주두 |

등을 맞댄 네 마리 사자의 모티브는 이집트와 에트루리아(B.C.E. 10세기 이후 이탈리아 중부지방을 지배한 민족)의 예가 알려져 있다. 아소카왕석주들의 정상에는 사자 외에도 소·코끼리·말을 장식했다. 람푸르바 출토의 혹 달린 소 조각도 인도적인 유기적 생명감과 그리스적인 외양의 융합으로 높이 평가받는 작품이라고 한다.[**]

등을 맞댄 네 마리의 사자 등 위에는 32개의 바큇살을 가진 직경 83cm의 법륜이 놓여 있었다고 한다. 법륜은 부처님의 설법을 상징한다.

---

[*] 그 후 카메라는 촬영료를 내고 소지 가능해짐.

[**] 미야지 아키라, 2006.

바퀴가 구르듯 진리가 이 세상에 구르기 시작하는 것이다. 진리의 바퀴가 구르는 곳에 수많은 중생이 고통으로부터 벗어나 해탈한다. 법륜의 모티브는 인도 외에도 앗시리아의 부조에서 기둥 위에 윤보輪寶를 얹은 예가 있다고 한다.

법륜이 법왕의 보배라면 윤보는 전륜성왕의 보배이다. 윤보는 전륜성왕의 7가지 보배 중 첫 번째로, 전륜성왕이 윤보에 물을 뿌리면 윤보가 움직이고 그것이 멈춘 곳에서는 적국의 왕들이 스스로 굴복한다. 이에 전륜성왕이 이들 왕들에게 5계를 설하면 왕들이 복종하게 된다. 전륜성왕에게는 윤보 외에 상보象寶, 마보馬寶, 보패보寶貝寶, 여인보女人寶, 장자보長子寶, 주장신보主藏臣寶(국무총리)의 여섯 가지 보배가 더 있다.*

| 전법륜상 |

전법륜상

사자 네 마리를 감상하고 전시관을 따라 왼쪽으로 돌아 들어가니 그 끝에 가이드의 설명으로는 세계에서 가장 잘생긴 신상神像으로 인정받는다는 사르나트 전법륜상轉法輪像이 전시되어 있다. 이 불좌상이 높은 평가를 받는 이유는 코가 훼손되어 있음에도 불구하고 자비롭고 다정한 인상이기 때문이라고 한다. 그럴듯하다. 코는 얼굴의 상징이니 코가 훼손된 얼굴이 본래의 이미지를 유지한

---

*《마하수닷사나경》

다는 건 쉬운 일이 아닐 것이다.

사르나트의 전법륜상은 법정 스님께서도 인도 순례를 하실 적에 크게 감명을 받아 3일간을 근처에 머물면서 매일 친견하러 오셨다고 한다. 변치 않는 미소에 잘생긴 소년의 얼굴을 하고 있는 부처님! 어떤 가식이나 권위의 벽도 없이 편안하고 따뜻하고 즐거운 얼굴이다. 부처님께서 35세의 젊은 나이에 깨달으셨을 때에도 존재하는 그대로 이 전법륜상처럼, 모든 벽을 무너뜨리고 떨쳐 버리고 저절로 안락하고 자애로 넘쳐 흘러 따뜻하고 스스로 즐거우셨을 것이다.

박물관의 불보살상

보살상은 중앙의 4사자상 양 옆에 두 구가 전시되어 있다. 그중에서도 중요한 작품이 쿠샨 시대 카니슈카왕 3년(130년)에 삼장법사 발라Bala 스님이 봉헌한 보디사트바 상이다. 높이 2.89m에 달하는 장대한 규모의 기념비적 작품으로, 근본여래향실(간다 쿠티)과 다르마라지카 탑 사이에서 발견되었다. 적색 사암으로 만들어졌으며, 양감이 넘치는 몸매와 둥글고 살이 통통한 얼굴, 얇은 옷이 인체에 밀착된 모습 등 초기 쿠샨 시대 마투라의 조각 전통을 여실히 드러낸다. 마투라에서 제작되어 사르나트로 옮겨진 것으로 본다. 키가 크고 힘이 넘치며 남성다운 이 보살상 옆에 이를 모방한 듯한 보디사트바상이 한 구가 더 있다. 양감이 떨어지고

| 불보살상 |

세부가 엉성해서 사르나트에서 제작한 것으로 본다.

보디사트바 상 뒷벽에 한쪽 무릎을 살짝 구부리고 소년과도 같은 몸매를 한 불입상이 앞쪽의 장대한 남성적 보디사트바 상과는 너무나 대조적으로 서 있다. 굽타 시대 154년(서기 473년), 즉 쿠마라 굽타 2세 때 아바야미트라 Abhayamitra 스님이 봉헌한 것이다.* 이와 매우 유사한 불보살 입상으로서 델리 박물관의 관세음보살 입상(470년)을 들 수 있다. 이 보살 입상은 연꽃(padma)을 들고서 한쪽 무릎을 살짝 구부린 미려한 몸매를 하고 있다.**

사르나트의 불상들! 인도의 전통 사상에서 성인聖人은 16세 소년의 모습을 하고 있다는 관념이 있다. 이를 반영하듯 둥근 미소년의 얼굴에, 주나르(인도의 지방 이름)의 백색 사암에 새겨진 얇은 천에 비치는 약간 가녀린 듯한 몸매! 이것이 간다라 미술과 인도 고유 양식을 완전히 융화시켜 새로운 미를 개척한 마투라 불상의 신비로운 이상주의의 절정을 뒤이어, 5세기말~6세기에 인도적 고유미를 더욱 진하게 풍기

| 불입상 |

---

* 강희정, 2009.

** 이주형 책임 편집, 2006.

344

면서 관능미에까지 다가가 버린 사르나트 조각의 특징이다.* 이처럼 옷의 주름을 완전히 없애고, 팔다리의 양감을 줄이면서 비례를 길게 하고, 윤곽선 대신 입체적인 이목구비와 동시에 섬세하고 갸름해진 얼굴로써 오히려 사실감에 우아한 느낌을 더한 사르나트의 조각 양식은 이후 인도의 지배적 조각 양식이 되었다. 우리는 순례의 첫날 아잔타와 엘로라의 석굴에서 이 사르나트의 양식을 계승한 무수한 불상들을 친견했었다.

다양한 관음보살상들

그 외에도 사르나트 박물관에는 관음보살의 다양한 화현보살상이 소장되어 있다. 7세기경의 청경靑莖(닐라칸타Nilakaṇṭha)관음상은 다른 지역에서 찾아보기 힘든 예이다. 이 보살은 악마의 맹독으로 위험에 빠진 세상을 구원하기 위하여 독물을 삼키는 바람에 목이 푸르게 변했다고 한다. 독이 든 발우를 두 손으로 받쳐 들고 있는 모습이다. 청경관음은 시바의 화신 중의 한 형태를 불교에서 받아들여 관음과 결합시킨 것이다.

8세기경 조성된 풍만하기 그지없는 타라Tārā보살상도 굽타 시대 이후 밀교의 발달과 함께 이뤄진 다양한 관음의 화현 중 하나라고 본다. 12세기에 조성된 타라보살상도 있다. 이러한 작품들은 굽타 왕조 멸망 이후 8세기 중엽~12세기 후반까지 북인도의 비하르주를 지배한 팔라 왕조 시기의 것들이다. 이들은 사르나트가 현장 스님이 방문한 7세기 중엽까지만 해도 소승의 정량부가 장악하고 있었지만, 그 이후 대승의 관음신앙이 널리 유행했음을 보여 준다. 팔라 왕조의 불교 미술은 굽타 양식을 계승하면서도 힌두교 조각처럼 더욱 장식적이고 화려해지는 면모를 보여 준다.

---

* 최완수, 1983.

인도 팔상 부조

사르나트 박물관의 유물로 특별히 관심을 끄는 것 중 하나가 인도의 불전팔상도佛傳八相圖이다. 굽타 시대의 유물인 이 팔상 부조는 부처님의 일생을 압축적으로 전달할 수 있도록 축약시킨 불전 부조의 좋은 예이다. 가장 아랫단에 룸비니에서의 탄생, 보드가야에서의 성도, 그 윗단에 바이샬리의 원후봉밀猿猴奉蜜, 라즈기르의 취상조복醉象調伏, 그 윗단에 상카시아의 33천강하三十三天降下(혹은 삼도보계三道寶階), 쉬라바스티의 대신변大神變, 그리고 가장 윗단에 쿠시나가르에서의 열반과 사르나트의 첫 설법(初轉法輪)이 새겨졌다.*

이는 우리나라의 팔상성도와는 그 주제 선정을 달리하고 있다. 즉 도솔래의상, 사문유관상, 유성출가상, 설산수도상이 빠지고, 원후봉밀, 취상조복, 33천강하, 쉬라바스티의 신변이 들어가서 '인도 팔상'이라 부를 만하다. 이 중에서 원후봉밀과 33천강하(삼도보계), 쉬라바스티의 신변은 산치 탑문의 부조에서 이미 본 적이 있다. 취상조복은 훼손된 부조 중에 있을 것으로 추측해 보면, 이 인도 팔상의 주제 성립은 적어도 산치 대탑 부조의 성립 시기까지 그 시대를 거슬러 올라갈 수 있을 것으로 보인다. 인도 팔상 조각은 불좌상의 광배에 석가모니 팔상상八相像의 형태로 날란다 지역에서 많이 제작되었다. 날란다 박물관에 소장된 촉지인불좌상觸地印佛坐像(마히팔라 1세, 1010년), 날란다 인근(3km) 자가디쉬푸르의 석조불좌상, 서울 중앙박물관의 불전팔상 촉지인불좌상(10세기)을 들 수 있다.**

---

* 이 여덟 장소가 인도 불교에서 역사적으로 꼽는 8대 성지이다.

** 강희정, 주경미, 2009.

| 불전팔상도 |

초전법륜지—녹야원

그새 우리는 박물관에서 녹야원으로 갔다. 평화로운 곳, 끝없이 머물고 싶은 부처님의 최초 설법지, 여유와 평온이 있는 곳 녹야원! 거대한 다메크 탑의 탑돌이를 하는 사람들, 탑에 공양하는 사람들, 잔디밭에서 절하는 사람, 조용히 경전을 읽고 있는 어린 티베트 스님들… 2년 전에 왔을 때는 아그라에서 무갈사라이 역으로 오는 기차가 연착하지 않아서 바라나시로 오는 새벽길이 아침안개 자욱한 서늘한 공기를 뚫고 비쳐 들어오는 햇살에 싱그러웠고, 게다가 이날 오후 시간에 일정이 없어서 도반스님과 다시 와서 한가로운 시간을 보냈던 기억이 떠올랐다. 여행사에서 일정을 계획할 때 기차 연착을 감안해 오후 일정을 비워 놓았던 듯하다.

처음 법의 바퀴를 굴린 곳

녹야원은 아소카왕 때부터 12세기까지의 유적과 다수의 조각이 출토되었고, 근본여래향실(간다 쿠티)과 다르마라지카 탑(법왕탑)을 중심으로 굽타 시대에 가장 번성한 것으로 밝혀졌다고 한다. 녹야원에 대하여 《대당서역기》는 다음과 같이 전하고 있다.

| 향 공양 |

| 근본여래향실 |

바라나시강 동북쪽으로 10여 리 가면 사르나트의 녹야원 가람이 있
다. 8등분으로 경계가 나뉘는데 울타리가 연이어 빙 둘러쳐져 있고,
겹겹이 연이은 처마와 누각은 그 화려함이 극치를 이룬다. 승려들이
1,500여 명 있는데, 그들은 모두 소승 정량부의 법을 배우고 있다. 큰
울 안에 큰 정사가 있다. 높이는 200여 척에 달하는데, 위에는 황금으
로 암몰라庵沒羅 열매를 조각해 넣었다. … 정사 안에는 유석으로 만
들어진 불상이 있는데, 크기가 여래의 몸과 똑같으며 법륜을 굴리는
자세를 취하고 있다. 정사의 서남쪽에는 돌로 만들어진 스투파(다르마
라지카 탑을 말함)가 있다. 아소카왕이 세운 것으로 다소 기단이 허물어
지긴 했지만 그래도 100척이 넘는다. 앞에 세워 놓은 돌기둥(아소카왕
석주를 말함)은 높이 70여 척에 달한다. 돌은 윤기를 머금고 있으며 거
울처럼 사물을 맑게 비춘다. … 여기는 여래께서 정각을 이루신 뒤에
처음 법륜을 굴린 곳이다.

| 봉헌탑 |

　현장 스님이 전하는 200여 척(60m) 높이의 정사*가 근본여래향실根
本如來香室일 것이다. 근본여래향실은 부처님께서 첫 안거를 보내신 곳에
세워져 부처님의 거처로 사용되었다고 하는 물라간다 쿠티mūlagandhakuṭī
이다. 물라는 근본根本, 간다는 여래의 향기(如來香), 쿠티는 집(室)이다. 부
처님께서 머무르셨던 숙소에서는 향기가 난다고 해서 물라간다 쿠티, 줄
여서 간다 쿠티라고 한다. 이곳이 현장 스님이 전하는 바와 같이 부처님
의 최초설법지로 추정하는 유력한 장소이다. 쉬라바스티의 기원정사에
도 간다 쿠티 유적이 있다.

　녹야원 근본향실은 18.29m×18.29m의 정방형 모양으로, 동쪽에 입
구가 있다. 경전 상에는 여래께서 앉는 방향이 대부분 동쪽이다. 여래께
서 앉았던 자리라고 짐작되는 곳의 벽에는 남방불교 불자들이 붙여 놓

---

* 60미터의 여래향실은 굽타 시대에 발전한 고탑高塔 형식의 한 예로 본다. 현장 스님이 여래향실의
정상에 암몰라과를 장식했다고 기록하는 것으로 보아 복발형이 아닌 내부공간이 있는 방추형 고탑
의 정사 형식이다. 현존하는 방추형 고탑 형식의 대표적 예는 보드가야 대탑이다. 방추형이 아니라
해도 거대한 높이를 자랑하는 다메크 탑과 다르마라지카 탑도 이러한 고탑화 경향을 반영한 것이라
보인다.

| 다르마라지카 탑 |

은 금딱지들이 붙어 있다. 근본향실의 벽 두께가 1m는 족히 넘어 보였다. 더운 인도 날씨에도 방안은 시원했을 것으로 짐작된다. 산치 대탑의 승방 벽의 두께도 이 정도 되었고, 며칠 후에 방문할 날란다 대학 벽의 두께도 이 못지않다.

입구 가까이 있는 기단부의 극히 일부만 남아 있는 다르마라지카 탑(법왕탑)은 아소카왕이 건립한 것이라고 한다. 법왕탑은 최초 건립 당시 지름 13m가 넘는 꽤 큰 규모로 추정되고, 현장 스님이 전하는 바에 의하면 30m(100척) 높이에 달했다.

사르나트 일대의 승원과 탑은, 팔라 시대의 마히팔라Mahipāla 1세 때의 기록으로는, 1017년 가즈니 군이 침략하여 파괴되었다가 1026년 스티라팔라Sthirapāla와 바산타팔라Vasantapāla 두 형제에 의해 다르마라지카 스투파와 다르마차크라 스투파를 재건하고 간다 쿠티를 세웠다고 한다. 이후 12세기에 카나우지의 왕 고빈다찬드라Govindacandra(1114~1154)의 왕비인 쿠마라데비가 다르마차크라지나비하라를 건립할 때까지 모두 6번의 증축이 이루어졌다. 1194년 쿠투부틴 아이박(Kutubuddin Aibak)에 의한 이슬람 침공으로 대대적으로 파괴되었다.

1794년 바라나시 마하라즈의 지방행정관이 자신의 개인 건축물을 짓기 위해 이곳 사르나트의 유적지 벽돌을 실어오는 과정에서 이 스투파를 해체하였다. 해체 도중, 정상부 8m 지점에서 알 수 없는 글씨가 적힌 함을 발견하고는 그 함과 안에 들어 있는 사리병은 보관했으나, 사리병 안의 내용물은 갠지스강에 버렸다고 한다. 사리함과 사리병은 뉴델리 국립박물관에 소장되었다. 이 사실이 알려지면서 사르나트는 많은 이의 관심을 받게 되었다. 알맹이는 없어지고 껍데기만 남고서야 세간의 주목을 받게 된 것이니 역사의 아이러니다.

근본여래향실과 다르마라지카 탑 사이에 아소카왕의 석주가 있다. 조금 전 박물관에서 본, 4사자상을 머리에 이고 있다가 부러진 왕의 석주는 현재 2.03m의 밑동만 남아 있지만, 원래는 15.25m(직경 71cm)로 추정된다. 석주의 면에는 세 종류의 명문이 남아 있는데, 그중 가장 오래된 것이 브라흐미 문자로 된 아소카 법칙이다.* 그 내용은 다음과 같다.

누구도 승가의 화합을 깨뜨려서는 안 된다. 비구 또는 비구니로서 승가의 화합을 깨뜨린 사람은 백의를 입혀서 주처가 아닌 곳에 살게 해야 한다. 이와 같이 이 법칙은 비구 승가와 비구니 승가에 알려지게 해야 한다.**

---

* 세 개의 명문이 있는데, 두 번째 오래된 명문은 쿠샨 시대 아쉬바고샤Aśvaghoṣa왕 40년 겨울 1반월 10일의 각문이다. 아쉬바고샤왕에 대해서는 알려진 바가 없다고 한다. 마지막 명문은 초기굽타문자로 4세기경 새겨진 것이다. 석주를 포함한 사르나트 일대가 독자부(Vātsīputrīya)의 분파인 정량부(Sammatīya) 소유라는 내용이다. 이주형 책임편집, 강희정, 2009.
또한 다메크스투파 동쪽 승원에서 1058년 반야경을 사경하여 삿다르마차크라 프라바르타나 마하비하라(Saddarmachakra pravartana mahāvihāra)에 거주하는 승려들에게 기증한다는 기록이 새겨진 돌이 발견되었고, 청경관음상, 타라보살상 등이 발견되어 후기에 밀교가 풍미했음을 보여 준다.

** 게이쇼, 2008.

| 아소카왕석주 |

이를 사르나트 소석주 법칙이라고도 하는데, 알라하바드의 코삼비 소석주 법칙, 산치 소석주 법칙과 더불어 분열 법칙(Schism Edict)으로 분류된다. 분열 법칙이란 승단의 분열에 관한 법칙이라는 의미인데, 위의 세 법칙은 모두 불교 승단의 분열 방지를 목적으로 공포된 것이다. 내용이 서로 공통되기 때문에 분열 법칙이라 총칭되어, 아소카왕 당시의 승단 모습을 알기 위한 단서로서 많은 연구자들이 주목해 왔다.*

녹야원에서 그나마 모양을 갖추고 있는 다메크 탑으로 이동했다. 다메크 탑은 마우리아 시대에 처음 건립된 것으로 추정되며, 현재 기단 직경이 28m, 높이가 43m에 달한다. 이 거대한 탑은 둥글고 넓은 컵을 이중으로 엎어 놓은 듯한 모습인데, 중앙에까지 올라가 있는 밑부분이 기단이며 그 윗부분이 탑신인 안다이다. 상륜부는 훼손되어 남아 있지 않다.

기단 외벽에 8개의 감실이 있고 그중 하나가 미륵불을 모신 곳이다.

---

* 시즈카, 2007, p.46. 시즈카는 아소카왕이 승단의 분열을 막고자 석주를 세우고 거기에 분열 법칙을 새겼으며 이러한 노력이 파승破僧(승단 분열)이 파법륜승破法輪僧(법은 달라도 포살을 같이하면 파승이 아님)으로 귀결됨을 보여 준다. 이 논증 과정에서 뒤늦게 논서에서 파법륜승을 인정한 설일체유부가 가장 보수적이었으며, 율장의 건도부를 새로 편집하기까지 한 대중부가 가장 진보적이었음이 드러난다.

| 다메크 탑 |

그러므로 이 탑이 현장 스님이 말한 미륵성불수기탑彌勒成佛受記塔이라
는 주장*이 있으나 증명하기 어렵다. 또한 1835년 이곳을 발굴한 커닝엄
은 다메크 탑이 불사리를 모시기 위해 세운 스투파이며, 부처님의 첫 설
법지라는 견해는 갖고 있었지만 불사리를 찾아내지는 못했다.** 외벽 부
조 장식이 굽타 시대의 것으로 보아 이 탑은 산치 대탑의 원시적 형태에
서 기단이 둥글게 발달한 굽타 시대의 귀중한 예로 볼 수 있다.

영불탑에서 다섯 비구를 만난 부처님께서는 자리를 이곳 녹야원으
로 옮겨 최초의 설법을 하셨다. 그 최초 설법이《초전법륜경初傳法輪經》이

---

* 오어틀(F.O.Oertel)의 주장이다.

** 그는 사리 장치 대신 정상에서 90cm 아래에서 연기법송緣起法頌이 새겨진 석판을 발견했다. 불
보살상이나 봉헌판에 연기법송을 새기는 것은 5세기부터 유행하였다고 한다. 이주형 책임 편집, 강희
정, 2009.

| 다메크 스투파 탑신의 조각 |

다. 부처님은 《초전법륜경》에서 중도, 팔정도八正道, 사성제四聖諦를 설하
셨다. 이 설법을 듣고 교진여 존자에게 '일어나는 법은 그 무엇이건 모두
소멸하기 마련인 법이다'라는 티 없고 때가 없는 법의 눈이 생겼다고 한
다. 이를 아시고 부처님께서 "참으로 교진여는 완전하게 알았구나. 참으
로 교진여는 완전하게 알았구나!"라고 말씀하셨다. 여기에서 아야교진
여(안냐꼰단냐Aññā-koṇḍañña)라는 이름이 생겼고, 수다원과를 성취하였다
고 한다.

　최초 설법 후 부처님께서는 다섯 비구와 함께 첫 안거에 들어가셨는
데, 결제 중에 비구들이 모두 수다원과를 성취했다. 그러자 그 다음으로
두 번째 설법을 하여 아라한이 되게 하였다. 그 설법이 《무아無我의 특징
경》이다. 《무아의 특징경》은 오온五蘊이 무상無常·고苦·무아無我임을 설
한 경전으로, 이 가르침을 듣고 다섯 비구는 아라한과를 성취하게 된다.

| 티베트의 어린 스님들 |

녹야원에서의 예불

다메크 탑 앞의 잔디밭은 넓고 그늘져서 예불 드리기 좋았다. 《대반열반경》에서 부처님께서 직접 언급하신, 신심 있는 자가 절박함을 일으켜야 하는 네 가지 장소 중의 하나인 부처님의 최초 설법지에서 부처님을 예경하고 신심을 일으키는 것이다. 부처님의 최초 가르침인, 중도와 팔정도와 사성제, 그리고 무상·고·무아의 삼법인을 생각하면서, 석가모니불 정근과 함께 탑돌이를 세 바퀴 돌았다.

사르나트의 영불탑과 녹야원은 인도 성지순례를 할 때 특히 델리 쪽으로 들어오는 경로를 택하면 가장 먼저 참배하게 되는 성지이다. 그러나 성지순례는 수많은 걸인들과 행상꾼들에 의해 착잡한 기분에 빠져들기 일쑤이다. 그러나 2년 전에 왔을 때보다는 영축산 가는 길을 제외하고는 이러한 사람들이 대폭 감소했음을 순례 기간 내내 느낄 수 있었다. 사르나트도 마찬가지이다. 영불탑에 몰려들었던 아이들, 끈질긴 행상들, 다메크 탑을 둘러싼 울타리 사이사이에 놓여 있었던 걸식기는 다 어디로 갔는지 찾아볼 수가 없다. 또 다메크 탑을 둘러친 금색 천에 꽂아 둔 액세서리들을 다시 떼어 내어 팔려는 아이들의 모습도 때가 맞지 않아서인지 볼 수 없다.

녹야원에 1시간만 할애하고는 저녁 일정을 위해 다시 나섰다. 갠지스 강가에서 저녁마다 있는 힌두교 의식을 관람하기 위해서였다. 이미 5시 20분경, 갠지스강에 힌두 의식 시작 전에 시간 맞춰 도착하려면 바쁘다. 일정은 항상 바쁘기 마련인가? 아무리 빨리 해도 계속 바쁘기만 하다.

갠지스강의 낮과 밤

갠지스강과 이 강이 관통해 흐르는 힌두스탄 충적 평야를 이해하지 못하면 인도를 알기 어렵다. 갠지스강은 넓은 유역 면적과 완만한 수면 경사가 특징이다. 이러한 두 가지 특징은 힌두스탄이라 이름 붙여진 광대한 충적 평야를 낳았다.

갠지스강-힌두스탄 평야의 원천

갠지스강이 중심에 있는 힌두스탄 평야는 인도 북부의 곡창지대를 이루는 동시에 인도의 역사의 주 무대이자 힌두 문화의 중심지를 이루었다. 충적 평야는 하천에 의해 운반된 자갈, 모래, 진흙이 범람하여 연안의 낮은 땅에 퇴적하여 이루어진 평야로서 일종의 퇴적 평야이다. 우리나라에서는 낙동강 하구의 김해평야가 대표적이다.

힌두hindhu라는 말은 인더스강의 원래 명칭인 큰 강이라는 의미의 신두sindhu가 '스' 발음을 잘하지 못하는 페르시아인들에 의해 힌두로 변형된 것이다. 스탄은 서다, 머물다를 의미하는 범어에서 파생된 페르시아어

| 광대한 유역 면적을 가진 갠지스강 모래 |

로서 '지방·나라'를 의미한다. 따라서 힌두스탄이란 '인도의 토지'를 뜻하며, 힌두스탄 평원을 북인도 평야 또는 갠지스 평야라고도 한다.

서쪽으로 아라비아해에서 동쪽으로 벵골만에 이르며, 동서 길이 3,200km, 남북 너비 최대 320km에 이른다. 일종의 함몰 지대로 인더스, 갠지스, 브라마푸트라의 3대 하천으로 광대한 충적 평야를 형성하였다. 이 평야에 거주하는 주민은 전 인도 인구의 40%를 넘는다.

갠지스강은 힌디어로는 '강가Ganga'라고 하고, 길이 2,460km, 총 유역 면적 약 173만 km²로 힌두교도들이 성스러운 강으로 숭앙하는 강이다. 네팔 국경의 서쪽, 히말라야 산맥의 강고토리 빙하에서 발원하여 남쪽으로 흘러 델리 북쪽에 있는 하르드와르 부근에서 힌두스탄 평야로 흘러들어가서 남동으로 흘러, 타지마할을 끼고 흐르는 야무나 강과 알라하바드에서 만나고, 동쪽으로 진행하여 바라나시에 도달한 다음에는 북동으로 방향을 틀어서 파트나에 도달한다.

파트나에서 간다키Gandaki 강(630km), 가가라Ghaghara 강(1,080km), 손 Son 강(784km)과 만나 하나가 되어 다시 동쪽으로 흐르다가 바갈푸르에서 남쪽으로 방향을 틀어 벵골 평야를 관류한 다음, 카일라스 산에서 발원해 히말라야 산맥과 함께 서에서 동으로 티베트를 횡단해 2,900km를 달려온 브라마푸트라Brahmaputra(창포Tsangpo) 강과 합류하여 여러 갈래의 지류를 만들면서 인도양에 흘러든다.

갠지스강은 길이에 비해 유역 면적의 비율이 엄청나게 큰 강이다. 1km당 유역 면적이 703km²로, 1km당 유역 면적이 아마존 강(1,082㎢) 다음으로 넓다. 미국의 미시시피 강(521.7㎢)의 1.34배이고, 세계 문명의 발상지인 나일 강(450.7㎢)이나 인더스강(400㎢)의 1.5배 이상이며, 또 다른 세계 문명의 발상지인 유프라테스 강과 티그리스 강의 유역 면적을 합친 것(368.7㎢)보다 2배 이상이며, 중국의 양자 강(285.7㎢)의 2.5배, 황하 강(137.7㎢)의 5배 가까이 되고, 한강(64㎢)의 11배이다.

넓은 유역 면적에 맞춰 갠지스강은 완만한 수면 경사를 보인다. 갠지스강 중류의 바라나시에서 캘커타까지는 1km당 6~8cm, 캘커타에서 하구河口까지는 3cm 정도로 매우 적은 고도 차이를 보인다. 주변 지형 역시 극히 평탄해 갠지스강 하구에서 1,500km를 거슬러 올라간 지점에서도 해발 고도는 150m에 지나지 않는다. 갠지스강을 벗어나 그 서쪽에 해당하는 델리가 해발 223m이다.

갠지스강은 남부 인도의 강이나 인더스강과는 달리 연중 수량이 풍부하며, 관개와 수운에 중요한 역할을 하고 있고, 하류지역에서는 범람으로 생기는 침전물에 의하여 높은 생산력을 유지하고 있다. 비가 많은 동부의 갠지스강 전 유역의 70%가 농경지이고 이기작二期作이 이루어진다. 강의 중·하류에서는 논농사를 주로 하는 쌀 재배가 성하고, 건조한 인더스강 유역에 비하여 5배 이상의 인구가 집중되어 있다. 비가 적은 서부에서는 잡곡을 주로 생산하는 외에 목화, 사탕수수 등이 재배된다.

갠지스강에 의해 퇴적된 충적토의 두께는 수백 미터에 이르므로 돌을 거의 찾아볼 수 없다. 인도 사람들은 길거리에서 낮은 온도에 초벌 구워 만든 흙잔에 짜이를 마시고는, 너무도 엄청난 충적토에 대한 작은 항거로서, 그 잔을 땅에 던져 깨 버리지 않을 수 없는 것이다.

이 지역에서는 돌 대신 점토를 구워 만든 벽돌이 건축재로 이용된다. 건축 재료로서 벽돌의 사용은 인도의 고대 유적의 장기 보존에 극히 불리하게 작용했는데, 벽돌로 지은 건물은 세월이 흐름에 따라 무너져 내려 흙으로 돌아가 버리기 때문이다. 그리하여 유적지는 대부분 흙으로 뒤덮인 동산의 모습을 하고 있다가 후대의 발굴에 의해 묻혀 있던 건물의 아랫부분만 빛을 보게 되는 경우가 많다.

릭샤를 타고 갠지스강으로

전용 버스를 타고 오늘밤 묵을 바라나시의 래디슨 호텔로 돌아오니 호텔 로비에 한국 스님들이 열댓 분 들어오신다. 인사를 하고 보니 화엄사 본말사 스님들이다. 화엄사 스님들은 이후 카필라성에서 다시 만나는 등 앞으로의 일정에서도 몇 번 더 만날 기회가 있었다.

오후 6시, 저녁 공양도 미루고, 대기시켜 놓은 자전거 릭샤를 2인 1조로 타고 바라나시 시내를 가로질러 신나게 갠지스강가로 달렸다. 갠지스강이 가까워지자 길이 점점 복잡해지기 시작하고, 릭샤의 곡예 역시 난이도를 더해갔다. 필자와 현지 가이드가 함께 탄 릭샤의 운전사가 대장이었는데, 작고 비쩍 마른 몸매에 눈동자만 반짝거렸다. 중간에 한 번씩 다른 릭샤들에게 수신호를 했다. 스마트폰은 아니지만 핸드폰도 가지고 있었다. 수많은 교통수단들의 혼잡 속에서 그는 대담하게 나아갔다. 대부분의 경우 남들을 양보시켰는데 그러다 된통 막히기도 했다.

| 갠지스강변에서 진행하는 힌두 의식-아르티 푸자 |

　갠지스강 주변의 골목 어딘가에 릭샤들의 주차장이 있었다. 그 주차장으로 들어가는 골목 앞에서 내려서 갠지스강까지 복잡한 재래시장통을 통과해서 걸어야 했다. 우리가 통과한 시장통은 바라나시에서도 가장 번화한 곳으로 옷가게가 많았는데, 부처님도 출가하시기 전에 입었던 옷이 카시산 비단이었다고 하니, 아마 당시에도 비단 옷가게들이 여전히 성업 중이었을 것 같았다. 지금의 바라나시 비단 직조공들은 무슬림이라고 한다. 사람들과 사람들이 부딪힐 듯 가야 하는 복잡한 거리를 걸어서 갠지스강변에 도착하니 힌두 의식은 벌써 시작한 상태였다.

　매년 100만 명 이상의 순례객들이 바라나시에 오는데, 그들이 모두 이 갠지스강변을 들렀다 갈 것이고, 매일 그러한 순례객들을 위해 하루도 쉼 없이 밤마다 이곳 가트에서 힌두 의식 아르티 푸자Arti Puja가 거행된다. 아르티는 불, 푸자는 경배라는 의미이다. 강가Ganga 여신에게 올리

| 힌두 의식 아르티 푸자를 응시하는 소년 |

는 제사 의식인데, 호마homa라는 베다의 오래된 배화의식이 계승된 것이다. 힌두 의식 참여자들, 물건(꽃 등잔, 님나무 칫솔, 염주 등) 파는 사람들, 빈디 찍어 주는 사람들, 화장터에 장례 치르러 온 사람들, 관광객들, 뱃사공들, 시장 등에 물건 사러 온 사람들 등 강변의 가트는 북새통을 이루고 있었다.

힌두 의식을 진행하는 사람들은 바라문들이다. 이들은 낮에는 근무하고 밤에 와서 이러한 의식을 집전한다고 하는데, 주로 힌두 대학의 학생들이라고 한다. 이들은 여섯 명이 한 조로 음악에 맞추어서 다양한 도구로 앞뒤로 원을 그리는 동작을 취하는데, 그 도구는 작은 촛불을 여러 개 꽂은 원뿔형 초꽂이, 향로, 요령과 주황색 천, 녹색의 공작 깃털 부채, 야크 꼬리 불자拂子 등이다. 이들은 각각 불, 정화된 마음, 물, 공기, 공간(에테르)을 상징한다. 땅을 상징하는 것은 꽃이다. 이러한 의식을 통해 신과 접촉(다르샨Darshan)하고 영혼을 정화시킨다고 믿는 것이다.

우리 일행은 넘쳐나는 인파의 틈바구니 속에서도 갠지스강가의 최종

| 꽃등잔 |

목적지인 다샤슈와메드 가트Dashas-hwamedh Ghat에 한 명도 빠지지 않고 모두 잘 도착했다. 좀 신기했다. 한 명쯤은 헤매는 사람이 있을 법도 했건만 순례 일정 내내 단 한 명도 없었다. 마치 잘 훈련된 정예병들처럼! 오랫동안 절에 다니면서 너무도 잘 단련된 것일까? 이들을 교육시켰을 스님들이 새삼 대단하게 느껴진다.

잠시 구경하고 있으니 화엄사 스님들도 오셨다. 힌두 의식의 막바지에 우리는 밤 뱃놀이를 위해 목선木船에 올랐다. 순례객들은 꽃 등잔(dia)들을 하나씩 강물에 띄우며 대중공양했다. 꽃 등잔은 생화生花 가운데에 촛농을 녹여 심지를 꽂은 것이다.

갠지스강은 이곳 바라나시 강가에서 방향을 틀어 북쪽으로 흐른다고 한다. 힌두의 시바신이 사는 히말라야의 성스러운 산 카일라스에서 흘러내려 이곳 바라나시에서 거꾸로 흐르는 갠지스강은 그 자신이 이곳에서 거꾸로 흐르듯, 강물에 씻거나 태우거나 발원하는 이들에게 그들의 인생을 이제까지와는 전혀 다르게 변화시켜 준다는 믿음이 인도인들에게는 있다고 한다.

거꾸로 흐르는 갠지스강을 따라 흘러가니 이내 화장터에 도착한다. 마니카루니카 가트 화장터이다. 강물 위에서 바라보니 네댓 군데에 불꽃이 일고 있다. 매일 저렇게 화장을 한다고 한다. 그럼에도 불구하고 화장하는 냄새가 나지 않는 것이 또한 불가사의한 갠지스강의 신비라고 한다. 강물을 손에 찍어 맛을 보니 전혀 냄새가 나지 않는 것은 아니었지만, 화장하는 숫자에 비해서는 미미했다.

저녁 8시 채 못 되어서 다시 걸어서 시장통을 통과해, 릭샤들이 잔뜩 모여서 대기 중인 릭샤 주차장으로 가서, 릭샤를 타고 호텔로 돌아왔다. 돌아올 때는 시 외곽 길을 선택했는지, 길은 넓고 텅 비어 어두컴컴했다. 길가에 영국인들이 세워 놓고 간 100년 된 교회가 보였다. 밤 9시 공양 이면 저녁 공양으로서 그리 늦은 시간도 아닌 게 되어 버렸다.

오늘 이동 시간은 무갈사라이 역에서 바라나시의 호텔까지 6시간, 호텔에서 녹야원 왕복 1시간, 갠지스강 릭샤 왕복 1시간 20분, 총 8시간 20분이다.

갠지스강의 아침

늦은 저녁 공양을 마치고 객실에 들어오니 생각보다 훨씬 늦은 짙은 밤. 방에 들어오자마자 쓰러져서 잠든 자세 그대로 일어나 보니 새벽 3시 반이다. 벌떡 일어나 짐을 챙겨 서둘러 내려가니 4시 15분! 아무도 없 다. 그리고 보니 5시 출발이다.

5시 가까이 되어 다시 내려가서 호텔 앞에서 어젯밤처럼 릭샤를 타고 갠지스강가에 가까이 간 뒤 다시 시장통 어느 지점부터 걸었다. 800m의 거리라고 한다. 걷는 중간에 유명한 힌두 사원 앞에 있는 짜이 가게에서 짜이를 한 잔씩 했다. 현지 가이드가 보시했다. 다들 맛있다고 한다. 어제 까지 못 먹겠던 짜이가 맛있는 짜이로 변하는 순간이다. 마음을 바꿀 수 있다는 것은 좋은 일이다. 나중에 일행들 모두 이구동성으로 순례 중 이 때 마신 짜이가 최고였다고 다들 현지 가이드를 칭찬해 주었는데, 이 말에 대한 그의 대답 또한 인상적이었다. "맛은 분위기가 30%입니다!"

갠지스강가에 있는 다샤슈와메드 가트에 도착, 머리를 길게 기르고 이마에 꽉 차도록 색색깔의 가로줄을 그려 넣은 사두들, 머리를 기른 바

| 갠지스강변의 요가 수행자 |

라문에게 축복 받고 있는 사람들, 머리카락을 정수리 쪽에 몇 가닥만 남기고 깎은 사람들, 목욕하는 사람들, 거지들 등…. 가트의 모습은 2년 전이나 다를 바 없다.

이들의 모습에 대해서 《대당서역기》는 "대부분 대자재천을 믿으며 고행을 하면서 생사의 윤회에서 벗어나기를 바란다. 어떤 신도들은 머리카락을 잘랐고, 어떤 신도들은 아주 길게 기르기도 하며, 벌거벗은 채 몸에 재를 바르고 힘겹게 수행하는 신도도 있다"고 전하고 있다. 혜초 스님도 바라나시에 도착했을 때 대천大天(시바)을 섬기는 이들이 옷을 입지 않고 몸에 재를 바른다고 적고 있다. 1,300여 년 전이나 지금이나 별 다를 바 없는 모습들이다.

4km에 이르는 가트는 강변에 계단식으로 조성된 108개의 목욕장 시설이다. 대부분 마라타 왕국(1674~1818)이 통치하던 18세기 무렵에 부유한 마하라자(지방 호족)들이 각자의 궁전 저택을 조성하면서 만들었다고 한다.

오늘 아침에는 어젯밤과는 반대방향으로 배를 타고 강물의 흐름을 거슬러 올라가면서 둘러보았다. 강가에서 목욕하는 사람들, 빨래하는 사람들이 보인다. 그러는 와중에 물고기 방생 장수의 배 두 척이 약간의 시간 차를 두고 배의 양쪽으로부터 다가와서 아침 장사를 시작한다. 눈도 좋다. 어찌 한국 불자 팀이 온 줄을 알고서 이토록 신속하게 나타났을까? 보살님 한 분과 먼저 나타난 물고기 장수의 흥정술이 둘 다 막상막하다.

| 갠지스강변의 아침 |

입으로 하는 금액 흥정이 급기야 액션으로 옮아가서 서로 안 산다, 안 판다로 양동이를 가져갔다가 내놨다가 한다. 한 양동이에 20달러에서 10달러로 내려갔다. 방생 물고기 장수는 서비스로 주는 덤 전략과 점점 더 큰 물고기 양동이를 내놓는 전략을 덧붙였다.

　이쪽에서 사주니 저쪽에서도 사달라고 하고, 저쪽 것을 팔아 주니 이쪽에서 왜 안 팔아 주느냐고 한다. 한 양동이에 10달러 주고 양쪽에서 공히 세 양동이씩 사서 방생했다. 방생을 하고 나니 일체의 생명에 대한 자애심이 일어남을 느낀다. 생명을 구해 주는 것보다 더한 선행이 어디 있겠는가! 물고기 장수는 의기양양하게 배를 저어 멀어져 갔다.

　강을 가로질러 건너서 모래사장에 내리자 버려진 휴지 등으로 지저분하기 짝이 없다. 2년 전에 왔을 때는 모래사장에서 한 요기가 물구나무를 서고 있고, 열댓 명의 젊은 남자들이 팬티만 입고 이른 아침부터 강물에 뛰어 들어가 물놀이를 하던 바로 그곳이었다. 백사장에 내린 지 얼마 되지 않아, 푸른 새벽을 걷어 버리고 아침 해가 떠오르기 시작한다.

나는 아침 해를 바라보면서 일행들과 멀어져 모래사장을 가로질러 걸었다. 백사장은 안으로 들어서니 깨끗할 뿐만 아니라 새들도 여기저기 앉아 있고, 운동 나온 사람들 2~3명이 걷고 뛰고 한다. 한 사람이 '굿 모닝!' 하고 지나간다.

광활한 모래사장 위로 해는 붉게 떠오른다. 좌우로 끝이 보이지 않는 모래의 연속, 뒤로는 긴 모래 평야 끝에 아침 햇살을 받은 옛 건물들이 실같이 흐르는 강물에 맞닿아 늘어서 있다. 자유가 느껴지고 막힘이 뚫리는 듯했다. 끝날 것 같지 않은 앞을 향해 더 가고 싶은 욕구를 억지로 억누르고 다시 강가로 발길을 돌리는데, 빨리 오라고 부르는 손짓들이 남북 이산가족 상봉의 한 장면 같다. 덕분에 일행 전체가 출발이 30분 늦었다. 만끽의 대가는 시간이다. 짜이 한잔 사기로 했다.

강을 다시 건너오는데 갠지스강에서 목욕을 하여 업을 씻으러 나온 이들이 눈에 띈다. 한 분은 모래사장 곁에서 배를 타고 옷을 벗은 채 뭔가를 기다리고 있다. 강을 다시 건너오니 가트에서 다른 한 노인이 온 몸에 비누를 칠한 채 목욕을 하고 있다. 인도인들은 갠지스강에서 목욕하는 의식이 매우 중요하고 성스럽게 생각해서인지 다른 사람의 시선에는 일체 신경 쓰지 않는다고 한다. 카메라에 찍히든 말든 전혀 관심이 없다. 현지 가이드는 비누를 칠하는 것은 목욕 규칙의 관행을 위반하는 것이라고 강조해 마지않는다.

5시 30분쯤 도착해서 7시 조금 넘어서 갠지스강을 떠났다. 1시간 30분 이상을 갠지스강에 머무른 셈이다.

| 마하보디 사원 바깥 회랑 |

제 7 장

깨달음의 보드가야

모든 분별이 소멸하는 곳에서
깨달음의 세계로 들다

깨달음의 보드가야

바라나시 동쪽 약 247km, 파트나(비하르주의 주도) 남쪽 110km 지점에 위치한 가야Gayā는 인구 53만여 명(2016년)으로, 현재는 바라나시 다음가는 힌두교의 성지로 유명한 곳이다. 해마다 30만 명의 힌두교 순례객이 방문한다고 한다.

보드가야Bōdhgayā(불타가야佛陀伽耶)는 가야 시에서 11km 떨어진 곳에 있으며, 가야에 속하지만 부처님의 성도를 기려서 보드가야라고 한다. 고대에 보드가야는 우루빌바Uruvilvā(Pali:Uruvelā)로 알려졌고, 중세에 마하보디라는 이름으로 널리 알려졌다. 마하보디라는 이름은 7~9세기경의 명문銘文과 구법승의 기록에 등장한다. 2세기의 마명 보살은 마하보디의 금강좌를 '성도成道'라는 심오한 명상을 견뎌 낼 수 있는 유일한 장소인 세계의 배꼽이라고 하였다.

보드가야는 부처님께서 가야에서 고행하시고 난 뒤 네란자라Nerañjarā 강을 건너 보리수 밑에 앉아 성도하신 곳이다. 부처님께서는 진리를 깨

| 마하보디 사원 |

닫고 나서 바라나시의 북동쪽 사르나트까지 한 달 가량 걸어가서 다섯 비구와 야사 등을 제도하시고, 다시 보드가야로 돌아와 우루벨라 가섭 3형제를 제도하셨다. 이 길을 우리는 버스로 다섯 시간 만에 왔다.

부처님의 성도지成道地는 아소카왕이 보리수에 울타리를 치고 사원을 지은 것으로부터 시작해서 마하보디 사원이 건립되어, 현재는 세계 각지의 불자들이 모여드는 곳이다. 얼마 전부터 태국 방콕에서 보드가야까지 직항이 개설되었을 정도이다.

가야의 주요한 불교 유적지로는 성도지(보리수와 금강좌, 마하보디 사원) 외에도 전정각산前正覺山의 유영굴遺影窟, 고행하신 시타림, 수자타 집터에 세워진 수자타 탑, 부처님께서 수자타의 공양을 받아 드신 곳, 우루벨라 가섭을 제도하신 곳, 불의 비유를 하신 가야산(상두산象頭山, 현지 말로 브라흐마요니Brahmayoni) 등이 있다.

이 중 우리는 성도지와 전정각산의 유영굴, 그리고 수자타 탑을 참배하기로 되어 있다. 수자타의 공양을 받으신 곳과 독룡을 항복시키고 우루벨라 가섭을 제도하신 곳에는 현재는 힌두 사원이 들어서 있다고 한다.

갠지스강물이 선사하는 시원한 아침 강바람을 실컷 쐬고는, 호텔로 돌아와 아침 공양 후 9시쯤 보드가야로 출발하였다. 여섯 시간 거리라고 한다. 도로가 넓은 게 4차선쯤 되어 보인다. 중앙분리대 화단은 있는데 차선은 없다. 오전 10시 반, 도중에 통행세를 징수하는 톨게이트를 만났다. 민자 국도라서 통행료를 내야 한다고 한다.

톨게이트를 통과한 트럭들이 뿌연 먼지를 일으키며 달려 나가고 있다. 콜카타, 델리, 뭄바이, 첸나이의 사각점을 잇는 총연장 4,000km의 고속도로가 완공되었고, 다시 거기에 7,500km 연장의 국도를 민자로 닦는다고 한다. 민자 도로는 한국에서도 통행료가 비싸게 느껴지는데, 인도 인들에게도 부담이 되겠구나 하는 생각이 든다. 아무튼 앞으로 인도 사회의 변화를 예고한다.

오늘 묵을 예정인 보드가야 임페리얼Imperial 호텔에 예정보다 조금 일찍 도착했다(5시간). 점심 공양을 2시 30분에 예약해 놓은 터라 좀 기다려야 했다. 이곳의 음식은 인도 음식이 아니다. 불교 성지순례자들이 고객이라 음식도 그에 맞춘 것이다. 인도 향신료 냄새도 없고, 처음 보는 색깔의 걸쭉한 죽 같은 카레도 안 보이고, 각종 나물볶음들만 즐비하다. 아시아의 불교 국가들의 음식을 어쭙잖게 흉내 내다 보니 이 맛도 저 맛도 아닌 국적 불명의 음식이다. 거기에 여행사 사장님이 해대는 한국 쌀밥에 김치, 김, 마늘장아찌 등과 일행들이 가져온 멸치조림 등 한식 반찬까지 더해지니 그럭저럭 한식에 가장 가까운 식단이다.

호텔에서 늦은 점심 공양을 마치고 마하보디 사원에 도착하니 오후 3시 30분, 드디어 우리는 성지순례의 최정점에 도착했다. 혜초 스님도 마하보디 사원에 도착하고 나서 본래 원하던 소원이 이루어진 것 같아 너무나 기뻤다고 하면서 오언시五言詩를 지었다.

보리 대탑 멀다지만 걱정 않고 왔으니
녹야원의 길인들 어찌 멀다 하리오.
길이 가파르고 험한 것은 근심되지만
개의치 않고 업풍에 날리리라.
여덟 탑을 보기란 실로 어려운 일
세월에 타서 본래 그대로는 아니지만
어찌 이리 사람 소원 이루어졌는가.
오늘 아침 내 눈으로 보고 말았네.*

---

* 왕오천축국전, 지안 스님 역, 2010

보리수 아래에서 선정에 들다

여기가 부처님이 깨달으신 곳이다. 모든 이분법이 소멸하는 곳! 문수보살의 질문에 대한 유마 거사의 침묵! 깨달음의 영역에 바로 계합하면 그것으로 족한 곳이다. 부처님께서 깨달으셨듯이 나도 깨달으리라. 부처님 하신 모든 원만행을 나도 다 따라 하리라. 이러한 소망과 서원을 안고 드디어 부처님께서 깨달으신 성지에 도착했다. 예불 없이 보리수 밑에 정좌했다. 깨달음의 세계에 들어가고 싶고, 깨달음의 향기에 취하고 싶고, 깨달음의 큰 바닷물에 잠기고 싶을 뿐이었다.

보리수 앞에서 좌선 후에, 대탑 북쪽 복도의 긴 석단 위에 새겨 놓은 연꽃 모양의 돌 장식(19개)에 참배하였다. 돌 연꽃들은 부처님께서 성도 후 세 번째 일주일을 경행하면서 보낼 때 발걸음마다 피어난 18개의 연꽃을 기념하기 위한 것이다. 대탑 안으로 들어가 차례로 부처님께 예배했다. 부처님께서 깨달음을 얻으실 때 보리수를 등지고 동쪽을 향해 앉았는데, 지금의 대탑에 봉안된 불상 역시 동쪽을 향해 앉아 계신다.

보리수 아래에서 일체지를 얻다

싯다르타는 수자타의 공양을 받고 강가의 만개한 사라 나무 사이에서 온종일 시간을 보내다가, 해저물녘 꽃이 가지에서 떨어질 즈음에 몸을 일으킨 사자와도 같은 모습으로 보리수에 왔다. 남쪽과 북쪽과 서쪽을 향해 서 본 후에 기울어지거나 흔들리는 때가 없으며 모든 부처님들이 번뇌의 마구니를 쳐부수는 곳이 동쪽이라는 것을 아셨다. 싯다르타는 보리수 줄기를 등에 두고 동쪽을 향하여 수없이 많은 우레가 한꺼번에 내리쳐도 흐트러지지 않도록, 굴복하는 일이 없는 결가부좌를 맺고 앉았다. 그리고 다음과 같이 결심하셨다.

설령 살갗과 근육과 뼈가 닳아지고 몸의 피와 살이 말라 없어진다 해도 올바른 깨달음을 얻지 못한다면 나는 이 결가부좌를 풀지 않으리라.

보살은 벳산타라왕 시절의 보시행을 비롯한 과거의 바라밀행을 생각함으로써 마왕 파순을 항복시키고, 새벽이 밝아올 무렵 일체지一切智를 얻고는 모든 부처님들에게 반드시 있었던 감흥어感興語를 노래하셨다.

한량없는 생의 윤회 속에서
집을 짓는 자를 찾아 구하였지만
깨달음을 얻지 못해 이리저리 헤매면서
거듭해서 태어났나니 이는 고통이었네.
아, 집을 짓는 자여,
내 이제 너를 보았으니
너는 다시는 집을 짓지 못하리.
이제 너의 모든 서까래는 부서졌고
대들보는 산산이 조각났으며
나의 마음은 열반에 이르러
모든 갈애(taṇhā)는 파괴되어 버렸네.

49일간 일곱 군데에서 선정의 즐거움을 누리다
대탑 주변에는 부처님께서 성도하신 후에 49일간 일곱 군데에서 선정(7처선정七處禪定)의 즐거움을 누리신 장소가 안내판과 함께 남아 있다.

제1 가부좌하고 보낸 일주일(Pallaṅka Sattāha) | 부처님께서는 다음과

같이 생각하였다.

이 불패不敗의 자리를 얻기 위해 4아승지 10만 겁 동안 이생에서 저생으로 옮겨가며 여러 차례 독특한 방식으로 열 가지 바라밀을 충족했다. 이 불패의 자리를 얻기 위해 4아승지 10만 겁 동안 나의 머리를 많이도 잘라서 보시했고, 나의 두 눈과 심장을 많이도 보시했다. 쟈리 왕자와 같은 아들과 캉하지나 공주와 같은 딸, 맛디 왕비와 같은 아내를 하인으로 달라는 사람들에게 보시했다. 이 자리는 내가 다섯 가지 마라(탐貪, 진瞋, 치癡, 교만驕慢, 사견邪見)를 완전히 이겨낸 자리이다. 또한 매우 길하며 영광스러운 자리이다. 이 자리에 머무는 동안 성불하겠다는 서원을 비롯한 모든 서원을 충족했다. 내가 그토록 도움을 받은 자리이니, 여기서 조만간 일어나지 않으리라.

이리하여 백천 조兆 가지의 불가사의한 선정에 도달하며 그곳에서만 7일 동안 머물러 계셨다. 이때 시방세계 불보살들에게 《화엄경華嚴經》(80화엄의 세주묘엄품 이하 6품 혹은 60화엄의 세간정안품 이하 2품)을 설하셨다고 한다. 그래서 대승불교에서는 가장 먼저 설한 경전이 《화엄경》이라고 한다. 《화엄경》은 《대방광불화엄경大方廣佛華嚴經》이라 하는데, 대大는 "일체 중생이 부처이다"라는 사자후가 너무도 크다는 말이고, 방方은 자기 자신이 깨침(自覺), 광廣은 타인이 깨닫게 함(覺他)을 말하니 대방광 세 글자에 대승의 가르침이 모두 함축되어 있다. 《화엄경》에 의하면 지상에서 설하신 장소가 보광명전普光明殿인데 현재의 마하보디 대탑이 바로 보광명전이라 할 것이다. 또한 대방광전이라 하기도 한다. 부처님은 점점 명료해진 법지法智에 의해 마음에 환희가 가득 차고 넘쳐흘러 세 번에 걸쳐 감흥어를 읊으셨다.

열심히 선정에 든 바라문에게

제법이 드러났고 모든 의혹 사라졌네.

원인이 있다는 법을 알아냈기 때문이네.(첫 번째 감흥어)

열심히 선정에 든 바라문에게

제법이 드러났고 모든 의혹 사라졌네.

여러 연緣의 사라짐을 발견했기 때문이네.(두 번째 감흥어)*

열심히 선정에 든 바라문에게

제법이 드러났네. 태양이 허공에서 작열하듯

이 악마의 군대를 물리쳤네.(세 번째 감흥어)

제2 응시하면서 보낸 일주일(Animiṣā Sattāha) | 부처님께서 일주일 동안 자리에서 움직이지 않으시니, 천신들에게 의혹이 일어났다. '부처님을 이루는 또 다른 자질이 아직 남아 있단 말인기?' 이를 알고 부처님께서는 하늘로 올라가 쌍신변의 기적을 나타내 보여 그들의 의혹을 제거하고, 허공에서 다시 불패의 자리의 북동쪽에 내려와 황금 기둥처럼 꼿꼿하게 섰다. 그리고 '나는 이 불패의 자리에서 일체지를 얻었다'고 생각하면서 눈을 감지 않은 채 그 자리와 보리수를 응시하며 일주일을 보냈다. 이곳을 관조 사당觀照社堂(Animiṣā Caitya)이라고 한다.

제3 경행하면서 보낸 일주일(Caṅkama Sattāha) | 세 번째 주에는 관조 사당과 불패의 자리 사이를 19걸음으로 오가시며 7일을 보내셨다. 현재

---

* '여러 연의 사라짐'이란 날숨과 들숨, 정신적·물질적 온蘊 등 명상의 대상물에 대해 무상無常, 고苦, 무아無我의 특징을 성찰함으로써, 32보리분법이 명백하게 드러나게 되고 이로 인해 무명 등의 원인이 모두 사라진 무위無爲의 열반을 꿰뚫게 되었다는 것이다.

| 보배경행처에 솟아난 연꽃 |

는 기단 위에 연꽃 모양의 돌로 부처님이 내딛었던 걸음걸음을 표시하고
있다.

제4 황금 저택에서 보낸 일주일(Ratanāghara Sattāha) | 네 번째 일주일
은 보리수의 서북쪽에 천신들이 지은 황금 저택(Ratanāghara)에서 보내셨
다. 세존은 그곳에서 아비담마의 칠론七論*을 사유하셨다. 칠론의 마지막
《팟타나Paṭṭhāna(발취론發趣論)》를 사유하실 때 부처님 몸에서 육색六色 광
명이 찬란하게 빛났다고 한다.** 불교기는 이것을 기초로 만든 것이다. 청
색은 흔들림 없는 정근, 황색은 불변의 굳은 마음, 적색은 부지런한 정진,
백색은 청정, 오렌지색은 인욕을 상징한다.

---

* 법집론法集論(Dhamma-saṅgaṇi), 분별론分別論(Vibhaṅga), 논사論事(Kathā-vatthu), 인시설론人施設
論(Puggala-paññatti), 계론界論(Dhātu-kathā), 쌍론雙論(Yamaka), 발취론發趣論(Paṭṭhāna)

** 육색은 청·황·적·백·명·암이다.《대불전경》은 이를 두고 대지처럼 방대하고, 대양처럼 심오하고,
원자처럼 미묘한《팟타나》를 성찰함으로써 피 등이 맑아졌고 빛났기 때문이라고 한다.

제5 아자팔라 반얀 나무에서 보낸 일주일(Ajapāla Sattāha) | 다섯 번째 주가 되자 부처님께서는 보리수의 동쪽(현재의 대탑 입구)에 위치한 아자팔라Ajapāla* 반얀 나무의 뿌리 위에서 일주일을 보내셨다. 여기서 먼저 어떤 바라문의 질문에 대답하여 바라문의 정의를 새롭게 하셨다.

악한 법을 멀리하고
자만하지 않고
번뇌로부터 자유롭고
자신을 제어하고
아라한과에 이르러 열반을 증득하고
거룩한 실천을 성취한 이를 바라문이라 한다.

다음으로 다시 마왕의 세 딸(갈애, 혐오, 애착)이 나타나 욕망으로 유혹하였으나 갈애가 없는 부처님에게는 통하지 않음을 알고 스스로 물러갔다.

마지막으로 부처님께서는 '이 세상을 의지할 사람 없이 살아가는 것은 괴로움이다. 내가 의지할 만한 사람이 있을까?' 하여 존중할 만하고 의지할 만한 사람을 찾아보았으나 찾지 못하자 스스로 깨달으신 법을 존중하고 법에 의지하면서 지내리라고 마음먹었다.

제6 무찰린다 호수에서의 일주일(Mucalinda Sattāha) | 여섯 번째 주에는 보리수의 남동쪽에 있는 무찰린다 호수로 가셨는데, 때 아닌 큰 비가 7일간 내렸다. 이에 호수의 무찰린다 용왕이 자신의 몸을 거대하게 만들어 부처님 주위를 일곱 겹으로 감싸고, 목 주위를 넓게 펴서 부처님의 머리 부분을 덮었다. 부처님은 추위, 더위, 벌레 등으로부터 어떤 피해도 없

---

* 아자팔라는 목동이다. 목동들이 그 나무그늘에서 쉬곤 했기 때문에 아자팔라 반얀 나무라고 한다.

| 무찰린다 연못 |

이 너무 좁지 않은 향기로운 방안에 머무는 것처럼 일주일을 보냈다.

이에 부처님께서는 '열반의 축복을 즐기면서 지내는 이에게는 그가 어디에 머물더라도 즐거움이 생겨난다'는 사실을 반조하시고, 다음의 감흥어를 읊으셨다고 한다.

법을 듣고 법을 보고 혼자서도 만족함은 즐거움이다.
생명에 대해 조심하여 해치지 않음도 즐거움이다.
여러 애욕을 극복하고 세상에서 탐착을 제거함도 즐거움이다.
내가 있다는 교만을 누를 줄 아는 것이 최상의 즐거움이다.
깨달은 이들과 선한 신들의 자비심,
애욕을 제거한 불환도는 축복이다.
'내가 있다'는 이기적 관념을 완전히 제거한
아라한이야말로 최상의 즐거움이다.

제7 라자야타나 나무에서의 일주일(Rajāyatana Sattāha | 일곱 번째 주가 되었을 때, 보리수의 남쪽에 있는 라자야타나 나무 아래로 자리를 옮기셨다. 그곳에서도 세존은 열반은 축복이라는 해탈의 즐거움을 맛보며 앉아 계셨다. 이렇게 하여 49일이 지나갔다.*

49일이 지난 후 상인 형제가 지나가다가 부처님께 꿀떡과 꿀경단을 공양**하고, 불佛과 법法의 이보二寶에 귀의하여 최초의 재가신자가 되었다. 그들은 부처님의 머리카락을 가져가 미얀마 양곤에 보떠더웅 탑과 쉐다곤 탑에 모셨다고 한다.

이상이 부처님께서 성도하신 후에 49일 간 계속 깨달음을 얻으신 장소에 머무신 내용이다. 이를 좀 더 간략하게 요약해 보면, 깨달음을 얻은 뒤 3주일째까지는 깨달음의 여파의 지속과 그에 대한 반조, 그리고 깨달음을 이룬 장소에 대한 되새김으로 일관된다.

첫 1주일은 깨달음 자체에 계속 머무신 것이며, 2주째는 깨달음의 반조이다. 3주째는 움직임 속에서 머묾과 반조를 오가신 것이다. 4주째는 깨달음의 논리적 심화이니, 아비담마를 사유하신 것이다. 5주째는 선언, 검증, 그리고 정립이다. 욕망 없음이 진정한 성자임을 선언하고, 애욕을 점검함으로써 깨달음에 대한 검증을 재차 하시고, 그로 인해 생겨난 앎인 법을 삶의 기준으로 정립하신 것이다. 6주째는 확인이다. 즉 열반은 즐거움이다. 7주째는 6주의 연속이다. 7주째가 지나면 드디어 공양을 드시고, 앞으로의 할 일을 생각하셨다.

부처님께서는 '설법을 할 것인가, 열반에 들 것인가?'를 고민하신 것이

---

* 《대불전경》

** 이때 사천왕이 초록 콩 색깔의 돌로 만든 4개의 그릇을 바쳤는데, 부처님께서 이를 하나로 만들어 떡과 경단을 받아 드셨다고 한다.

다. 이를 알아차린 사함파티Sahampati 범천*이 "세상이 무너지려 하고 있다"고 말하며, 천상으로부터 부처님께 내려와 "부처님께서 법을 설하시면 그 법을 반드시 이해할 자가 나타나고, 그 법을 깨닫는 이가 기필코 있을 것입니다"라고 간청하였다. 이에 부처님께서 "귀를 열고 나에게 믿음을 드러낸 자들에게 불사不死의 문이 열렸다"고 선포하신다.

마하보디 사원의 역사

현재 마하보디 사원은 높이 55m 이상의 방추형 9층탑으로서 그 네 모퉁이에 4기의 작은 탑을 두어 5탑 형식을 갖춘 것이다. 모퉁이의 4탑은 19세기 말에 미얀마 파간의 예를 본떠 복원한 것이기 때문에 원래의 모습인지에 대해 논란이 많다.

마하보디 사원은 B.C.E. 3세기에 아소카왕이 보리수를 석조의 난순(울타리)으로 둘러싸고 보리 도량으로 한 것에서 시작되어, 쿠샨 시대와 굽타 시대를 거치면서 사원의 모습을 갖추게 되었다. 커닝엄은 발굴 조사 결과 아소카왕 당시의 건물 유구가 나타나지 않자 바르후트 스투파의 부조에 새겨진 금강보좌도金剛寶座圖로써 아쇼카 보리당의 원형을 추측하게 되었다. 그 부조에는 금강좌와 보리수를 에워싼 2층의 구조물로써 천장이 없는 형태이며, 울타리 2층에는 감실이 있다. 부조 우측 아래에 코끼리가 올려진 아소카왕석주가 있다. 이러한 형태를 마우리아 시대 마하보디 사원의 원형으로 추정하는 것이다.

이와 함께 커닝엄은 1881년 금강좌의 회반죽을 제거하면서 그 안에

---

* 가섭불 교화 시에 사하카Sahaka라는 고매한 장로였는데, 색계 초선을 성취하여 색계초선천에 재생하여 1아승지 겁에 해당하는 64간겁의 수명을 누리는 위대한 브라흐만이 된 분이다.

서 쿠샨 시대 후비슈카Huviṣka왕의 금화·은화·진주·산호 등을 발굴하였다. 이것은 후비슈카왕의 재위기간인 2세기 무렵에 마하보디 사원이 건립되었음을 시사한다고 한다. 이를 뒷받침해 주는 것이 파트나 인근의 쿰라하르에서 발견된 테라코타 봉헌판*이다. 봉헌판에는 울타리를 한 5층 규모의 수직 상승하는 첨탑형 건물이 그려져 있다. 정상에는 복발과 중첩된 산개가 올려져 있고 건물 아랫부분의 감실에 좌불이 금강좌 위에 모셔져 있어 현재의 마하보디 사원과 유사하다. 따라서 이것이 마하보디 사원의 2~3세기 구조로 생각되는 것이다. 이러한 점들은 쿠샨 시대에 마하보디 사원의 재건축이 있었고, 나아가 온전한 건물의 양식을 갖춘 것으로 추정하게 한다.

고탑형高塔形 스투파는 규모가 압도적으로 크고, 형식도 복발형이 아닌 내부 공간이 있는 방추형 고탑의 정사精舍 형식이다. 일반적으로 굽타 시대에 본격적으로 조성된 것으로 이해된다.** 그 대표적 예가 마하보디 사원의 대탑이다. 쿰라하르 봉헌판은 그보다 훨씬 이른 시기에 마하보디 사원이 이러한 양식으로 축소되었을 가능성을 제기한 것이다.

다음으로 굽타 시대의 중수에 관한 것을 살펴보자. 첫 번째는 커닝엄은 금강좌 바깥쪽 석재 울타리 위에 가로로 놓인 부재 안쪽면에서 굽타 시대 문자로 된 명문을 발견했다. 명문의 내용은 '금강좌향당金剛座香堂 (Vajrāsanavṛdhad-gandhakuṭī)'이라는 이름과 함께 금강좌에 새로 회반죽을 입히고 칠을 했다는 내용이다.

두 번째는 파괴된 조각 대좌에서 발견된 또 다른 명문으로서, 스리랑카의 승려 마하나마Mahānāma가 굽타 시대로 비정되는 279년(서기 597년)

---

* 봉헌판에는 카로슈티(Kharosthi) 문자로 적혀 있으며, 봉헌판의 연대가 2~3세기를 넘기지 않는 것으로 본다고 한다. 쿰라하르 박물관 소장. 강희정, 2009.

** 천득염, 2013.

에 스승 석가모니 붓다의 보리당을 기부했다는 내용이다. 마하나마 스님은 5세기 인물로 스리랑카 왕실의 일원으로서《마하방사Mahāvaṃśa》의 저자이기도 하다.*

명문은 아니지만 다른 기록에 스리랑카의 왕 메가바르나가 360년경에 굽타 왕조의 사무드라 굽타로부터 허가를 받아 사원을 건립했다는 기록이 있다**고 한다. 스리랑카 왕이 건립했다고 하는 사원과 법현 스님과 현장 스님***이 기록한 마하보디 사원의 기록이 정확히 일치하는 것은 아니다. 그러나 법현 스님 방문(409년) 이전에 스리랑카 왕들에 의한 마하보디 사원의 건립이 있었던 것은 사실인 듯하다.

5세기 초 마하보디 사원을 순례한 법현 스님의 기록은 다음과 같다.

여래께서 깨달음을 얻으신 곳에는 세 개의 승가람이 있는데 모두 승려들이 살고 있다. 대중들도 민간인들도 모두 공급이 충분하여 부족한 것이 없다. 이곳은 계율이 엄격하고 위의좌기威儀坐起와 입중入衆의 법은 여래 생존 시에 대중 등이 행하던 것과 같게 지금에 이르고 있다.

이와 같이 법현 스님이 보드가야를 순례했을 때 이미 세 개의 승가람이 형성되어 있었다. 그러나 이 세 개의 승가람이 오늘날 볼 수 있는 마하보디 사원의 모습과 얼마나 상응하는 지는 기록이 없어 알 수가 없다.

그에 반해 현장 스님은《대당서역기》에서 스리랑카 왕이 건립한 사원

---

* 강희정, 2009.

** 대당서역기, 2013.

*** 법현 스님과 현장 스님은 인도 불교 유적지에 대한 기록을 남겨 유적 발굴의 기준이 되고 있다.

을 "보리수의 북문 밖에 마하보리 승가람이 있다"고 기술하고 있어서 보리수 동쪽에 있는 현재의 마하보디 사원과는 다른 곳으로 기록하고 있다.

보리수의 북문 밖에는 마하보리 승가람이 있다. 본래 싱할라 국왕이 세운 것으로 뜰과 건물은 6원院으로 이루어져 있고, 전망이 좋은 누각은 3층이며, 둘레에 쳐진 울타리는 높이가 3~4길(丈)에 달한다. 장인의 미묘한 솜씨와 단청의 장식은 아름다움의 극치를 이루었다. 불상은 금은으로 주조하였고 진귀한 보배를 함께 어울려 장엄하였다. 모든 스투파는 높고 넓으며 아름답게 장식되어 있는데 그 속에는 여래의 사리가 들어 있다. … 승려들은 1,000명이 채 못 되는데 그들 모두 대승상좌부의 법을 익히고 있으며, 율의는 엄숙하고 청정하게 지키고 있으며 계행이 곧고 밝다.

이와 별도로 보리수 동쪽에 있던 사원 모습을 상세히 기술하고 있는데, 그 기록은 세세한 장식의 묘사나 감실에 봉안된 보살상 등에서는 차이가 나지만 현재의 마하보디 사원의 모습에 상응한다고 할 수 있다.

보리수의 동쪽에 정사가 있는데 높이는 160~170여 척에 달한다. 기단의 너비와 면적은 20여 걸음에 달한다. 푸른 벽돌을 쌓았고 석회를 발랐다. 층층으로 이루어진 감실에는 모두 금상金像이 있고 4면의 벽은 빼어난 솜씨로 조각되어 있는데 구슬의 형상이 잇따라 새겨져 있거나 천인상과 선인상이 있다. 위에는 금동으로 만들어진 아마락가과阿摩落迦果(보병寶瓶)가 놓여 있다. 동쪽으로 높다란 누각이 이어져 있고 처마는 특별히 3층으로 솟아 있고, 서까래·기둥·마룻대·들보·문과 문짝·창문 등에는 금은을 새겨서 장식했으며, 진주와 보배구슬 등이 서로 뒤섞여 그것을 메우고 있다. 내부의 방은 매우 깊고 그 문은 삼중으로 되어 있다. 바깥문의 좌우에는 각각 감실이 있는데, 왼쪽에는 관자재보살상이 있고 오른쪽에는 자씨보살상이 있다. 이들은 모두 백은으로 만들어졌고 높이는 10여 척이다.

따라서 현재의 마하보디 사원이 현장 스님이 말하는 동쪽 사원인지, 북문 밖 사원인지 혼란을 일으키기도 하지만, 높이가 160~170척에 이르고 건물 정상에 놓인 아말라카(āmalaka, 시카라 양식의 건축에서 건물 정상부의 원반 모양 장식)를 언급한 것으로 봐서 동쪽 사원이 현재의 모습에 가깝다. 마하보디 사원이 아소카왕 이후로 단순한 울타리로 이루어진 보리당의 모습에서 쿠샨, 굽타 시대의 중수를 거쳐 훨씬 더 넓게 확장되어 현재의 모습에 가깝게 세워진 것은 현장 스님이 방문한 637년 이전이라고 본다.

팔라 시대(C.E. 750~1174)* 동안 인도는 물론 스리랑카, 미얀마 불교도들에 의해 보수되었던 이 사원은 이슬람 침입 이후 15세기까지 어떻게 유지되었는지 알려 주는 문헌이나 명문이 없다. 현재의 사원은 1875년부터 미얀마 불교도들이 보수 공사를 함으로써 복원이 시작된 것이다. 이들 미얀마인들의 보수가 무계획적이었으므로 영국 정부가 떠맡아서 1880년에 벵골 주의 부총독이 베글러(J.D. Beglar)에게 미얀마인들과 함께 철저한 수리를 지시하였다.

그러나 이때의 수리와 복원은 당시까지 남아 있던 사원의 원상을 훼손하여 복원 과정에서 간신히 남아 있던 구조물이 와해되고 상당수의 조각들이 제 위치에서 이탈하였다. 게다가 복원 당시의 기록이 없어서

---

* 팔라 왕국은 동인도를 지배한 인도 대륙 최후의 불교 왕국이다. 현재의 방글라데시, 비하르주, 서벵골 주, 즈하르한드 주에 해당한다. 750년 불교도들이 선거를 통해 고팔라 1세를 가우다 지역의 황제로 추대하면서 건국되었다. 이 왕국의 조각 예술은 인도 예술의 뚜렷한 한 단계로 인식된다.

어떤 건축 구조가 어디로 옮겨졌는지, 어디의 불상이 어느 감실로 갔는지 확인할 수 없게 되어 버렸다. 따라서 대대적인 복원 이전의 유적의 현황은 뷰캐넌(F. Buchanan)의 1863년 보고서, 커닝엄의 1861년 보고서와 1879년 보고서를 통해 알 수 있을 뿐이다.

마하보디 사원의 유물들

보리수와 금강보좌

마하보디 사원의 정면 감실(동쪽)에 부처님을 모셨고, 탑의 뒤쪽(서쪽)으로 돌아가면 부처님께서 성도하신 보리수와 금강보좌(바즈라사나 Vajrāsana)가 있다. 보리수는 성도하신 보리수의 묘목을 스리랑카에 심었다가 그 묘목을 다시 여기에 옮겨 심었는데, 1876년 폭풍우에 의해서 파괴된 보리수의 뿌리에서 다시 솟아난 것이라고 한다. 보리수는 원래 이름이 핍팔라pippala(필발라畢鉢羅)인데, 부처님이 그 나무 아래에서 깨달음을 얻으셨다고 해서 보리수라고 이름지어졌다. 마하보디의 보리수를 없애려고 한 여러 유명한 일화들이 전해지고 있다.* 그중에서 아소카왕의 왕비가 없애려고 했었던 일화를 산치 탑문의 부조에서 이미 밝혔다.

금강보좌는 부처님께서 실제로 앉았던 대좌는 아니고, 아소카왕 때에 보리당(마하보디 사원의 원형)을 보수하면서 만든 사암제 대좌를 원형으로 한다. 대좌에 새겨진 문양(팔메트palmette와 거위 부조 장식 등)은 마우리아 시대의 전형적 양식(B.C.E. 2세기)을 보여 준다.

---

*《대당서역기》에 7세기 벵갈 지방의 카르나수바르나국의 설상가왕設賞迦王에 의한 보리수 파괴 일화가 전해지고 있다. 그는 이 보리수를 없애 버리려고 밑뿌리까지 파고 내려가 지하수가 뿌리에 닿지 못하게 한 뒤에 불을 놓아 태워 버리고 사탕수수즙을 부어서 그 나무를 말라 죽게 만들어서 남아 있는 싹마저도 완전히 없애 버리려고 하였다고 한다. 하르샤왕에게 멸망당하였다.

| 부처님께서 성도하신 보리수와 금강보좌 울타리 |

　　처음 만들어진 대좌는 쿠샨 시대에 새로 보수되었다. 그때 회반죽을 칠하면서 원래의 대좌보다 47cm 길어졌다고 한다.* 또한 기단부의 난쟁이(gana) 조각은 굽타 양식을 보여 주므로 굽타 시대에도 수리되었을 가능성이 있는 것으로 추정된다. 이곳을 발굴한 커닝엄에 의하면, 마하보디 사원 안에 있던 금강보좌가 기단부는 해체되어 버리고 그 윗부분만을 옮겨 놓은 것이라고 한다. 그 좌측에 깨달음을 얻으신 후 첫 발을 디딘 곳에는 불족석佛足石(90cm)이 새겨져 있었다고 한다.

난순

　　금강좌와 더불어 가장 오래된 유물이 난순(B.C.E. 1세기 초엽)이다. 이것

---

* 커닝엄은 금강좌의 바깥쪽 끝부분에서 상당히 손상된 명문 한 줄을 발견하고, 이를 후비슈카왕의 재위 기간인 2세기에 향당을 건립한 것으로 받아들였다. 강희정, 2009.

은 마하보디 사원을 둘러싼 사암제의 울타리로 미술사적으로도 중요한 것이다. 불전佛傳, 보리수, 법륜, 스투파, 동식물 문양 등의 부조가 있고, 그림은 간소하지만 자연스러운 공간 표현에 특색이 있다. 화강암제의 것은 굽타 시대에 증보수된 것이다. 대부분 모조품으로 교체되어 있고, 원형은 유적의 남서쪽에 있는 고고박물관으로 옮겨져 있다.*

영국의 고고학자 마샬(John Marshall)은 보드가야의 난순과 조각들을 B.C.E. 1세기 초엽의 작품으로, 인도풍이 강한 바르후트의 조각을 기원전 2세기 중엽으로 추정하고, 산치 대탑을 기원전 1세기 후반에 축조되었다고 보았다. 마하보디 사원의 난순은 제작 시기상 바르후트 불탑 조각과 산치 대탑 조각의 중간에 조성되었다고 생각하여 전체적인 조각의 발전 과정을 보여 준다고 주장했다.**

항마촉지인불좌상

사르나트를 대표하는 불상 양식이 전법륜상이라면, 보드가야를 대변하는 불상 양식은 항마촉지인상降魔觸地印像이다. 이는 사르나트가 초전법륜지이며, 보드가야가 대각성도지인 것과 관련되어 있을 것이다. 항마촉지인불좌상降魔觸地印佛坐像이라는 형식 자체는 이미 쿠샨 시대에 성립되었고, 그 후 사르나트에서 독립적인 상으로 제작되기 시작한 것으로 보이지만, 이 형식이 본격적으로 유행한 것은 보드가야***에서이다.

보드가야 지역에서 발견된 항마촉지인불좌상의 가장 이른 예는 7세

---

* 미술대사전, 1998.

** 강희정, 2009.

*** 보드가야의 조각은 굽타 시대에 마투라 미술의 영향권 내에 있었다고 보이는데, 사르나트 양식이 도입되고 팔라 시대 초기에는 날란다 양식도 반영하면서 8세기 이후(팔라 시대, 8~12세기)가 되면 이전 시기 조각의 투박한 조형성을 극복하고 인체의 유려한 굴곡이 잘 드러나는 진전된 조각 양식이 나타나기 시작한다.

| 마하보디 사원의 항마촉지인불좌상 |

기경의 나와다Nawada의 나라다Narada 박물관의 항마촉지인불좌상이다. 뒤이어 7~8세기에 제작된 항마촉지인불좌상이 마하보디 사원의 법당 정면 입구의 상단 감실에 봉안되어 있다.

당나라에서도 현장 스님이 귀국한 후 항마촉지인의 석가모니상이 예배 대상으로 제작되기 시작하였고, 7세기 후반 우리나라를 비롯한 동아시아에도 촉지인의 불좌상이 빠른 속도로 보급되었다. 경주 석굴암의 항마촉지인상(8세기 중엽) 역시 이러한 국제적 흐름의 연속선 상에서 건립된 것임을 알 수 있다.

현재 사원의 중심법당 안의 부처님이 바로 항마촉지인좌상이다. 10세기 후반에 제작되었으며, 높이 약 2m로 보드가야에 남아 있는 불좌상佛

坐像 중에서 가장 크다. 19세기에 마하보디 사원을 복원할 때에 인근의 힌두교 사원인 마한트 사원에 있던 것을 현재의 위치로 옮겨 왔다.

항마촉지인상은 팔라 시대*에 보드가야뿐만 아니라 갠지스강 중하류 전 지역에서 매우 널리 유행했으며, 10세기에는 가장 널리 쓰인 도상이 되었다. 항마촉지인불좌상은 두 종류로 발전했다. 불상佛像 머리 위에 보리수가 표현된 것**과 광배光背에 불전팔상佛傳八相이 부가된 것이 그것이다. 이들은 날란다 지역에서 주로 발견된다. 광배에 불전팔상이 부가된 예는 날란다 박물관에 소장된 높이 1.65m의 촉지인불좌상觸地印佛坐像으로 마히팔라Mahīpāla 1세*** 10년(1010)에 봉헌한 것이다.****

항마촉지인불좌상은 10세기 이후에는 보관寶冠을 쓴 촉지인상으로도 변화했는데, 마하보디 사원의 후면 상단 중앙의 감실에 보관촉지인불좌상이 있다. 보관촉지인불좌상은 보관을 쓴 여래상이라는 점에서 특이하다. 보관과 긴 머리카락은 쌍을 이루는 보살상의 상징이기 때문이다. 보관촉지인불좌상도 광배에 불전팔상을 새긴 경우가 많다.

밀교 존상의 유행

불상 이외에 팔라 시대 보드가야에서 가장 숭앙된 예배 대상은 관음보살과 그의 권속인 타라보살로 보인다. 티베트 승려인 다르마스바민

---

* 성숙한 팔라 시대의 보드가야 항마촉지인불좌상을 대표하는 작품은 9세기에 출토된 높이 1.39m의 항마촉지인불좌상(파트나 박물관 소장)이다. 관음보살과 미륵보살이 양 무릎 옆에 작게 조각되어 협시하고 있고(석가-관음-미륵의 삼존상), 양쪽 어깨에는 마하보디 사원을 닮은 스투파와 그 위로 꽃다발을 들고 있는 두 천인이 좌우 대칭을 이루고, 머리 위의 보리수와 결가부좌로 교차한 대좌 위의 금강저가 상하 대칭을 이루고 있다. 얼굴과 어깨, 가슴, 팔의 양감이 부드럽게 잘 묘사되어 있다.

** 이러한 예는 날란다 인근의 테트라완에서 발굴된 8세기 항마촉지인불좌상(콜카타 인도박물관 소장)이다.

*** 마히팔라 1세는 하르샤왕에 비견되는 숭불왕崇佛王으로 평가된다.

**** 불전팔상과 관련해서는 사르나트편 인도 불전팔상(p347) 참조.

Dharmasvāmin은 13세기에 인도 불적을 순례하고 보드가야에 타라비하라Tārāvihāra로 알려진 타라 사원을 언급하고 있다. 인근 마한트 사원에 원래 마하보디 불당에 있다가 옮겨진 팔라 시대의 타라보살상이 있다.

마하보디 사원에는 사원 북쪽의 또 다른 보리수 아래에 타라와 브르쿠티가 협시하고 있는 4비관음四臂觀音(9세기)과 사원 벽면 감실에 9~10세기의 불공견삭관음不空羂索觀音이 안치되어 있다. 견삭(아모가amoghā)은 중생을 깨달음의 길로 인도하기 위한 일종의 밧줄이다. 불공견삭관음은 팔라 시대 초기인 9세기경 나타나며 비하르주에 25구의 석조불공견삭관음이 남아 있다고 한다. 이는 인도 불교 말기 밀교의 유행을 반영한다.

인도→송→고려

7세기 이후로 보드가야는 구법승들의 순례지 1위로 급부상하면서, 7~8세기 구법승들은 인도와 중국의 교류를 담당하는 연결자들의 역할을 하였다. 그 연결고리는 이동이 쉬운 소조塑造봉헌판, 전불塼佛, 산스크리트어나 한자로 된 연기법송緣起法頌(=법신게法身偈),* 고승의 사리가 포함된 진흙 등이었다. 인도에서는 향니香泥**나 선업니善業泥*** 등으로 전불이나 봉헌탑을 만들어 고승의 사리나 연기법송을 넣었다. 작은 소조봉헌판들은 보드가야와 동인도 일대의 박물관에 많이 소장되어 있다. 연기법송

---

* 모든 법은 인연 따라 생기고 또한 인연 따라 없어지는 것이다. 나의 스승이신 큰 성인께서 이와 같이 설하셨노라.(諸法從緣生 亦從因緣滅 我師大聖主 是我如是說)

** 침향沈香, 용뇌龍腦, 가라伽羅 등의 향료를 진흙 상태로 만든 것.

*** 열반한 승려를 화장하고 난 재를 섞어 만든 진흙.

마하보디 사원에서 진행되는 티베트 스님들의 법회

을 새긴 전불이 중국 서안의 대안탑 인근에서 다량 발굴되었다.*

　마하보디 사원과 그 인근에서는 인도제(made in India)가 아닌 중국제 (made in China)의 유물이 발견되었는 바, 6점의 한자 비석의 발굴이 그것 이다. 모두 10세기 중엽~11세기 전반에 건립된 것이며, 이 중 4점은 북송 황실에서 파견한 불교사절단이 세운 것이다. 비석들에 의하면, 송나라 초기에 인도로 건너간 승려들은 구법보다는 성지순례와 탑비 건립에 관 심을 보였으며, 참배의 대상물로서 금강좌를 중시하였고, 미륵신앙에 가 까운 경향성을 보였다. 한자 비석들의 출토는 인도와 중국 사이에 문화 교류와 교역이 활발하였음을 보여 주는 것이다.

　인도 문화의 송나라 유입은 중국에서 그치지 않고, 고려의 대각국사 의천(1055~1101) 스님에게 이어진다. 의천 스님은 송나라에서 인도 승려를

---

* 강희정, 2009.

마하보디 사원 앞에서 만난 아이들

만나 인도 불교에 관하여 자세한 정보를 수집할 수 있었으며 그 기반 위에서 동아시아 불교 교학의 재건과 방대한 속장경의 편찬 사업을 추진할 수 있었다.[*]

중앙법당 참배를 마치고 나와서 짧은 오른쪽 복도를 지나니 대탑 남쪽의 큰 마당이다. 그 가운데에 성도 후 마지막 일주일을 보내신 라자야타나의 선정처가 있다. 이 넓은 마당의 남쪽 끝을 지나서 무찰린다 연못이 있다. 무찰린다 연못 가운데에는 큰 코브라가 부처님 좌상을 우산처럼 씌우고 있는 조각상이 조성되어 있다. 조성된 지 오래되어 보이지 않고, 원색적인 컬러만 눈에 띈다. 연못의 잉어들에게 밥을 좀 주고 기념촬영을 하고 나왔다.

돌아 나오는 길에 연못 입구에 아소카왕석주가 서 있다. 참배객들의

* 남동신, 2009.

관심을 끌지 못하고 외로운 모습이다. 우리 일행들도 연못에 들어갈 때 지나쳤건만 보지 못했다. 이 석주의 주두에는 본디 코끼리가 조각되어 있었다. 지금은 주두가 남아 있지 않은데, 바르후트의 난간기둥에 새겨진 부조가 이를 증명한다. 그 외에 대탑 주변을 둘러싼 제자들의 사리탑, 봉헌탑 등 부속 건축물들을 둘러보고는 이 위대하고 성스러운 장소에서 일단 나가기로 하였다. 왜냐하면 부처님께서 성도하시기 직전에 들르셨던 전정각산前正覺山(PragBodhigiri)에 참배하고 전정각산 아래로 펼쳐질 아름다운 일몰日沒을 보기 위해서였다.

현지 가이드가 제시한 오후 4시 30분까지 시간을 맞추기 위해 조금 서둘렀다. 그러나 대탑을 나가는 일도 만만찮았다. 대탑 입구에서 신발을 찾아 신는데 한 남자가 와서 자기가 신발을 지켰다고 손으로 자꾸만 신호를 준다. 그 남자분이 신발 벗어놓을 때 자신이 신발을 지키겠다고 의사 표시를 했던 점이 기억났다. 신발 지킨 값을 지불했다.

그러고 나자 마지막 관문! 대탑 입장을 위해 맡겼던 짐을 찾는 일이 남았다. 그러나 이것이 진정각산에 올라 석양을 보는 타이밍을 뒤흔들어 놓아버렸다. 개인 배낭 등을 대탑 안으로 갖고 들어갈 수가 없고, 카메라를 소지하려면 요금을 따로 내야 한다는 새로운 규정 때문에, 우리가 들고 있던 개인용 배낭 등의 짐을 맡길 데가 마땅치 않자, 가이드가 자신이 아는 가게가 있다면서 배낭들을 거기에 맡기겠다고 했었다.

알고 보니 그 가게는 다름 아닌 대탑 진입로 변에 있는 염주 등 불교 공예품 가게였던 것이다. 짐을 찾으려고 모두들 염주 가게에 들어가게 되고, 염주 쇼핑이 시작돼 버린 것이다. 염주와 공예품을 사느라 정신이 없다. 시간은 자꾸 흐르고, 조금 전에 보리수 아래서의 성스러운 의식들은 어디로 사라지고 말았는지…

번개 쇼핑을 마치고 5시가 다 되어 갈 무렵, 대탑 진입로 앞 로터리로 나오니 일행들이 보이지 않는다. 나는 일행들을 찾아 헤맸다. 시간은 일몰을 향해 빠르게 나아가고, 10분쯤을 로터리의 윗길로 아랫길로 일행을 찾아다니다가 로터리로 돌아오니 버스로는 가기 힘든 곳인지 지프차 다섯 대가 대기하고 있다.

전정각산과 유영굴

급히 지프차를 타고 출발을 기다리는데 동네 아이들이 우루루 몰려들었다. 호주머니에 있는 사탕을 꺼내 주고 나니 더 줄 것도 없고 해서 사진을 찍어 주었다. 카메라를 보더니 아이들의 표정이 더욱 환해지고…, 셔터를 눌렀다. 사람은 서로에게 마음을 열 때 가장 아름답다. 가난한 이 아이들이 아름답다.

지프차에 분승해서 전정각산으로 이동했다(5시 7분). 왼편으로 산이 보인다. 부처님께서 가섭 3형제를 데리고 올라가서 유명한 '불의 비유'를 하셨다는 그 가야산이다. 불의 비유란 우리의 6식六識, 6근六根, 6경六境이 탐·진·치 삼독심과 생로병사에 대한 번뇌로 인해 불타고 있다는 것이다. 정상이 코끼리를 닮았다고 해서 상두산象頭山이라고도 하고, 여기 사람들은 브람조니라고 부른다고 한다. 해인사가 있는 가야산이 이곳 이름을 딴 것이다.

길이 생각보다 멀다. 벌써 가야산 정상 아래로 해가 내려와 있다. 전정각산까지 50분 정도 소요되었는데, 전정각산 밑의 둥게스와리 마을에 이르니 이미 지평선에 내려앉기 시작하는 유달리 큰 일몰의 태양이 붉디붉다. 입구 마을에 도착하자 5시 50분! 뛰어서 부처님께서 그림자를 남기고 보리수 밑으로 떠나셨다는 유영굴에 올라갔지만, 그 붉은 해는 이

| 유영굴의 고행상 |

미 지평선 밑으로 사라지고 여운만이 하늘을 발갛게 물들이고 있었다.

생겨난 모든 것은 무상하다. 일몰이 붉은 원을 이루고 있는 것은 불과 5분도 채 되지 않는다. 일몰 후 하늘은 여운으로 붉게 물들다가 그것마저 사라져 버리고 어둠이 깔린다. 갠지스강에서의 일출도 마찬가지였다. 새벽의 어둠을 가르는 붉은 여명이 2~3분 나타났다가 사라지고 다시 신비한 푸른색이 깔리면 곧 일출이 시작된다. 시작된 일출은 붉은 태양의 모습을 드러내면서 시시각각 솟아오르다가 황금색의 태양을 거쳐 어느새 새벽의 신비함을 묻어 버리고 온 세상을 하얗게 비추어 버린다.

이렇듯 색조의 급격한 변화와 더불어 빠르게 나타났다가 사라지는 일출과 일몰! 일출을 보면서 생명이 약동하는 시작을 느끼고, 일몰을 보면서 모든 것이 소멸하는 모습을 생각한다. 나고 죽음의 반복! 이것이 끝없는 윤회의 모습인가, 우리는 얼마나 많은 생을 이렇듯 반복했으며 앞으로도 얼마나 많은 생을 반복해야만 하는가.

현장 스님은 이곳에 대해 《대당서역기》에서 다음과 같이 쓰고 있다.

싯다르타 태자가 6년 동안 깨달음을 구했지만 정각을 이루지 못하자 그 뒤로 고행을 버리고 우유죽을 받아 마셨다. 동북쪽으로부터 이 산(발라급보리산, PragBodhigiri, 前正覺山, 현지인들은 이곳을 마하칼라 산이라 부른다)을 바라보니 고요하고 그윽한 느낌이 들었기에, 정각을 증득할 자리를 찾기 위해 동북쪽 언덕으로부터 산에 올라 정상에 이르자 대지가 진동하고 산도 기울고 흔들렸다. … 태자가 서남쪽으로 내려가 산중턱의 낭떠러지에서 바위를 등지고 깊은 계곡을 바라보니 거대한 석실이 있었다. 이곳에 머물면서 가부좌하시니 땅이 다시 진동하고 산이 기울어졌다. … 태자가 막 일어나려 하자 석실에 있던 용이 말하였다. "이 방은 청정하고 훌륭해서 성인의 경지를 증득할 만합니다. 부디 자비를 베푸시어 이곳을 버리지 말아주소서." 보살은 이미 그곳이 정각을 이룰 곳이 아님을 아셨으나, 용의 마음을 헤아려 그림자를 남겨 두고 떠나셨다.

부처님께서 머무르셨다는 장소는 산중턱에 큰 암벽이 있고 그 암벽 가운데에 아담한 동굴이 하나 있다. 거기에 C.E. 1세기에 조성된 유명한 간다라의 고행상을 방불케 하는 부처님의 고행상을 모셔 놓고 있다. 그 동굴을 에워싸고 두스네리 템플이라는 티베트 절이 세워져서 부처님께서 머물렀던 장소를 보존하고 있다. 절 입구 쪽 건물 앞에 티베트 스님이 두 분 계셨다. 가볍게 인사하고 동굴 부처님께 참배했다.

부처님께서 머무른 전정각산의 암벽은 서쪽을 바라보고 있는데 앞에 다른 산이나 언덕이 없어 전망이 탁 트인 곳이었다. 마을보다 그리 높지도 않은 이 산은 인도에서 흔히 볼 수 있는 암반으로만 이루어져 나무와 풀이 자라지 않는 돌산이었다.

전정각산 이래의 둥게스와리 마을은 불가촉천민들이 모여 사는 마을이라고 한다. 마하트마 간디가 인도의 통합을 위해 하리잔(Harijan=신의 자녀)이라 부른 불가촉천민은 달리트Dalits*라고 하는데, 인도 인구의 16.2%에 달한다고 한다.** 가난과 무지의 이 마을에 한국의 법륜 스님이 1994년에 개교한 수자타 아카데미가 있는데, 이미 날이 어두워져 들르

---

* 핍박받는 자라는 의미이다.

** 2001년 통계로 1억6천6백만 명에 달한다. 영국 식민지배 이후 이들에 대한 교육의 기회가 주어지기 시작하였다. 인도 독립과 함께 전 국민 의무 교육이 실시되었고, 공직 진출과 대학 입시 등에서 15%의 정원을 우선 배정해 주는 할당 정책을 실시하여 사회 진출의 기회가 보장되었다. 그로 인해 박사학위 소지자나 정부 고위층에 이른 자, 혹은 사업에 성공한 이들이 출현하고 있다. 대표적 인사가 독립 인도의 초대 법무장관을 한 암베드카르 박사이다. 그러나 여전히 대부분의 달리트들은 인도 사회의 최저층을 형성하고 있다. 오죽했으면 인도의 전통 카스트 하에서는 이들의 해방이 불가능하다고 판단한 암베드카르 박사가 불교로 개종했겠는가! 다만 발전하는 자본주의 체제하에서 성공한 달리트들의 부에 의한 이들 계층의 해방이 가능할는지는 두고볼 일이다.

지는 못했다. 시간은 벌써 7시가 가까워 온다.

마하보디 사원에서 삼보일배

15명 중 10명이 저녁 공양을 생략하고 성도하신 보리수 밑으로 다시 갔다. 마하보디 사원 주변을 크고 작게 한 바퀴씩 경행한 다음, 다시 좌선으로 입정했다.

그리고 나서 보리수와 금강보좌, 대탑 주위를 돌면서 3보 1배를 했다. 2년 전에 왔을 때만 해도 밤을 샐 수 있었는데 이제는 밤 9시에 모두 밖으로 나가야 한다는 얘기를 들었기 때문이다. 오늘의 정진이 미래세에 성불의 인연이 되어지이다!

밖으로 나와서 오토릭샤 두 대에 분승을 해서 숙소로 돌아가는 길에 근처 가게에서 보드가야의 짜이 맛을 보았다. 그때 화엄사 스님들 팀에 함께 온 보살님을 만나서 동석하게 되었다. 그 보살님 말로는 여기에 몇 번 온 적이 있는데 전에 왔을 때는 철야를 할 수 있어서 호텔 이름도 알아 두지 않고 밤에 왔다가 철야가 허락되지 않아서 숙소로 돌아가려는데 어떻게 찾아가야 할지 모른다고 했다.

필자는 우리가 묵을 호텔에 가면 인도 현지 가이드가 있고, 그에게 물으면 화엄사 팀의 현지 가이드에게 연락할 수 있을 거라고 안심시켜 주었다. 또 그 보살님 말이 쿠시나가르에 가면 그 앞에서 가사를 구입해서 가사 불사를 할 수 있다고 했다. 한국에서 출발 전부터 쿠시나가르에서 가사 불사를 하기 위해서 준비를 하려고 했지만 여의치 않아서 그냥 왔기 때문에 귀가 솔깃했다. 쿠시나가르에서 가사 불사를 실행에 옮기기로 마음먹었다.

숙소인 임페리얼 호텔로 돌아오니 밤 11시이다. 화엄사 보살님은 예상대로 현지 가이드들 간의 연락망에 힘입어 자신의 숙소를 찾았다. 우리 일행은 저녁 공양이 차려져 있어서 때늦은 공양을 했다.

우리 일행 중에 그날 마침 자비도량참법 1,000일 기도 회향날인 분이 한 분 계셨다. 참으로 대단한 인연이 아닐 수 없다. 부처님께서 깨달으신 이곳에 참배하는 날이 천일기도 회향날이라니! 공양이 끝나갈 무렵 이분에게 "보살님은 전생에 부처님과 부처님의 깨달음과 큰 인연이 있으며 이러한 인연으로 미래에 반드시 깨달음에 이르게 될 것입니다"라고 덕담을 해 주었다.

이날 머물렀던 호텔은 보드가야와 쿠시나가르 두 곳에 영업점을 개설한 호텔이어서, 우리는 쿠시나가르에서도 임페리얼 호텔을 이용했다. 오늘 이동 시간을 계산해 보니 갠지스강 왕복 1시간, 바라나시에서 보드가야까지 5시간, 전정각산 다녀오는 데 1시간 50분, 호텔에서 마하보디 사원 오고간 시간까지 합하면 총 8시간이 소요되었다.

수자타 공양탑

오늘도 6시 45분 출발. 실제 출발은 7시 다 되어서야 가능했다. 아침 공양을 하고 버스를 타러 나오는데 태국 스님들이 호텔 마당에서 아침 햇살을 받고 있고, 동네 아이들은 외국 관광객들로부터 뭔가를 얻기 위해 안으로 들어오지는 못하고 아침 일찍부터 호텔 철문만 쥐고 있다. 수자타 공양탑, 라즈기르의 영축산과 칠엽굴, 죽림정사가 오늘의 순례지이다. 영축산까지는 약 74km 정도이다.

버스가 출발하자 곧 창밖으로 야채시장이 보이고, 10분도 안 되어 수

| 수자타 공양탑 |

자타 탑에 도착했다. 전에는 마을 입구에 버스를 세워 두고 걸어 들어왔는데 이번에는 수자타 탑 바로 앞까지 버스가 들어와 이동이 신속해졌다.

발우를 엎어 놓은 모양의 벽돌탑이 윗부분은 무너진 채 남아 있다. 인도의 불탑이나 유적들이 이렇듯 허물어져 있는 것은 앞에서도 언급했듯 재료 때문이다. 건축 재료를 흙을 구워 만든 벽돌을 쓰다 보니 세월이 오래 지나면 벽돌이 다시 흙으로 돌아가면서 무너져 내리는 것이다.

아침 햇살이 유독 찬란하다. 탑돌이를 한 바퀴 하고 10분 만에 버스는 다시 출발했다. 이곳은 젊은 남자들이 다가와서 한국어 학교를 만들어 아이들을 가르친다고 하면서 기부를 하라고 하는 곳이기도 하다. 2년 전에 왔을 때 보시를 많이 했던 기억이 났다. 그러나 이들의 신원을 알 수도, 그들의 학교에 가 볼 시간도 없었다.

버스가 네란자라 강의 다리를 다시 건너는데, 저 멀리 부처님 성도지인 마하보디 사원이 보인다. 고행자 싯다르타는 수자타라는 여인에게 공양을 받으셨다. 부처님께서 말씀하시기를 부처님에게 올린 공양 중에 최고의 공양이 두 번 있었으니, 그중 하나가 성도하시기 전 수자타의 공양이다. 6년간의 고행으로 뱃가죽이 척추에 붙어 버린 고행자 고타마에게 수자타의 우유죽보다 더한 공양은 없었을 것이다.

수자타는 짙고 맛있고 영양가 있는 농축된 유미乳糜죽을 10만 냥의 가치가 있는 황금그릇에 담아, 반얀 나무 아래에 앉아 황금빛을 발하고 계신 수행자 싯다르타가 그 나무의 목신木神인 줄 알고 공양 올렸다. 수행자 싯다르타는 네란자라 강 숫파팃티타 나루터에서 목욕을 하신 다음 동쪽을 향하여 앉으시고 수자타가 공양한 우유 쌀죽을 인도 야자나무 열매 속의 씨앗 크기의 49모금으로 나누어 드셨다. 이것은 보살이 성불한 뒤 보리수 근처에서 49일을 머무는 동안 부처님의 몸을 지탱해 주는 영양소로 쓰일 것이었다. 부처님은 선정과 결과의 행복감에 젖어 씻지도 먹지도 않은 채 49일을 보내게 된다.*

유미죽을 모두 먹고 난 뒤 보살은 황금그릇을 쥔 채 "만약 내가 오늘 깨달음을 얻는다면 이 황금그릇은 흐름을 거슬러 올라갈 것이요, 만약 그렇지 못한다면 흐름을 따라 흘러가 버리고 말 것이다"라고 하면서, 황금그릇을 강물에 띄우셨다. 황금그릇은 강을 가로질러 한가운데로 가더니 그곳에서 흐름을 거슬러 위를 향해 빠르게 올라가기 시작했다. 그 빠르기가 순식간에 80완척腕尺**을 달리는 쾌마의 속도와 같았다. 그러다

---

* 《대불전경》

** 큐빗cubit, 고대 바빌로니아나 이집트에서 사용된 단위로, 가운데 손가락 끝에서 팔꿈치까지의 길이(약 45cm)이다. 야드yard와 피트feet의 기준이 되었다.

가 그릇은 소용돌이 속으로 빠져 들어가더니 칼라 용왕의 궁전에 이르렀고, 또 다른 황금그릇 세 개와 부딪쳐 소리를 내며 그 세 개의 황금그릇 아래에 놓였다. 세 개의 황금그릇은 과거의 부처님들이 성불하던 그날 사용한 것이었다.[*]

수자타 공양탑은 수자타의 집에 세운 기념탑이다. 수자타가 부처님께 성도 전에 공양을 올린 장소는 여기에서 조금 떨어진 강가이다. 지금은 그곳에 힌두 사원이 들어서 있다고 한다. 수자타의 공양과 더불어 또 하나의 최고 공양은 쿠시나가르로 열반 길을 떠나실 때 받으신 춘다의 마지막 공양이다.

북동쪽을 향해 버스는 한 시간 남짓 한국의 시골길 같은 길을 달렸다. 차창 밖으로 기괴한 삼각형 돌산들이 공룡의 등판같이 솟아 있더니 이내 제법 덩치가 있는 돌산으로 연결된다.

현지 가이드가 오늘은 복잡할 것이라고 자꾸 얘기하자 버스 기사가 속도를 내기 시작하고, 호텔에 같이 숙박했던 백여 명의 태국 스님들 차를 중간에서 추월해 버렸다. 다시 한 시간을 더 달리니, 멀리 나지막한 산의 긴 수평 능선이 또 하나의 지평선을 그리다가 이내 멈춘다. 다섯 개의 바위 구릉 가운데 있다는 라즈기르가 가까워지는지 언덕 같은 산들이 나타나기 시작한 것이다. 라즈기르로 들어오는 입구에는 돌을 쌓아 만든 옛 성곽들이 남아 있다.

---

[*] 《대불전경》. 3불은 구류손불, 구나함모니불, 가섭불이다.

| 날란다 대학 전경 |

제8장

법륜이 구르는 라즈기르

부처님의 법이 이어져
다시 나에게로 연결되니

마가다국의 수도 라즈기르

마가다국(B.C.E. 684~B.C.E. 321)의 수도였던 라즈기르Rajgir(=라자그리하 Rājagṛha, 王舍城)는 현재 인구 약 42,000여 명(2011년)의 시골 마을이다. B.C.E. 10세기까지 거슬러 올라가는 도자기가 발견되었을 정도로 오래된 도시지만, 역사 기록은 불교 경전상의 B.C.E. 6~5세기에 걸쳐 빔비사라(재위 B.C.E. 543~B.C.E. 494)왕과 그 아들 아자타샤트루(재위 B.C.E. 494~B.C.E. 461)왕 정도이고, 그들이 각각 건설한 구성舊城(40km의 외성벽과 7km의 내성벽)과 신성新城의 유적이 발견되었다.[*]

　빔비사라왕이 쌓은 옛 성(구왕사성)은 인도에서 가장 오래된 성이며, 용수用水 부족으로 아자타샤트루왕의 아들 우다야바드라왕(재위 B.C.E. 461~B.C.E. 444)이 수도를 파트나로 옮기면서 라즈기르는 쇠락해진 것으로 보인다.

---

[*] 1905년 이래 인도 고고국 발굴.

| 라즈기르의 옛 성터 |

　라즈기르는 보드가야 북동쪽 71.5km, 파트나에서 남쪽 102km 거리
에 위치하며 해발 73m이다. 구왕사성은 다섯 개의 바위 구릉으로 둘러
싸인 계곡에 자리 잡고 있다. 다섯 개의 바위 구릉은 북쪽과 동쪽에 걸
쳐 비풀라, 라트나, 차타 언덕이 있고, 북서쪽에 바이바라 언덕, 남동쪽에
우다야 언덕이 있고, 서쪽에 언덕이 하나 더 있다. 남쪽으로는 소나 언덕
이 있고, 소나 언덕과 우다야 언덕 사이로 보드가야로 통하는 길이 나
있다. 북동쪽 차타 언덕 끝에 영축산이 있고, 그 맞은편으로 보이는 곳
이 우다야 언덕이다. 북서쪽 바이바라 언덕 너머에 칠엽굴과 죽림정사가
있고, 그 앞쪽 평야가 신왕사성이다.

　아노마 강가에서 삭발염의削髮染衣한 출가자 싯다르타는 30요자나 거
리를 하루 만에 걸어서 라즈기르에 도착하여 음식을 탁발했다. 처음 탁

410

발한 음식을 먹을 때의 심경 묘사가 전해지고 있다. 탁발한 거친 음식을 먹으려고 하자 장이 뒤틀리며 먹은 음식을 토할 것 같았다. 그러나 '훌륭한 음식을 버리고 사문이 입는 가사와 사문이 먹는 탁발 음식을 바라며 출가하지 않았는가!'라며 스스로를 훈계하고 담담히 공양했다고 한다.

그후 빔비사라왕을 만났으며, 웃다카 라마풋다와 알라라 칼라마로부터 선정禪定을 배웠다. 싯다르타 태자는 두 선인의 선정이 궁극의 깨달음이 아니라고 생각하고, 가야의 우루벨라로 갔다. 고행림에서 6년간 고행한 후, 고행도 깨달음에 이르는 길이 아님을 알고, 수자타의 우유죽을 공양 받았다. 몸을 회복한 후 근처 보리수 아래에서 깨달음을 얻으셨다.

정각을 이루고 49일 후에 부처님은 걸어서 사르나트에 당도해 다섯 비구와 야사를 제도하시고 첫 안거를 녹야원에서 났다. 다시 가야의 우루벨라로 돌아와 우루벨라 가섭 3형제와 그 제자들을 깨닫게 하고 그들과 함께 라즈기르로 오셨으니, 라즈기르에서 두 번째 안거를 나게 된 것이다. 이때 빔비사라왕이 죽림정사를 보시했으며, 곧이어 사리불 존자와 목련 존자가 출가하고, 얼마 지나지 않아 마하가섭 존자도 출가하게 된다. 라즈기르 인근의 날란다 마을은 사리불 존자의 고향이며, 인근 콜리카 마을은 목련 존자의 고향이다.

라즈기르는 첫 탁발, 첫 스승과의 만남, 빔비사라왕과의 인연, 아버지를 해하고 왕위에 오른 아들 왕의 귀의, 창녀 시리마의 귀의(230쪽 참조)와 시리마의 시체를 통한 무상관無常觀의 가르침, 취상조복醉象調伏(술 취한 코끼리를 항복시킴. 인도 불전팔상의 하나), 반역자 데바닷다의 행각과 그의 석굴 등 많은 일화들을 품고 있는 고도이다. 무엇보다도 모든 갈래의 부처님 가르침이 부처를 이루는 것이라는 일불승一佛乘을 역설한《법화경》설법지이다. 이를 영산회상이라 한다. 또한 부처님께서 마하가섭 존자에게 마음으로 마음을 전하셨다(以心傳心)는 염화미소拈花微笑의 현장이기도 하다.

영축산 산정 법단

오전 9시 40분경 북쪽 차타 언덕 남쪽 끝 영축산(Gṛdhrakūṭa, Gijjhakuta) 입구 주차장에 도착하니 버스가 이미 두 대 와 있다. 주차장에서 영축산 (Gridhrakuta) 산정 법단까지는 회색 사암을 써서 계단식으로 포장된 폭 3~4m의 길이 나 있다. 이 길이 그 옛날 마가다국의 빔비사라왕이 부처님을 위해서 만든 돌길일 것이다. 그 길의 정방형에 가까운 넓은 계단마다에는 걸인들이 낭떠러지 방향에 일렬로 앉아 있다. 케이블카가 있지만 그것은 영축산 산정 법단 옆의 일본 일련정종 사찰에 연결된다. 영축산에 참배하려면 길의 2/3지점까지 걸인들이 좌열하고 있는 오르막의 이길을 20분 정도 걸어야 한다.

태국 스님들 팀과는 영축산 올라가는 길에서도 앞서거니 뒤서거니 하다가 예불은 우리가 조금 일찍 시작했다(10시). 태국 스님들이 도착하기

| 빔비사라왕의 돌계단 |

도 전에 영축산의 예배단 중간에 앉은뱅이 의자 두 개가 놓여 있어, 태국 처사님의 양해를 구하고 하나는 옆으로 치우고 예불을 보았다. 향을 피우고 일행들이 준비한 차 두 잔과 과일을 조그만 불상을 모신 단 앞에 올렸다. 예불문 소리와 목탁 소리가 불단을 지나 산 아래로 퍼져 나갔다. 석가모니불 정근이 뒤늦게 시작된 태국 스님들의 빠알리어 챈팅과 하모니를 이룬다. 의식이 끝나고 신도들에게 향에 불을 붙여 한 자루씩 헌향하게 했다. 마침 향 꽂을 곳이 마련되어 있었다.

법현 스님이 이곳을 다녀간 기록을 보면 다음과 같다. 법현 스님은 신왕사성에서 향과 꽃과 기름 등을 사서 두 비구에게 부탁하여 가져오게 해 기사굴산(영축산)으로 올라갔다. 그리고 꽃과 향을 공양하고 유등을 계속 밝히면서 문득 슬픈 감상에 빠져들었다. 이윽고 눈물을 거두고는 말하였다.

| 영축산 산정 법단 여래향실 |

| 영축산의 부처님 석굴 |

세존께서는 옛날에 이곳에 머무르셨고 《수능엄경首楞嚴經》을 설하셨는데, 법현은 살아서 뵙지도 못하고 다만 그 유적지만 찾을 뿐이로다.

그리고 《수능엄경》을 염송하고는 하룻밤을 머무르고 다시 신왕사성으로 돌아갔다.

영축산의 탁 트인 전망은 여전히 시원하고 푸르다. 법현 스님도 《불국기》에서 "이 산은 봉우리가 수려하고 단아하고 장엄하고 다섯 산 중에서 가장 높다"고 표현했다. 영축산 산정 법단 관리인은 2년 전 그 할아버지다. 내려오는 길에 정상에서 멀지 않은 곳에 부처님께서 좌선하셨다는 동굴에서 우리 일행도 좌선을 했다. 석굴은 남향이다. 석굴 근처 어딘가에 동서로 거니는 부처님께 데바닷다가 돌을 굴려 여래의 발가락을 상하게 한 곳이 있고, 법현 스님은 그 돌이 그 당시에도 남아 있다고 기록했지만 어느 돌인지 알 수 없다.

성지 어느 곳이든 한번 앉으면 일어나고 싶지 않다. 우리가 좌선하고 있으니 태국 스님들이 참배하기 어려운 모양이다. 태국 스님들을 위해 자리를 털고 일어나 밑으로 내려오니 아난다 존자 동굴이 있다. 이 동굴에 대하여 《불국기》는 다음과 같이 적고 있다.

(여래께서 좌선하시던 석굴에서) 서북쪽으로 30보에 또 하나의 석굴이 있다. 이 석굴은 아난다 존자가 좌선한 곳으로 마왕 파순이 솔개가 되어 굴 앞에 살면서 아난다 존자를 위협했다. 그때 여래께서는 신통력으로 둘 사이에 끼어들어 아난다의 어깨를 어루만져 무서움을 바로 날려 버렸다고 한다. 그래서 이 솔개의 발톱과 손자국이 지금도 남아 있기 때문에 조취굴雕鷲窟이라 한다.*

지금의 아난다 존자 동굴은 많은 초들이 심지의 불꽃에 촛농을 녹여 흘려 내리고 있다. 낮으면서도 움푹 들어간 동굴의 생김새가 사람을 끌어당기는 곳이다. 영축산에 2년 만에 다시 와 보니 그 동안 많은 순례객들이 영축산을 방문하고 그들의 염원을 뿌려 놓고 간 듯하다.

부처님께서 아난다 존자에게 네 가지 놀랍고 경이로운 법이 있다고 말씀하셨다. 비구, 비구니, 청신사, 청신녀들이 아난다 존자를 보기 위해 다가가면 보는 것만으로도 그들은 마음이 흡족해지고, 아난다 존자가 법을 설하면 설하는 것만으로도 그들의 마음은 흡족해지고, 만일 아난다 존자가 침묵하고 있으면 흡족해 하지 않는다고 하셨다.**

* 《불국기》, 2013.

** 《대반열반경》

하산길은 여전히 일렬로 늘어앉은 걸인들이 장엄하고 있다. 정상 가까운 곳에는 몇 명씩 무리지어 있는 몇 팀이 보였는데, 한 가족이 집단으로 와 있는 것이 아닌가 하는 생각이 들었다. 가족들이 함께 와 있는 팀은 그중 한둘은 드러누워 있기도 했다. 정상 가장 가까이에 자리한 것으로 보아 가장 최근에 이 대열에 합류한 사람들일 것이다. 드러누워 손을 내미는 이, 앉아서 간절하게 달라고 하는 사람, 아기들의 별똥 같은 눈망울, 장애인 걸인의 안타까움 등은 인도 순례에서 반드시 감내해야할 관문이다. 그들 덕에 길이 깨끗하긴 하다. 앞서 가던 티베트 스님 한 분이 그들에게 일일이 뭔가를 주면서 간다. 뒤를 돌아보니 우리 일행 세 분도 걸인들에게 뭔가를 주면서 오느라 속도가 느려지고 있다. 부처님은 이들을 언제 다 제도하시려나!

영축산을 다 내려와서 화장실에 가니 젊은 남자가 입구에 서서 10루피를 힘주어 외친다. 정부에서 무료화해도 현지 관리인들이 돈을 받아버리니 어찌 하기가 어렵다고 한다. 짜이를 버스 앞 가게에서 한 잔 먹으려는데 10루피이다. 2년 선에는 5루피였던 것 같은데… 마침 끓여 놓은 것이 있어서 바로 따라 준다. 2년 전보다 영축산 순례길에 땀을 덜 흘려서인지 맛도 덜하다.

빔비사라왕의 감옥터

10시 15분쯤 시작된 영축산 산정 법단에서의 하산은 부처님 동굴, 아난다 존자 동굴 등에 참배하고 내려오느라 오전 11시가 넘어서야 끝이 났다. 우리는 영축산을 떠나 빔비사라왕의 감옥터로 향했다. 빔비사라왕의 감옥터는 영축산에서 가까운 곳이었는데(버스로 5분 정도), 돌로 쌓은

| 빔비사라왕 감옥터 |

직사각형의 테두리만 남아 있다. 멀리 방금 참배하고 내려온 영축산 산정 법단이 조그맣게 보인다. 감옥에 갇혀 왕비의 몸에 바른 꿀로 연명하던 빔비사라왕은 창문으로 내다보이는 저 멀리 영축산 산정 법단을 바라보면서 부처님을 생각했으리라.

　당시 가장 강대국이었던 마가다국 빔비사라왕은 성도 전에 싯다르타 태자를 만났을 때 자신의 왕위를 물려주려고 했으며, 싯다르타 태자가 거절하자 싯다르타의 성불을 확신하면서 성도 후에는 가장 먼저 자신의 나라를 방문해 줄 것을 청한 분이다. 부처님께서 성도 후에 라즈기르로 그를 찾아가자 최초의 절인 죽림정사를 보시하였다.

　이와 같이 빔비사라왕은 부처님께서 성도하시고 난 다음해에 부처님을 친견하고 수다원과를 성취했다. 또한 몇 년 뒤 바이샬리에 큰 가뭄이 들어 죽림정사에 계시던 부처님께서 바이샬리의 가뭄을 해소해 주러 가실 때는 부처님의 모든 행차를 준비한 것은 물론이고, 강까지 따라 나와 부처님이 탄 배가 떠날 수 있도록 강물 속으로 들어가 밀 수 있는 데까지 밀었다고 한다. 왕은 열반한 뒤에 천신으로 환생했다.

아자타샤트루왕의 참회

아버지를 죽인 아자타샤트루왕은 한때 데바닷다를 지원하기도 했지만, 부처님의 주치의 지바카의 인도를 받아 부처님을 뵙고 참회하였으며, 부처님께 귀의하여 재가신자가 되었다. 이때가 부처님께서 반열반에 들기 직전이다.

아버지를 시해한 뒤 밤마다 제대로 잠을 이루지 못하던 아자타샤트루왕은 코끼리를 타고 부처님과 1,250명의 아라한이 머물던 영축산 입구의 망고 숲 가까이에 갔을 때, 너무도 고요하여 두려움과 털이 곤두서는 공포를 느끼고는 지바카에게 "어째서 1,250명의 많은 비구 승가가 머물고 있는데 기침소리도 없고 목을 가다듬는 소리도 없고 아무런 인기척이 없는가?"라고 물었다고 한다.

아자타샤트루왕은 드디어 부처님을 뵙고 출가 생활의 결실을 부처님께 여쭈었는데, 부처님께서 이때 설하신 것이 《사문과경沙門果經》이다. 사문과沙門果는 출가한 사문이 얻는 결실이라는 뜻이다.

대왕이시여, 비구는 이와 같이 마음이 완전히 가라앉아 안정되고 (samāhite), 청정해지고, 깨끗해지고, 흠이 없어지고, 더 높은 장애가 사라지고, 부드러워지고, 활발발해지고, 흔들림 없음에 이르러졌을 때, 번뇌들의 흐름이 다하는 지혜(khayañāṇāya, 누진지漏盡智)로 마음을 향하게 하고, 기울게 합니다.

그는 '이것이 괴로움이다'라고 있는 그대로 통찰합니다. '이것이 괴로움의 일어남이다'라고… '이것이 괴로움의 사라짐이다'라고… '이것이 괴로움의 사라짐으로 인도되는 수행이다'라고 있는 그대로 통찰합니다. '이것이 번뇌이다'라고… '이것이 번뇌의 일어남이다'라고… '이것이 번뇌의 사라짐이다'라고… '이것이 번뇌의 사라짐으로 인도되는 수행이다'라고 있는 그대로 통찰합니다.

그래서 이와 같이 알고, 이와 같이 봄으로써 감각적 욕망의 번뇌에서 마음이 해탈됩니다. 존재의 번뇌에서도 마음이 해탈됩니다. 무명의 번뇌에서도 마음이 해탈됩니다. 해탈되었으므로 해탈되었다는 지혜가 있습니다. 태어남은 다했다. 청정범행은 성취되었다. 해야 할 일을 다 해 마쳤다. 현존과 같은 다른 어떤 삶은 없다고 통찰합니다. 이것이 바로, 대왕이시여, 스스로 볼 수 있는 출가의 결실이니…*

출가 생활의 결실에 관한 법문을 들은 아자타샤트루왕은 목숨이 있는 날까지 부처님께 귀의한다고 말하고 나서 자신의 잘못을 참회하였다.

스승이시여, 제가 잘못을 저질렀습니다. 어리석고 미혹하며 선량하지 못하여 법다우셨고 법왕이셨던 아버지를 권력을 얻고자 시해하였습니다. 제가 미래에 단속할 수 있도록, 스승님 세존께서는 저의 잘못에 대한 참회를 받아들여주십시오.

부처님께서는 아자타샤트루왕의 참회를 받아들이고 "잘못을 범한 것을 잘못을 범했다고 인정하고 법답게 참회하고 미래에 그러한 잘못을 단속하는 자는 부처님의 교법에서 향상한다"라고 말씀해 주었다. 그리고

---

* 팔리어 원문에는 명사·서술어들이 대부분 수동태로 되어있다.

왕이 떠난 뒤에 비구들을 불러 모아, 왕이 자신을 해치고 파멸을 초래했다고 탄식하고는, 아버지를 시해하지 않았더라면 바로 이 자리에서 티끌이 없고 때가 없는 법의 눈이 생겼을 것이라고 하셨다. 부처님께서는 아자타샤트루왕이 과보를 다 받은 후 미래세에 뷔지타뷔Vijitāvī라는 이름의 벽지불辟支佛(paccekabuddha)이 될 것이라고 예언하셨다.*

아자타샤트루왕은 B.C.E. 494년 왕위에 올라 파탈리푸트라를 건설하였다. 또한 인도 최초의 투석기, 라타무살라(기존 전차에 낫을 단 신무기) 등 무기를 혁신하여 바이샬리의 밧지국 등 36개의 소국들을 병합하고, B.C.E. 476년 코살라 왕국을 정복하여 고대 인도 통일 왕국의 기틀을 마련하였다.

마가다국의 두 번째 왕조인 하리얀카Haryanka 왕조(B.C.E. 544~B.C.E. 413)는 갠지스강 유역에 있던 제국들의 통일을 실현했지만, 2대 아자타샤트루왕에서 6대 나가다사카왕에 이르기까지 권좌에 더 빨리 오르기 위해 황태자들은 어김없이 그들의 아버지를 시해하였다. 이 왕조는 불교를 숭상했지만 승가에 좋은 이미지를 수지는 못하였다. 마가다국은 후세에 찬드라굽타왕이 마우리아 왕조를 개창하면서 계승되었다. 안타까운 제왕의 삶의 마감 이야기가 얽힌 감옥터를 뒤로 하고 칠엽굴로 이동하였다.

제1차 경전 결집 ─ 칠엽굴

칠엽굴은 부처님의 가르침을 역사 속에 전승하게 한 의미 있는 장소임에도 불구하고 산길을 조금 걸어야 하는 부담 때문에 순례객들이 잘 가지

---

*《대불전경》

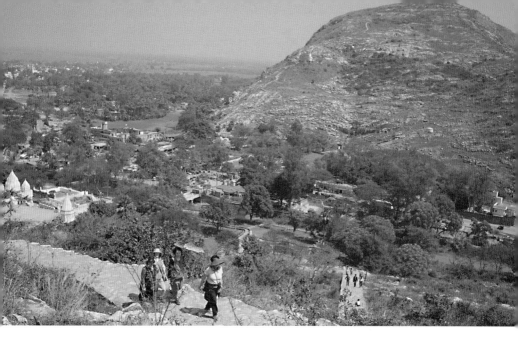

| 라즈기르의 구릉과 온천 사원 전경 |

않는다고 한다. 지금은 입구에는 힌두 사원, 산의 언덕 위에는 자이나교 사원들이 자리하고 있다.

버스는 10분 만에 칠엽굴 입구에 도착했다. 입구가 있는 동네 이름이 브라마쿤드이다. 쿤드는 작은 연못이라는 뜻이다. 칠엽굴 올라가는 입구에 온천이 나서 이런 이름이 붙었다. 바이바라 언덕과 비풀라 언덕 사이에 흐르는 개울을 건너는 좁은 보행용 교각을 지나니 칠엽굴 올라가는 진입로가 시작되는데, 입구는 보통 복잡한 게 아니다. 입구에 온천이 있기 때문이다.

현장 스님도 이곳을 다녀갔는데《대당서역기》에서 이렇게 전한다.

산성의 북문 서쪽에 비풀라 산이 있다. 산 근처에 오래 전에는 온천 500곳이 있었다는데, 지금은 여남은 곳만 남아 있다. 이곳에서 솟는 샘물은 아주 깨끗하고 달콤하다. 물은 히말라야 산맥 남쪽에

| 핍팔라 석실(마찬 조망대) |

서 시작해 지하로 흘러 이곳까지 온다. … 인도의 각 지방뿐만 아니
라 외국에서도 이곳으로 와 목욕을 한다. 이곳에서 목욕하면 몸의
질병이 모두 낫는다고 한다. 온천 수위에는 불탑과 정사가 아주 많
다. 모두 과거 4불이 앉거나 산책하던 곳이다. 산수가 아름다워 인
자와 지자, 은자들이 머물고 싶어 했다.

　이곳은 부처님 당시 온천정사의 유적지로 추정하고 있는 곳이다. 부처
님과 그 제자들이 즐겨 찾았으며, 빔비사라왕도 가끔 이곳에서 목욕을
하였다고 한다. 지금은 힌두교 사원이 들어서 있다. 온천은 제일 위쪽은
바라문 계급이 목욕하고, 제일 밑에서 목욕하는 사람들이 수드라 출신
들이다. 남녀가 구분되어 있고, 옷을 입은 채 목욕을 한다. 많은 사람들
이 와서 온천욕을 하고 있다.
　북적대는 힌두 사원을 지나 바이바라 언덕을 오르는 산길이 시작되는

| 칠엽굴 위의 자이나교 사원 |

데, 바로 위로 석축이 보이고 작은 동굴도 두 개 보인다. 마하가섭 존자가 머물렀던 곳으로 추정되는 핍팔라 석실이다. 현장 스님은 "온천 서쪽에 핍팔라 석실이 있다. 여래가 종종 머무르던 석실 뒤쪽에 있는 동굴은 아수라궁이다. 선정을 수행하던 비구가 이곳 석굴에 있을 때면 용, 뱀, 사자의 형상이 나타나 수행하는 이들의 마음을 어지럽힌다. 그러나 이곳은 성인들이 머물던 곳이기 때문에 그들을 참배하려는 사람들이 많이 온다"라고 기록했다.

핍팔라 석실 위는 시멘트로 평평하게 포장을 해 뒀고 라즈기르 시내를 전망하기에 좋았다. 이곳 사람들은 마챤Machan 조망대라 부른다고 한다.* 한쪽에 젊은이들이 소풍 와서 솥을 걸고 있다.

시멘트로 포장된 좁은 산길을 따라 올라가는데 햇볕이 뜨거워 모두들

---

* 정토출판 편집부, 2000.

| **칠엽굴 가는 길** | 불쏘시개용 나무를 하는 젊은 아낙들

힘들어한다. 우리가 걷는 산은 나무와 풀이 자라기는 했지만 키가 큰 나무가 없어서 그늘이 없다. 맞은편으로 보이는 산은 아예 돌산이다. 내려오던 백인 청년이 필자에게 영어 할 줄 아느냐고 묻더니, 어찌 이런 일이 있느냐는 듯한 표정으로 위에 가면 돈 달라고 한다면서, 내게 조심하라고 충고를 해 주고 간다. 저 서양인의 사고로는 이해할 수 없는 일이었나 보다.

　뜨거운 오르막의 산길은 결국 세 분을 탈락시켰다. 일행 세 분이 못 오는 것을 보고서야, 오전 영축산 순례길에 아래 입구 주차장에서 정상까지 왕복하는 인력 가마가 생각났다. 그것을 이용했어야 했다는 후회가 밀려 왔다. 칠엽굴은 처음인지라 가는 길이 어떤지 몰랐던 것이다. 내려올 때는 가마꾼들이 두 팀이나 손님을 싣고 내려오는 광경과 만났지만, 이미 상황이 지난 다음이었다. 하기야 가마 위에 올라앉은 분들이 손수건으로 눈을 가리고 있는 것을 보니 가마를 타는 일도 보통은 아니

| 칠엽굴 가는 길 | 손수건으로 얼굴 가린 가마 손님

겠다 싶다.

　나머지 일행은 흰색 사원의 그늘 마당에 도착해서 땀을 식힌다. 포기하겠다는 사람이 한둘이 아니다. 낮 12시! 겨우 35분 걷고서 퍼져 버린 것이다. 어젯밤에 마하보디 사원에서 3보 1배로 용맹스럽게 정진하던 모습과는 사뭇 다르다.

　사실, 여행을 다녀보면 온도가 인체에 미치는 영향이 크다는 것을 발견하게 된다. 추운 것보다는 더운 게 훨씬 더 견디기 어려운 듯하다. 개인적 경험으로는 지난해 4월 미얀마 양곤에서 시내를 다닐 때는 단 10분을 걷기도 힘들었다. 양산이 없으면 아예 거리에 나갈 수가 없거니와 양산을 쓰고 걸어도 걷고 싶지가 않았다. 그에 비해, 북미 여행 중 보스톤에서는 하루에 10시간 이상을 걸은 적도 있다. 몇 시간을 걸었어도 날씨만 서늘하면 또 걸을 수 있었다. 20여 도와 40도에 육박하는 기온의 차이는 이러한 활동성의 차별을 가져왔던 것이다.*

뜨거운 산행 길에 바람 부는 그늘 휴식은 상쾌하기 그지없다. 게다가 여행사 사장님이 귤과 프로티froti라는 상표의 종이 팩에 든 과일 음료를 대중들에게 공양한다. 중간에 휴식할 수 있었던 이 하얀 사원은 자이나교 사원이다. 이 산에 다섯 곳이 있다고 한다. 프로티 음료를 누런 제복 입은 관리인 두 명에게 하나씩 주자 빨대를 어디 꽂아야 할지를 모른다. 한 번도 먹어본 적이 없었던 것이다.

다시 힘을 내어 올라가는데 일주문 같은 것이 나타나고 불쏘시개용 나무를 하는 젊은 아낙들이 나무를 다듬어 한 다발씩 묶고 있다. 열심히 정상까지 10여 분을 더 올라가니 드디어 불교 사원! 그러나 이곳이 아니다. 다시 길을 되돌려 음료수 먹었던 자이나교 사원으로 내려오니 거기서 옆으로 빠져 내려가는 길이 있다. 그 길을 잠깐 내려가니 사진에서 보던 풍광이 나타났다. 칠엽굴이다.

500결집-제1차 결집

칠엽굴七葉窟(Saptaparniguha, Sattapanniguha)은 일곱 개의 잎을 가진(Saptaparni) 나무가 동굴(guha) 주위에 많아서 붙여진 이름이다. 칠엽굴은 부처님의 직접적인 발자취가 서린 곳이라고 할 수는 없지만 불교 역사상 매우 중요한 장소이다. 왜냐하면 부처님의 말씀을 통일시키고 몇 개의 묶음으로 체계화하여 부처님의 법이 후세에 단절됨이 없이 이어지도록 한 법法과 율律의 최초 결집結集이 있었던 장소이기 때문이다.

만약 칠엽굴에서의 결집이 없었다면, 부처님께서 각고 정진해서 49년 간 고구정녕苦口丁寧 말씀하신 진리가 이리저리 흩어지고 수많은 이견異

---

* 보스톤은 9월 초였는데 대개 아침 최저 14도, 낮 최고 23도였다. 양곤은 4월 초였는데 아침 최저 20도, 낮 최고 41도였다.

| 칠엽굴 |

見의 양산量産과 진본眞本의 망실과 잘못된 전승으로 인해, 부처님의 원음原音을 찾느라 끝없는 논쟁에 휩쓸려 불교는 사분오열四分五裂되어 결국 소멸해 버리고 말았을지도 모른다.

　칠엽굴의 결집은 오백 결집, 장로 결집, 1차 결집이라고도 한다. 부처님의 반열반 후* 3개월 뒤에 시작되어 7개월 동안 칠엽굴에서 아라한들이 모여 안거하면서 진행했다. 부처님께서 반열반하신 지 21일 만에 "내가 가고 난 후에는 법과 율이 그대들의 스승이 될 것이다"라고 하신 부처님의 말씀에 따라, 마하가섭 존자의 발의에 의해 경經·율律·론論 삼장三藏 전체에 대한 교설을 잘 호지하고, 사무애해四無碍解(의義·법法·사詞·변辯의 네 가지 무애해)와 삼명三明(숙명통, 천안통, 누진통)을 가졌고, 큰 위력을 갖춘,

* 남방 전승에서는 부처님 열반일이 음력 4월 15일이다.

세존께서 최고의 경지라고 인정한 아라한 499명이 선출되었다.

그로부터 40일 후에 음력 6월 보름 결집에 참여할 아라한들이 모여 라즈기르에서 안거를 시작했다. 안거를 시작한 후 한 달간은 폐허가 되다시피한 라즈기르 주위의 18개 승원이 아자타샤트루왕의 도움으로 정비를 했다. 7월 보름에는 왕이 칠엽굴에 큰 천막을 치고 500개의 양탄자를 깔고 갖가지 꽃을 심는 등 마치 범천의 궁전과 같이 장엄하였다고 한다.

7월 하현의 5일(음력 20일)에 499명 비구들이 모여 결집을 시작하였다. 그때까지도 아라한이 되지 못한 아난다 존자는 결집을 시작하는 날 새벽에 정진하다가 침상에 몸을 누이려고 할 때 두 발은 땅에서 떨어지고 머리는 아직 베개에 닿지 않은 상태에서 깨달음을 얻어 아라한이 되어 결집에 참여했다. 아난다 존자는 사위의四威儀(가고, 서고, 앉고, 눕는 것)와 관계없이 아라한이 된 유일한 분이다.

율장·경장·논장의 순서로 합송合誦되었으며, 계율은 우팔리 존자가, 경장과 논장은 아난다 존자가 송출誦出했다. 송출된 내용을 그때그때 대중들이 합송에 의해 획정했다. 확정된 경장 줌에 장아함경(디가 니까야)은 아난다 존자의 제자들이, 중아함경(맛지마 니까야)은 사리불 존자의 제자들이, 잡아함경(상윳다 니까야)은 마하가섭 존자의 제자들이, 증일아함경(앙굿따라 니까야)은 아나율 존자의 제자들이 계승하였다.

부처님께서 입멸하신 지 3개월 후에 시작해서 다음해 음력 2월 보름까지 약 7개월 동안 합송을 하였고, 합송이 끝나자 대지는 바다 끝까지 여러 가지로 진동하였고, 여러 가지 경이로움을 드러내었다. 마하가섭 존자는 이것을 통해 '부처님의 교법을 5,000년 세월 동안 지속할 수 있도록 하였다'는 환희심이 생겼다.*

---

* 〈장부주석서〉 서문,《4부 니까야》

라즈기르가 내려다보이는 칠엽굴

 후세에 불교의 교단을 역사적으로 지속시킨 근본적 동력이 된 제1차 결집지인 칠엽굴이 제 모습을 어렵게 드러낸 것이다. 뜨거운 한낮 12시 30분에서 몇 분 더 흐른 시간이다. 칠엽굴은 음료수를 마시며 중간에 쉬었던 그 자이나교 사원 바로 밑에 있었다. 칠엽굴은 불교 순례객들도 잘 오지 않는 곳이라 현지 가이드도 길을 몰라 헤맸던 것이다.

 드디어 1차 결집의 현장에 도착했건만, 전체를 둘러보고 느낄 새도 없이 그곳 안내인이 석굴 중에서 가장 큰 동굴 안으로 안내한다. 촛불과 손전등을 비춰 가며 처음에는 넓지만 꼬불꼬불 구부러진 좁은 바위 틈새로 동굴 안 끝까지 들어가니, 촛불들과 순례객들이 보시한 지폐가 우리를 기다리고 있다. 사실 이 자연석굴의 끝은 칠엽굴의 제1차 결집과는 무관한 곳이다. 1차 결집을 위해 모인 아라한들이 이 협소하고 어두운 동굴 끝에 들어와서 예배했겠는가? 서서 반배하고 얼른 나왔다.

 칠엽굴이 있는 이곳은 구왕사성의 북서쪽 바이바라 언덕 너머이다. 입구는 제법 넓고 마당도 있으며 신왕사성이 있던 라즈기르 시내를 한눈에 내려다 볼 수 있는 전망이 좋은 곳이다. 이 마당이 바로 아자타샤트루왕이 큰 천막을 치고 500개의 양탄자를 깔아 장엄한 곳이며, 오백 아라한이 모여 합송한 곳이리라.

 앞마당에 서서 시내를 내려다보면 정면이 북쪽이므로 왼쪽이 서쪽이며, 오른쪽이 동쪽이다. 칠엽굴은 본래 7개의 자연 동굴이었으나 풍화작용에 의해 안쪽(서쪽) 석굴이 아래 절벽으로 무너져 내렸으며, 앞마당 역시 무너져 내려 지금처럼 협소한 공간만이 남아 있게 되었다고 한다. 1939년 인도 고고학국에서 실측할 때만 해도 6개의 동굴이 있었고, 앞마당의 길이 36.57m, 넓이는 동쪽(입구 쪽)이 10.36m, 서쪽이 3.65m였다

고 한다.* 칠엽굴 앞마당에서 라즈기르의 시내를 조망하는데, 마침 바람
도 불어와 시원하기 그지없다. 그러나 곧바로 하산이다. 칠엽굴 바로 아
랫마을 브라마 쿤드를 떠나는데 시간이 오후 한 시가 훌쩍 넘었다.

지친 몸을 재충전하기 위해 죽림정사 일정을 오후로 넘기고, 먼저 점
심 공양하러 라즈기르 레지던시(Rajgir Residency)라는 호텔에 갔다. 난도
없는 담백한 음식들! 보드가야의 임페리얼 호텔과 비슷한 음식이다. 뒤
늦게 필자에게만 인도 카레와 난을 가져다 준다.

최초의 절— 죽림정사

바이바라 언덕의 뙤약볕 더위를 점심 공양으로 식히고는 다음 일정인 죽
림정사로 향했다. 죽림정사(Veluvana Vihāra)는 불교 최초의 사원이다. 빔비
사라Bimbisāra왕이 보시했고, 대나무가 많아서 죽림이라는 이름이 붙었
다. 죽림정사가 건립된 인연은 다음과 같다. 부처님께서 가섭 3형제와 그
제자들 1,000명을 제도하시고, 막 아라한이 된 이들과 함께 라즈기르 근
처 라티 숲에 도착하셨다. 빔비사라왕은 부처님을 찾아뵙고 사성제에
관한 법문을 듣고 수다원이 되었다. 그때 빔비사라왕이 부처님께 말씀드
렸다.

부처님이시여! 저는 왕자 시절에 다섯 가지의 소원이 있었습니다.
첫째, 왕에 추대되는 것이었고, 둘째는 귀의할 부처님께서 저의 왕
국에 오시는 것이었고, 셋째는 부처님께 귀의하고 찬탄하는 것이었

---

* 정각, 1993.

| 죽림정사의 카란다 연못 |

고, 넷째는 부처님께서 저에게 열반으로 이끄는 법을 설해 주시는
것이었고, 다섯째는 제가 법을 완전히 이해하는 것이었습니다. 지
금 그 소원이 모두 이루어졌습니다. 저는 오늘부터 부처님께 귀의
하오며 가르침과 승단에 귀의합니다. 저를 재가신자로 받아 주십시
오. 오늘부터 생명이 다하는 날까지 귀의하겠습니다.

빔비사라왕은 부처님을 성도 후 처음 만난 다음날 부처님을 왕궁에
초대하여 직접 부처님께 공양을 올렸다. 부처님께서 공양을 마친 후 빔
비사라왕은 부처님께서 머물 장소가 필요하다는 생각을 하게 되었다. 도
시에서 너무 멀지도 않고 너무 가깝지도 않으며, 드나드는 길이 있고, 오
고가기에 편하고, 소음이 적어 고요한 곳이 어디일까 생각하던 빔비사라
왕은 그 모든 조건을 잘 갖춘 곳으로 부유한 귀족인 카란다 장자의 죽림
동산을 떠올리고는, 부처님께 보시하였다. 이에 부처님께서 말씀하셨다.

승단을 위한 거주처를 보시하는 것은 공덕이 매우 커서 장수와 아름다움, 행복, 힘, 지혜를 보시한 것과 같다. 그리하여 그 보시의 공덕으로 천상에 태어나니 현자라면 정사를 보시하고 스님들을 그곳에 머물도록 청하여 필수품을 제공해야 한다. 그리하여 더욱더 행복하게 지내다가 모든 슬픔이 사라진 적멸의 열반을 성취한다.

부처님께서 빔비사라왕의 보시를 허락하자 대지가 진동을 했다. 이때를 제외하고는 부처님께 정사를 보시했을 때 대지가 진동한 적은 없다고 한다. 부처님께서는 2~4번째 안거, 17번째 안거, 20번째 안거를 그곳에서 지내게 되었으니 5안거를 머무르신 것이다.*

죽림정사에 도착하니 오후의 시간이 절정에 이르는 때(2시 20분)이다. 칠엽굴 순례로 지친 탓에 점심 공양하는 데 시간이 제법 걸렸던 모양이다. 절 앞의 거리는 수레를 이용한 불교 액세서리점들로 여전히 붐빈다. 정사 안은 외국에서 온 불교 순례객들을 위해 지어 놓은 작은 법당이 있을 뿐, 불교 사원으로서의 기능은 찾아볼 수 없다. 그러나 법현 스님과 현장 스님이 방문하였을 때만 해도 여전히 사원으로서의 기능을 유지하였던 것으로 보인다.

법현 스님은 이곳을 다음과 같이 기록하고 있다.

왕사구성王舍久城을 나와 북쪽으로 300여 보를 가서, 서쪽에 가란타迦蘭陀 장자의 죽원정사竹園精舍가 있다. 지금도 존재하고 있으며, 대중들이 깨끗하게 청소를 하고 있다.

* 일창, 2012.

| 죽림정사의 대나무 |

현장 스님도 죽림정사를 방문하였다.

산성의 북문에서 1리 정도 가다 보면 가란타죽원迦蘭陀竹園에 도착
하게 된다. 지금은 정사가 있는데 돌로 만든 기단과 벽돌로 만들어
진 방이 있고 문은 동쪽으로 열려 있다. 여래 재세 시에 많은 시간
을 이곳에서 머무르시면서 설법하고 교화하시며 모든 중생들을 이
끄시고 세속인들을 구제하셨다. 그래서 지금은 여래상을 만들어
두었다.

죽림정사 유적은 바이바라 언덕 아래의 칠엽굴 입구의 온천 북쪽, 아
주 가까운 곳에 있다. 지금은 카란다 연못과 대형 보리수 한 그루, 몇 그
루의 대나무와 활엽수들이 전부인 유원지 같은 곳으로 변해 있다. 입구
의 대나무 몇 그루가 이곳이 대나무가 많았던 지역임을 말해 줄 뿐이다.
대나무들의 생김새가 마디가 굵고 가지가 많은 것이 한국의 굵고 깨끗하고 쭉쭉 뻗은 대나무에 비할 바가 아니다. 연못의 맞은편에 연못에서 발견되었다고 하는 좌불상을 모셔 두었는데, 그 얼굴 모양이 동양인의 얼굴이다. 중국 불상인 듯하다.

1905~1906년 죽림정사 발굴 조사에서 10~11세기로 편년되는 석조 대좌와 보살상의 다리 파편이 보고되었고, 그 외 몇몇 석조 대좌 내지 석조 대좌 조각이 발굴되었다. 그러나 사원지임을 알려 주는 흔적은 찾아볼 수 없었다고 한다. 현장 스님은 "죽림정사의 북쪽으로 200여 걸음 가다 보면 가란타 연못에 이른다. 옛날 여래께서 이곳에 머무르시면서 많은 설법을 하셨다. 물이 맑아서 여덟 가지 공덕을 갖추고 있는데 부처님께서 열반에 드신 뒤로 물이 말라 버려 남아 있지 않다"고 기록하고 있다. 이 기록에 따르면 죽림정사 유적지는 지금처럼 연못과 그 주변이 아니라 연못의 남쪽 언덕인 것으로 보인다.

또한 현장 스님은 "가란타 연못에서 서북쪽으로 2~3리를 가면 한 스투파가 있는데, 아소카왕이 세운 것으로 높이는 60여 척이다. 그 곁에는 한 석주가 있는데 이 스투파를 세운 사연이 새겨져 있으며, 높이는 50여 척이고 위에는 코끼리 형상을 만들어 놓았다"라고 기록했다. 그러나 아소카왕의 스투파와 석주는 발견되지 않고 있다.

사원을 보시했을 때 대지가 진동했다는 이 유서 깊은 곳을, 법당지도 찾지 못하고 유적들도 산실되어 버려, 남겨진 연못만 한 바퀴 돌았다. 입구의 힌두교도들이 관리하는 사당에 모신 불상에 개인적으로 참배만 하고는, 죽림정사에서 나와서 오늘의 마지막 일정인 날란다 사원으로 갔다. 죽림정사에서 날란다 대학까지는 버스로 20분 정도의 거리인 듯하다. 멀리 칠엽굴이 있는 바이바라 언덕이 버스 창문으로 보였다. 가는 길에 차가 정차하더니 현지 가이드가 인도 고유의 유명한 튀김빵 까자를 사러 내려간다. 까자라는 이름이 우리나라의 과자와 발음이 유사하다.

이 빵을 파는 가게가 도로변에 줄을 잇는데 대부분 간판에 부처님을 그려 놓았다. 불교 순례객이 많아서라고 한다. 밀가루 반죽을 아주 얇게 겹겹이 해서 기름에 튀겨 만든 까자는, 한국의 빵집에서 볼 수 있는 크렙 케이크와 비슷하다. 하지만 훨씬 더 기름지고 매우 달았다. 한참을 기다리니 현지 가이드가 두 봉지나 사서 나눠 준다.

불교 최대 대학 — 날란다

날란다Nālandā는 라즈기르의 북쪽 11km에 위치하고 있으며, 기원전 6세기경부터 라즈기르 근교 장원이었다고 한다. 팔리어 전승에 의하면, 부처님께서 자주 강설을 한 곳이며, 날란다의 파바리카Pavarika 망고 동산에 머물렀으며, 열반하기 전 라즈기르에서 쿠시나가르로 가는 마지막 여행 도중에도 이곳에서 하룻밤을 머무르셨다. 또한 이곳은 사리불과 목건련 존자의 출생지이자 열반지이다. 자이나교의 마하비라와도 인연이 깊어 마하비라가 14년간 우기를 지낸 곳이다. 그는 날란다에서 서쪽으로 26km 떨어진 파와푸리Pawapuri에서 열반에 들었다.

《대당서역기》에서는 날란다라는 명칭은 날란다 사원 남쪽 망고나무 숲에 연못이 있었는데 그곳에 사는 용왕의 이름이 날란다여서 그렇게 부르게 된 것이라고 하고, 또 여래께서 전생에 왕으로 있을 무렵 이 지방에 도읍을 정하고 끝없이 선을 행했기 때문에 사람들이 그의 덕행을 찬송하며 시무염施無厭(한없이 베푸는 사람)이라 부른 데서 유래했다고 한다.

현재의 유적(제1 승원지)에서 날란다 사원의 토제인장土製印章이 발견되었는데, 8세기 산스크리트어로 '날란다 대승원의 성스러운 비구 승가(Śrī Nālandā Mahāvihārīya-ārya-bhikṣu-Shanghasya)'라 새겨져 있어 현재의 유적지가 날란다 대학임을 입증해 주고 있다.*

부처님의 전생에서부터 인연이 깊고, 두 명의 상수제자 고향으로 등장하는 날란다는 5~6세기경 대학이 설립되고, 7~8세기경에는 최고의 전성기를 구가하게 된다. 날란다 대학에 대한 찬탄은 유례를 찾기 힘들 정도이다. 현장 스님의 전기 《대자은전》에는 "날란다 사원은 8개의 작은 사원으로 나뉘고, 보대寶臺는 별처럼 줄지어 있고, 옥루玉樓는 여기저기에 우뚝 솟아 있는 높고 웅대한 건물이 연기나 안개 위로 나타나게 하고, 아래로는 푸른 물이 유유히 흐르며 푸른 연꽃이 떠 있다. 모든 사원의 승실僧室(스님 방)은 모두 4층 건물로서 훌륭한 조각이 붙어 있어, 인도 사원 중에서 이 날란다 사원만큼 장엄하고 숭고한 절은 없었다"**고 한다.

여섯 대왕의 창건사 날란다 대학

이렇듯 B.C.E. 3세기부터 C.E. 13세기까지 인도 불교사의 큰 흐름을 장식한 날란다 대학은 그 유래가 기원전의 아소카왕에까지 거슬러 올라가긴 하지만, 대규모 대학으로서의 위용을 갖추기 시작한 것은 5세기 전반부터 중반 경으로 추정된다. 왜냐하면 404년~405년에 이곳을 방문한 것으로 추정되는 법현 스님의 《불국기》에는, 다만 나라那羅라는 마을을 방문하고 이곳이 사리불 존자의 탄생지이자 열반지로서 그의 탑이 남아 있다고 적고 있을 뿐, 날란다 대학에 대한 기록이 보이지 않기 때문이다. 또한 현존 유적에서 발굴된 가장 초기의 불상과 유구들은 대부분 6세기 이후의 것이며, 대부분은 팔라 왕조 시대(C.E. 750~1174)의 것이다.

이는 날란다 대학의 성립에 관하여 6명의 왕이 6개의 가람을 세

---

* 날란다 사원의 토제인장은 원형을 반으로 나누어 위에는 법륜을 마주보고 있는 두 마리의 사슴을 표현하고, 아래에는 명문을 새겼다. 커닝엄의 현장 조사에서 발견, 현재 날란다 박물관 소장.

** 마사오·신죠 공저, 1995.

| 날란다 대학 입구의 보리수 |

있다는 《대당서역기》의 기록과도 일치한다. 날란다 사원은 굽타 왕조 (320~550)의 샤크라디티야Śakrāditya왕(415~455)에 의해서 창건되었다. 그는 굽타 왕조의 제4대 왕인 쿠마라굽타 1세로서, 날란다 유적(4승방지)에서 그 시대의 금화가 발견되었다.

연이어 붓다굽타왕(476~495)이 남쪽에, 그 뒤를 이은 타타가타굽타왕이 동쪽에, 그 이후 발라디티(유일幼日)왕이 동북쪽에, 그의 아들 바즈라왕이 서쪽에 가람을 세웠다. 또한 7세기에 중인도의 왕이었던 하르샤바르다나Harsavardhana(Śilāditya, 계일왕戒日王, 재위 606~647, 이하 하르샤)왕이 북쪽에 대가람을 세우면서 이 승원들을 한꺼번에 높은 담벽으로 에워싸 하나의 커다란 승원을 만들고 담벽의 문은 하나만 만들었다. 그러나 현장 스님(날란다 거주 C.E. 630~643)의 전기 《자은전》에는 담벽 내의 가람이 8개 소라고 하여 혼란을 주고 있다.

《대당서역기》는 계속해서 당시 사원과 스투파 등에 대해 소개한다.

가람의 주위에는 불적이 100곳도 넘게 있다. … (대)가람의 서쪽으로 멀지 않은 곳에 정사가 있다. 옛날 여래께서 석 달 동안 이곳에 머무시며 … 남쪽으로 100걸음 가다 보면 작은 스투파가 있다. … 그곳에서 남쪽으로 관자재보살의 입상이 있는데 … 이어서 (대가람의) 동쪽에는 큰 정사가 있다. 높이는 200여 척(약 49m)이며 … 이어서 북쪽으로 100여 걸음 더 가면 관자재보살상이 그 속에 있다. … 관자재보살 정사에서 북쪽으로 커다란 정사가 있다. 높이는 300여 척(약 74m)이며 파라아질다왕(발라디티왕, 유일왕)이 세운 것으로 … 서북쪽에는 과거 4불이 앉으셨던 곳이다. 그 남쪽에 유석으로 만든 정사가 있다. 계일왕(하르샤왕)이 건립한 것으로 아직 공사를 끝내지 못하였지만 그 크기가 10장丈(약 25m)에 달하며 … 다시 동쪽으로 200여 보에 담장 밖에 동으로 만든 여래 입상이 모셔져 있다. 높이는 80여 척(약 20m)이고 누각은 6층인데 가까스로 이 입상을 덮을 수 있을 정도이다. 옛날 만주왕(푸르나바르만왕)이 만든 것이다.*

이러한 기록은 대가람을 중심으로 남쪽, 동쪽, 동북쪽, 서쪽, 북쪽에 차례로 가람을 세웠다는 기록과도 부합할 뿐만 아니라, 날란다 사원 건축물들의 위용을 상상하기에 충분하다. 의정 스님(날란다 거주 C.E. 673~695)도 승원 건물이 3층이라고 전하고 있다.

이러한 현장 스님의 기록과 관련하여, 고고학적 발굴 성과에 힘입어 입구 통로의 양쪽에 위치한 제1 승원지와 제4, 5 승원지, 그리고 제1A, 제1B 승원지와 가장 큰 유적인 제3 법당지, 그리고 사라이 마운드가 현장 스님이 이곳을 방문했을 때 존재했던 유구로 추정되고 있다. 이 건축

---

* 척, 장의 계산은 1척=24.5cm(당나라 당시 기준)로 계산.

물들은 제1 승원지를 모서리에 두고 ⅃모양으로 배열되어 있어 현장 스님이 서쪽, 동쪽, 북쪽 등으로 기록한 사실과도 부합하는 듯하다.

하르샤왕은 7세기 초 인도를 통일하고 관용과 보시로써 통치한 제2의 아소카왕으로 불린다. 그는 스스로 '나는 날란다 사원 스님들의 종'이라고 자처하면서 전폭적인 지원을 했다. 100개 마을의 세금을 날란다 사원에 공양물로 보냈으며, 200세대가 쌀과 버터 및 우유를 공급하도록 조치했다. 이 덕분에 날란다 스님들은 탁발을 하지 않고 학업에 열중했다. 바야흐로 날란다 사원은 최고 전성기를 맞이한 것이다.

그는 당시 날란다 사원에서 유학 중인 현장 스님을 만나 7개월을 함께 보냈고, 현장 스님을 존경하여 일생 동안 개최한 6번의 무차대회無遮大會* 중 마지막 법회를 현장 스님 중심으로 개최하기까지 하였다. 또 중국으로 떠나는 현장 스님을 위해 3천 개의 금화와 1만 개의 은화를 실은 코끼리를 여행 경비로 지급하고, 네 명의 관리를 호위에 동반케 하였다. 또, 하얀 면 천에 쓴 편지를 붉은 밀랍으로 봉인해 현장 스님이 지나는 모든 소왕국의 관리들에게 현장 스님 일행을 호위하게 하였다고 한다.**

7~8세기에 이미 이러한 번영기를 맞았던 날란다 대학에서 현장 스님을 이어 수학한 의정 스님은 날란다 대학의 모습을 흠모하여 그림으로 그리고, 중국의 천자로 하여금 이와 동일한 양식의 사원을 건립하기를 바랐다. 그러나 그 어려움을 미리 알아 다음과 같은 한탄의 시를 지었다.

많은 아름다운 것들은 옛날같이 늘어져서 남아 있건만
뛰어난 많은 분들은 이미 예와 지금으로 갈라져 있어

---

* 승려·속인을 가리지 않고 누구나 자유롭게 참여하여 법문을 듣는 법회의 하나.
** 공만식, 2004.

삶과 죽음의 가름을 알게 되니
어찌 마음의 서글픔을 느끼지 않을 소냐*

날란다 대학은 8세기에 들어서면, 파드마삼바바 스님을 비롯한 날란다 승원 출신의 여러 스님들이 티베트로 가서 교학을 전하면서 티베트 불교의 발전에 큰 영향을 끼쳤다. 그 후 8세기 중반에 세워진 팔라 왕조의 후원으로 전성기에 도달했다.

10세기 송대의 구법승인 계업 스님은 라즈기르의 북쪽 15리 거리에 날란다 승원이 있으며, 절의 남쪽과 북쪽에 수십 개의 가람이 있고 문이 모두 서쪽으로 나 있다고 기록하고 있다. 현장 스님의 6원, 의정 스님의 8원에 비해 훨씬 규모가 커졌음을 알 수 있다.

그러나 팔라 왕조가 비크라마실라Vikramaśila 대학을 건립하면서 학문의 중심이 날란다에서 비크라마실라 대학으로 서서히 이동하고, 날란다는 쇠퇴기에 들어서기 시작했다. 그 후 무슬림의 인도 침공 속에서 1199년 무하마드Muhammad 휘하의 장군 바크티야르 칼지(Bakhtiyār Khaljī)에 의해서 파괴되고 말았으니, 이때 사원은 3개월 동안 연기를 내며 불탔다고 한다.

이슬람의 침공에 의한 날란다의 참화 이후, 1235~1236년 티베트의 순례승 다르마스바민Dharmasvāmin(1197~1264)이 날란다를 방문하였다. 그의 전기傳記에 "라훌 쉬리바드라Rahul Shribhadra라는 90세의 노승이 70명의 티베트 학승들을 가르쳤는데, 마지막 학생이 교육을 마칠 때까지 살아있었다"는 기록이 있다.**

---

* 《대당서역구법고승전》, 2013.

** 정각, 1993.

날란다 대학에 관한 최후의 역사 기록은 고려의 이색李穡(1328-1396)
이 지은 지공指空 화상 비문 〈서천제납박타존자부도명병서西天提納薄陀尊
者浮屠銘幷序〉이다. 지공 스님은 중국을 거쳐 고려에 들어와 활동한 후, 중
국에서 1361년 입적한 인도 스님이다. 비문에 의하면, 지공 스님은 8세에
날란다 사원의 율현律賢(Vinayabhadra) 아래에서 출가하였다. 이로 보아 날
란다 대학은 13세기 후반까지 그 명맥을 유지했다고 본다.*

날란다 대학의 스님들

불교학자 타라나타Tāranātha(1575~1634)에 의하면, 아소카왕은 B.C.E.
250년 사리불 존자의 부도浮屠를 찾아와 경의를 표하고, 이곳에 사원을
건립하였다.

C.E. 2세기경 용수龍樹(나가르주나Nāgārjuna, 150~250) 보살을 필두로 인
도 불교사의 빛나는 스님들이 날란다의 역사를 장식하게 된다. 용수 스
님은 7세에 이곳을 찾아와 그의 학업을 시작하였으며, 그 시대에 이미
108개의 사원이 만들어졌다고 한다. 이후 용수 보살의 학문을 계승한
제바提婆(아리야데바Āryadeva, 170~270) 스님이 머물렀다. 제바 스님은 외도들
의 영혼불멸설을 비판하는 《백론百論》을 저술하여 중관학中觀學을 발전·
체계화시켰다.

제바 스님은 외도들의 주장을 너무도 날카롭게 비판한 덕분에 "그대
는 지혜의 칼로 내 스승을 굴복시켰으나, 이제 나는 진짜 칼로 그대의 배
를 찌르겠다"고 소리치는 외도의 칼에 찔려 생을 마감하게 된다. 죽음의
순간에 뒤늦게 비보를 듣고 달려와 통곡하는 제자들에게 준 제바 스님
의 마지막 말은 아직도 우리의 심금을 울린다.

---

* 주경미, 2009.

제법의 실상에서 보면 누가 원한을 품고 누가 당하며 누구를 베고 누구를 찌르겠는가? 제법의 실상에서는 당하는 자도 없고 해치는 자도 없으니 누가 친구이고 누가 원수이겠는가? 그대들은 지금 어리석음의 독에 속아 허망하게 집착하는 견해를 내어 크게 소리 지르며 불선업을 짓는구나! 그 사람이 해친 것은 다만 업보일 뿐 나를 해친 것은 아니다. 그대들은 이와 같이 생각하여 미친 듯이 슬퍼하지 말지어다.*

5세기에 들어오면, 유식학의 중요 논사들이 날란다에 거주하기 시작한다. 현장 스님은 날란다 대학의 입학과 관련하여 "재기가 높고 세상 이치를 두루 알며 기억력이 뛰어나고 재능이 넘쳐나며 덕이 높은 철인들이라면 빛나는 대열에 들어 전통을 잇게 된다"고 전했다.

무착無着(아상가Asaṅga, 300년~390년?), 세친世親(바수반두Vasubandu, 316~396년경), 진나陳那(디그나가Dignāga, 480~540), 호법護法(다르마팔라Dharmapāla, 530~561), 법칭法稱(다르마키르티Dharmakīrti, 600~680) 등 유식학의 계보를 장식하는 거장들이 대를 이어서 날란다에 거주하면서 활동하였다.

진나-호법으로 이어진 유상유식有相唯識의 흐름은 계현戒賢(실라바드라Śilabhadra) 스님으로 이어졌다. 현장 스님이 날란다 대학에 갔을 때 당시의 승원장으로서 정법장正法藏으로 존경받던 계현 스님에게서 배워 중국에 유상유식을 전하게 되고, 이는 법상종法相宗을 형성하게 된다.

한편 티베트 불교의 창시자 내지는 중흥자들 역시 날란다 출신들이 많다. 티베트 불교의 창시자인 산타락시타Śāntarakṣita(적호寂護, 725~788), 파드마삼바바Padmasambhava(연화생蓮花生, 740~795), 티베트 삼예Samye 논

---

* 김성철 역,《백론/십이문론》, 1999.

쟁(794년)*의 논사인 카말라실라Kamalaśīla(연화계蓮花戒, 740~796), 혹독한 정진으로 유명한 밀라레빠Milarepa(1052~1135)의 스승의 스승인 나로빠 Nāropā(1016~1100) 등이 날란다 대학 출신들이다.

날란다 대학의 생활

현장 스님에 의하면, 날란다 사원에 머무는 승려는 1,000여 명이었다. 모두 걸출하고 재기가 넘치며 높은 학문을 닦은 자들로, 당시 그들의 명성을 듣고 이역만리에서 그들에게 도를 배우려고 온 자들이 수백 명이 넘는다고 전하고 있다. 날란다 대학의 주변 마을에도 날란다에 입학하기 위해 준비하는 스님들로 넘쳐났다. 7세기 말에 날란다 사원에 머물렀던 의정 스님은 승려들이 3,500명이라고 했다.

현장 스님에 의하면, 학문에 깊게 통달해 있는 이여야 비로소 이곳에 입문할 수 있었으며, 유학하러 왔던 젊은 학자들 가운데 학문이 깊은 사람도 10명 중 7, 8명은 물러가게 마련이었고, 나머지 2, 3명도 세상 이치에 환하다 할지라도 대중들 속에서 차례로 질문을 주고받다 보면 그 예리함이 꺾이고 그 명성을 실추당하지 않는 사람이 없었다. 더욱이 여기서 유학했다고 허위 사실로 말하며 이곳저곳을 다닌다 해도 어디서고 정중한 예우를 받았다고 한다.

이렇듯 입학 자체가 매우 어려웠던 날란다 대학에 당시의 유학생으로서 신라 출신의 스님들이 있었음을 언급하지 않을 수 없다. 날란다 대학에서 유학하고 그곳에서 열반에 든 아리야발마 스님과 혜업 스님의 기록

---

* 삼예는 대론이 진행된 사원의 이름이다. 반야의 분별지에 의해서 모든 법성의 공성을 깨달아 일체지의 무분별에 이른다고 주장하는 인도 날란다의 카말라실라 스님과 선악을 초월하여 일체를 사유하지 않는 무분별의 일초직입을 주장한 돈황 출신의 중국 선사 마하연과의 논쟁으로 진행되었는데, 전자는 인도의 전통적 대승불교의 입장이며, 후자는 중국 선종의 돈오설이다.

이 의정 스님이 쓴 《대당서역구법고승전》*에 전해지고 있다. 신라 출신인 아리야발마 스님은 당태종 정관 연간(627~649)에 인도에 가서 날란다에 머물다가 70여 세에 열반하였다. 의정 스님은 "슬픈 일이라! 돌아올 마음이 많았으나 그것을 이루지 못하였다"고 적고 있다.

혜업 스님 역시 신라 사람으로 정관 연간에 인도로 가서 날란다 가람에서 오랫동안 강의를 듣고 불서를 읽었으며 60세에 가까워 세상을 떠났다. 혜업 스님이 날란다 대학의 불치목佛齒木 나무 밑에서 베껴 쓴《양론梁論》**이 날란다 대학에 보관되어 있었다.***

날란다 대학의 학습 내용을 보면, 대승을 배우면서 소승 18부도 함께 가르쳤으며, 바라문교의 성전 베다, 문법학, 논리학, 의학, 수학도 가르쳤다. 강좌는 매일 100여 곳에서 개설되었다. 학승들은 촌음을 아껴 연구하였는데, 현장 스님이 전하는 바에 의하면, 날란다 대학의 스님들은 가르침을 청하고 깊은 이치를 토론하면서 하루 종일을 다 소비해도 부족하였고, 아침부터 저녁까지 서로를 일깨우고 가르쳤으며, 노소를 불문하고 서로 도움을 주고받았다. 밤은 율장에 따라서 셋으로 나누어 처음과 끝에는 좌선과 불경 독송을 하고 그 중간의 시간은 마음대로 쉬도록 했다.

의정 스님에 의하면, 날란다 사원의 제도는 극히 엄격하였다. 보름마다 사원 일을 맡아보는 전사典事와 그를 보좌하는 좌사佐事로 하여금 방을 돌아다니며 규칙을 읽게 하였다. 승려들의 이름은 국가의 호적에 넣지 않을 뿐만 아니라 승려들 중 죄를 범한 사람은 승려들 스스로 벌을

---

* 현장 스님으로부터 의정 스님 자신의 대에 이르기까지 약 50년 동안 인도로 구법 여행을 떠났던 56명의 승려들에 대한 기록. 신라 스님들 6명과 고구려 스님 1명이 나온다.

** 《양섭론梁攝論》, 《섭대승론攝大乘論》과 《섭대승론석攝大乘論釋》을 양나라의 진제眞諦 스님이 번역한 것.

*** 주경미, 2009. 불치목이 현장 스님은 동남쪽 울타리 안 50보 지점에, 의정 스님은 근본향전 서쪽에 있다고 적고 있다.

| 승원 유적 간략도 | 불전 1과 불전 2는 승원에 따라 둘 중 하나만 두었던 것으로 보인다.

주고 국가에서 간섭하지 않았다. 또한 여러 승려 가운데서 무슨 일이 일어나면 누구나 차별 없이 모두 모아 놓고 호사護寺(사원을 지키며 문을 열고 닫고 승려들의 화합을 꾀하며 모든 잡무를 지시하는 사람, 비하라팔라Vihārapāla)로 하여금 돌아다니며 고백을 하게 하는데, 한 사람 한 사람씩 그 앞에 걸어가서 합장하고 제각기 그 일에 대하여 스스로를 밝히도록 하였다. 고문이나 강제를 가하지는 않으나 한 사람이라도 그것을 듣지 않으면 일이 마감되지 않았다.

의정 스님은 《대당서역구법고승전》에서 근본향실의 서쪽 둔덕길에 계단戒壇을 설치하였음을 전하고 있다. "(계단의) 사방은 당의 대척大尺으로 대략 1장丈 남짓하다. 편편한 땅 위에 벽돌을 겹겹으로 쌓아서 구축한 것이며 계단의 높이는 대략 2척尺가량 된다. 담 안에 있는 좌대는 높이가 5촌寸가량이며 가운데 작은 제저制底(탑)가 있다."

승려들이 거처하는 승원은 1층의 높이가 1장丈 정도 되는 3층의 정사각형 벽돌 건축물로, 가운데는 대략 30보가량의 마당(작은 것은 10보 혹은 5보)을 두고 있다. 남아 있는 유적을 보면, 한 벽면에 9개씩의 방을 배치했는데, 방 하나의 넓이가 대략 1장($3m^2$) 정도이다. 방은 모두 마주 바라보면서 발(簾)을 쳐놓고, 밖에 나와서 바라보면 사면에서 모두가 서로 바라보며 행동을 살피게 하여 그 안에서 편안하게 있지 못하게 되어 있었다. 게다가 네 모퉁이에는 대덕스님들의 방사를 배치했다. 조금의 사사로움도 없게 하기 위함이다. 승원의 대문은 서쪽을 향하게 했는데, 튼튼한 대문을 식사 때마다 큼직한 자물쇠로 걸어 잠궜다. 이것은 가람 안의 사사로운 생활을 외부에 보이지 않도록 하기 위한 것이라고 한다.[*]

위 승원 유적의 그림에서 출입문이 서쪽이며 불전은 동쪽이다. 불전은 동쪽의 승방 1개 혹은 3개를 정해 놓고 석존상을 모시거나 마당에 따로 대관臺觀을 마련하여 불전佛殿으로 삼았다. 승방들은 언제나 햇볕이 바깥벽을 바로 쪼이게 하였다고 한다. 마당은 승원마다 양식이 다른데, 불전·우물·화덕 등의 구조물을 두었다.

날란다의 유적

죽림정사에서 출발한 지 30여 분 만에 우리는 라즈기르 성에서 북쪽으로 30여 리에 있는 날란다 대학 유적에 도착했다. 날란다 대학 유적 주변에는 1951년 스리랑카 스님들이 건립한 날란다 인스티튜트와 현장스님 기념관, 날란다 박물관 등이 건립되어 옛 영화를 보존하고 있다.

진입로는 큰 가로수가 있어 그늘지고, 그 바깥으로 잔디밭에는 거대한 보리수들이 자라고 있어 경외감을 일으킨다. 가로수 길을 지나서 성

---

[*]《대당서역구법고승전》, 2013.

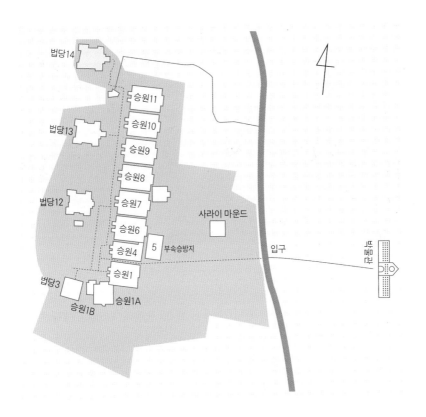

법당14
승원11
승원10
법당13
승원9
승원8
법당12
승원7
승원6
사라이 마운드
5 부속승방지
승원4
입구
승원1
법당3
승원1A
승원1B

곽과도 같은 벽 사이로 난 통로를 통과해서 좁은 문을 들어서는데, 하르
샤왕이 여섯 개의 사원을 하나의 사원으로 통합하는 벽채를 세우고 하
나의 문만을 두었다고 하는 바로 그 문이 아닌가 하는 생각이 들었다.

날란다의 유적은 1861년 영국의 알렉산더 커닝엄이 현장 스님의 기
록과 라즈기르와의 거리 등을 비교하여 바르가온Bargaon의 쿤둘푸르
Kundulpur 유적을 고대의 날란다 대학으로 비정하였다. 그곳이 바로 현
재의 유적지이다. 이 유적지는 1916년부터 인도 고고학조사국이 12년간
에 걸쳐 본격적으로 발굴 조사하여 수많은 유물들이 발견되었다. 출토
된 유물들은 현재 날란다 고고학박물관, 콜카타 인도박물관, 파트나 박

| 날란다 대학 입구의 문 |

물관, 뉴델리 국립박물관 등에 나뉘어 소장되어 있다. 날란다 대학은 오랜 세월 번영을 구가하면서 인도 불교를 대표했던 곳이므로 많은 건물들이 수많은 증축과 개축을 반복했으며, 출토된 유물 역시 숫자도 많을 뿐만 아니라 각 시대의 변화상을 보여 주고 있다.

현재 발굴된 유적만 보면, 남북으로 긴 직사각형 모양에 동쪽과 서쪽에 각각 승원僧院(vihāra)과 법당法堂(caitya)을 일렬로 배치한 양식이다. 동쪽에 9개 승원 유적이 남북으로 길게 서로 맞닿은 채 일렬로 배열되어 있고, 서쪽에 다시 남북으로 일렬로 띄엄띄엄 서 있는 4개의 법당 유적이 봉헌소탑군과 함께 동쪽의 승원 유적과 대칭을 이루며 마주보고 있다.

승원 유적은 남쪽 2군데를 합해서 모두 11군데이며, 법당 유적은 승원 유적의 중간 지점에 입구 바깥 방향으로 하나 더 있고, 사라이 마운드를 포함하여 6군데이다. 따라서 총 17군데의 유적이 발굴되어 있다. 여기서 승원은 스님들이 거주하는 방을 위주로 한 건물이며, 법당은 불상을 모신 건물을 말한다.

| 제1 승원지 법당 유적 |

성곽으로 들어가는 통로와도 같은 길을 지나 문 안으로 들어서면, 좌측 앞으로 날란다 대학 유적 중에서 가장 큰 벽돌 구조물(제3 법당지)이 남아 있고, 오른쪽으로는 유적지의 툭 트인 평지가 길고 넓은 전망을 제공한다. 문을 통과하자마자 돌아서면 양쪽으로 두 개의 커다란 유적지가 드러난다. 입구의 통로를 형성했던 양쪽 벽이 두 개의 승원 유적(제1 승원지와 제4 승원지)의 바깥벽들이었던 것이다.

2년 만에 다시 와 보니, 전보다 유적지 발굴과 단장이 훨씬 더 진행되어 끝까지 가보기가 어려울 정도이다. 온전한 건물로 남아 있는 것은 없지만, 몇 미터 높이로 남아 있는 벽돌 유적만으로도 역사상 불교 최고 최대의 대학이라는 명성을 짐작케 한다. 2013년 현재 발굴된 것만 동서 2,500m, 남북으로 800m에(60여만 평) 달한다고 한다. 그러나 이는 고대 날란다 대학의 극히 일부분에 불과한 것인데, 대체로 날란다 유적지가 있는 바르가온 북쪽의 베감푸르Begampur와 남서쪽으로 3km 떨어진 자

| 제1 승원지의 스님들 방(요사채) |

가디쉬푸르Jagadiśpur까지가 날란다 대학에 포함되었을 것으로 추정한다.*

제1 승원지

우리는 입구의 바로 왼쪽 승원 유적(제1 승원지)으로 들어가 보았다. 제1 승원지의 벽은 1m 이상 두껍게 만들어져 있고, 부처님을 모신 법당과 스님들이 거주하던 수많은 작은 방들과 수로, 창고, 우물을 갖추고 있다. 방의 벽에는 중간에 작은 구멍을 뚫어서 등잔 같은 조명기구를 놓을 수 있게 했다. 지금 봐서는 스님들이 거주하던 방이 지하 내지는 반지하에 가까운 유적들만 남아 있다. 지하에서 위로 보니 위층이 있는 다층구조의 건물이었음을 알 수 있다.

법당과 승방, 음식창고, 우물 등이 함께 있는 이 대형 승원 유적은 남아 있는 승원 유적 가운데 가장 복잡하고 많은 시설물들을 보유한 유

---

* 주경미, 2009.

적이다. 이 유적은 9개의 층위(9번 증축)를 이루며 오랜 기간 발전했는데, 6~7세기에 창건되어 11세기 이후까지 지속된 건물로 평가된다. 여기에서 날란다 유적에서 가장 오래된 명문인 굽타 왕조의 2대 왕인 사무드라굽타(335~375)왕의 명문판이 발견되었다. 또한 승원지 남쪽에서는 6~7세기의 작품으로 추정되는 석조 부조판 2점(가릉빈가와 연화당초문이 새겨짐)이 발견되었다.

제1 승원지와 더불어 입구의 통로 반대편 벽을 형성하고 있는 제4, 5 승원지에서 날란다 대학을 처음 건립한 쿠마라굽타 1세(415~455) 시대의 금화와 굽타시대 동전의 형틀이 각각 발견되었다.

유적의 가장 남쪽에 위치하면서 제1 승원지에 연이은 두 개의 승원 유적(제1A 승원지와 제1B 승원지)을 통해 입구 건너편(서편)의 가장 큰 법당 유적(제3 법당지)이 연결되어 있다. 이 제3 법당지가 날란다 대학의 주 법당으로 짐작되는 곳이다.

제3 법당지

제3 법당지는 날란다 유적에서 가장 큰 유적이다. 여기가 부처님이 여름 석 달 동안 안거를 하시던 높이 100척의 근본향전일 가능성이 많다. 이 거대한 유적은 많은 크고 작은 탑들을 거느리고 법당으로 올라가는 긴 계단을 남기고 있어 순례객들의 걸음을 끌어당기고 있지만 출입이 제한되어 있다.

이 법당지 중심부의 대형 스투파는 모두 7개의 층위를 보이므로 7번 증축된 것이다. 그중 가장 잘 보존된 제5층위에서 6세기 말~7세기 초의 굽타 양식을 이어 조성된 소조상들이 발견되었다. 현장 스님 방문 당시의 것으로 추정된다. 제5층위의 유구는 중앙 스투파를 중심으로 네 귀퉁이에 방형의 탑이 있는 구조이다.

　중앙탑 및 방형탑의 외벽 일부에 소조상이 안치된 벽감이 여러 층으로 늘어져 있는데 현재 약 40여 개 정도 남아 있다. 벽감의 상은 대부분 불상이나 보살상이며, 라훌라의 출가나 연등불 수기 같은 장면이 포함되어 있다. 연등불 수기 부조는 사르나트 양식을 계승한 것으로 보인다. 이러한 부조들은 아잔타 19굴의 현관 양쪽에 새겨진 부조작품이나 17굴의 벽화와 동일한 주제이다.

　현재 남아 있는 건물의 높이는 약 31m이다. 그 꼭대기의 북향한 장소에는 불상을 모셨던 것으로 추정되고, 그 내부에서 7개의 머리를 갖고 있는 석조 나가라자nāgarāja(용왕, 포스트 굽타 시대 조성, 날란다 박물관 소장) 상 등 여러 석상과 금속상·소조상 편들이 발굴되었다.

　근본향전으로 추정되는 제3 법당지 맞은편으로 길게 펼쳐진 광대한 날란다 사원의 유적지는 바로 앞으로는 큰 마당을 격하고 봉헌소탑들을 앞에 둔 또 다른 법당 유적지(제12 법당지)가 보이고, 오른쪽(동쪽)으로는 연이은 승원 유적들(제6~제11 승원지)이 맞닿아 연결되어 있다. 서편의 북쪽 끝에는 지금도 발굴 작업을 하고 있는 작업현장이 보인다.

사라이 마운드

사라이 마운드*는 유적 입구로 들어가는 길 오른편에 있는데, 그 벽감에서 7세기의 푸르나바르만Pūrnavarman왕(만주왕)이 거대한 동제銅製 불상을 봉헌한 곳이라는 명문판이 발견되었다. 이로써 이곳이 푸르나바르만왕이 세운 80여 척의 동제 여래입상이 모셔진 6층의 누각으로 된 정사임이 밝혀졌다. 현재는 동불상 대신 거대한 소조불 입상이 있었던 흔적을 볼 수 있고, 팔라 시대의 양식으로 보이는 화려한 다채색의 벽화 흔적이 발견되었을 뿐이다.

제12, 13, 2 법당지

제12 법당지**와 그 북쪽에 위치한 제13 법당지는 7세기 이후의 유적으로, 의정 스님이 방문했을 때 존재했을 가능성이 있다고 본다. 기본적으로 중앙의 법당을 중심으로 사방에 벽돌로 만든 장방형의 작은 법당을 배치한 구조이다. 이들 유적지에서는 스투코Stucco(석고를 주재료로 대리석 가루, 점토분 등을 섞어 만든 재료) 불상의 흔적이 남아 있다.

법당 유적 중에서 좀 특이한 곳이 제2 법당지인데, 그 위치부터 승원지의 동편에 위치해서 다른 법당지들과는 승원들을 가로질러야만 도달

---

* 주경미, 2009. pp274~275. 마운드는 작은 산이나 언덕, 둑, 제방을 말한다.

** 정각 스님은 이곳이 유일왕(발라디티왕)이 건립한 정사로 본다. 정각, 1993. p146. 이곳에서 6세기의 연화수보살입상이 발견되었다.

할 수 있는 지점에 있다. C.E. 6~7세기경에 조성된 약 250개 정도의 부조가 사원의 기단부 측면에 새겨져 있다. 본생담의 장면들이나 경전 상의 수많은 동물, 천신들 그리고 쉬바와 파르파티 등 힌두 신들의 모습도 발견된다.* 법당 구조는 8세기의 비크라마실라 사원지의 법당들과 유사하다.

용광로 유구와 금속상들

제13 법당지 근처에서 용광로 유구가 발견되었다. 날란다는 굽타 시대 이후부터 금속상金屬像의 제작이 발달했다고 알려져 있다. 용광로 유적의 발견은 날란다 금속상의 제작지가 절 내부에 있었음을 보여 준다. 이들 금속상의 제작 시기는 7세기경부터이며, 대부분 불상(촉지인좌상 혹은 입상)이다. 전체적으로 사르나트 양식의 영향이 큰 편이나, 어깨 위에 Y자형으로 겹친 옷 주름 표현과 화염문, 연주문으로 구성된 타원형의 광배 등이 이 시기 날란다 양식의 특징을 보여 준다고 한다. 제1 승원지에서 대부분 출토되었다. 7세기에 조성된 금동불좌상(항마촉지인상, 날란다 박물관 소장)과 제11 승원지에서 출토된 금동보살좌상(관음보살상, 포스트 굽타 시대, 날란다 박물관 소장)이 있다.

조각상彫刻像

날란다에서는 석조상石造像과 소조상塑造像들이 많이 발굴되었다. 7세기 이후에는 금속상도 제작되기 시작했다. 석조상들은 시대별로 다른 양식을 보여 주는데, 첫째는 5~7세기 경의 사르나트 양식의 계승시대, 둘째 7세기 후반~8세기 전반의 날란다 특유 양식의 시대, 셋째 9~10세기

---

* 정각, 1993. 이 사원은 기원 후 7세기 이후 조성된 것이나 기단부는 다른 건축물에서 옮겨온 것으로 추정되고 이후 두세 번의 증축이 이루어졌다고 본다.

이후의 항마촉지인상 시대, 넷째 10~11세기의 여성존상女性尊像 시대로 대별할 수 있다.

첫 번째 5~7세기 사르나트 양식은 초기에는 소형의 석조 불상과 소조 불상이 제작되다가, 6세기 이후로 대형화되면서 석조 보살 입상이 많다. 기본적으로 삼곡三曲 자세, 나신裸身에 가까운 천의淺衣, 유연한 몸매 등 사르나트적 양식을 유지하고 있지만, 심해지는 삼곡 자세, 무릎으로 내려오는 꼬불꼬불한 옷주름, 크기와 재료, 얼굴 모습의 변화가 있다.*

현장 스님이 날란다 인근 사원에 관자재보살상이 봉안된 곳이 두 곳 이상 있다고 서술했는데, 대형 존상인 연화수보살 입상**이나 석조보살 입상***이 발굴되어 이를 입증하고 있다. 이는 7세기의 날란다에서 관음보살 신앙이 크게 성행했음을 말해 주는 것이다.

두 번째 날란다 특유 양식의 시대(7세기 후반~8세기 전반)는 사르나트 양식의 영향이 잔존하면서도 어깨 위에 Y자형으로 겹친 옷주름, 화염문·연주문으로 구성된 타원형의 광배, 신체 표현과 영락瓔珞, 얼굴 모습 등에서 날란다 특유의 양식이 나타나는 때이다.**** 도상이 복잡해지고, 여성이 주존으로 등장하기 시작한다. 또한 금속상이 만들어지는데 8세기 초에는 소형 금동보살상이 많다.*****

---

* 현무암제 석조불입상(5세기 중반~6세기, 날란다 박물관 소장), 제3 법당지의 소조상塑造像들(6~7세기), 제1 승원지에서 출토된 사암제 문수보살 입상(6세기 말~7세기 초, 뉴델리 국립박물관 소장) 외에 관음보살상 등을 들 수 있다.

** 6세기, 제12 법당지 근처 출토, 뉴델리 국립박물관 소장.

*** 관세음보살의 일종인 로카나타Lokanatha상, 7세기, 제3 법당지 출토, 날란다 박물관 소장.

**** 이 시대의 대표적인 작품은 제12 법당지 근처에서 1971년 발굴된 12비臂관음보살입상(12세기, 12개의 팔, 높이 160cm, 날란다 박물관 소장)이다. 그 외 제3 법당지에서 출토된 석조여신상石彫女神像(8세기 초, 교각좌의 여성 주존 좌우에 4명의 남성 협시 좌상이 있는 형식), 7개의 머리가 달린 나가라자상(용왕상, 제3 법당지 출토, 8세기 초, 날란다 박물관 소장) 등이다.

***** 날란다에서 320㎞ 떨어진 하자리바그Hazaribagh 구리 광산 광석 사용 추정.

세 번째로 9~10세기에는 항마촉지인상 시대라 할 수 있다. 보드가야의 영향을 받아서 대형 석조촉지인불좌상*이 유행하고, 석가모니팔상상**, 보관설법인좌상 등이 많이 제작되었다. 그 외 비로자나불 단독상이 주목받는다.

네 번째로 10~11세기에는 여성 존상들의 제작이 더욱 성행하고, 새로운 밀교 존상(항삼세명왕降三世明王, 아파라지타Aparajita, 바즈라파니 등)이 등장한다. 항삼세명왕은 보통 시바와 파르파티를 밟고 서 있으며, 아파라지타는 항상 가네샤Ganesha를 물리치는 수호신적 성격이 짙은 여성 존상이다. 이는 날란다에서 후기로 갈수록 밀교가 성행하였으며 힌두교에 대하여 대항적 자세를 취하였음을 보여 준다.

아름다운 봉헌소탑군

근본향전으로 비정되는 제3 법당지에서 나와 마당을 지나서 제12 법당 유적 쪽으로 걸어가니, 법당 앞마당의 봉헌소탑군에 도착한다. 의정 스님은 《대당서역구법고승전》에서 "날란다 대학의 서면에는 큰 뜰의 바깥쪽에 대스투파 및 여러 제저制底***가 나란히 있는데, 그 수가 100개를 넘어 성스러운 유적은 줄지어져 있어서 그 장관은 적을 수조차 없을 정도이고, 금은보배로 장식한 그 아름다움은 실로 이 세상에서 보기 힘든 것이다"라고 적고 있다.

지금 모여져 있는 봉헌소탑들의 모습을 의정 스님이 본 것과 비교한

---

* 대표적인 예로서 제14 법당지의 담장 바깥에 있는 대형 석조불좌상이다.

** 탄생, 쉬라바스티 신변, 취상조복, 열반, 도리천강하, 녹원전법, 원후봉밀 등의 장면이 각 상들마다 일정하지 않은 순서로 광배에 부조되었다.

***《법원주림法苑珠林》에 의하면, 불사리佛舍利를 모신 것이 탑이라면, 불사리를 모시지 않고 세워진 것을 제저라 한다.

| 봉헌소탑군 |

다는 것은 어불성설일 것이다. 그중에서 한 사리탑은 적색 벽돌이 아니
라 청회색의 돌을 깎아서 팔걸이의자처럼 만든 것이 있었는데 아마도 강
의하는 강사스님의 의자가 아닌가 생각된다.

　봉헌소탑군 동쪽 건너편에는 8개의 승원 유적이 줄지어 서 있다. 그중
한 곳을 들여다 보니, 직사각형의 커다란 마당을 사방으로 둘러싼 작은
방들로 촘촘히 이어져 있다. 강사스님들과 학인들이 어울려 살았을 것
을 생각하니 감동이 밀려든다. 날란다 대학 유적은 5세기 이후 700여 년
간 부처님의 가르침을 배우고 연구하고 발전시킨 수많은 스님들이 함께
모여 거주하던 곳이다. 수백 년 동안 정진하던 스님들의 뜨거운 구도애
의 훈풍이 아직 흩어지지 않은 채 불어오는 듯했다.

　나오는 길에 일행들을 불러 모아 근본향전 유적 앞의 나무 그늘로 갔
다. 나무 그늘 아래 잔디밭에 앉아서 휴식을 취하니 바람이 산들산들 시

원하기 그지없다. 인도의 공기는 건기 때는 먼지가 많고 안개도 자주 끼는데, 날란다 대학의 공기는 현재 청명하고 기분을 상쾌하게 해 주었다.

날란다의 공기청정제 님 나무

현지 가이드는 날란다 대학의 주변에 님 나무를 많이 심어서 공기가 맑다고 한다. 님나무는 인도에서 밤낮으로 산소를 뿜어낸다고 하는 두 종류의 나무 중 하나(다른 하나는 보리수)이다.

님 나무는 아열대 및 열대지방에서 많이 자라는데, 그 50% 이상이 인도에 서식하고 있다. 인도에서는 님 나무를 '마을의 약방', 혹은 '축복 받은 나무'라 일컬을 정도이다. 오랜 세월 인도인들의 삶과 함께 해 오면서, 청혈제, 공기 청정제, 치질약, 구충제, 소화제, 해충 퇴치, 칫솔 대용, 아토피나 건성 피부약, 쓴 맛의 향신료, 음료수 첨가제, 안전한 유기농법을 위한 생물 농약 등에 쓰여 왔다고 한다.

경전에서는 《비니모경毘尼母經》, 《밀린다왕문경彌蘭陀王問經》, 《범망경梵網經》 등에 스님들이 입 냄새를 없애는 양치용으로 사용하도록 했고, 스님들이 반드시 지니고 다녀야 할 18가지 필수품 중의 하나로 부처님께서 허용하신 내용이 등장한다.

인도 성지순례를 가면 한국 순례객들이 님 나무로 만든 님 치약, 아토피에 좋은 천연 비누, 천연 염색제인 헤나 등을 구입해 오는 경우가 종종 있다. 우리를 안내한 현지 가이드가 이 물건들을 취급해서 대부분 조금씩 구입하게 되었다.

오후 4시 30분경, 오늘의 숙박지인 파트나를 향해 출발했다. 날란다 대학 앞에는 불교용품점들이 길게 늘어서 있어 장관을 이룬다. 버스가 출발하려는데 여자 걸인들이 뻗은 손들이 버스 입구에 몰려 있다. 그때 버스 입구의 담장 위에 서 있는 소녀에게 일행 중 한 분이 재빨리 뭔가를 준다. 전쟁에서 승리하고 전리품에 기뻐하는 병사처럼 소녀는 담장에 걸터앉아 떠나는 우리를 향해 손 키스를 날린다.

라즈기르에서 102km 거리인 파트나(인구 약 170만 명, 2011년)까지는 먼 길은 아니지만, 비하르주의 주도인 파트나는 지옥의 교통체증으로 유명한 도시다. 아니나 다를까, 파트나의 호텔에 도착하니 밤 11시다. 일정표 상에 3시간 예상된 길을 6시간 반을 달려온 것이다. 보드가야에서 영축산까지 2시간 40분, 총 9시간 10분의 버스 여행이었다. 거기에 영축산 1시간, 칠엽굴 1시간 50분의 산행, 총 2시간 50분의 산행이 있었다. 버스와 도보를 합하면 12시간이다.

밤늦게 도착한 호텔은 챠나키아Chanakya 호텔이었다. B.C.E. 4세기 인물인 챠나키아는 탁실리안 브라만 출신으로 마우리아 왕조의 개창자인 찬드라 굽타의 스승으로, 찬드라 굽타가 마우리아 왕조를 세우는 데 가장 큰 공을 세운 학자였다. 그는 왕이 행해야 할 덕목을 설파한 《아르타 샤스트라》라는 책에서, "선이란 왕 스스로를 기쁘게 하는 것이 아니라 그의 추종자들을 기쁘게 하는 것"이라고 설파했다고 한다.*

늦은 밤에 도착했지만 그래도 호텔 레스토랑에는 다들 들른다. 두 번째 밤 11시 공양이다. 첫 번째는 보드가야의 임페리얼 호텔이었다. 호텔 레스토랑은 예약 손님인 경우 아무리 늦어도 저녁 식사 준비를 해 놓고 기다린다고 하니 인정이 느껴져서 좋긴 하다. 레스토랑에 들어서니 벽의 색깔이며 걸어 놓은 그림이며 의자, 탁자 등 실내 인테리어가 붉은색으로 일관한 것이 이렇게 꾸민 호텔 주인의 흘러넘치는 열정적 감성을 느끼게 한다.

---

* 경향신문, 2008.1.21.

제 9 장

최초의 여성 출가지 바이샬리

청결과 신심, 베풂과 자애로
전염병을 극복하다

아소카왕의 수도―파트나

식사 전에 아침의 상쾌함을 느끼려 호텔 앞 거리로 나왔다가, 옥상에 올라갈 수 있느냐고 물으니 호텔 종업원을 붙여 준다. 그는 친절하게 6층 건물의 옥상까지 데려다 주었다. 아침 6시, 옥상에 올라가 해뜨기 전 신비한 푸른색으로 덮인 파트나Patna 시내를 보고 있다. 푸른색이 상쾌함을 더하고 있는데, 12분 후 해가 구름 사이를 손톱의 반달처럼 비집고 솟아오른다. 오늘도 새로운 해가 떴다. 해 솟음을 보고 가볍게 레스토랑에 들어서서 일행들과 반갑게 아침 인사를 주고받았다.

파트나를 수도로 했던 마가다국의 7세기의 모습에 대해 현장 스님은 《대당서역기》에서 다음과 같이 기록했다.

마가다국은 주위가 5천여 리에 달하며 도성에는 살고 있는 사람이 적고, 성 밖의 마을에는 많은 사람들이 처마를 잇대고 살고 있다. 토지는 비옥하고 곡식이 풍성하다. 특이한 벼 품종이 있는데, 낱알

| 파트나에서 바이샬리 가는 길 | 강변에서 소똥을 말리는 풍경

이 아주 크고 향기와 맛은 뛰어나며 광택과 색이 매우 특이하다.
이 나라의 사람들은 이 쌀을 가리켜 대인에게 공양 올리는 쌀*이라
고 부른다.
토지는 늪지이며, 마을은 고원에 자리 잡고 있다. 한여름부터 중추
中秋 전까지는 평지에 물이 흘러 배를 띄울 수 있다. 풍속은 순박하
고 질박하며, 기후는 온화하고 덥다. 학문을 높이 숭상하고 불법을
존경하고 있다. 절은 50여 곳 있으며 승도들은 1만여 명 남짓 있는
데, 그들은 대부분 대승법의 가르침을 익히고 있다. 천사天嗣는 수
십 곳 있으며 이교도들도 매우 많다.

비하르주의 주도 파트나는 파탈리푸트라라는 이름으로 경전에 등장

---

* 파트나 지방의 쌀은 지금도 인도에서 가장 우수한 품종으로 여겨지고 있다고 한다.《대당서역기》,
2013.

하는 도시인데, 한역 경전 상에는 화씨성華氏城이라고 번역되었다. 세계적으로 오래된 거주지로서, 아자타샤트루왕이 도시를 건설하고 그의 아들 우다야바르다왕 때 마가다국의 수도(B.C.E. 320~B.C.E. 185)로 정한 곳이다. 아소카왕 재위 시절에는 마우리아 왕조의 수도로서 세계 각국의 사절들이 모이는 국제도시로 발전했으며, 굽타 왕조의 수도(C.E. 320~C.E. 460)로서도 번영했던 곳이다. 시크교의 성지이기도 한 파트나는 10번째이자 마지막 인간 구루인 구루 고빈드 싱(1666~1708, 시크교의 지도자)이 태어난 곳이라고 한다.

《대반열반경(Mahāparinibbāna Sutta)》에 의하면, 파트나는 아자타샤트루왕이 대신 수니다와 밧사카라를 시켜 밧지국을 정복하기 위해 세운 도시*인데, 이들이 수천의 신들의 마음을 움직여 건설했다고 한다. 아자타샤트루왕은 이 도시를 건설한 후 몇 년 뒤에 밧지국 공격을 감행한다. 부처님께서는 파탈리푸트라에 대하여 다음과 같이 예언하셨다.

고귀한 사람들이 머물고 상인들이 왕래를 계속하는 한, 이곳은 파탈리푸트라라 불리는 물품이 가득 든 통을 풀어 놓는 최고의 도시가 될 것이다. 아난다여, 파탈리푸트라는 세 가지 재난을 가질 것이니, 불로 인한 재난과 물로 인한 재난과 상호 불신이다.

그래서인지 지금도 파트나를 드나드는 길에는 트럭 행렬이 끝없이 이어지는 풍광을 볼 수 있다. 현재 파트나는 갠지스강의 중류 남쪽 제방에 위치하여, 길이 25km, 폭 9~10km의 넓이에 인구 180만 명이다. 행정 중심지이며 교육, 의료, 교역의 중심지이기도 하다. 또한 간다키 강, 골고라

---

* 마가다국의 파탈리푸트라는 갠지스강과 손 강 사이의 손 강 언덕에 위치한 특성 때문에 길고 좁은 평행사변형 도시였다.

강, 손 강이 파트나에서 갠지스강으로 흘러든다. 부처님께서는 다음과 같이 말씀하셨다.

네 개의 강이 하나가 되듯 네 계급(브라만, 크샤트리아, 바이샤, 수드라)이 나의 법 안에서 하나가 된다.*

마우리아 왕조 때에 파탈리푸트라는 둘레가 12km가 넘었으며, 단단하고 육중한 나무말뚝 성벽으로 둘러싸인 도성이었다. 64개의 문이 있고 570개의 성루를 올린 성벽 바깥에 다시 외성과 해자를 두어 도성을 방어했다. 아소카왕은 나무말뚝 성벽 안에 석벽을 구축하고, 성 안에는 인간의 능력을 넘어서는 걸작품으로 전해진 수많은 석조건물들로 장식하였다.**

파트나역 동쪽 5km 지점의 쿰라하르Kumrahar에서는 아소카왕의 왕궁에 세워졌던 '백주百柱의 간間'이 발견되어, B.C.E. 518년 다리우스 1세가 건설하기 시작한 페르세폴리스의 아파다나(지름 1.6m, 높이 20m의 기둥 72개)를 상기시킨다.*** 백주의 간이란 광택 있게 연마한 기둥이 80개 이상으로 이루어진 알현전謁見殿을 말한다.**** 쿰라하르의 왕궁 유적지 내

---

* 정토출판 편집부, 2000.

** 쿰라하르 왕궁은 찬드라굽타 시대에 건축되었으며, 목재로 지어진 것으로 추측된다. 기둥들은 금에 돋을 새김한 포도넝쿨로 휘감겨 있고, 은으로 된 아름다운 새들로 장식되어 있었다. 정원은 온갖 진귀한 화초와 나무로 가득했으며, 아름다운 인공 연못으로 멋을 냈다. 이 왕궁은 60만 정예 보병, 3만 기병, 9천 마리의 코끼리 그리고 수많은 마차들이 왕의 경비로 유지되고 있었다. 이 궁전이 페르시아의 수도 수사Susa와 에크바타나를 능가하는 장려함이 있다고 기록했다. 이거룡, 2009.

*** 페르세폴리스는 세계 최대의 건축 유적으로, 330년인 알렉산더 대왕의 페르시아 정복 때 소실되었다.

**** 쿰라하르 외에 또 하나의 유적인 블란디바그에서 굽타 시대 아로기아 승원 등 불교유적이 발굴되었다. 불교·힌두교 조각과 다수의 우수한 테라코타 상들도 발견되었는데, B.C.E. 600년~C.E. 500년에 걸쳐 있다. 비하르주립박물관인 파트나 박물관이 위의 유물들을 보관하고 있으며, 특히 테라코

의 대승원인 아소카라마에서 3차 결집이 있었다고 한다. 그만큼 아소카 왕은 당시 승가의 3차 결집과도 깊은 관계를 맺고 있었던 것이다.

4세기 법현 스님이 파탈리푸트라의 대승사에서 3년간 머물면서 범서와 범어를 배우고 율장을 베껴 쓰기도 했다. 7세기에 방문한 현장 스님은 "갠지스강 남쪽에 성이 하나 있는데, 둘레가 70여 리이다. 황폐해진 지 오래지만 터는 남아 있다. 원래 이 성은 꽃이 많아서 쿠스마푸라 성(향화궁성)이라고 불리다 훗날 파탈리푸트라 성으로 바뀌었다"고 기록하고 있다. 그때 이미 파트나는 쇠락한 지 오래되었던 것이다.

바이샬리를 향해

아침 7시, 우리는 파트나를 출발하여 곧바로 북서쪽의 바이샬리로 출발했다. 파트나에서의 일정은 파트나 박물관을 관람하지 못해 아쉬웠다. 하지만 숙박을 위해 가야 할 길이 만만치 않았다. 바이샬리까지는 65.2km 정도, 바이샬리를 거쳐 쿠시나가르까지 가야 하기 때문이다. 길이 막히지 않으면 바이샬리까지는 1시간 30분, 바이샬리에서 쿠시나가르까지의 예상 시간은 6시간이다. 부처님께서는 라즈기르의 영축산에서 출발하여 파트나, 바이샬리를 거쳐 쿠시나가르까지 80세의 노구를 이끌고 걸어서 가셨다. 그리고 쿠시나가르에서 반열반에 드셨다.

파트나를 출발하자 곧 갠지스강을 건너는 다리로 진입한다. 1982년 5월 개통된 마하트마 간디 세투(다리)이다. 길이 5,450m(한강대교 1,005m, 낙동대교 1,765m)로 도하교渡河橋(강의 양안을 연결하는 다리)로서는 세계에서 가장 긴 다리이다. 당시 국무총리였던 인디라 간디 여사에 의해 마하트마 간디 세투라는 명칭을 부여받았다.

타 작품 컬렉션이 유명하다.

| 길가에서 목욕하는 아이들 |

　파트나에서 보이는 갠지스강은 바다로 보일 정도로 길고, 넓으며 끝이 없다. 한국의 서해대교(7.31km)에 비견할 만한 마하트마 간디 세투를 건너면서 갑자기 바다 위로 온 듯했다. 길고 희미한 수평선 위아래로 하늘과 강이 펼쳐져서 한 덩어리의 푸르름이 있을 뿐이다. 시작도 없고 끝도 없는 무한無限의 갠지스강! 이러한 자연 조건이 인도인들로 하여금 무한의 철학을 사유케 하였을 것이다.

　다리에 진입하자 곧 다리 오른쪽으로 둥근 돔 지붕을 한 이슬람 건축 양식의 시크교 사원이 보인다. 강을 건너자 건기라서 물이 빠져버린 강변의 땅 위에 농토와 집들이 드문드문 나타나기 시작한다. 소똥을 손으로 반죽하고 다듬어 말리는 아낙들, 허름한 천막 밑에 잠자는 사람 옆에서 꼴을 먹는 소들, 그 앞에 신문 보는 남자, 우물가의 늘어진 소, 촐랑거리는 개 한 마리, 자전거를 탄 소년 등 전형적인 시골 풍경이다.

다리를 건너자마자 인도 최대 바나나 집산지 하지푸르Hajipur(인구 14만 7천여 명, 2011년)를 통과했다. 하지푸르는 부처님 재세 시에 밧지국에 속했으며 욱카첼라Ukkacela로 불렸다고 한다. 사리불 존자가 탐진치貪瞋癡의 소멸이 열반임을 설한(《사만다까경》 혹은 사만다까상윳다 중 《열반경》 등) 곳이며, 부처님께서 열반 길에서 "얼마 전에 있었던 두 상수 제자의 죽음이 승단의 큰 손실"이라고 말씀하시면서 안타까워한 곳이다. 마하트마 간디 세투 위에서만 두 시간을 보내고, 11시 25분경 니르건 마을을 통과했다. 이 마을은 부처님께서 신던 나무 신발인 카다우를 만들던 곳이다. 지금도 만들고 있다고 한다. 아직도 35km를 더 가야 오늘의 첫 목적지 바이샬리 근본불탑에 도착한다.

광활히 펼쳐진 인적 없는 평원에 끝없는 직선도로를 달리는 황막한 아름다움과는 달리, 인도 순례길은 녹색의 넓은 평야, 시골마을, 다시 평야, 마을을 되풀이한다. 인도 어디를 가나 마을이 있고 아이들이 넘친다. 로터리 중앙에 부처님을 모신 도시를 지나자 마을 꼬마아이들이 펌프 물로 목욕한다. 발가벗고 이방인들에게 반갑게 손 흔드는 아이들⋯. 그 순수로 다시 돌아갈 수 있을까.

시대를 앞서 갔던 바이샬리

바이샬리Vaiśālī(Vesāli) 근본불탑에 12시 20분경 도착했다. 파트나 북쪽 65km라는데 5시간 20분 걸린 것이다. 후에 다른 팀은, 잘 믿기지는 않지만, 오후 5시에 출발해서 다음날 아침 5시에 도착했다는 소식마저 들린다. 바이샬리에서는 대림정사와 근본불탑, 점심 공양의 일정이 있고 그 후 쿠시나가르로 이동하는 중에 케사리아 불탑을 참배하는 일정이었다.

근본불탑을 먼저 참배하고, 대림정사大林精舍(큰 숲의 중각강당)를 점심 공양 후에 가기로 했다. 그곳에서 자애심을 일으키는 시간을 가져야겠다고 생각했다.

바이샬리는 남쪽 파트나에서 갠지스강으로 흘러드는 간다키Gandak 강변에 위치해 있는데 현재의 바사르Basarh 지역과 콜화Kolhua 지역이다.* 부처님 당시에 밧지국의 수도로서 사람들로 붐비며 음식이 풍요롭고 매우 번영한 도시였다고 한다. 7,707가지의 놀이터와 그 수만큼의 연꽃 연못이 있었으며, 기녀 암라팔리가 미모로 이름을 날리던 곳이다. 바이샬리는 자이나교의 교주 마하비라Mahāvīra(니간타 나타풋다)의 고향이기도 하다. 바이샬리에 관해《대당서역기》는 다음과 같이 전한다.

> 바이샬리국의 둘레는 5천여 리로 토지는 비옥하며 꽃과 열매가 무성하다. 암몰라과菴沒羅果와 무차과茂遮果는 많이 나는데도 귀하다. 기후는 온화하고 화창하며 풍속은 질박하고 복을 짓는 일을 좋아하고 학문을 중히 여기며 삿된 가르침과 바른 가르침을 함께 믿는다. 가람의 수는 수백 개 있으나 대부분 무너졌고 남아 있는 것은 서너 곳에 불과하며 승려들도 매우 적다. 천사天祠는 수십 개 있으며 이교도들이 뒤섞여 살고 있는데 벌거벗은 외도들이 많은 무리를 이루고 있다.
>
> 바이샬리 성곽은 심하게 허물어져 있는데 그 옛터의 둘레는 60~70리 정도 된다. 궁성의 둘레는 4~5리인데 그곳에 살고 있는 사람은 적다. 궁성의 서북쪽으로 5~6리 가면 한 가람에 이르게 되는데 승려들은 매우 적고 그들은 소승 정량부의 법을 익히고 있다.

---

* 하정민, 2009.

고대 도시 바이샬리는 북인도 일대의 교통·문화·경제의 중심지이자 상업도시로서 새롭고 자유로운 사상이 급속히 파급되는 지역이기도 했다. 그것을 증명하기라도 하듯, 당시 신흥 사상인 불교와 자이나교의 주요 거점이었으며, 부처님께서 아난다 존자의 간청으로 견고한 계급사회 시대에 여성들의 출가를 허락하여 비구니 승단이 최초로 출범한 곳이며,* 십사비법十事非法**으로 인하여 보수적인 장로파와 진보적인 대중부의 부파 분열과 2차 경전 결집이 있었던 곳이며, 유마 거사의 고향으로서 인도불교사의 새로운 운동인 대승불교의 중요 도시였으니, 시대를 앞서가는 중요한 사건들이 바이샬리에서 일어났다.

바이샬리는 그 외에도 부처님과 인연이 많은 곳이다. 부처님께서 성도하신 지 얼마 되지 않아 빔비사라왕의 청에 따라 죽림정사에서 안거에 드셨을 때, 바이샬리에 심각한 가뭄으로 기근과 함께 역병이 창궐하였는데 이를 해결해 주신 바 있다.

그때 바이샬리에서는 사람들의 얼굴과 눈이 누렇게 떴고 어떤 이들은 3~4일 만에 죽어 나갔다. 하루에만 100명이 넘는 사람이 죽고, 버려진 시신들로 성안이 가득 찼다. 이에 바이샬리 사람들은 신들에 대한 제사와 외도들에 의지하는 것이 소용없자 마하리(最大) 장로를 보내 부처님을 모셔 오게 된다. 부처님께서 500비구들과 함께 바이샬리에 발을 딛는 순간, 큰 벼락이 치고 큰 비가 내리기 시작했다. 단숨에 가뭄에서 벗어난 것이다.

바이샬리에 도착한 부처님은 공포와 불안이 역병보다 더한 병임을 알

---

* 남방 전승에 의하면 5안거째이다. 비구니 승단의 성립은 최초의 여성 성직자의 등장이라는 점에서 세계 종교사적으로 큰 의미가 있다.

** 소금을 저장해도 된다, 오후 12시를 약간 넘겨도 공양이 가능하다 등 열 가지 사항은 부처님의 법이 아니라는 의미이다. 상업이 발달한 진보적 도시인 바이샬리에 살던 비구들이 이전의 엄격한 계율을 완화하여 실시한 것에 대하여 보수적인 장로스님들이 반대한 사건이다.

왔다. 이에 아난다 존자에게 《보배경(Ratana Sutta)》*을 독송케 하여 사람들의 마음에서 혐오와 불신을 걷어내고 자애와 연민의 마음을 심었다.

자애의 마음을 아낌없이 베풀면
반드시 밤낮으로 보답을 받으니
다른 이를 정성껏 돌보고 보호하기를!(두 번째 게송)

부처님 가르침 실천하고 수행하여
감각적 쾌락 대신 마음의 안정을 얻고 굴레에서 벗어나
죽음을 초월하고 지극한 평화를 누리는 성인들,
승가는 이 세상 으뜸가는 보배,
이러한 진리로 그대들 행복하기를!(일곱 번째 게송)

또 발우에 성수를 담아 뿌리며 거리를 걸었다. 이에 따라 시신을 치우고 거리를 깨끗하게 하였다. 7일째 마침내 역병이 물러갔다. 청결과 삼보에 대한 신심, 베풂과 자애로 역병을 물리치신 것이다.** 그에 대한 고마움으로 바이샬리의 왕과 주민들이 부처님께 대림 중각강당을 세워 보시하였다.

반열반에 드시기 전에는 이곳을 대상으로 해서 왕국이 멸하지 않는 일곱 가지 요인을 설하셨고, 생애 마지막 안거를 바이샬리 근처의 벨루바 Veluva 마을에서 나셨으며, 대림 중각강당에서 반열반을 선포하셨다. 기녀 암라팔리의 공양청에 응하셔서서 한발 늦은 릿차비 왕족들의 청을 거

---

* 《보배경》은 18게송으로 구성되어 있는데, 부처님의 보배로움에 대해 3번, 법의 보배로움에 대해 2번, 승가의 보배로움에 대해 7번 진실의 서원을 행하고 자애를 보내는 내용이다.

** 유권준, '부처님은 전염병에 어떻게 대처했나', 〈현대불교〉, 2020.3.6.

절하고 암라팔리의 집을 방문하였으며, 마지막 열반길에 돌아보신 곳*이다. 릿차비족들이 불멸 후 8분된 진신사리탑을 세웠다.

또한 이곳은 유마경의 무대이기도 하다. 유마경은 문수보살의 문병에 대해서 "일체 중생에게 병이 있으므로 나에게 병이 있습니다. 만일 일체 중생의 병이 없어지면 내 병도 없어질 것입니다"라고 대답하여, 동체대비同體大悲의 극치를 보여 주는 대승불교의 주요 경전이다. 비말라키르티 Vimalakīrti(유마維摩)라는 이름의 거사는 바이샬리에 살았던 부유한 장자로서 당대의 유명한 학자이면서 신통력까지 갖추어, 부처님의 큰 제자들도 상대하기를 기피할 정도였다고 전해지고 있다. 현장 스님은 암라팔리의 집이 있던 곳 근처 유마 거사의 고택에 지어진 탑과 그 아들 보적의 고택을 돌아보았다고 전한다. 또한 당나라 사신 왕현책王玄策**이 유마 거사의 방을 재어본 바에 의하면 사방이 1장(丈, 약 3m)이었기에 그 방을 방장方丈이라 부른다. 그러나 실존인물인지는 확실하지 않다.

혜초 스님도 바이샬리 성을 들러 암라원의 탑은 봤으나, 절은 황폐해지고 스님들은 없었다고 전하고 있다. 암라원(암라팔리가 보시한 망고동산의 절)의 탑은 혜초 스님이 중천축국의 네 개의 큰 탑 중의 하나라고 한 곳이다. 나머지 셋은 기원정사탑, 카필라성탑, 삼도보계三道寶階탑이다. 암라원의 탑과 카필라성의 탑은 황폐한데다 스님들이 없었던 반면, 기원정사의 탑과 삼도보계탑에는 절도 있고 스님들도 있었다고 한다.

---

* 부처님께서는 반열반을 선언하신 후 다음날 탁발을 마치고 마치 코끼리가 뒤를 돌아보듯이 바이샬리를 돌아보시면서 "이것이 여래가 바이샬리를 보는 마지막이구나"라고 말씀하셨다.

** 당나라 초기의 사신으로 4회에 걸쳐 인도에 다녀온 인물. 생몰연대 미상. 643~646, 647~648, 657~661년간에 북인도와 중인도 각지를 순방하였다.《중천축행기中天竺行記》를 저술하였으나 전해지지 않고,《법원주림》등에 20여 가지의 일문逸文을 남기고 있다.

나라가 멸망하지 않는 일곱 가지 법

아자타샤트루왕의 대신 밧사카라(우사禹舍) 바라문은 영축산의 부처님을 찾아뵙고 왕이 바이샬리의 밧지국을 멸망시키려 한다고 말씀드리자, 그에 대해 부처님은 나라가 멸망하지 않는 일곱 가지 법(七不退法)을 설하신다.

첫째, 밧지들이 정기적으로 모이고, 자주 모이는 한, 밧지들은 번영할 것이고, 쇠퇴란 기대할 수 없다.

둘째, 밧지들이 화합하여 모이고, 화합하여 해산하고, 화합하여 밧지들의 업무를 보는 한, 밧지들은 번영할 것이고, 쇠퇴란 기대할 수 없다.

셋째, 밧지들이 공인하지 않은 것은 인정하지 않고, 공인한 것은 깨뜨리지 않으며, 공인되어 내려온 오래된 밧지의 법들을 준수하고 있는 한, 밧지들은 번영할 것이고, 쇠퇴란 기대할 수 없다.

넷째, 밧지들이 밧지의 연장자들을 존경하고 존중하고 숭상하고 예배하며 그들의 말을 경청해야 한다고 여기는 한, 밧지들은 번영할 것이고, 쇠퇴란 기대할 수 없다.

다섯째, 밧지들이 남의 집안의 아내와 남의 집안의 딸들을 강제로 끌고와 자기와 함께 살게 하지 않는 한, 밧지들은 번영할 것이고, 쇠퇴란 기대할 수 없다.

여섯째, 밧지들이 안에 있거나 밖에 있는 밧지의 탑묘들을 존경하고 존중하고 숭상하고 예배하며, 탑묘에 전에 이미 바쳤고 전에 이미 시행했던 법다운 봉납을 철회하지 않는 한, 밧지들은 번영할 것이고, 쇠퇴란 기대할 수 없다.

일곱째, 밧지들이 아라한들을 법답게 살피고 감싸고 보호해서 아직 오지 않은 아라한들을 그들의 영토에 오게 하며, 이미 그들의 영토에 온 아라한들은 편안하게 살도록 하는 한, 밧지들은 번영할 것이고 쇠퇴란 기대할 수 없다.

부처님으로부터 이 법문을 들은 밧사카라 바라문은 전쟁으로는 밧지국을 멸망시킬 수 없음을 알고, 기만과 상호 불신을 획책하여 결국은 밧지국을 정복하였다. 부처님은 밧사카라 바라문이 돌아간 다음, 라즈기르의 모든 비구들을 모이게 해서 비구들이 퇴보하지 않는 일곱 가지 법을 설하셨다.

첫째, 비구들이 정기적으로 모이고, 자주 모이는 한, 비구들은 퇴보하는 일은 없고 오직 향상이 기대된다.

둘째, 비구들이 화합하여 모이고, 화합하여 해산하고, 화합하여 비구들의 업무를 보는 한, 비구들은 퇴보하는 일은 없고 오직 향상이 기대된다.

셋째, 비구들이 공인하지 않은 것은 인정하지 않고, 공인한 것은 깨뜨리지 않으며, 공인되어 내려온 오래된 비구의 법들을 준수하고 있는 한, 비구들은 퇴보하는 일은 없고 오직 향상이 기대된다.

넷째, 비구들이 연장자들을 존경하고 존중하고 숭상하고 예배하며 그들의 말을 경청해야 한다고 여기는 한, 비구들은 퇴보하는 일은 없고 오직 향상이 기대된다.

다섯째, 비구들이 다시 태어남을 가져오는 갈애가 생겼더라도 그것의 지배를 받지 않는 한, 비구들은 퇴보하는 일은 없고 오직 향상이 기대된다.

여섯째, 비구들이 숲속의 거처에 대해서 큰 관심을 가지고 있는 한,

비구들은 퇴보하는 일은 없고 오직 향상이 기대된다.

일곱째, 비구들이 개인적으로 각각 마음챙김을 확립해서 아직 오지 않은 좋은 동료 수행자들은 오게 하고, 이미 온 동료 수행자들은 편안하게 머물도록 하는 한, 비구들은 퇴보하는 일은 없고 오직 향상이 기대된다.

또 다른 일곱 가지 퇴보하지 않는 법들은 다음과 같다.

첫째, 비구들이 잡다한 일을 하기를 즐겨하지 않고 기뻐하지 않고 그러한 즐거움에 몰입하지 않는 한, 비구들은 퇴보하는 일은 없고 오직 향상이 기대된다.

둘째, 비구들이 말하기를 즐겨하지 않고 기뻐하지 않고 그러한 즐거움에 몰입하지 않는 한, 비구들은 퇴보하는 일은 없고 오직 향상이 기대된다.

셋째, 비구들이 잠자기를 즐겨하지 않고 기뻐하지 않고 그러한 즐거움에 몰입하지 않는 한, 비구들은 퇴보하는 일은 없고 오직 향상이 기대된다.

넷째, 비구들이 무리지어 살기를 즐겨하지 않고 기뻐하지 않고 그러한 즐거움에 몰입하지 않는 한, 비구들은 퇴보하는 일은 없고 오직 향상이 기대된다.

다섯째, 비구들이 삿된 원願들을 가지기를 즐겨하지 않고 기뻐하지 않고 그러한 즐거움에 몰입하지 않는 한, 비구들은 퇴보하는 일은 없고 오직 향상이 기대된다.

여섯째, 비구들이 삿된 친구를 가까이하기를 즐겨하지 않고 기뻐하지 않고 그러한 즐거움에 몰입하지 않는 한, 비구들은 퇴보하는 일

| 카라우나 포카르 연못 |

은 없고 오직 향상이 기대된다.

일곱째, 비구들이 낮은 경지의 특별한 증득을 얻었다 하여 도중에 포기해 버리지 않는 한, 비구들은 퇴보하는 일은 없고 오직 향상이 기대된다.

근본 8탑의 하나 ─ 근본불탑

근본불탑이 있는 곳은 커닝엄이 현장 스님의 기록을 토대로 고대 바이 샬리로 비정한 바사르 지역이다. 근본불탑의 입구는 이파리가 없이 앙 상한 가지들이 구불구불하고 키 큰 나무들이 길 양편으로 줄 서 있다. 저 나무들에게는 이 날씨가 아직 겨울로 느껴지나 보다. 불탑 맞은 편

| 바이샬리 근본불탑 |

길 건너에는 연못이 조성되어 있다. 이 연못은 카라우나 포카르(Kharauna Pokhar) 연못이라고 하는데, 이곳이 역사적으로 공화국의 기원이 된 곳이라 해서 인도 중앙정부 관리들이 이 연못에서 물을 떠가지고 가서 성수 聖水로 사용하며 의식을 집행하고 있다.*

바이샬리의 근본불탑은 근본 8탑의 하나로 인정되는 두 곳 중 하나이다. 다른 하나는 델리 박물관에 사리가 소장되어 있는 룸비니 근처의 피프라하와 불탑이다. 우리는 순례의 첫날 이 사리들을 친견했었다.

바이샬리 근본불탑은 1957~1958년 알테카르(A.S.Altekar) 박사에 의해서 발굴되었다. 이때 높이 5.2cm, 지름 4.9cm의 작은 사리병과 함께 많은 유물이 출토되었다. 사리용기 안에는 회灰, 금엽金葉, 자조개(子安貝), 각인화폐 등이 있었다고 한다. 사리병에는 부처님의 사리라는 기록은 없

* 정토출판 편집부, 2000.

| 근본불탑의 기단 |

었지만, 출토 상황과 밑바닥에 큰 단일 석재로 되어 있는 기단부 구조로 보아 석가모니 열반 직후 조성된 것으로 추정하고 있다. 현재 이 사리병은 파트나 박물관에 소장되어 있다.[*]

넓은 잔디밭 가운데로 그늘 없는 진입로를 따라 불탑을 둘러싼 보호용 철제 난간에 도착하니, 대만 비구니스님들이 먼저 와서 의식을 하고 있다. 일행들이 다 모이자 석가모니불 정근으로 불탑을 세 바퀴 돌고난 뒤에 향을 피웠다. 탑돌이 중간에 향을 파는 한 인도인 남자가 손에 한 움큼의 향을 쥐고 불을 붙여 부처님께 공양 올리라고 내민 것이다. 향은 빠르게 타들어가고 향 연기는 사방으로 피어오르는데 탑돌이 행렬은 느리기만 했다. 향을 쥔 인도 상인의 어깨가 처지고 얼굴은 시무룩해져 갔다. 향과 함께 그의 마음도 타들어가는 듯했다. 다행히 너무 늦지 않게

---

[*] 미술대사전, 1998.

| 근본불탑 앞 학교 - 걸상에 앉은 야외 수업 |

탑돌이 행렬이 그가 서 있는 자리로 한 바퀴 돌아서 다시 왔다. 탑돌이를 멈추고 향을 건네받아 공양 올렸다.

불탑은 기단을 보호하기 위한 명목으로 하늘색의 양철 지붕으로 깊숙이 덮여 있다. 산치 대탑과도 같은 모양을 낸 것이지만 지붕 재료의 질감과 상하의 줄무늬, 그리고 지붕 색깔이 불탑의 분위기와는 거리가 멀게 느껴진다. 원래 이 탑은 B.C.E. 5세기 마우리아 왕조 시대에 높이 약 8m의 진흙으로 만든 탑이었던 것을, 숭가 왕조와 쿠샨 왕조를 지나면서 네 번에 걸쳐 벽돌로 증축하여 12m 높이로 수리하였다고 한다.*

2년 전에 방문했을 때 근본불탑의 입구에는 책상과 걸상이 부족한 채, 마당에 야외 칠판을 설치하고 영어와 힌디어로 교육을 하는 학교가 있었다. 작은 학교 건물 옆 마당에서는 책상과 걸상을 가져다 놓고 야외

---

* 〈현대불교〉, 2014.1.24.

| 근본불탑 앞 학교 – 바닥에 앉은 야외 수업 |

수업을 하고 있고, 학교 건물 뒤쪽 마당에서는 학생들이 땅바닥에 앉아서 수업을 받고 있었다. 함께했던 순례객들 중 몇 분이 학교 기자재 구입에 쓰라고 얼마간의 보시를 했다.

여기서 250m 거리에 바이샬리 고고학 박물관이 있다고 하는데, 들르지는 못했다. 근본불탑의 북쪽에 점심 공양 후 참배할 중각강당터가 있고, 남쪽에는 바이샬리 왕의 궁전 터가 있다. 둘 다 멀지 않다. 근본불탑 참배를 마치고 공양할 인근 호텔에 도착하니 12시 50분쯤 되었다. 불탑에서 보았던 대만 비구니스님들이 먼저 와서 공양하고 있었다. 대만 재가자 팀도 있었는데 매우 나이가 많아 보인다.

큰 숲에 있는 중각강당 — 대림정사

공양을 마치고 북쪽에 있는 중각강당重閣講堂(=대림정사大林精舍, 쿠타가라살라야Kūṭāgārasālāya) 유적지로 가니, 두 시가 채 못 되었다. 대림정사 유적지는 커닝엄에 의해서 비정된 콜화 지역으로, 마을 앞에서 조금 걸어 들어가야 한다. 유적지 문 앞에는 불교기념품을 파는 가게가 몇 군데 있을 뿐이다. 진입로에서부터 동네 아이들이 따라붙기 시작한다. 유적지 안으로 들어서니 교복을 입은 많은 학생들이 현장학습을 나와 있다. 인도에서 교복 입은 아이들은 사립학교 학생들이라고 한다. 일행 중 몇 분이 학생들에게 볼펜을 나눠 주었다.

중각강당터에는 주요 유적으로서 중각강당 유적, 비구니 절터, 원숭이 연못과 탑, 아소카왕석주가 남아 있다.

반열반의 선포

여기에서 여래의 반열반般涅槃을 선포하셨으니, 《대반열반경》에는 부처님께서는 바이샬리의 차팔라 탑묘에서 수명의 상카라Saṃskāra를 포기하시고 마라에게 반열반에 들 것임을 말해 준 후, 큰 숲에 있는 중각강당에서 바이샬리의 모든 제자들을 모이게 한 뒤에 3개월 뒤에 여래가 반열반에 들 것임을 선포하셨다고 한다.

모든 형성된 것들은 소멸하기 마련인 법이다.
방일하지 말고 성취하라.
오래지 않아서 여래의 반열반이 있을 것이다.
지금부터 3개월이 넘지 않아서 여래는 반열반할 것이다.

다시 게송으로 설하셨다.

내 나이 무르익어
나의 수명은 이제 한계에 달했도다.
그대들을 버리고 나는 가리니
나는 내 자신을 의지처로 삼았다.
비구들이여, 방일하지 말고
마음챙김을 가지고 계를 잘 지켜라.
사유를 잘 안주시키고
자신의 마음을 잘 보호하라.
이 법과 율에서
방일하지 않고 머무는 자는

태어남의 윤회를 버리고
괴로움의 끝을 만들 것이다.

쿠타가르샬라 유적

유적 입구에 세워진 안내판에 의하면, 중각강당터는 쿠타가르샬라라
는 이름이 붙어 있는데, 발굴 조사 결과 세 번의 증축이 있었다. 1차 증
축은 숭가~쿠샨 시대*로 작은 법당으로 지어졌으며, 2차로는 굽타 시대
에 높은 법당으로 확장되었으며, 3차에는 후기 굽타 시대에 수많은 작은
방들을 제공하는 승원으로 전환되었다.

당시 바이샬리는 상업적으로 크게 번성하던 곳인 만큼 자유롭고 혁
신적인 사상을 전개하기에 적합했다. 이러한 배경을 두고 부처님께서
는 여성들의 출가를 이곳 바이샬리에서 허락하신 것으로 보여진다. 정
반왕이 죽은 뒤에 양모 마하프라자파티 가우타미(Mahāprajāpatī Gautamī,
Pali: Mahāpajāpatī Gotami)를 비롯한 석가족 여인 500명이 스스로 삭발하고
카필라에서 맨발로 바이샬리까지 걸어왔던 것이다. 부처님께서 성도하
신 지 5년 만의 일이다. 이를 증명하듯, 유적지 안에 있는 만자卍字 모양
(swastika)의 사원 유적은 중앙 마당 둘레에 12개의 방과 베란다가 있는 3
개의 방으로 구성된 비구니 절터로 추정된다.

이곳은 또한 원숭이왕이 49개의 발우 중에 섞여 있는 부처님 발우를
스스로 알아서 찾아내어 그 발우에 꿀을 공양한 곳이라 해서 원후봉
밀터라 하기도 하는데, 연못 앞의 붉은 벽돌탑은 그것을 기념하는 탑이
다. 원후봉밀猿猴奉蜜은 산치 탑문의 부조에도 있었으며, 역시 인도 불전
팔상佛傳八相의 하나이다. 원숭이 탑은 본래 마우리아Maurya 왕조(B.C.E.

---

* 숭가Śuṅga 왕조는 B.C.E. 185~B.C.E. 73에 갠지스강 중류 유역에서 일어나 마우리아 왕조를 무너
뜨리고 인도 북부를 지배한 왕조이다.

| 중각강당터를 방문한 교복입은 학생들 |

322~B.C.E. 185) 때 세워진 후 쿠샨 시대에 확장되어 높이가 높아지고 바닥에 벽돌을 깔고, 후기 굽타 시대에 한 번 더 증축이 있었다.

연못은 수천 마리의 원숭이가 부처님께서 목욕하도록 파내어 만든 곳이라고 하는데, 커닝엄의 조사로 경전 상에 등장하는 원숭이 연못(마르카타흐라다Markata-hrada)으로 밝혀졌다. 현재 람쿤드Ramkund라 불린다. 65m×35m의 연못은 남쪽과 서쪽에 목욕할 수 있는 두 개의 가트가 설치되어 있다. 발굴 조사에서 출토된 수많은 원숭이 테라코타 등 유물은 박물관에 보관되어 있다.

온전한 아소카왕석주

연못과 탑 사이의 아소카왕석주는 온전한 형태로 보존된 유일한 것이다. 이 석주는 로리아 난단가리 석주로 명명되고 있다. 커닝엄은 이 석주의 직경이 상부는 약 1m, 하단은 1.25m, 높이는 13.2m로 추정하였

다.* 석주의 정상에 사자 한 마리가 쿠시나가르를 향해 앉아 있다. 명문은 마모되어 확인하기 힘들고, 아소카왕의 법칙령도 없다. 이곳을 다녀갔던 서양인들의 서명을 새긴 것이 여럿 보였다.

아소카왕석주**는 인도의 가장 오래된 석조 조각 유물 중 하나로서, 인도 역사의 중요한 건축물이자 마우리아 양식을 상징하는 기념물이다. 아소카왕은 이 석주를 부를 때, 담마 탐바(Dhaṃma thaṃbhā), 즉 '법의 기둥'이라는 표현을 사용했다. 불교에 귀의한 이래 전쟁이 아닌 법에 의한 통치를 지향한 그의 확고한 의지를 드러내는 것이다.

아소카왕석주는 30주 정도 건립되었다고 추정된다. 남아 있는 것은 20주가량이고, 꼭대기의 동물 문양까지 온전하게 보존된 것은 7주이다. 평균 높이는 12~15m, 무게는 50~60톤 정도이고 수백 킬로미터까지 운반되어 세워지기도 했다. 이 석주의 정밀성과 정확성은 1902년부터 1928년까지 인도의 고고학 조사 총국장을 맡았던 존 마셜(John Marshall)이 최전성기의 아테네 건축의 기술을 뛰어넘는 것이라고 평가한 바 있다.

아소카왕의 석주에 대한 외래문화의 영향은 페르시아의 페르세폴리스의 기둥(B.C.E. 5세기)에서 먼저 그 영향을 찾는다. 기둥 위 정상에 동물 조각을 둔 것, 돌을 연마한 것 등이 그것이다. 그러나 페르세폴리스의 기둥은 분할 형태이고 그 부재가 건축에 이용된 부재이다. 아소카왕석주는 주변 건축자재와는 무관한 단독의 기념주인데다가, 기둥 전체를 이음새 없는 하나의 돌로 만들고 연마하여 광택을 발하고 있다.***

---

* 하정민, 2009.

** 아소카왕석주는 탑의 찰주와 마찬가지로 우주목이 세계축이라는 사상과 관련된다. 인도 역시 '아스바타'라는 우주목 신화를 갖고 있다. 또한 아타르베다에서는 우주를 떠받치는 기둥을 스캄바 Skambha라고 하는데, 일체의 세계를 지탱하며 고정시킬 뿐만 아니라 그 안에 무無와 유有를 내포하고 있으며, 창조주인 프라자파티prajāpati(브라흐만Brahman의 별칭)로 격상된다.

*** 아소카왕석주는 두 종류의 돌로 조각된 것으로 보인다. 일부는 마투라 지역에서 발견되는 붉은

| 중각강당 앞 구슬치기하는 아이들 |

　다른 하나는 고대 그리스의 영향이다. 높이 12.5m의 이오니아 양식의 기둥으로 꼭대기에 스핑크스가 장식되어 있는 낙소스의 스핑크스와 같은 6세기 그리스 기둥이 영감을 주었을지도 모른다는 의견이 있다.

　또한 람푸르바에서 출토된 아소카왕석주의 황소 주두 밑 부분인 원반형의 정판頂板 테두리에 부조된 팔메트 문양(종려나무 잎 문양, 당초문)의 기원은 고대 그리스의 영향을 드러내고 있다. 팔메트 문양은 B.C.E. 16세기 고대 이집트의 로터스 장식법에서 시작되고 태양 숭배 사상에 기인한다. 그리스와 아시리아에서 발전하였고, 알렉산더의 인도 원정과 더불어 인도에 전래되었다. 그 후 중국과 한국에도 전해져서 당초문唐草紋이라 한다. 이러한 사실은 인류의 문화 전파가 얼마나 오래 전부터 활발했는

사암과 흰 사암으로, 다른 일부는 보통 바라나시 근처의 주나르에서 발견되는 작고 검은 점들이 있는, 표면에서 광택이 나고 촉감이 매끄러운 사암이다. 기둥에 새겨진 무늬 및 조각의 기법이 모두 일정한 것은 이들이 모두 같은 지역의 장인들에 의해서 조각된 것임을 암시한다.

| 중각강당 앞 평화로운 마을길 |

지, 또 인류가 서로 다른 지역에 살면서도 공통의 문화를 향유해 왔는지를 생각하게 한다.

근본불탑에서부터 계속 우리를 앞서 참배하던 대만 비구니스님들이 탑 앞에 도열하여 단정히 의식을 진행하고 있다. 원숭이 연못 건너편 그늘에는 소풍 온 중학생쯤 되어 보이는 학생들이 모여 있다. 그 그늘에서 자애관을 하려던 생각은 포기하고 다시 케사리아 불탑으로 연기했다. 사람들이 붐벼서 장소가 마땅찮은데다가 점심 공양한 지 얼마 되지 않아 정진하기에 좋지 않았기 때문이다.

교복 입은 많은 학생들과 함께 유적지를 나섰다. 사립학교 아이들은 입구 바로 앞에 대기하고 있는 스쿨버스에 승차했다. 사립학교 학생들*

---

* 인도의 초중고등학교는 크게 세가지 유형으로 나뉘는데, 카톨릭 부속학교(convent school), 사립학교(private school), 공립학교(government school)가 그것이다. 사립학교의 학비는 무료교육에 가까운 공립학교에 비해 50배까지 비싸다고 하며, 사립학교나 카톨릭 부속학교를 다니면 영어를 확실하게 배울 수 있어서 비싼 학비에도 불구하고 상류층 자녀들이 진학한다. 인도의 초등학교 진학률은 90%를 넘

| 중각강당 앞 물 펌프질하는 노인 |

이 버스로 사라지고 나자 동네 아이들이 몰려오기 시작했다. 서너 명이 어느새 열댓 명이다. 아이들을 향해 시종 미소를 지어 주었다.

부처님께서 열반 길에 오르실 때 돌아보셨다고 할 만큼 좋아하셨고, 여성들을 출가시킬 만큼 선진적 문화와 상업적 번성을 누렸던 바이샬리는 오늘날까지도 인간적 삶의 전통적 모습을 그대로 간직하고 있는 곳이다.

중각강당으로 들어가는 마을 골목길에는 아이들이 구슬치기를 하고 있어, 우리네 어린 시절의 모습을 상기시켜 주었다. 마을은 우리나라의 70년대 이전 모습처럼 집집마다 노적가리를 쌓아 두고 소를 키우고 있다.

2년 전에는 시간적 여유가 좀 있어 여기에서 시간을 보내면서 이곳 아이들과 이렇게 저렇게 어울릴 여가가 있었다. 그 당시 일행 중 한 분이 과

어섰지만, 고등학교 진학률은 15% 수준이다.

자 봉지를 사서 나눠 주려다가 아이들이 순식간에 몰려들어 차례로 분배하는 것이 제대로 되지 않자, 여행 가이드에게 의뢰하고 다시 운전기사에게 넘어가서 나눠 주는 과정에서 아이들의 욕구 불만이 강하게 나타났었다. 뿐만 아니라 맨발의 아이들, 벌거벗은 동네 아이 등 먹는 것, 입는 것 등의 불충족이 자아내는 원초적 모습들을 적나라하게 보여 주었었다.

부처님의 삭발염의처 ─ 케사리아 불탑

버스는 케사리아를 향해 떠났다. 50km의 거리를 1시간 20분 달려 4시경 케사리아 탑에 도착했다. 보드가야에서 라즈기르로 올 때도 느낀 것이지만 마을을 통과할 때마다 중앙선이 없는 것은 물론이고, 길가의 건물은 2~3층인 곳도 있는데 도로는 너무 좁다. 좁은 도로에 대형트럭과 차량이 뒤엉키는 것이 예사이다.

길 한 모퉁이에 마하트마 간디의 흉상이 보인다. 간디의 명성에 비해 간디의 동상이나 흉상을 보기는 이것이 처음이다. 인도는 보통 조금 큰 마을로 들어가면, 로터리의 중앙에 둥근 난간을 만들고 그 가운데 위대한 인물의 상을 세우는 것이 상례인데, 이 간디 흉상은 그냥 복잡한 길 모퉁이에 서 있다.

케사리아에 도달할 무렵 마을을 통과하는데, 길거리에 한 인도 남자가 리어카에 판을 얹고 생닭을 칼로 다듬고 있다. 혜초 스님이 8세기에 인도를 여행할 때 인도 사람들이 순해서 고기를 잡아 파는 것을 보지 못했다고 했는데, 그것과는 다른 모습이다. 우리도 이번 일정에서 처음 보는 광경이다.

| 케사리아 불탑 |

케사리아 탑은 아소카왕이 최초로 건립했다. 1911년 이곳을 발굴한 영국의 역사학자 L.O.오멜리(O'Melley)에 의하면 높이 45.7m, 전체 둘레 427m로, 인도에서 가장 큰 탑 중 하나이다. 규모로서는 인도네시아의 보로부두르Borobudur 탑을 능가한다. 1999~2001년 인도 고고학회의 발굴에서 유적의 앞부분을 드러내는 데 성공했으며, 땅 속에 묻힌 것은 추정하지도 못한다고 한다. 처음에 흙으로 만들어진 이 탑이 현재의 모습을 갖춘 것은 마우리아, 숭가, 쿠샨 시대를 지나면서이다. 현존 탑의 연대는 C.E. 200년에서 750년 사이이며, 4세기의 지배자 라자 차크라바르티 Chakravarti와 관련이 있다고 한다.

현지 가이드에 의하면, 케사리아는 주황색이라는 의미로 이 지방 어디에서 싯다르타 태자가 출가하여 시종과 말을 돌려보내고 사냥꾼과 옷을 바꿔 입은 것이 유래가 되어, 이곳 동네가 주황색이라는 의미의 케사리아라는 이름이 붙었다고 한다. 경전에 의하면, 부처님은 아노마 강둑에 있는 아누피아Anupiyā 망고 숲에서 머리와 수염을 자르고 왕자의 옷을 고행자의 옷으로 갈아입으셨다. 그곳이 케사리아Kesariya이며, 당시에는 케사푸타Kesaputa로 불렸다. 부처님께서 전생에 전륜성왕으로 출현하여 통치하였던 곳이며, 어떤 현자의 가르침도 그것을 실천했을 때 손해와 괴로움이 아니라 이익과 행복이 있을 때 그 가르침을 따르라고 설한 유명한 《케사푸티야경Kesaputiya sutta(칼라마경)》을 설하신 곳이다.

또 다른 주장으로는 부처님께서 벨루바에서 마지막 안거를 마치고 쿠시나가르를 향해 열반의 길을 가기 위해서 반다 마을로 떠나실 적에, 따라온 릿차비족들을 돌려보낸 자리에 세웠다고 한다. 법현 스님의 《불국기》는 이와 관련해 다음과 같이 적고 있다.

여러 릿차비족이 여래의 열반길을 쫓아서 따르려고 할 때, 세존께서 이를 허락하지 않으셨지만, 그래도 그들은 여래를 흠모하여 돌아가려고 하지 않았다. 그러자 여래께서 변화를 일으켜 깊고 큰 웅덩이를 파서 그들이 건너오지 못하게 하셨다. 그래서 그들에게 발우를 주어 돌아가게 하였다. 그곳에는 아소카왕석주가 세워져 있는데 위에는 글이 새겨져 있다.

두 개의 아소카왕석주가 아노마 강 동쪽 둑 근처에서 발견되었다. 황소 주두 석주와 사자 주두 석주이다. 황소 주두는 인도 대통령궁에, 사자 주두는 콜카타 박물관에 보관되어 있다.* 케사리아 탑은 반만 정돈되어 있고, 반은 발굴되지 않은 채로 방치되어 있다. 탑의 최상층부는 원형의 돔 모양인데 상단이 부서진 채이고, 중간부위는 사각형의 수많은 감실이 설치된 모양이며, 하단부는 붉은 벽돌로 쌓여 있다. 감실에 봉안되어 있는 불상들은 제대로 보존되어 있는 것이 없고 모조리 파괴되어 있다. 우상 숭배를 극히 꺼리는 이슬람교도들에 의해서 파괴되었다고 한다.

케사리아 탑 밑에는 힌두 사원이 하나 있는데, 그 앞 커다란 반얀 나무 아래에 케사리아 탑을 재현하여 붉은 염료를 뿌린 모래탑을 만들어 두었다. 그 모래탑을 사진 촬영하면 요금을 내야 한다.

케사리아 불탑에서의 자애 명상

반얀 나무 아래가 그늘져서 자비관을 하기로 했다. 탑돌이를 한 바퀴 한 후 일행들을 나무 아래로 모이게 했다. 나무 아래 의자에 일부는 앉고, 나머지는 그 뒤로 섰다. 자애심을 일으키는 멘트를 시작했다.

부처님의 마음은 자비희사慈悲喜捨의 네 가지 한량없는 마음입니다. 부처님 성지를 순례하고 있는 우리들은 부처님의 마음을 닮기를 원합니다. 이 자리에서는 부처님의 마음 중 자애심을 따라 일으키는 시간을 가지겠습니다.

여러분들의 가족을 사랑하십니까? (다 함께) 네!
여러분들의 가족을 향해 자애심을 보내십시오.
여러분들의 이웃을 사랑하십니까? (다 함께) 네!
여러분들의 이웃을 향해 자애심을 보내십시오.

---

* 일아 스님, 2019. 장소마다 주두를 장식한 동물 모양이 다른데, 상카시아에는 코끼리, 룸비니에는 말, 기원정사에는 법륜상과 황소상의 두 개의 석주, 녹야원에는 사자 네 마리가 석주 위에 장식되었다.

한국을 사랑하십니까? (다 함께) 네!

한국에 사는 모든 사람들을 향해 자애심을 보내십시오.

인도를 사랑하십니까? (다 함께) 네!

인도에 사는 모든 사람들을 향해 자애심을 보내십시오.

지구에 있는 모든 사람들을 사랑하십니까? (다 함께) 네!

지구에 있는 모든 사람들을 향해 자애심을 보내십시오.

지구에 있는 모든 존재들을 사랑하십니까? (다 함께) 네!

지구에 있는 모든 존재들을 향해 자애심을 보내십시오.

우주에 있는 모든 존재들을 사랑하십니까? (다 함께) 네!

우주에 있는 모든 존재들을 향해 자애심을 보내십시오.

남편(아내)을 사랑하십니까? (다 함께) 네!

남편(아내)을 떠올리시고 남편(아내)을 사랑한다고 크게 외치십시오.

자식들을 사랑하십니까? (다 함께) 네!

자식들의 이름을 부르면서 사랑한다고 크게 외치십시오.

옆 사람을 보고 사랑한다고 말하고, 포옹하십시오.

모두들 부둥켜안고…, 일행 중 많은 이들이 눈물을 흘리는 듯했다. 한국에서 집안 일로 힘겹고 지쳤을 분들이 멀리 이국에 와서 가족들과 가까운 이들에게 다시금 사랑의 마음을 불러일으킬 수 있는 시간이 되기를 바랐다. 그로 인해 모든 생명 있는 존재들에게도 그러한 자애심을 확장하기를 기원했다. 자애심을 일으킬 때 우리는 성냄에서 벗어나 가장 빨리 행복 속으로 들어간다. 행복감을 느끼는 것은 수행하는 이에게 매우 중요한 요소이며 선정을 체득하는 지름길이다.

탑에 들어갈 때 몇몇 아이들에게 볼펜을 한 자루씩 주었는데 나오는 길에 아이들이 다시 다가왔다. 새로운 아이들에게 볼펜을 한 자루씩 또

| 소년의 주름진 손 |

나눠 주었다. 볼펜을 주면 즉시 호주머니에 넣고서는 또 달라 하기 때문에 준 아이는 정확하게 기억할 필요가 있다. 그중 피부가 조로早老한 한 남자아이가 있었다. 나는 그 아이의 손을 잡고 버스 타는 데까지 나왔다. 볼펜 한 자루 더 주는 것보다도 비록 이방인이어서 다시 만날 가능성이 극히 드물고 그 만남의 시간도 순간이지만, 조금 전 일으킨 자애심을 나눠 주고 싶었기 때문이다.

오후 4시 45분, 버스는 출발했다. 얼마 가지 않아 일몰의 태양은 여지없이 세상을 붉게 물들이더니 지평선 아래로 떨어져 새로운 세상을 비추러 떠나 버리고, 어둠이 깔리기 시작했다. 버스는 교통 정체를 피해 지름길로 접어드는 듯하더니 버스 한 대가 겨우 통과할 수 있는 길을 달리기 시작했다. 좁은 길, 어두운 밤에 마주 오는 작은 차량들과도 비켜가기가 위태위태하더니, 밤 8시 40분경 결국 큰 트럭이 엉덩이를 들이대며

길 가운데 버티고 있다. 바로 앞 빌딩이 불빛 장식으로 휘황찬란한 것이 결혼식이다. 트럭이 비켜나고 여기를 통과하는 데 20분 정도의 시간이 걸렸다.

인도의 결혼식 문화

결혼은 산스크리트어로 비바하vivāha라고 하는데, 인도인들에게는 출생과 장례와 함께 종교 대사大事이다. 힌두들은 결혼을 통해서만이 네 단계로 나뉘는 인생기 중 두 번째 단계인 가장기家長期(=그리하스티야grihasthya)의 의무를 이행할 수 있게 된다. 결혼을 해야 가장이 될 수 있는 것은 당연하다.

또한 결혼을 해야 윤회를 완수할 수 있는데, 부모가 돌아가시면 아버지는 막내아들이, 어머니는 맏아들이 화장터에서 불을 지펴야 부모가 윤회를 할 수 있다. 화장이 끝난 후에는 아들이나 외손자가 한 번 이상은 헌수를 하고 제사를 지내 주어야 죽은 망자가 구천에서 헤매지 않고 내세에 갈 수 있다.

인도인에게 결혼은 개인적인 일이 아니라 부모와 집안을 위한 대사이며, 따로 동의가 필요 없는 종교적 헌신이다.* 따라서 중매결혼이 대다수를 차지하며, 이때 숨어 있던 카스트제도가 위력을 발휘한다.** 이혼율이 극히 낮으며, 결혼 연령은 20대가 주류이다.

인도의 결혼에서 또 한 가지 유명한 점은 막대한 여성 결혼 지참금인

---

* 이에 반해 기독교와 무슬림의 결혼은 인도에서 동의가 필요한 절차이다. 김도영, 2013.

** 현대에 이르러서도 카스트가 맞지 않아 상대 집안에서 배우자를 살해하는 일이 종종 발생하고 있다.

| 결혼예식 절차를 밟는 신랑 |

다우리dowry인데, 그 근거는 마누법전*이라고 한다. 마누법전에 의하면, 딸을 시집보내면서 신랑 측으로부터 그 대가를 받는 결혼은 비속한 결혼이며, 딸을 팔아버리는 것과 같다. 반대로 딸을 시집보내면서 딸의 부모가 신랑 측에 선물로 많은 물품을 함께 보내는 것은 고귀한 결혼 양식으로 여겼다.**

* B.C.E. 200~ C.E. 200년경에 만들었다는 인도 고대의 백과사전적 종교 성전으로 힌두인이 지켜야 할 법(法, 다르마)을 규정하고 있다.

** 최근 이혼이 늘면서 신부가 가져오는 금은보화에 변화가 생겨나고 있는데, 그것은 소유권이 시댁에 있는 다우리보다 아내의 재산으로서 이혼할 때 되가져 나올 수 있는 패물, 돈 등 스트리단Stridhan의 비중이 증가한다는 것이다.

인도의 결혼식은 화려하기가 세계적으로 유명하다. 신랑은 비단옷에 터번을 쓰고 백마 위에 동자 하나를 앞에 태우고, 수많은 친척들을 대동하고 신부 집에 들어선다. 결혼 예식은 만답Mandap이라는 일종의 정자에서 가구, 돈 보따리, 전자제품 등 결혼 지참물을 한 곳에 쌓아 놓고 진행한다. 인도의 결혼식 절차에는 사트 바찬이라는 일곱 가지 맹세를 하는 예식이 있다. 사트는 일곱, 바찬은 맹세이다. 그 내용은 다음과 같다.

첫째, 신부(신랑)는 나의 인생의 반려자이다.
둘째, 신부(신랑)는 나에 대한 모든 권한을 갖는다.
셋째, 나는 무엇을 하든지, 나의 부인(남편)과 함께한다.
넷째, 나는 오직 신부(신랑)만을 나의 여인으로 취한다.
다섯째, 모든 종교의례를 부인(남편)과 동행한다.
여섯째, 우리는 일곱 번째 윤회까지 함께할 것이다.
일곱 번째, 모든 일들은 부인(남편)과 함께할 것이다.

위 일곱 맹세를 하고, 불의 신인 아그니 신을 일곱 바퀴 돌고 나면 결혼식이 끝나게 된다. 그러면 신부는 이마에 붉은색 점인 신두르를 찍고, 발가락 반지를 하게 되며, 실로 꿴 까만색 목걸이인 망갈 수트라를 하게 되어 자신이 유부녀임을 표시하게 된다.[*]

때마침 인도는 결혼 시즌이어서 결혼식이 치러지는 모습을 어렵지 않게 볼 수 있었는데 주로 밤에 식을 올린다. 저녁 8시쯤 시작해서 새벽 2시까지는 행사를 계속한다.

2012년에 왔을 때는 해가 지지 않았을 때 도착해서 저녁 공양 후에

* 김도영, 2013.

밤 산책을 나갔다가 밤에 벌어지고 있는 성대한 결혼식 두 곳을 구경할 수 있었다. 한 곳은 저녁 8시에 식이 시작되니 시간 맞춰 와 달라고 요청까지 받았다. 인도 사람들은 재산의 절반을 한 번의 결혼식에 쏟아 붓는다는 말이 있을 정도로 결혼식을 호화롭게 치른다. 많은 텐트와 요란한 장식들과 북적대던 하객들의 모습이 아직도 기억에 생생하다.

우리가 초대받은 결혼식은 멀리 떨어진 거리에서부터 악단이 풍악을 울리며 결혼식장까지 오는 것으로 시작되었다. 거리의 악단은 춤꾼 한 명과 악사들, 차량으로 구성되었는데 춤꾼이 게이라고 한다. 거리의 악단에 앞서 결혼식장에 도착해 보니 우리를 초청했던 분이 다시 나와서 자리를 권한다. 커피에 짜이를 섞은 음료를 한잔 하고 보니, 신랑이 집안 어른들에 둘러싸여 의식을 거행하고 있다. 곡식 등을 향로에 뿌리고 맞은편 어르신네가 돈다발을 들고 돈을 놓고 하는 것으로 보아 축원의식으로 보인다.

우리 일행은 열렬한 환영을 받았는데 꼬마아이들부터 노인들에 이르기까지 나이에 관계없이 인기를 누렸다. 인도인들은 흰색을 좋아해서 자기네보다 피부색이 흰 한국인들을 좋아한다고 한다. 함께 갔던 일행 중 여대생은 함께 춤을 추자는 인도 하객들의 요청에 잠시 어울리는 매너를 보여 주기도 했다.

밤거리의 쿠시나가르는 결혼식장 근처를 제외하고는 어두웠다. 어느 곳이나 사람들이 모이지 않는 곳이면 어두운 것은 매한가지일 것이다. 문을 닫은 듯한 짜이 가게를 두드리니 주인이 나와서 짜이를 한 잔씩 끓여 준다. 소젖 원액으로 끓인 듯 진하다. 사르나트의 녹야원 앞에서와 바라나시의 갠지스강 들어가는 시장통 짜이와 바이샬리 근본불탑 입구에서와 여기 쿠시나가르의 짜이가 인상 깊었다. 사르나트와 바라나시의 짜이가 세련된 도시풍이라면, 바이샬리와 쿠시나가르의 짜이는 투박하고 진한 시골풍의 짜이였다. 개인적으로는 이 시골풍의 짜이가 더욱 마음을 끌었고 기억에 남았다.

쿠시나가르 역시 소를 많이 키워 우유를 재료로 한 음식이 발달한 것 같았다. 다음날 아침 숙소 근처 태국 절과 한국 절 등을 돌아보던 중에 우유를 졸여 만든 케이크(우유로 만든 약과藥果와 유사)를 맛보았는데 그 맛 또한 일품이었다. 쿠시나가르는 푸근한 느낌과 자연 그대로의 맛이 감동을 주는 고장이었다.

밤 10시 45분, 케사리아에서 출발한 지 6시간 만에 쿠시나가르에 도착했다. 밤 11시 저녁 공양의 기회가 다시 찾아왔다. 세 번째이다. 아침에 파트나에서 바이샬리까지 5시간 20분, 중각강당터에서 케사리아 불탑까지 1시간, 도시락 수령하는 데 30분, 오늘은 차량 이동에만 13시간이 소요되었다. 이동거리는 약 250km이다. 걸린 시간에 비해서는 짧은 거리였다. 쿠시나가르의 숙박 호텔은 보드가야에서 묵었던 호텔과 이름이 같은 임페리얼 호텔이다. 내일은 쿠시나가르에서 쉬라바스티를 거쳐 룸비니까지 가야 하는 일정이 기다리고 있다. 빨리 쉬어야 하는 날이다.

| 라마바르 탑 |

제 10 장

열반의 땅 쿠시나가르

방일하지 말고
해야 할 바를 모두 성취하라

전륜성왕의 도시 — 쿠시나가르

쿠시나가르Kushinagar는 우타르프라데시주 고락푸르의 북쪽 55km 지점에 있는 카시아Kasia라는 작은 마을로 인구가 2만 2천여 명(2011년)쯤 된다고 한다. 부처님 당시에는 말라 왕국의 중심지였다. 법현 스님은《불국기》에서 "이 성 안에는 백성들이 매우 적어서 얼마간의 승려들과 민가가 있을 뿐이다"라고 기록하고 있다.

현장 스님도 "쿠시나가르국은 성곽이 기울고 허물어졌으며 마을도 인적이 드물다. 벽돌로 만들어진 옛 성터의 둘레는 10여 리에 달하는데 그곳에 사는 사람도 거의 없고 거리들도 황량하다"고 말하고 있다. 법현 스님보다 220여 년 뒤에 방문한 혜초 스님도 바이샬리에서 한 달 걸려 쿠시나가르에 도착했다.《왕오천축국전》은 "성은 이미 황폐해져서 사람 사는 흔적이 보이지 않는다"고 기술하고 있다.

부처님께서 쿠시나가르에서 열반하시려고 하자, 시자 아난다 존자조차도 조그마하고 척박하고 볼품없는 도시에서 반열반하지 마시고, 세존께 청정한 믿음을 가진 크샤트리아들과 바라문들과 장자들이 많은 짬빠, 라즈기르, 쉬라바스티, 사케타, 코삼비, 바라나시 같은 큰 도시에서 열반하시길 권할 정도였다. 쿠시나가르는 부처님 당시부터 작은 시골에 불과한 것으로 묘사되고 있으며, 그나마 법현 스님이 방문한 5세기 초엽까지는 스님들과 주민들이 살고 있었다. 그러나 현장 스님이 다녀간 7세기 이후로는 거의 사람이 살지 않은 것으로 기록되고 있다. 그러나 부처님께서는 쿠시나가르를 조그마하고 척박하고 볼품없는 도시라고 말하지 말라고 하면서 다음과 같이 말씀하셨다.

아난다여, 옛적에 마하수닷사나라는 전륜성왕이 있었나니 그는 정의로운 분이요, 법다운 왕이었으며, 사방을 정복한 승리자여서 나라를 안정되게 하고 일곱 가지 보배를 갖추었다. 아난다여, 이 쿠시나가르는 마하수닷사나왕이 다스리던 쿠사와티라는 수도였으니 동쪽부터 서쪽까지는 12요자나의 길이였고, 북쪽부터 남쪽까지는 7요자나의 넓이였다. 아난다여, 수도 쿠사와티는 부유하고 번창하였으며 인구가 많고 사람들로 붐비며 풍족하였다. …… 아난다여, 수도 쿠사와티에는 열 가지 소리가 끊인 적이 없었나니 즉 코끼리 소리, 말 소리, 마차 소리, 북 소리, 무딩가 북 소리, 류트 소리, 노래 소리, 심벌즈 소리, 벨 소리, 그리고 열 번째로 '잡수세요, 마시세요, 드세요'라는 소리였다.

그러나 부처님 당시에도 크지 않았던 쿠시나가르 성은 일찍이 황폐해져 버렸는데, 8세기 초반 혜초 스님이 방문했을 때 열반사만큼은 많은 사람들이 붐비고 참배하는 곳이었다고 《왕오천축국전》에서 전하고 있다.

부처님께서 열반하신 자리에 탑을 세워 두었는데, 스님 한 분이 그곳을 청소하면서 물을 뿌리고 있다. 해마다 팔월 초파일이 되면 비구와 비구니 그리고 도인과 속인들이 탑 있는 곳에 모여 크게 공양을 베푸는 행사를 치른다. 탑 상공에는 깃발이 걸려 있는데 그 수가 많아 이루다 헤아릴 수가 없다. 많은 사람들이 함께 모여 깃발을 쳐다 본다. 이날을 맞아 발심을 하는 자가 한두 명이 아닐 것이다.

이렇듯 오늘날에도 쿠시나가르는 조그만 시골마을에 불과하지만, 신심 있는 불자들의 참배가 끊이지 않는 곳이 되어 있다.

마지막 유행

부처님은 쉬라바스티의 기원정사와 녹자모鹿子母 강당에서 21안거부터 44안거까지, 즉 55세부터 78세까지 24년을 계속 머물렀다. 그 다음, 79세의 나이로 라즈기르 영축산으로 가셨다. 이때가 마가다국 아자타샤트루왕이 바이샬리의 밧지국을 정복하려는 때이다. 부처님께서는 영축산에서 일곱 가지 멸하지 않는 법을 설하고 파트나, 바이샬리를 거쳐 쿠시나가르에 이르는 마지막 유행遊行을 시작하셨다. 이 길은 북서향의 행로를 그리는데, 쉬라바스티까지 이어져서 부처님의 일생에 걸친 주 간선로이자 인도 불교 성지순례의 주요 코스가 되었다.

부처님은 룸비니에서 태어나서 출가 후 라즈기르에서 첫 탁발을 하고, 가야까지 내려가 각고의 정진 끝에 깨달음을 얻은 다음, 출가한 시절처음 걸었던 주 간선로와 다른 많은 지방을 행각하시다가, 말년에는 고향과 가깝고 위도가 동일한 쉬라바스티의 기원정사에 정착하셨다. 그리고 79세의 노구老軀를 이끌고 머나먼 라즈기르의 영축산까지 다시 가셨다가, 당신이 평생 걸었던 주 간선로를 되짚어 걸었다. 고향 가까이로 올라오던 중 쿠시나가르에서 열반에 들었다. 그 의미를 생각해 보면 다음 몇 가지를 들 수 있다.

첫째, 승단이 쇠퇴하지 않는 일곱 가지 법을 설하셔서 불법이 지속되는 토대를 놓으셨으며, 둘째, 영축산, 죽림정사, 중각강당 등 당신의 일생에 걸친 주된 장소들을 다시 방문하시면서 제자들과 불자들의 마지막 인사를 받으셨다. 셋째, 바이샬리에서 마지막 안거를 보내면서 그곳의 비구들이 안거 중에 많은 법문을 듣게 하였으며, 얼마 후 멸망할 밧지국의 릿차비족들에게 복전福田이 되어 주셨다. 넷째, 무사권無師拳(ācariya-muṭṭhi), 법경法鏡(dhammādāsa), 자등명 법등명自燈明 法燈明, 불방일不放逸, 푹쿠사 법문, 수법능행각화공양여래受法能行覺華供養如來,* 부득팔정도부득사사문不得八正道不得四沙門,** 법율위사法律爲師 법문 등 주옥같은 마지막 유훈을 남기셨다. 다섯째, 마지막 제자 등 그 동안 귀의하지 못했던 이들의 귀의를 받으셨고, 여섯째, 수구초심首丘初心과도 같이 고향으로 돌아오시는 도중에 열반에 드신 것이다.

---

* 《遊行經》第二,《大正藏》T01n0001_003《長阿含經》第3卷[0021a11]. 수법, 능행, 각화는 주住, 수修, 항降이다. 법에 머무르고, 닦고, 마음을 항복받는 것이다.《유행경》원문은 다음과 같다.
佛在雙樹間 偃臥心不亂 樹神心清淨 以花散佛上 阿難白佛言 云何名供養 受法而能行 覺華而爲供 紫金華如輪 散佛未爲供 陰界入無我 乃名第一供
부처님께선 이 게송 마지막에 "5음과 18계와 6입이 무아이다(陰界入無我 乃名第一供)"라고 하여 깨달음의 내용을 명백히 하시고 있다.

** 《大正藏》T02n0099_035《雜阿含經》第35卷[0254b09].《유행경》원문은 다음과 같다.
佛告須跋陀羅 : 於正法律 不得八正道者 亦不得初沙門, 亦不得第二第三第四沙門 須跋陀羅! 於此法律八正道者 得初沙門得第二第三第四沙門 於外道無沙門 斯則異道之師 空沙門 婆羅門耳
팔리어 원문은 다음과 같다.
yasmiṃ kho, subhadda, dhammavinaye ariyo aṭṭhaṅgiko maggo na upalabbhati, samaṇopi tattha na upalabbhati. dutiyopi tattha samaṇo na upalabbhati. tatiyopi tattha samaṇo na upalabbhati. catutthopi tattha samaṇo na upalabbhati.
팔리어 원문에 "팔정도를 얻지 못하면(aṭṭhaṅgiko maggo na upalabbhati)"으로 서술하고 있고, 그것의 옛 한문 번역 역시 "부득팔정도不得八正道"라고 쓰고 있다. 이를 "팔정도가 없으면"으로 번역하는 것은 큰 오류이다. 여덟 가지 성스러운 도는 이론에 있는 것이 아니라 정진을 통해서 얻는 것이기 때문이다.

| 부처님의 최후 설법지 |

마지막 유훈 몇 가지에 대해 여기서 짚고 넘어가야 한다. 무사권이란 스승의 주먹이 없다는 말인데, 숨겨둔 비밀스런 가르침이 없다는 말이다. 그에 덧붙여 "여래에게는 '나는 비구 승가를 거느린다'거나 '비구 승가는 나의 지도를 받는다'라는 생각이 없다"라고 하셨다.

법경이란 법의 거울이라는 말이다. 불법승 삼보에 대한 흔들리지 않는 청정한 믿음이 삼악도三惡道를 부수고 성인의 흐름에 든 자가 되고, 해탈할 것이며, 완전히 깨달은 이로 나아가는 자가 되었다고 스스로 알게 해준다는 내용이다. 여기서 부처님이란 여래십호를 가진 존재를 말한다. 법이란 세존에 의해 잘 설해졌고, 스스로 보아 알 수 있고, 시간이 걸리지 않고, 와서 보라는 것이고, 향상으로 인도하고, 지자知者들이 각자 알아야 하는 것이다. 승이란 사쌍팔배四雙八輩(수다원향과 수다원과, 사다함향과 사다함과, 아나함향과 아나함과, 아라한향과 아라한과)를 의미한다.

푹쿠사 법문이란 비가 억수같이 내리고 천둥소리 요란하고 바로 옆에서 사람 둘과 소 네 마리가 벼락에 맞아 죽었어도, 부처님께서는 인식이 깨어 있으면서도 보지도 듣지도 못하셨다는 것이다. 수법능행각화공양여래受法能行覺華供養如來는 법을 받아 지니고, 실천하여 깨달음의 꽃을 피우는 것이 진실로 여래를 공양하는 것이라는 의미이다. 부득팔정도부 득사사문不得八正道不得四沙門이란 팔정도를 닦지 않으면 네 가지 과위果位 의 사문이 출현하지 않는다는 것이다. 법율위사法律爲師 법문이란 부처님 입멸 후 법과 율이 비구들의 스승이 될 것이라는 말씀이다. 이와 관련하 여 네 가지 큰 권위(mahā-apadesa)를 설하셨으니, 부처님으로부터 직접 들 은 법과 율, 승가로부터 직접 들은 법과 율, 능통한 장로비구들로부터 직 접 들은 법과 율, 능통한 한 명의 장로비구로부터 직접 들은 법과 율이라 할지라도 경과 율에 대조하고 비추어 본 후에 부처님의 말씀이라는 결 론에 도달해야 된다는 가르침이다.

자세한 행로는 '라즈기르 영축산 → 날란다(파바리카 망고숲) → 파트나 → 바이샬리[암바팔리 망고숲 → 벨루바(마지막 안거, 혹독한 병)] → 쉬라바스티 (상수제자 열반) → 라즈기르 → 욱카첼라 → 바이샬리[차팔라 탑묘(수명의 상 카라 포기) → 중각강당(반열반 선포)] →파바(춘다의 공양) → 쿠시나가르'이다.

부처님께서는 3개월 전 차팔라 탑묘에서 '수명의 상카라'를 포기하셨 다. 상카라는 행온行蘊으로 번역되는 말인데, 의도적 행위 내지 의도적 마음작용의 의미이다. 그러므로 수명의 상카라는 생명을 유지하려는 의 도라고 할 수 있으며, 이를 포기한다는 것은 육체적 생명기능을 멈추고 반열반에 든다는 것이다.

수명의 상카라를 포기하기 전에, 부처님께서는 시자인 아난다 존자에 게 "바이샬리는 아름답구나. 우데나 탑묘도 아름답고 … 차팔라 탑묘도 아름답구나. … 여래는 원하기만 하면 일 겁을 머물 수도 있고 겁이 다하 도록 머물 수도 있다"고 세 번 말씀하셨으나, 마라의 방해로 아난다 존 자는 이 말씀을 듣지 못했다고 한다. 그리고 이것으로 인해, 즉 여래께서 세간에 더 머물기를 권청하지 않은 것 때문에, 나중에 마하가섭 존자에게 비판을 받았다는 말이 전해 오기도 한다.

수명의 상카라를 포기하신 후, 큰 숲에 있는 중각강당으로 가서서 3 개월 후에 있을 여래의 반열반을 선포하셨다. 그리고 오전에 바이샬리에서 걸식하고 공양을 마치고 돌아오시면서 코끼리가 뒤를 돌아보듯이 바이샬리를 돌아보신 후, "아난다여, 이것이 여래가 바이샬리를 보는 마지막이 될 것이다"라고 하셨다.

그리하여 바이샬리를 출발하여 쿠시나가르를 향해 가는 도중에, 쿠시나가르 동남쪽 17km 지점의 파바Pava에서 춘다의 마지막 공양을 받고, 피가 나오는 설사병을 앓으셨다. 춘다가 올린 음식은 스카라 맛다바(sūkara maddava)라고 한다. 보통 돼지고기로 알려져 있는데, 야생 뿌리채소의 일종인 야생토란 혹은 돼지토란이라는 의미라고 주장하는 분도 있다.*

부처님은 열반하시기 전에 춘다의 공양이 다른 모든 탁발 음식들을 능가하는 공양이라고 찬탄하시고, 그 공양으로써 긴 수명, 좋은 용모, 행복, 명성, 천상에 남, 위세를 가짐의 업을 쌓았다고 법문하시고는, 이를 춘다에게 전하게 하여 그가 자책감에서 벗어나게 하셨다.

쿠시나가르에서의 반열반

쿠시나가르에 도착하여 반열반에 드시던 날 부처님의 몸은 지극히 청정하고 깨끗해 황금색 가사보다 더 빛났다고 한다. 부처님은 근처 카쿳다 Kakudhā강에서 목욕하고, 사라수 두 그루 사이에서 북쪽으로 머리를 둔 채 침상 위에 발과 발을 포개고 정념정지正念正知(지혜로운 알아차림)하면서

---

* 정토출판 편집부, 2000.

오른쪽 옆구리를 붙여 사자처럼 누우셨다. 사라쌍수는 때 아닌 꽃들로 만개하고, 천상의 만다라 꽃들도, 천상의 전단향 가루도 여래께 예배하기 위해 여래의 몸 위로 떨어지며 흩날리고, 천상의 음악이 울려 퍼졌다. 부처님께서는 아난다 존자에게 말씀하셨다.

법을 받아들이고, 능히 행하며, 깨달음의 꽃을 피우는 것을 공양이라 하나니, 자금색으로 빛나는 꽃들을 수레바퀴 구르듯 부처님께 흩날려도 공양이라 할 수 없네. 5음陰과 18계界와 6입入이 무아無我인 것, 이것이야말로 제일가는 공양이니라.

이날 밤 3경 여래의 반열반이 있음을 아난다 존자를 시켜 말라족들에게 전하게 하여 그들의 인사를 모두 받은 후, 마지막 제자인 수밧다 Subhadda 유행승의 귀의를 받아들이고 그를 출가하게 하였다. 그리고 반열반에 들기 직전에 마지막 유훈을 남기셨다.

내가 가고 난 후에는 내가 그대들에게 가르치고 천명한 법과 율이 그대들의 스승이 될 것이다. … 비구들이여, 참으로 이제 그대들에게 당부하노니, 형성된 것들은 소멸하기 마련인 법이다. 방일하지 말고 해야 할 바를 모두 성취하라. 이것이 여래의 마지막 유훈이다.

부처님께서는 말씀을 마치고 초선→2선→3선→4선→공무변처→식무변처→무소유처→비상비비상처→상수멸→비상비비상처→무소유처→식무변처→공무변처→4선→3선→2선→1선→2선→3선→4선의 순서로 선정에 드신 다음 마지막으로 4선에서 출정하신 뒤, 바로 반열반에 드셨다. 이때가 바이샤카Vaisakha* 월 보름날 밤이다.

　세존께서 반열반에 들자 두려움과 공포의 전율을 일으키는 큰 지진이 있었으며 천둥 번개가 내리쳤다. 애정을 버리지 못한 비구들은 손을 마구 흔들면서 울부짖고 다리가 잘린 듯이 넘어지고 이리 뒹굴고 저리 뒹굴면서 "세존께서는 너무 빨리 반열반 하시는구나. 너무 빨리 선서善逝께서는 반열반 하시는구나. 너무 빨리 눈을 가진 분이 세상에서 사라지는구나"라고 하였다. 애정을 버리지 못한 신들도 마찬가지였다.

　그러나 애정을 벗어난 비구들은 마음 챙기고 알아차리면서 "형성된 것들은 무상하다. 그러니 여기서 슬퍼함이 무슨 소용이 있겠는가?"라고 하였다. 애정을 벗어난 신들도 마찬가지였다. 여래의 반열반과 함께 아나율 존자는 다음의 게송을 읊었다.

　　들숨날숨이 없으신 분, 확고부동하신 분, 여여하신 분,
　　욕망을 여의신 분, 성인께서는 고요함으로 가셨네.
　　흔들림 없는 마음으로 고통스런 느낌을 감내하셨으니
　　등불이 꺼지듯 그렇게 그분의 마음은 해탈하셨네.

쿠시나가르의 유적

반열반사般涅槃寺(파리니르바나Parinirvāṇa 사원, 열반당)는 건립연대가 법현 스님이 다녀간 직후이므로 법현 스님의 기록에는 등장하지 않는다. 현장 스님은 "성의 서북쪽으로 3~4리 가다가 아이라바티(Airāvatī, 아이다벌저하)

---

* 인도력의 2월. 4~5월쯤에 해당한다. 우리나라에서는 현재 음력 2월 15일에 열반일을 기념한다.

| **반열반탑과 열반당** | 오른쪽 건물이 열반당이고 왼쪽이 아소카 스투파로 반열반탑이다.

를 건너면 서쪽 언덕에서 멀지 않은 곳에 있는 사라나무 숲에 이른다. 이 곳은 여래께서 적멸에 드신 곳이다. 벽돌로 만들어진 커다란 정사 아래 에는 여래의 열반상이 만들어져 있다. 여래는 북쪽으로 머리를 두고 누 우셨다"라고 적고 있다.

이러한 쿠시나가르의 유적들은 카시아 마을 중심에서 남서쪽으로 3.2km 떨어진 곳에 위치하며, 커닝엄이 1861~1862년에 이곳을 처음 쿠 시나가르로 비정했다. 그때부터 커닝엄의 조수였던 칼라일(A.C.L.Carlleyle) 이 15년 뒤 이곳을 발굴하여 중앙의 대스투파인 열반탑을 비롯한 중요 한 유적들과 열반상을 발견했다. 열반상은 북쪽을 향해 머리를 두고 서 쪽으로 얼굴을 하고 있으며, 부서진 대좌 위에 누워 있는 자세로 심하게 파손된 채 발견되었다(1876년)고 한다.

열반당과 열반상

열반상은 길이 6.1m로 모래와 진흙으로 만든 것이다. 열반상 기단부 에는 아름다운 문양과 3명의 인물이 새겨져 있다. 슬픔에 젖은 왼쪽 여

| 기단 조각 | 슬피 우는 말리카 부인

인은 말리카Malika,* 가운데 등을 보이고 정좌하고 있는 스님은 기부자인 하리발라Haribala 스님, 오른쪽에 턱을 괴고 있는 스님은 시자 아난다 존자로 일컬어지고 있다. 대좌 서쪽 부분에 명문이 새겨져 있다. "마하비하라의 하리발라 스님의 기부금으로 딘Din에 의해 조성된 것으로…"라는 내용이다.**

열반당 바로 옆(동쪽)의 대형 스투파에서 "하리발라 스님이 기증한 것으로 열반당(Nirvāṇa-caitya)에 넣어졌다"는 내용의 산스크리트어 명문이 새겨진 동판이 발견되었다. 이러한 명문들에 의해서 이곳이 부처님의 열반지임이 확증되었으며, 하리발라 스님은 굽타 왕조의 쿠마라굽타 1세의 재위기간(415~455)에 생존한 인물로 밝혀졌다.

---

* 말라국 왕의 딸이자 코살라국의 총사령관 반둘라 장군의 아내이다. 릿차비족이 왕의 관정의식을 행하는 호수에서 목욕하고 난 뒤 16번에 걸쳐 쌍둥이를 낳아 32명의 아들을 두었다. 이때 목욕을 마치고 나온 말리카를 데려오는 과정에서 반둘라 장군은 화살 한 대로, 500대의 마차를 한 줄로 세워 추격해 오는 릿차비 왕자들을 꿰어 버렸다. 32명의 아들이 모두 무예가 출중한 장군들로 성장한 후, 반둘라와 32명의 아들은 변방의 소요를 진압하고 그 지방을 번창한 도시로 만들고 돌아오는 길에 재판관들의 모함에 빠져 코살라국 왕이 보낸 암살자들에 의해 모두 죽임을 당한다.
한꺼번에 남편과 아들을 잃어버린 말리카 부인은 "부서지는 본성을 가진 것은 부서지기 마련이다"라는 법에 따라 평정심을 유지하고, 며느리들에게 왕에게 악의를 품지 말라고 하고는, 고향 쿠시나가르에 돌아온다. 그 후 부처님께서 반열반하시고 난 뒤 다비장으로 이동할 때, 부처님의 유해를 칠보로 장식한 위대한 마하라타 웃옷으로 감싸드린다. 그리고 그 공덕으로 삼십삼천 천신의 세계에 태어나 견줄 자 없는 아름다움을 갖추고, 칠보로 장식된 놀라운 옷을 입고, 그림 같은 저택에서 살았다.《대불전경 Ⅷ》

** 명문 마지막의 딘Din이라는 단어는 딘나Dinna라는 사람 이름이다. 열반당 정면(서쪽)의 승원 유적지의 안뜰에서 마투라 제작의 적색 사암제 상들의 잔편 중 한 대좌의 명문에서도 마투라의 딘나라는 이름이 발견되었다. 딘나는 5세기 마투라 지역 조각가의 이름으로 잘 알려진 인물이다. 그는 마투라 고빈드나가르Govindnagar에서 발견된 불입상(434년)의 제작자이다. 정각, 1993.

칼라일이 처음 열반당을 발굴했을 때에는 길이 약 9.3m, 폭이 3.7m 정도의 매우 비좁은 형태였는데, 미얀마 불교도들에 의해 현재 규모로 재건된 것은 1955~56년이다.*

열반탑

현장 스님은 열반상에 관한 기록에 이어서 "(열반당) 곁에는 아소카왕이 세운 스투파가 기단이 기울고 허물어졌지만 높이는 200여 척에 달한다. 앞에는 돌기둥이 세워져 있는데 여기에는 여래께서 적멸하신 일에 관한 기사가 실려 있다"고 쓰고 있다.

아소카왕석주는 찾을 길 없지만 아소카왕의 스투파는 열반당 뒤의 대형스투파로 추정된다. 칼라일이 처음 발굴했을 때는 정상부를 포함한 높이 45.72m에 이르는 거대한 규모를 지니고 있었으며, 지면으로부터 약 2.74m 높이의 기단부 위에 조성되었다고 했는데, 현장 스님의 기록과 거의 일치한다. 현재의 스투파는 1927년과 1972년에 미얀마 스님들에 의해 증축된 것이다.**

주변 유적

열반당 주변에는 유적지들이 동서남북을 모두 메우면서 분포되어 있는데, 이들 승원들은 입구가 모두 열반당을 향하고 있다.*** 한 변이 약 110m에 이르는 대형 승원지를 포함하여 쿠샨 시대의 명문, 찬드라굽타 2세의 금화, 굽타 시대 명문 인장, 900년경의 명문 인장 등이 발견되었다.

---

* 하정민 2009.

** 정각, 1993.

*** 하정민, 2009.

| 꽃공양 |

열반당에서 가사 공양

4시 모닝콜, 5시 30분 아침 공양, 6시 출발 일정이다. 5시 15분에 나가니 벌써 공양 중이다. 아침 공양을 간단하게 하고 호텔 밖으로 나가니 일출 전의 신비한 푸른 하늘이 빨갛게 물들어 있다. 단지 5분간 펼쳐진 아침 하늘의 퍼포먼스였다. 2년 전에 왔을 때에도 쿠시나가르의 일몰이 아름다웠던 기억이 난다.

발갛게 물들었던 하늘이 사라지자 다시 푸른 아침을 세 명의 남자아이들이 저 멀리서 걸어온다. 10대 소년들이다. 호주머니에 초코파이와 초코바가 한 개씩밖에 없다. 두 명에게 주고 나니 못 받은 한 소년이 섭섭한 표정이다. 하나를 반으로 나눠 주면 됐을 것을! 버스는 이미 출발해 버렸다.

아침 6시가 채 되기도 전에 반열반사 앞에 도착했다. 호텔에서 지척이

518

었기 때문이다. 문을 아직 열지 않아서 잠시 기다리는 사이 가사 파는 사람이 다가왔다. 100불! 황금색의 대대大大가사이다. 보드가야에서 들은 가격보다는 3~4배 이상 차이가 나는 듯했지만, 일행들이 십시일반 보시금을 내어 부처님께 공양하기로 하였다.

청일점 처사님에게 가사를 들게 하고, 입구에서부터 석가모니불 정근을 하면서 열반당에 입장하였다. 6m의 금색 대가사! 가사의 반대편 모서리들을 각각 여행사 사장님과 청일점 처사님이 잡고 법당 관리인도 도와 가사를 펼치고, 일행들도 모두 한 귀퉁이씩을 잡고 천천히 누워 계신 부처님께 내려 덮어 드렸다. 금색이 열반당 안을 꽉 채우는 듯하다.

부처님께 가사를 수垂해 드리고, 열반상 가운데로 와서 향을 피우고 차를 올리고 과일을 공양하고 예불을 준비하는데, 열반상을 받치고 있는 기단에 조각된 말리카 부인의 모습이 눈에 들어온다. 두 손을 땅에 짚고 무릎을 꿇고 울부짖는 듯한 모습이 열반의 슬픔을 부추긴다.

7정례-축원-정근의 순서로 부처님께 예경했다. 한 곁에서 인도 스님이 마이크로 팔리어 챈팅을 시작하자 우리 예불 소리와 어우러지는데다가, 석가모니불 정근을 하면서 부처님 주위를 돌 때에는 맞은편 대만 예불까지 시작되어 열반당 안은 부처님께 예경하는 각국의 음성 공양이 함께 울려 퍼졌다.

정근을 끝내고 나올 무렵 태국 불자들이 대거 입장한다. 남방 불교국가에서 온 순례 팀은 대개 숫자가 많았다. 이젠 좁은 열반당 안에 들어설 틈도 없다. 늦게 왔으면 가사 공양을 하기 어려웠을 것이다.

열반당 바로 뒤 열반탑 앞에는 한국 스님들 한 팀이 예불을 하고 있고, 다른 한쪽에는 스리랑카 불자들이 빼곡히 앉아 있다. 탑을 도는데, 부처님께서 열반하실 때 사라수 꽃과 천상의 만다라 꽃이 흩날렸듯, 어디서 꽃이 생겼는지 우리 일행들이 사리탑 주변을 꽃으로 수놓는다. 오

| 사라쌍수 |

늘 열반당에서의 공양은 특별하였다.

열반당을 나서는데 사라 나무 두 그루가 우리를 전송한다. 열반당 앞에는 사원 유적이 사람 키만한 벽돌기단만을 남기고 있을 뿐이다. 여기에서 1시간 20분 정도의 시간을 보냈다. 나오는 길에 화엄사 스님들 팀을 만났다. 우리도 다비장茶毘場으로 가는데, 화엄사 팀도 다비장으로 간다.

세존의 다비 ― 라마바르 탑

부처님께서는 반열반하시기 전에 반열반에 든 여래의 존체尊體에 대처할 주체와 방법에 대해 언급해 둔 것이 있다. 먼저 주체에 대해서는 다음과 같이 말씀하셨다.

> 아난다여, 그대들은 여래의 몸을 수습하는 것에는 관심을 두지 말라. 아난다여, 그대들은 근본에 힘쓰고 근본에 몰두하여라. 근본에 방일하지 말고 근면하고 스스로 독려하며 머물러라. 아난다여, 여래에 청정한 믿음이 있는 크샤트리아 현자들과 바라문 현자들과 장자 현자들이 여래의 몸을 수습할 것이다.

여래의 존체에 대처할 방법에 대해서는 전륜성왕의 유체에 대처하듯 하면 된다고 하시면서, 구체적으로 다음과 같이 말씀하셨다.

> 아난다여, 전륜성왕의 유체에 대처하듯이 여래의 유체에도 대처하면 된다. 아난다여, 전륜성왕의 유체는 새 천으로 감싼다. 새 천으로 감싼 뒤 새 솜으로 감싼다. 새 솜으로 감싼 뒤 다시 새 천으로

감싼다. 이런 방법으로 500번 전륜성왕의 유체를 감싼 뒤 황금으로 만든 기름통에 넣고, 황금으로 만든 다른 통으로 덮은 뒤, 모든 향으로 장엄을 하여, 전륜성왕의 유체를 화장한다. 그리고 큰 길 사거리에 전륜성왕의 탑을 조성한다. 아난다여, 전륜성왕의 유체는 이렇게 대처한다.

아난다여, 전륜성왕의 유체에 대처하듯이 여래의 유체에도 대처해야 한다. 그리고 큰 길 사거리에 여래의 탑을 조성해야 한다. 거기에 화환이나 향이나 향 가루를 올리거나 절을 하거나 마음으로 청정한 마음을 가지는 자들에게는 오랜 세월 이익과 행복이 있을 것이다.

여래께서 사라쌍수 사이에서 북쪽으로 머리를 두시고 마침내 반열반에 드셨다. 말라족들은 춤과 노래와 음악과 화환과 향으로 세존의 존체를 존경하고 존중하고 숭상하고 예배하면서 7일을 보냈다. 7일째 되는 날, 연장자이자 강건한 말라족 왕자 8명은 머리를 깎고 새 옷을 입은 후 세존의 존체를 남쪽 문을 통해 도시 남쪽으로 운구하려 했으나, 들어 올릴 수가 없었다. 그때 아누룻다 존자로부터 도시의 북쪽으로 운구해서 북문으로 도시에 들어간 뒤, 도시 가운데로 운구하고 다시 동쪽 문으로 나가 도시 동쪽에 있는 마쿠타반다나 탑묘(Makuṭabandhana Chaitya, 말라족 역대 왕들의 대관식 장소)에서 세존의 존체를 화장하는 것이 신들의 뜻이라는 말을 듣고, 세존의 존체를 그와 같이 운구하였다.

운구가 끝나고, 새 천과 새 솜으로 세존의 존체를 500번 감싸 황금 기름통에 넣고, 다시 황금으로 만든 다른 통으로 덮은 뒤, 모든 향으로 장엄하였다. 얼마 후 부처님의 유해를 화장할 때가 되었다. 모든 향기로운 나무로 화장용 장작더미를 만들어서 세존의 존체를 그 위에 올렸다. 머리를 깎고 새 옷으로 갈아입은 건장한 체격의 말라족 왕자 4명이 세존의 화장용 장작더미에 불을 붙이려 했으나, 불을 붙일 수가 없었다.

뒤늦게 마하가섭 존자가 도착해 오른쪽 어깨가 드러나게 옷을 입고 합장한 채 화장용 장작더미를 오른쪽으로 세 번 돌아 경의를 표한 뒤, 발이 있는 쪽의 황금 함 앞에 서자 부처님의 발이 드러났다. 마하가섭 존자는 부처님의 발을 굳게 잡고 자신의 머리 위에 놓았다. 사람들은 이 광경에 환호하고 부처님 발에 공양하고 예경하였다. 마하가섭 존자가 이끌고 온 500명의 비구들도 장작더미 주위를 오른쪽으로 세 번 돈 후 부처님 발에 예경하자, 장작더미는 저절로 타올랐다.*

마치 버터나 참기름이 타면 재도 먼지도 없는 것처럼, 세존의 존체도 표피와 속 살갗과 살점과 힘줄과 관절 활액은 모두 다 타고 재도 먼지도 없이 오직 사리들만 남았다.

세존의 존체가 다 타자, 허공에서 물줄기가 나타나 세존의 화장용 장작더미를 껐다. 사라수로부터도 물이 나와 장작더미의 불을 껐다. 말라족들은 모든 종류의 향수로 장작더미의 불을 껐다. 말라족들은 7일 동안 춤과 노래와 음악과 화환과 향으로 세존의 사리들을 존경하고 존중하고 숭상하고 예배하였다.**

다비를 마친 후 아자타샤트루왕의 사리 분배 전갈에 대해, 쿠시나가르 말라족이 부처님께서 자기네 마을에서 열반하셨기 때문에 나누어줄 수 없다고 반발했지만, 도나Dona(향성香性) 바라문이 부처님께서 사리를 남기신 것은 중생을 이익 되게 하기 위한 것인데 싸우면 되겠느냐고 중재에 나서니, 모두 그 뜻에 찬동하였다. 사리는 쿠시나가르의 말라족 외에 바이샬리의 릿차비족, 카필라바스투의 석가족, 라마가마의 콜리야족,

---

* 이것을 곽시쌍부槨示雙趺라고 한다. 염화미소拈花微笑, 다자탑전반분좌多子塔前半分座와 함께 세존께서 마하가섭 존자에게 마음을 전하였다(以心傳心)는 삼처전심三處傳心의 하나이다.

**《대반열반경》

알라카파의 부리족, 베타디파의 바라문, 파바의 말라족, 마가다의 아자타샤트루왕 등 8개국에 분배되었다. 핍팔리바나Pipphalivana의 모리야족은 사리 분배가 끝난 뒤에 도착해 재를 가져갔고, 도나 바라문은 사리를 담았던 항아리를 갖게 되어 10개의 탑이 각지에 건립되기에 이른다.

다비장의 라마바르 탑 참배

다비장은 열반당에서 멀지 않다(1.5km). 다비장에는 탑이 세워져 있다. 이 탑이 라마바르Rāmabhār 탑이다. 원래 말라족의 역대 왕들이 대관식을 치르던 곳이었다. 라마바르 탑은 기단부가 직경이 47.2m에 달하고, 그 위에 직경 약 34m의 거대한 원형 드럼부가 올려져 있다. 현장 스님은 "이곳의 땅은 황금색이며 마음을 가다듬고 찾으면 부처님의 사리를 발견할 수 있다"고 했다. 이 부근에서 불교 교리가 새겨진 많은 인장들이 발견되었으며, 탑 주위에 후대에 부가된 소형 스투파와 법당 유적들이 산재해 있다.*

다비장에 도착해서 아침 안개로 서늘한 탑에 삼배의 예를 올렸다. 예배 후 탑돌이를 하는데, 그제서야 아침 햇살이 얇은 흰 구름 천을 뚫고 다비장 가득 비쳐 든다. 깨끗하고 맑고 여린 연두 잎처럼 빛난다. 아침 햇살 때문인지 열반당에서부터 올라오던 감동이 다비장에서 더욱 솟아난다. 사라수의 때 아닌 꽃들과 만다라 꽃들, 천상의 음악과 말라족들의 춤과 노래, 음악과 화환과 향 그 모든 것을 대신하여, 태양은 2,500여 년의 세월을 매일같이 부처님의 반열반과 다비를 존경하고 예배해 온 듯하다. 탑의 입구 쪽에는 스리랑카 스님들이 발우를 앞에 놓고 똑바른 자세로 앉아 있다. 인도 순례를 다니면서 본 스님들 중에 자세가 가장 좋다.

---

* 하정민, 2009.

라마바르 탑을 뒷걸음질쳐서 나왔다. 마치 사리불 존자가 부처님을 마지막 이별하듯…. 부처님의 상수제자 지혜제일 사리불 존자가 반열반에 들기 위해 고향으로 떠나면서 부처님과 이별하는 장면은 참으로 감동적이다. 부처님께서 바이샬리의 벨루바에서 마지막 안거를 보내신 후 기원정사로 가셨을 때이다.

사리불 : 부처님이시여, 저는 고향에 가서 반열반에 들겠습니다.
부처님 : 그대가 때를 잘 알 것이다.
사리불 : 부처님이시여, 부처님과 저는 헤아릴 수 없는 많은 생 동안 윤회하면서 계속 만나왔습니다. 때로는 형과 아우로, 때로는 스승과 제자로 만나 서로 의지하며 바라밀을 닦아 왔습니다. 하지만 일주일 후면 저는 반열반에 들 것입니다. 이것이 부처님과 제가 만나는 마지막입니다. 부처님께서도 아라한이시기 때문에 반열반에 들면 다시 태어나는 일이 없고, 저도 아라한이기 때문에 반열반에 들면 다시 태어나는 일이 없기에 이제 더 이상 만날 일이 없습니다. 이 자리가 부처님과 저의 마지막입니다. 그동안 참으로 고마웠습니다. 부처님, 저는 이만 떠나겠습니다.
그렇게 마지막 인사를 드린 사리불 존자는 부처님께 삼배를 올렸다. 그리고 부처님의 모습이 보이지 않을 때까지 한 걸음 한 걸음 뒷걸음으로 물러났다. 부처님께서 주위의 비구들에게 말씀하셨다.
부처님 : 사리불이 마지막 길을 떠나니 배웅해 주어라.

사리불 존자를 비구들이 마지막으로 배웅하는 동안 부처님께서는 사리불 존자가 떠나가는 모습을 멀리서 바라보셨다.

기원정사 전경

제 11 장

금강경 설법처 쉬라바스티

무릇 있는 바 모든 상은 허망한 것이니

어떤 것에도 머물지 말라

쉬라바스티 가는 길

다음 행선지인 쉬라바스티Śrāvastī(사위성舍衛城)의 기원정사를 향해 출발했다. 아침 7시 50분! 기원정사까지 6시간 예정이라고 한다. 쿠시나가르에서 쉬라바스티까지는 232km이다.

버스가 한 시간 가량을 잘 가더니 갑자기 4차선 도로를 후진하기 시작한다. 앞에 교통사고로 길이 막히자 우회로를 돌아가야 되는데, 중앙분리대가 화단으로 되어 있어서 유턴이 불가능하다 보니 그냥 그대로 후진해 버리는 것이다. 이때 조수가 내려서 후진하는 버스를 앞장서서 걷기 시작한다. 인도의 버스 조수의 역할은 정말 다양했다. 버스가 6~7km를 후진했다고 한다.

시원하게 뚫린 4차선의 길은 계속 되었다. 중앙분리대 화단은 소똥을 말리는 요긴한 장소로 사용되고 있었다. 도로를 횡단하는 사람들, 역주행해 오는 차들, 한국의 고속도로와는 개념이 다르다. 길가 마을에는 크지 않은 힌두교 사원, 시크교 사원이 보이고, 출발한 지 두 시간여 만에 톨게이트를 통과했다. 톨게이트에는 National Highway Authority of India(인도 국가고속도로 당국)라는 글씨가 크게 적혀 있다. 한쪽에 4개의 게이트, 총 8개의 게이트가 있는 큰 톨게이트이다.

허황후의 고향 아유타국

1시간가량 더 가다가 고속도로를 오른쪽으로 빠져나와 다시 중앙선 없는 인도의 전형적인 지방 포장도로로 접어든다. 고속도로로 조금 더 가면(68km) 김수로왕의 부인 허황후許皇后의 고향으로 추정되는 곳 중 하나인 옛 아유타국阿踰陀國 마을이 있다.* 지금의 도시명은 아요디아 Ayodhyā인데, 우타르프라데시주에 속하며, 인구는 45만여 명(2011년)이다. 김해 가야 유적에서도 발견된 쌍어문雙魚文**은 이 주의 주 문양이다. 가락, 가야는 드라비다어로 물고기를 의미한다.

아유타국의 공주 허황옥은 오라버니 장유 화상과 함께 가야로 와서 김수로왕과의 사이에서 10명의 왕자와 2명의 공주를 낳았다. 그중 일곱 왕자를 출가시켜 깨달음을 얻게 하니 하동 칠불사의 창건 유래가 되었다. 또한 딸 신녀 공주는 선견 왕자와 함께 일본으로 건너가서 히미코(卑彌呼, ?~248)라는 이름으로 야마대국의 통치자가 되었다고 한다.***

아요디아는 코살라국이 처음 발흥한 곳이며, B.C.E 6~5세기에 100여 개의 사원이 늘어선 불교 중심지였다. 동시에 힌두교의 라마 신****이 태

---

* 이것은 허황후의 고향에 대한 북인도설이고, 남인도설도 있다.

** 물고기 두 마리가 그려진 문양. 메소포타미아에서 최초로 발생하여 B.C.E. 12세기경부터 쌍어를 신앙의 상징으로 형상화하였는데, 지중해에서 일본에 이르기까지 넓은 지역에 분포한다. 티베트와 몽골 불교에는 팔보八寶의 하나로 수용되었고, 네팔에서는 부처님의 눈이 되었다.

*** 다른 아들 둘은 가락국을 계승한 거등왕, 진례성의 성주 거칠군, 다른 딸 하나는 석탈해의 며느리가 되었다. 김병모, 2008.

**** 악마 라바나를 물리친 영웅, 비슈누의 화신.

어나 이상 정치를 실현하는 이상향으로 힌두교 7대 성지 중의 하나이다. 여기서 잠시 옆길로 새면 또 하나의 아이러니를 만날 수 있다.

힌두교 7대 성지 중의 하나인 아요디아에는 힌두 사원 대신 바브리라는 큰 규모의 이슬람 사원이 있었는데, 힌두 근본주의들은 이 이슬람 사원이 힌두 사원 위에 건축되었다고 주장했다. 이들은 1992년 12월 6일 '바브리 사원을 해체하고 라마 사원을 건립하는 행동의 날'로 선포하였다. 이에 호응하여 인도 국민당 정치인의 행동 참가 선언이 잇따르면서 전국에서 모인 수십만 명의 행동대원들이 난입하여 순식간에 사원을 파괴했고 그 과정에서 232명이 죽었다. 그 후 인도 전역에 힌두와 무슬림 사이의 충돌이 걷잡을 수 없이 번져 나가면서, 500명 이상이 죽고 수십만 명이 집을 잃었으며 천문학적 재산 손실이 발생했다. 인도 국민당은 이 비극의 4년 뒤에 치러진 1996년 총선에서 42석을 늘려 총 161석을 차지하여 제1당이 되었다.* 사실과 관념, 그 어느 것에 의거해서 살 것인가?

승만 부인의 열 가지 서원

아요디아는 불교와도 인연이 깊은 곳이다. 코살라국의 프라세나지트 왕과 말리카 왕비 사이에서 태어난 딸이 아요디아국의 우칭왕에게 시집을 가서 왕비가 되었는데 그녀가 바로 승만 부인이다. 노예 출신의 말리카는 왕비가 되어서도 "성내는 이 얼굴이 미워지고, 베풀지 않는 이 가난해지며, 질투하는 이 신분이 낮아지느니라"라고 하신 부처님의 법문을 듣고 성내지 않고 베풀며 너그러운 마음을 다짐하였듯이, 그녀의 딸인 승만 부인도 미래에 부처님으로 출현하리라는 수기를 받고 열 가지 서원을 세운다. 승만 부인은 '아름다운 꽃 머리 왕비'라는 뜻인 쉬리말라 데

---

* 이광수, 2014.

비Śrīmālā devī의 쉬리말라를 승만勝鬘(뛰어날 승勝, 머리장식 만鬘), 데비를 부인으로 한역한 말이다. 승만 부인의 열 가지 서원은 다음과 같다.

저는 오늘부터 깨달음에 이를 때까지

첫째, 받아 지닌 계율을 범하고자 하는 마음을 일으키지 않겠습니다.

둘째, 어른들에 대하여 오만한 마음을 일으키지 않겠습니다.

셋째, 모든 중생에 대하여 화내는 마음을 일으키지 않겠습니다.

넷째, 다른 사람의 신체 및 소유물에 대하여 질투하는 마음을 일으키지 않겠습니다.

다섯째, 모든 것에 대한 인색한 마음을 일으키지 않겠습니다.

여섯째, 자신을 위해서 재물을 쌓아두지 않으며 전부 가난한 중생들을 성숙시키는 데 쓰겠습니다.

일곱째, 자신을 위해서 사섭법四攝法을 행하지 않겠사오니, 모두 중생을 위해서입니다. 애착하지 않는 마음(無愛染心), 싫어하거나 만족하지 않는 마음(無厭足心), 걸림 없는 마음(無罣碍心)으로 중생을 거두겠습니다(攝受衆生).

여덟째, 부모가 없는 아이, 자식이 없는 노인, 죄를 짓고 갇힌 사람, 병든 사람 등 갖가지 고난으로 괴로움에 처한 중생을 보면, 마침내 잠시도 외면하지 않으며 반드시 안온케 하겠습니다. 재물로써 이익케 하여 모든 고통을 벗어나게 한 뒤에야 외면하겠습니다.

아홉째, 동물을 잡아 기르는 등의 갖가지 올바르지 못한 생활 방편 및 계를 깨뜨리는 것을 보게 되면, 절대로 외면하지 않겠습니다.

열째, 올바른 가르침을 받아들여서 마침내 잊지 않겠습니다. 왜냐하면 가르침을 잊는다는 것은 곧 대승을 잊는 것이 되며, 대승을 잊는다는 것은 곧 바라밀을 잊는 것이 되며, 바라밀을 잊는다는 것은 대승을 구하지 않는 것이 되기 때문입니다.

제가 이러한 열 가지 큰 서원을 지닐 수 있으며, 말씀드린 것처럼 행할 수 있다면, 이러한 서원으로 말미암아서 대중들 가운데 마땅히 하늘 꽃이 쏟아져 내리고 하늘의 미묘한 소리가 나게 하소서. 그러자 허공 중에서 수많은 하늘 꽃이 비처럼 쏟아져 내렸으며 미묘한 소리가 들렸다.

승만 부인의 서원에서 대승의 근본은 바라밀波羅蜜의 실천에 있음을 알 수 있다. 바라밀을 실천하리라는 서원을 세우는 즉시 보살이 되는 것이다. 거꾸로 바라밀의 실천에 대한 서원이 없으면 보살이 아니다. 보살은 서원의 갑옷을 입고 오랜 세월 바라밀을 실천하여 마침내 벳산타라왕과 같은 이가 되어 대보시를 행하고 그 다음생에 부처를 이루게 되는 것이다.

현장 스님도 아유타국에 대해서 《대당서역기》에서 힌두교 등 이교도보다 불교가 훨씬 더 융성한 곳임을 자세히 전하고 있다.

아유타국은 둘레가 5,000여 리이며 수도의 둘레는 20여 리다. 갖가지 곡물과 과일이 많이 난다. 기후는 덥지도 춥지도 않다. 사람들은 비교적 선량하고 온순하며, 부지런해서 기술을 많이 배운다. 사원 100여 곳에서 승려 3,000여 명이 대승불교와 소승불교를 모두 공부한다. 외교는 10여 곳 있고 믿는 이가 적다.

유식 논사唯識論師**들의 인연처**

아유타국은 유식학의 대논사들의 인연처였다. 아상가Asaṅga(무착無著, 300~390년경) 스님이 도성 서남쪽 5~6리에 암라 숲의 오래된 사원에 머물면서 밤마다 천궁에 올라가 미륵보살에게《유가사지론》《장엄대승경론》《중변분별론中邊分別論》을 배우고 사람들에게 가르친 곳이며, 이 숲에는 여래의 머리카락과 손톱을 모신 탑이 있고, 그 옆에 바수반두Vasubandhu(世親, 316~396년경, 아상가 스님의 동생) 스님이 하늘에서 내려와 형님인 아상가 스님을 만난 곳의 유적이 있다고 한다. 아상가 스님과 바수반두 스님은 유식학을 완성시킨 대승불교의 위대한 논사들이다.

아상가 스님의 용맹 정진에 대한 이야기가 티베트 출신인 부톤Buston(1290~1364) 스님과 타라나타Tāranātha(1575~1634) 스님이 기록한 인도 불교사에 관한 저술에 나온다.* 아상가 스님은 미륵보살을 친견하고 직접 가르침을 받기 위해서, 마하가섭 존자가 미륵불을 기다리기 위해 올라간 쿡쿠타파다기리Kukkutapadagiri(계족산鷄足山)**에 가서 3년 동안 마하가섭 존자가 들어간 바위 절벽의 한 동굴에 은거하며 간절한 기도를 올렸다. 그러나 아무런 응답도 없었다. 실망한 아상가 스님이 동굴 밖으로 나와 방황하고 있을 때, 새들의 날개가 수없이 스친 바위가 움푹 패인 것을 보고 '나에게는 새들과 같은 열성조차 없었구나'라고 생각하고 동굴 속으로 돌아가 다시 수행을 계속했다. 또 3년이 지났으나 아무런 응답이 없었다. 또다시 물방울이 바위를 뚫는 것을 보고 새로운 각오를 다지고 다시 3년이 흘렀으나 그의 기도와 선정은 공허한 메아리였다. 망연자실하여 동굴을 나온 아상가 앞에 한 노인이 나타나 숫돌에 쇳덩이를 갈면서 "젊은 수행자여, 나는 이렇게 세월을 갈아 바늘을 만들고 있소"라고 하면서 이미 만든 바늘들을 보여 주었다. 아상가 스님은 다시 3년, 모두

---

* 부톤,《인도와 티베트 불교사(History of Buddhism in India and Tibet)》, 1322년. ; 타라나타,《인도불교사(History of Buddhism in India)》, 1608년.

** 마하가섭 존자의 열반 관련 일화는《대당서역기》, pp397~398. 쿡쿠타파다기리는 현재 보드가야 남서쪽 54km, 라즈기르 남쪽 70km 지점의 구르파Gurpa 마을에 있는 구르파 봉(혹은 리우자캉산)이다. 많은 불자들이 참배하는 순례지이다.

12년의 세월이 흘렀으나 메아리조차 없었다.

그는 절망과 분노에 수행을 포기하고 먼 길을 떠났다. 어느 마을 입구에서 한 마리 개가 보였다. 개의 하반신은 벌레가 우글거렸다. 아상가 스님은 자비심이 솟아나서 생각했다. '저 벌레들을 떼어 버려야 개가 살아날 수 있다. 그러나 벌레들은 죽고 말 것이다. 그렇지 않으면 저 개가 죽고 말리라.' 아상가는 아친다라는 촌락으로 가서 한 벌뿐인 자신의 옷을 맡기고 칼 한 자루를 빌린 다음, 자기 몸에서 살을 베어내어 벌레들을 유인해 냈다. 그리고 벌레들을 손으로 집어 자신이 베어낸 살덩어리로 옮기면 벌레들에게 고통을 주리라는 생각이 들자, 자신의 혓바닥으로 벌레들을 베어낸 살덩어리로 옮기기 시작했다. 그 순간 개는 사라지고 찬란한 빛 속에 미륵보살이 앉아 있었다. 아상가 스님은 벅찬 감격과 회한의 눈물을 흘리며 찬탄의 노래를 불렀다. 그리고 자신이 간절히 원할 때는 외면하더니 포기하고서야 나타나느냐고 따지듯 물었다. 이때 미륵보살은 이렇게 말했다.

"죽은 나무에서 꽃이 피지 못하고, 자비심 없는 마음에서 진리를 보지 못한다. 그대가 나를 보고자 처음 발심했을 때부터 나는 그대 곁에 있었지만 자비 없는 마음이 나를 보지 못하게 한 것이다. 이제 그대가 일체 중생을 향한 대비심을 일으키니 비로소 나를 볼 수 있게 되었다."

이를 증명하기라도 하듯, 미륵보살을 업고 동네를 한 바퀴 도니 동네 사람들 중에 등에 업힌 미륵보살을 보는 이가 없었다. 오직 술(수라sura, 쌀 등으로 빚은 인도의 전통발효주)을 파는 한 여인이 아상가 스님의 등에 개가 업혀 있는 것을 보았고, 아주 가난한 어떤 이가 한쪽 다리만 보았을 뿐이다. 이 여인은 후에 큰 재산을 얻었고, 가난한 이는 특별한 선정을 얻었다.*

고속도로를 빠져나오자 도로는 점점 좁아지고, 포장된 부분에는 트럭 한 대 지나다닐 정도 밖에 되지 않는 길을 달린다. 마주오는 차와 비켜날 때마다 버스의 한쪽 바퀴들은 흙길로 들어섰다가 다시 아스팔트로 올라오곤 한다. 길 양쪽으로 대형 가로수들이 도열해서 나무 터널을 만들어 뜨거운 날씨를 식혀 주고 있다.

바이샬리의 중각강당 앞마을에서도 언급했지만, 남인도 순례길과는 달리 북인도에는 양 떼보다는 소 떼들이 많이 보이는데, 노적가리를 쌓아두고 짚으로 지붕을 덮은 모습이 우리나라의 옛 시골 모습과 흡사하다. 기원정사가 있는 쉬라바스티로 가는 풍광도 다르지 않다.

라즈기르나 바라나시 같은 중인도의 더운 남쪽을 다니다가, 중인도의 북쪽에 해당하는 이곳 쉬라바스티로 오면 날씨가 서늘해지면서 청명한 공기 덕분에 컨디션이 한결 좋아지는 것을 느낄 수 있다. 이번 순례 일정에서는 열대인 아잔타~엘로라 석굴까지 참배하고 올라오는 길이니, 북쪽으로 올수록 더욱 기운이 솟았던 것은 이러한 기후 환경의 변화도 한 몫 했을 것이다.

코살라국의 수도 — 쉬라바스티

쉬라바스티는 불전에 사위성이라 알려진 곳으로, 사밧티Sāvatthī라고도 하는데, 부처님 재세 시에 부처님과 동갑인 프라세나지트왕이 다스리던 코살라국의 수도이다. 코살라국은 당시 인도를 다스리던 16대국 중 하나

---

* 일지, 2019, p175 ; 이재형, 〈불교와 반려동물2〉, 《법보신문》, 2019.5.7. ; 〈아상가 스님의 고행과 깨달음〉, 《현대불교》, 2002.7.3.

인데, 후기 베다 시대에 처음 일어나 아요디아를 수도로 하였다가 쉬라바스티로 옮겼다.

쉬라바스티는 부처님께서 가장 오랫동안 머물렀던 기원정사祇園精舍가 있는 곳이며, 부처님께서 생애 최대의 신통을 보인 곳(쉬라바스티의 대신변)이며, 천상에 다녀오신 후 더욱 교세에 위기를 느낀 외도들에 의한 순다리의 모함을 극복해 내셨고, 살인마 앙굴리말라Aṅgulimāla를 교화하신 곳이다.

또한 인도의 북쪽에 위치하여 카필라성과 가깝고 동일한 위도緯度에 있다. 프라세나지트왕의 뒤를 이은 비루타카왕은 카필라성 공격에 반대한 제타Jeta 왕자*를 죽이고 카필라성을 멸망시켜 버린다. 그러나 비루다카왕의 코살라국은 마가다국의 아자타샤트루왕에게 정복당했다.

기원전에 북방 강대국의 수도로 번성했던 쉬라바스티는 2세기의 용수보살에 따르면 B.C.E. 5세기에 90만 명의 인구가 있었고 마가다국의 수도인 라즈기르를 능가했다고 한다. 5세기의 붓다고사는 이 도시에 부처님 당시에 5만 7천 가구가 있었다고 말했다. 그러나 5세기 초 중국의 법현 스님이 방문했을 때 성 안의 인구가 많지 않아 200가구뿐이었다고 하고, 7세기에 방문한 현장 스님은 다음과 같이 적고 있다.

쉬라바스티의 둘레는 6천여 리이며 도성은 황폐해졌고 국토의 경계도 분명하지 않다. 궁성의 옛터의 둘레는 20여 리로 많이 허물어졌지만 아직 사람들이 살고 있다.
곡식은 풍요롭고 기후는 온화하고 풍속은 순박하며 학문을 돈독히 하고 복 짓기를 좋아한다. 가람의 수는 100곳이 있는데 허물어

---

* 비루다카왕은 카필라성을 정벌한 후 그에 반대한 제타 왕자를 죽인다. 비루다카Virudhaka는 '점점 늘어난다'는 뜻으로 이를 의역한 것이 '증장'인데, 사천왕 중 증장천왕의 산스크리트어이다.

진 곳이 매우 많고 승려들의 수는 아주 적으며 정량부를 배우고 있다. 천사는 100곳이 있는데 외도는 매우 많다.

강대국 코살라의 멸망과 더불어 쉬라바스티는 일찍이 쇠락해 버리고 말았던 것으로 보인다.

기원정사

기원정사는 기수급고독원정사祇樹給孤獨園精舍(Jetavana-vihāra, 정식 명칭은 Jetavānāathapiadasyārāma)의 준말이다. 부처님께서 두 번째 안거를 마치셨을 때 급고독給孤獨(아나타핀다다Anāthapiṇdada, Pali:Anāthapiṇḍika, 혹은 수닷타 Sudatta) 장자가 코살라국 프라세나지트왕의 아들인 제타 왕자의 숲을 황금으로 깔아서 구입한 뒤 세운 정사인 것은 널리 알려진 사실이다. 부처님께서는 21안거(55세)부터 44안거(78세)까지 24년간 쉬라바스티에 머무셨는데, 그중 18안거를 기원정사에서 보냈다. 기원정사에 주석하기 시작하면서 아난다 존자가 시자로 정해졌다. 나머지 6안거는 비사카Visākhā 부인이 쉬라바스티의 동쪽 공원에 지어 보시한 녹자모鹿子母 강당(푭바라마Pubbārāma, 정사)에서 나셨는데, 두 사원을 오가셨다고 한다.

기원정사는 5세기 초 법현 스님이 방문할 때까지는 여전히 번성했던 것으로 보인다. 《불국기》에 다음과 같은 기록을 남겼다.

정사 내의 물줄기는 청정하고 나무들은 무성하고 꽃들은 만발하여 볼 만하니, 여기가 이른바 기원정사이다. … 기원정사는 원래 7층이었는데, 여러 나라의 국왕과 백성들이 다투어 보시를 하고 번

개幡蓋를 매달고 꽃과 향을 사르고 등불을 밝히는 것을 하루도 그치는 날이 없었다. 그러다가 쥐가 등심지를 갉아먹는 바람에 번개에 불이 붙어 정사에 옮겨 붙어 7층 모두 타 버렸다. … 그 후 4~5일이 지나 소정사의 문을 열자 그 불상이 보였다. 그리하여 사람들은 모두 기뻐하여 함께 정사를 고쳐 그 불상을 제자리로 모셔왔다.

그러나 다시 대략 130년 가까운 세월이 흐른 뒤에, 현장 스님이 기원정사를 방문했을 때는 이미 기원정사는 폐허가 된 상태였다.

이곳이 바로 급고독원으로 … 옛날에는 큰 가람이었는데 지금은 황폐해졌다. … 집들은 이미 기울고 무너졌으며 옛터만이 남아 있는데, 오직 벽돌집 하나만이 남아서 홀로 우뚝 서 있다. 그 속에는 불상이 있는데 옛날 여래께서 도솔천으로 올라가 어머니를 위하여 설법하신 후에 승군勝軍(프라세나지트)왕이 세운 것이다.

현장 스님이 방문한 뒤 다시 1,400여 년의 성상이 흐른 뒤에 이곳은 사헤트-마헤트Saheth-Maheth라는 유적지의 이름으로만 남아 있다. 사헤트와 마헤트는 가까운 장소에 쌍을 이루고 있어서 항상 사헤트-마헤트로 명명하고 있다. 사헤트는 기원정사 유적이 있는 곳이며, 마헤트는 쉬라바스티의 도성 유적으로 성을 둘러싼 누벽壘壁이 아히라바티Ahirāvatī 강을 따라 초승달 형태로 이루어져 있다. 마헤트 유적지 내에서 가장 눈에 띄는 두 개의 거대한 마운드가 앙굴리말라와 수닷타 장자의 스투파이다.*

---

* 하정민, 2009.

| 간다 쿠티의 장엄 |

사헤트의 기원정사 유적지

　오후 2시, 6시간 15분의 긴 버스 여행 끝에 드디어 기원정사에 도착했다. 기원정사 유적은 남북으로 길게(남북 약 457.2m, 동서 약 152.4m) 형성되어 있다. 디가니까야 주석서나 숫타니파타 주석서에는 부처님 당시의 기원정사의 주요 건물을 4개 혹은 5개 정도로 언급하고 있다고 하지만,* 지금의 기원정사 유적지에는 건물은 없고 법당(temple) 6곳(간다 쿠티와 코삼바쿠티 포함), 법당과 승원(monastry)을 겸한 2곳, 승원 2곳, 탑 5곳, 연못, 행선터, 팔각형의 우물, 아난다 존자 보리수 등이 남아 있다.** 현재의 위치는

---

* 일아, 2019.

** 하정민, 2009.

19세기 말에 커닝엄에 의해 확인되었으며, 발굴 결과 대체로 부처님 시대부터 시작되어 쿠샨 시대와 굽타 시대를 거쳐 12세기까지 존속한 것으로 보인다. 지금 볼 수 있는 것들은 주로 굽타 시대의 유구이다.

입구가 동북쪽 끝에 있어서 입구에 들어가면 곧바로 사원 유적지 한 곳이 보이고, 좌측으로 내려가면 곧 부처님께서 머무르셨던 물라간다 쿠티가 나온다. 법현 스님이 서술한 7층 건물의 유적으로 추정된다.[*]

법현 스님은 불타 버린 기원정사의 7층 건물을 기록하면서, 함께 왔던 동지들 중 "그냥 되돌아간 사람과 도중에 불귀의 객이 된 사람이 있는 것을 가슴 아파하면서, 또한 오늘 여기에 세존께서 계시지 않음에 슬퍼함을 금할 수 없었다"고 토로하고 있다.

부처님께서 천상에 올라가 아비담마를 설하고 계시는 동안, 세존을 그리워한 프라세나지트왕이 전단향목으로 만든 불상을 조성해 놓고 경배한 곳이 바로 이 간다 쿠티라고 한다. 천상에서 돌아온 세존께서 불상이 있는 것을 보고 20여 보 떨어진 남쪽의 작은 정사로 이사를 하셨는데 이를 코삼바 쿠티라고 추정한다. 법현 스님과 현장 스님 모두 이 불상에 대한 기록을 남기고 있음을 앞의 인용문에서 확인할 수 있다.

코삼바 쿠티 남쪽에 오래된 큰 보리수가 있는데, 아난다 존자의 보리수이다. 부처님께서 결제 때에만 기원정사에 머무르시므로, 부처님을 보고 싶어 하는 불자들을 위해서 아난다 존자가 보드가야 금강좌의 보리수 묘목을 발우에 담아 와서 심었다고 한다. 부처님께서 계시지 않을 때는 부처님 대신 보리수에 참배했다. 지금도 남방불교국가에서는 절에 반드시 보리수를 심고 참배할 수 있는 단을 만들어 둔다. 탑은 없어도 되지만 보리수가 없으면 절이 아니라고 한다.

---

[*] 간다 쿠티는 한자로 여래향실如來香室이다. 자세한 것은 사르나트 편 참조.

| 아난다 존자의 보리수 |

기원정사의 유물들

기원정사 유적지에서 몇몇 중요한 유물들이 발굴되었는데 대부분 약 2세기부터 3세기경까지의 쿠샨 시대 마투라 조각 양식에 속하는 것이다. 쿠샨 시대 카니슈카왕 재위(대략 C.E. 78~144)* 때 발라Bala 스님이 코삼바 쿠티의 부처님 경행처에 세웠다는 높이 2.2m의 대형보살상이 대표적이다. 간다 쿠티 북서쪽 탑 유지에서 기원정사라는 쿠샨 시대 명문이 있는 보살좌상의 대좌와 다리, 쿠샨 시대 후기(3세기)임을 알려 주는 명문이 있는 불좌상, 코삼바 쿠티 남서쪽 탑 유지에서 '존자 붓다데바의 것'이라는 쿠샨 시대 각문이 적힌 사리용기가 발견되었다. 그 외에 9~10세기의 명문이 있는 불좌상, 8~9세기경 제작된 관음보살상 등이 있다. 그러나 코살라국의 수도였던 쉬라바스티가 정치적·종교적으로 중요한 곳이

---

* 카니슈카 즉위 연대는 국제 학계에 정설 없이 78년, 128년, 144년 등 다양하다. 78년은 카니슈카왕이 신기원을 이룬 사람이라는 전설에 부합하는 해이다. 왕용, 2014, p.144.

었음에도 독자적인 조각 전통은 없었던 것으로 본다.

법현 스님과 현장 스님 모두 기원정사의 동문 양쪽에 있던 두 개의 아소카왕석주에 대해 기록하고 있는데, 왼쪽에는 법륜, 오른쪽에는 소의 형상이 올려져 있었다고 하나, 지금은 존재하지 않는다.

금강경 독송

물라간다 쿠티 입구의 중앙 소탑에 참배하고 그곳에 앉아서 시간 관계상 《금강경》을 제5장 〈여리실견분如理實見分〉의 사구게(범소유상凡所有相 개시허망皆是虛妄 약견제상비상若見諸相非相 즉견여래卽見如來:무릇 있는 바 모든 상은 허망한 것이니 만약 모든 상이 상 아님을 보면 곧 여래를 보리라)까지만 독송했다. 건너편에 보이는 잔디밭에도 또 다른 한국 불자 순례 팀이 《금강경》을 독송하기 시작한다. 한국 불자 팀 뒤쪽으로 연못이 있는 사원 유적터가 자리하고 있다.

《금강경》은 가장 초기의 대승경전인 반야부 경전에 속하며, 구자국 출신의 역경승 구마라집 스님이 한역하여 동아시아 일대에 널리 퍼졌다. 대승불교의 역사상 가장 많은 주석서를 산출하게 한 경전이다.

《금강경》은 네 가지 상(아상我相, 인상人相, 중생상衆生相, 수자상壽者相)이 있으면 보살이 아님을 설하여 깨달음의 세계에는 '나'라는 생각이 없음을 설하셨다. 그러므로 수다원도 사다함도 아나함도 아라한도 '내가 수다원 등을 얻었다'는 생각이 없는 것이다. 과거에 부처님이 보살행을 하실 적에 가리왕에게 팔다리를 잘리어도 성내고 한탄하는 마음이 일어나지 않았음을 말씀하시어 이를 증명하고 있다. 보시를 할 적에도 내가 보시했다는 생각을 일으키지 말아야 하며, 보시뿐만 아니라 일체의 행위에 나라는 생각을 하지 말아야 할 것이다. 나라는 생각이 없기 위해서는 일체 유위법을 꿈·환상·물거품·그림자·이슬·번갯불같이 보아 어떤 것에

| 코삼바 쿠티 복원 공사 |

도 머물지 말아야 한다.

이러한《금강경》의 한 구절인 '응무소주應無所住 이생기심而生其心(마땅히 머문 바 없이 그 마음을 내라)'에서 육조혜능 스님이 깨쳤다고 한다. 이후 육조 스님은 무주無住(머물지 않음, 앞 경계를 생각하지 않음)를 자신의 법의 근본으로 삼았다. 조선 초의 함허득통 스님은 그 당시의 해설서 1,600여 권 중에서 다섯 사람의 해설을 선별하여《금강경오가해金剛經五家解》를 편찬하였다. 이 책은 스님들의 강원 교재로도 사용되면서 우리나라 불교에서 더욱 확고한 위치를 점하게 되었다.

《금강경》을 독송하고 내려오는데, 인도 스님들이 간다 쿠티의 바깥 기단둘레에 빙 둘러 앉아서 챈팅을 하고 있다. 인도 스님들의 발우에 조금씩 보시를 했다. 간다 쿠티 남쪽으로 멀리 아난다 존자 보리수가 보이고, 간다 쿠티에서 연결되어 보이는 유적을 따라 코삼바 쿠티와 보리수로 가는 포장된 통로가 나 있다.

| 보수 공사에 참여한 전통 복장의 인도 여인 |

2년 전 방문했을 때는 코삼바 쿠티의 기단 보수 공사를 하고 있었는데, 이러한 문화재 보수 공사가 인도에서는 흔히 진행된다고 한다. 인도의 전통의상인 사리를 걸치고 공사 허드렛일을 거들고 있는 인도 여인의 모습이 이채로웠다.

간다 쿠티에서 아난다 존자 보리수로 연결된 보도를 따라 걸어서 보리수를 구경하고는 되돌아 나왔다. 아난다 존자 보리수를 지나 계속 직진하면 세 군데의 사원 터와 1곳의 강당, 2군데의 탑 유적지가 있다. 돌아 나오는 길에 보도 변의 잔디밭에 붉고 흰 꽃들이 피어 있는데 1,500여 년 전 법현 스님이 보았다고 하는 그 만발한 꽃들을 상기시켜 주었다.

앙굴리말라 스투파와 수닷타 장자 스투파

기원정사 유적지가 있는 사헤트와 앙굴리말라 스투파, 수닷타 장자 스투파가 있는 마헤트는 매우 가까운 거리(사헤트 북동쪽 약 1km)이다. 마헤트에는 기원정사에서 들어가는 입구 쪽에 자이나교 사원이었던 소브나트 사원과 맞은편의 힌두 사원이 있고, 이들을 통과하면 팍키 쿠티 Paki Kuti와 카치 쿠티Kachi Kuti라 불리는 두 개의 거대한 마운드가 있다. 높이가 10여m 정도인 팍키 쿠티가 앙굴리말라의 스투파이고, 높이가

| 수닷타 장자 스투파 |

약 7.6m인 카치 쿠티가 수닷타 장자의 스투파이다.

　앙굴리말라는 잘못된 가르침에 빠져 살인마로 살아가다가 부처님을 만나 아라한이 된 분이다. 바라문의 제자였던 앙굴리말라는 스승인 바라문의 아내가 유혹하는 것을 거절했다. 이에 앙심을 품은 바라문의 아내가 남편인 바라문에게 앙굴리말라가 자신을 겁탈하려 하였다고 무고하고, 아내의 말을 그대로 믿은 바라문은 질투심이 일어나 앙굴리말라에게 100명의 사람을 죽여 그 손가락으로 목걸이를 만들면 도를 얻는다는 거짓 가르침을 주었다. 스승의 말을 진실이라 생각한 앙굴리말라는 99명을 죽이고 마지막에 부처님을 만났다. 이때 부처님의 바른 가르침을 듣고 자신의 어리석음을 알게 되어 출가해 아라한이 되었다고 한다.

　앙굴리말라 존자의 이야기는 이러한 일이 실제로 있었을까 하는 의구심마저 자아내게 하는데, 자타카는 그의 살인 행각이 한 생에만 그러한

| 앙굴리말라 스투파 |

것이 아니었음을 보여 준다. 그의 전생은 인육人肉을 먹는 바라나시의 왕 사우다사였으니, 이는 아잔타 벽화편에서 얘기한 바 있다. 그는 인육의 맛에 탐착하여 결국 모든 것을 잃고 살인마의 삶을 살다가 지혜로운 수 타소마왕을 만나 제도받았다. 앙굴리말라 존자의 이야기는 우직함과 순 수함이 지혜가 부족할 때 초래되는 좋지 못한 결과와 지혜가 결합할 때 생겨나는 수승秀勝한 결과를 잘 보여 준다.

수닷타 스투파인 카치 쿠티는 B.C.E. 1~2세기 쿠샨 왕조로부터 12세 기에 이르기까지 수많은 증·수축이 이루어졌다고 한다. 수닷타 장자는 기원정사를 보시한 대시주자로서, 평생을 승단을 돌보고 말년에 수다원 이 되었다고 한다. 기원정사에서 오던 방향으로 두 스투파를 지나 앞으 로 가면 아히라바티 강이 흐른다.

쉬라바스티의 대신변과 주변 유적

쉬라바스티의 유적지 중에서 들르지는 못했지만 언급하지 않을 수 없는 곳이 쉬라바스티의 대신변大神變터이다. 쉬라바스티의 대신변은 여섯 번째 안거를 마치고 부처님께서 라즈기르 죽림정사에 계실 때 전단향 발우사건이 계기가 되어 보이신 것이다.

라즈기르의 한 부호가 강에 떠내려 온 귀한 전단향 나무를 얻자, 이 세상에 과연 아라한이 존재하는지 궁금하여 시험을 해 보기로 하였다. 그리하여 전단향 나무로 발우를 만들어 긴 대나무 장대에 걸어 놓고 신통으로써 허공을 날아 가져가는 사람에게 주겠다고 한 것이다. 당대의 육사외도들이 모두 실패한 다음에, 7일째 되는 날 목련 존자와 핀돌라 바라드바자Piṇḍola Bhāradvāja(빈두로) 존자가 탁발을 나왔다가 사람들이 "일주일이 되어도 발우를 가져가는 사람이 없으니 세상에는 아라한이 없는 게 분명해"라고 하는 말을 들었다. 이에 목련 존자가 핀돌라 존자에게 양보하여 핀돌라 존자가 위신력을 보이게 되었다. 핀돌라 존자는 라즈기르를 모두 덮을 듯한 큰 바위를 들고 공중으로 날아올라, 라즈기르를 일곱 번 돌아 그 부호 집 위의 허공에 섰다. 그 부호는 두려움에 떨며 집에서 기어 나와 전단향 발우를 핀돌라 존자에게 공양하였다.

이 사건을 듣고 부처님께서는 "발우 때문에 신통을 보인 것은 마치 창녀가 먹고 입을 것 때문에 보이지 말아야 할 것을 보인 것이나 마찬가지이다"라고 말씀하면서, 수행자가 재가자들에게 신통을 보이는 것을 금하셨으며, 또한 목발우의 사용도 금했다. 이에 빔비사라왕이 외도들이 부처님께 신통을 보이도록 요구할 것이라고 말씀드리자, 부처님께서는 "지금부터 4개월 후인 음력 6월 보름날, 쉬라바스티에 있는 망고나무 아래에서 신통을 보일 것이다"라고 예고하신다. 이에 외도들은 쉬라바스티 주변 1요자나 안의 모든 망고나무를 잘라 버렸다.

음력 6월 보름날, 부처님께서는 탁발을 위해 쉬라바스티로 들어가셨다. 이때 마침 왕의 정원사 칸다가 왕에게 바칠 크고 탐스런 망고를 왕궁으로 가지고 가다가 부처님과 마주치자 그 거룩한 모습에 감화되어 갖고 가던 망고를 부처님께 공양하게 된다. 부처님께서는 칸다의 망고를 드시고 그 씨를 심게 하자 망고나무가 쑥쑥 자라더니 망고 열매가 주렁주렁 달리게 된다. 예언하신 망고나무가 준비된 것이다.

이에 부처님께서는 일만 우주의 수미산들을 기둥으로 삼아 우주의 동쪽과 서쪽으로 폭이 12요자나인 보배경행대를 만들고, 보배경행대를 오가면서 쌍신변雙身變(물과 불을 매우 빠르게 번갈아 내뿜는 신통), 육종광명六種光明, 천불화현千佛化現, 세계개현世界開現(사람들이 천상세계와 지옥세계를 모두 다 볼 수 있게 하는 것)의 신통을 보이셨다. 그리고는 바로 천상세계로 올라가서 어머니인 마야부인을 위해 설법을 하고 3개월 뒤에 상카시아로 하강하신다.

쉬라바스티의 대신변은 인도 불전팔상佛傳八相 중의 하나이기도 하며, 산치 탑문의 부조에서는 보배경행대를 새겨서 상징적으로 묘사된 것을 본 바 있다. 그 장소는 사헤트-마헤트에서 발람푸르Balampur로 향하는 길목 약 1km 지점의 작은 언덕으로, 조사결과 거대한 스투파가 있던 터로 확인되었다고 한다. 쉬라바스티의 대신변은 부처님 당시 불교의 위상을 크게 제고한 일대 사건이었던 것으로 보인다. 또 이 사건을 계기로 코살라국의 프라세나지트왕이 부처님께 귀의하게 된다. 이때 천불화현을 보여 주었다고 하여 천불화현탑지千佛化現塔址 혹은 천불화현터라 하는데, 기원정사와 약 1km 떨어져 있다.

그 외 쉬라바스티에는 부처님께서 96종 외도와 논쟁하시던 곳*, 데바닷다가 손톱에 독을 묻혀 여래를 해치려 한 곳, 비루다카왕이 카필라성을 정복할 때 부처님이 계시던 곳에 세워진 탑(쉬라바스티 동남쪽 4리) 등이 있고, 그 옆에 있는 작은 탑이 주석탑誅釋塔이라고 한다.

주석탑은 석가족 궁녀를 죽인 곳에 세운 탑이라는 의미이다. 비루다카왕이 카필라국을 멸망시킨 후에 석가족 여자 500명을 뽑아 궁녀로 삼았다가 궁녀들이 '노예의 자식'이라고 욕하자 손발을 자른 뒤 우물 안에 넣었다. 그 우물 속에서 석가족 궁녀들은 불경을 외웠고, 세존의 제자들이 가서 설법을 해 주어 죽은 뒤에 천상에 태어났다고 한다.**

룸비니 가는 길

부처님께서 가장 오래 머무르신 유서 깊은 기원정사에서 길게 머물지 못한 것이 너무도 아쉽다. 기원정사에서 오후 2시 30분경에 나와서 지척에 있는 한국 절 천축선원에 잠깐 들러 참배하였다. 천축선원은 지난 동안거에는 선원을 개설하여 한국에서 스님들이 오셔서 참선 정진하는 도량으로 변모하고 있었다. 2년 전에 왔을 때 주지스님과 차 한잔 같이 한 적이 있어서 들렀더니 마침 계신다. 인사만 하고 가려니 주지스님이 몹시도 아쉬워한다.

천축선원 바로 옆에 일본인이 지은 호텔이 하나 있는데, 한국 순례객들이 많이 숙박하고 가는 곳이다. 천축선원 주지스님은 다른 불교국가

---

* 《불국기》, 2013. 법현 스님은 96종 외도를 언급한 곳에서 데바닷다를 존중하는 사람들이 있었으니 그들이 과거 3불을 공양하고 있었으나 석가불은 모시지 않았다고 기록하고 있다.

** 《대당서역기》, 2013.

순례객들은 절에 와서 묵고 가는데 유독 한국 순례객들은 절에 머물지 않고 호텔에서 쉬었다 간다고 하면서, 혹시나 힘든 여정을 뒷받침하는 신심이 퇴보하지나 않을까 염려하였다. 필자는 그런 스님의 모습에서 오랫동안 절집에서 살아온 분의 열정과 신심을 느낄 수 있었고, 한국 불교의 불꽃이 먼 인도 땅에 와서도 꺼지지 않고 있음에 고마움을 느꼈다.

버스는 점심도시락을 수령하기 위해 인근의 예약된 호텔로 갔다. 아직 공양도 제대로 못한 상태이다. 버스는 파완 팰리스Pawan Palace 호텔(호텔 로비에 불단을 설치하고 작은 불상을 모셔 두었다)에 들러 도시락을 받아서 3시경 출발하였다. 앙굴리말라 스투파와 맞은편에 있는 수닷타 장자 스투파를 버스 투어로 돌아보고, 오늘의 숙박지인 옛 카필라국 룸비니의 한국 절 대성석가사를 향해 떠났다.

점심 공양은 차 안에서 도시락으로 때웠다. 도시락이 2개 부족했다. 호텔에서 버스 기사와 조수의 도시락은 주지 않았기 때문인데, 관례라고 한다. 그래서 여행사 사장님과 인도 현지 가이드 몫의 도시락을 버스기사와 조수에게 주니, 뒤에서 못 먹는다면서 도시락이 배달된다. 여행사 사장님이 공급하는 바나나, 한국 과자, 여기저기서 나오는 간식거리 등으로 저녁 공양을 했다. 하지만 이것은 간식일 뿐인 듯하다.

앞에서도 언급했듯이, 보드가야에서 라즈기르를 거쳐 기원정사가 있는 쉬라바스티까지 오는 성지순례의 주간선로는 보드가야에서 라즈기르까지만 북북동의 방향이다가 라즈기르부터는 북서향으로 계속 올라온 것이라면, 쉬라바스티에서 룸비니 가는 길은 반대로 방향을 틀어 동쪽으로 향하는 길이다. 위도상으로 룸비니는 쉬라바스티와 거의 동일한 위치에 존재한다.

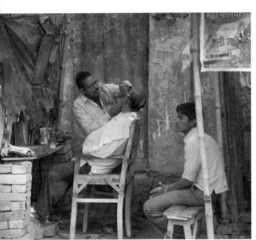

| 펑크난 현장 풍경 |

보시와 헌공의 종교적 관념이 역사를 이룬 나라

풍광은 갈수록 시골 농촌이다. 늘어나는 것은 가축들뿐, 사람들의 얼굴은 더욱 순박하다. 소에게 꼴 먹이는 여자, 도로를 횡단하는 검은 소떼들, 양떼, 흰 소들이 끄는 우마차, 자전거, 오토바이, 사탕수수를 넘치게 실은 경운기, 그리고 눈만 내놓고 검은 옷을 입은 무슬림 여성들, 옷을 주렁주렁 매달아 어깨 앞뒤로 메고 가는 행상들.

비포장도로를 달리던 버스가 드디어 멈췄다. 오후 5시 30분. 타이어에 펑크가 난 것이다. 험한 도로를 며칠간 무리하게 달리니 펑크가 날 만도 하다. 버스가 우리를 싣고 다닌 지 5일째 되는 날이다. 그렇지만 5일이라는 기간보다는 그날 밤 8시 30분 이전에 인도-네팔 국경을 통과하기 위해 기원정사를 출발한 이후 계속 불량 포장도로를 과속해서 달렸기 때문이다. 밤 8시 30분 되면 국경 검문소가 문을 닫는다고 한다.

시골길에서 펑크가 난지라 지나가는 자동차들의 클랙슨 경고음들만 보리밭 위로 지는 일몰의 태양을 재촉할 뿐이다. 펑크를 고치는 일은 전적으로 조수 몫이다. 일행들은 자발적으로 체조를 한다. 서편의 붉은 해가 사라질 무렵 버스는 다시 출발했다. 수리하는 데 30분 정도 걸렸다. 그 후에도 시간을 맞추기 위해 버스는 열심히 달린다.

2년 전에 왔을 때에도 버스 타이어에 펑크가 났었다. 그때는 라즈기르에서 파트나 가는 도중에 어느 시내의 사거리에서 펑크가 나서, 재미있는 구경을 많이 했던 기억이 난다. 그곳에서 인도의 복잡함을 가장 많이 체험했다고나 할까.

끝없이 늘어선 트럭, 사거리의 모든 방향에서 들이대던 차량들, 차량 지붕에 앉은 사람들, 트럭 뒤에 매달려가는 사람들, 사탕수수나 노적가리를 넘치게 실은 경운기 등 교통의 복잡함은 물론이고 과일가게, 튀김 빵가게, 이발소 같은 가게와 땅콩, 꽈배기 과자, 파파야 등을 머리에 이거

| 인도-네팔 국경 |

나 목에 걸고 다니는 다양한 노점까지 한꺼번에 몰려 있었다.

행인들 중에 한 할아버지를 향해 카메라 셔터를 누르는 순간 얼굴을 들이미는 중년 남성, 사진을 찍어 달라며 당당히 걸어오는 10대 형제, 돈을 받고 어울려 주는 화장 과잉의 사두에서부터 반짝이는 눈망울을 가진 초등학교 여학생까지 다양한 사람들을 만났다. 삶에 찌든 표정과 굳어버린 마음들 속에서 이를 드러내고 환하게 웃는 웃음과 맑은 눈, 이런 것들이 인도의 매력으로 다가오는 순간이었다.

그런 와중에 머리에 빵 광주리를 이고 다니는 소년 장수들을 몇 명 만났는데, 그중 한 소년 장수에게 튀김빵(까자) 두 개를 보시했더니 그 소년이 자신이 팔기 위해 머리에 이고 다니던 광주리에서 흰 빵을 두 개 꺼내서 내게 주었다. 우리 일행이 소년의 행동을 칭찬하였다. 어느새 주변 인도 사람들이 소년과 필자 사이에 와르르 몰려들어서 북새통을 이루었다. 인도 사람들도 소년과 필자 사이에 일어난 일을 기뻐하면서 동참하고 싶었던 듯했다. 보시와 헌공의 종교적 관념이 역사를 이룬 나라다웠다.

밤 8시, 늦지 않게 국경에 도착했다. 인도-네팔 국경은 법정 스님께서 이곳을 다녀가실 때만 해도 국경 표시로 장대 하나 걸어놓은 한산한 곳이었지만, 지금은 시장이 발달하고 통행하는 사람들과 차량들도 많아서 낮에 왔더라면 구경할 것도 많고 길거리에서 과일 주스도 한잔 할 수 있는 심심찮은 곳이다. 2년 전에는 수동압착기로 과일을 압착해서 쥬스를 파는 노점상에게 오렌지쥬스를 20잔 주문했는데, 20잔 나올 만큼의 오렌지를 넣어 정확하게 20잔의 쥬스를 뽑아내는 것을 보고 그 정확도에 감탄했었다.

이곳에서 현지 가이드와 버스 기사, 조수, 그리고 버스와도 작별했다. 가이드와는 열흘간, 버스와는 5일간 함께했던 시간이었다. 특히 순발력 있고 유쾌하게 이끌어준 인도 가이드 수미 씨는 일행 모두에게 큰 인기가 있었다. 그는 언어에 대한 재능이 있어서 한국 말로 농담을 할 정도였고, 메타meta(=사랑)가 가장 중요하다는 가치관을 가지고 있어서 일행들과의 친화력이 좋았다. 가이드와 버스 기사, 조수, 그리고 버스는 먼 길을 되돌아가야 한다. 그러나 그들에게는 또 새로운 만남이 기다리고 있을 것이다.

| 마야데비 사원 |

제 12 장

탄생의 룸비니

하늘 위 하늘 아래
나 홀로 존귀하도다

인도 네팔 국경을 넘어

인도와 작별하자마자 우리도 곧바로 새로운 만남이 이어진다. 네팔 현지 가이드와 네팔 버스, 기사와 조수와의 만남이 그것이다. 새 버스는 새로운 분위기로 순례객들을 싣고 어둠 속을 잘도 달려 나갔다. 인도 버스 기사는 길을 잘 몰랐었는데, 네팔 버스 기사는 자기 동네 다니듯 차를 몰고 가는 것이었다.

룸비니의 한국 절 대성석가사

밤 9시, 오늘의 숙박지 대성석가사大聖釋迦寺에 도착했다. 쿠시나가르에서 기원정사까지 6시간 15분, 기원정사에서 대성석가사까지 6시간, 총 12시간 이상의 긴 버스 여행이었다. 룸비니를 포함한 인도 불교 성지순례 도중에 대규모 숙박이 가능한 한국 절이 2군데인데, 쉬라바스티에서 들렀던 기원정사 옆의 천축선원과 룸비니의 대성석가사라고 한다. 대성석가사는 룸비니에 있는 한국 절로서 몇 년 전부터 선원禪院을 개설해

온 곳이기도 하다. 그러나 한국 기후와는 다른 이곳에서 3개월을 정진한다는 것은 그리 용이한 일만은 아닐 것이다.

한국 스님 한 분이 나오셔서 안내를 잘해 주신다. 법당 참배하고 7정례 예불을 하고, 방 배정받고, 건물 1층에 10개도 넘게 연이어 있는 1인용 샤워실들도 안내 받은 다음 늦은 저녁 공양을 했다. 화장실은 방에 딸려 있었다. 절이 규모가 크고 넓은 데다가 엘리베이터도 없는 2층 방까지 짐을 옮기는 것도 만만찮아 보이는데, 여행사 사장님이 짐꾼 역을 해 줄 현지인들을 어떻게 모았는지 트렁크들을 마당에 줄 세워 놓기만 하면 된다고 한다.

성지순례길이므로 절에서 머물 수 있는 곳이면 절에서 머물고자 했기 때문에 대성석가사로 오게 되었다. 그러나 의마심원意馬心猿(뜻은 날뛰는 말과 같고, 마음은 떠드는 원숭이와 같다)이지 않은가! 이때까지 일정이 쉽지만은 않았지만 그래도 가는 곳마다 호텔에 투숙하면서 차려 놓은 밥 먹고, 밤에 도착해도 대낮같이 환한 조명이 반겨 주고, 시설 좋고 깨끗한 방에서 잠자고, 방 앞까지 짐 들어주고, 식탁에서 수시로 차 따라 주면서 먹은 접시는 그때그때 다 치워주는 서비스 만점의 호사를 누렸었다.

그러다가 24시간 자체 발전기를 가동해도 한 번씩 전기가 깜빡깜빡할 정도로 전력 수급이 좋지 않아 실내외가 모두 어둡고, 비치된 수건도 없는 샤워실이 멀리 따로 있고, 음식 먹은 그릇은 직접 씻어야 되는 갑자기 다운그레이드된 느낌의 하룻밤이, 아무리 성지순례의 신심을 일으키고 있다 해도 일행들에게 그리 녹록하지만은 않았으리라 생각되었다.

그러나 샤워까지 마치고 자리를 펴고 누우니, 이러한 불편함들이 부처님 탄생지에 왔구나 하는 생각이 오버랩되면서 더욱 정신을 깨어나게 하는 것이었다. 고난이 올수록 거기에서 벗어나고자 하는 마음이 강해지듯, 티베트 사람들이 전 국민적으로 수행에 몰두하는 것도 이런 것이 아닐까?

어젯밤 예불하면서 약속했던 아침 5시 45분. 3층 법당 중 제일 밑 대형 법당에서 예불을 했다. 어젯밤처럼 역시 예불 소리의 울림이 크다. 시멘트 콘크리트로 지어진 초대형 법당인데 어찌 이리 소리가 울릴까 하는 생각이 들었다. 3층 건물로 된 1,935평의 대웅전이 그 위용을 자랑하는 대성석가사는 절 건물이 모조리 시멘트 건물이다.

예불 마치고, 아침 공양을 하고는 이리저리 절을 둘러본다. 절 문 앞에 나가 보니 중국 절이 황금색 지붕을 뽐내고 있다. 마당에서 마침 어제 안내해 준 스님과 일행 중 한 분을 만나 법당 2층으로 올라가 보니, 동쪽으로 티베트 절의 불탑 옆으로 아침 해가 찬란하게 떠올라 있다. 함께 갔던 보살님도 예기치 않은 일출의 장관에 감탄한다. 이 절은 북향이었는데, 북쪽과 동쪽으로는 각국 절들이 빼곡하고 남쪽과 서쪽은 초지草地였다. 동쪽으로 다른 절들 너머에 룸비니 사원이 있다.

일출을 본 날은 기분도 좋고, 활기차고, 뭔가 좋은 일이 있을 듯하고, 또 그랬다. 아침 7시가 채 못 되어 버스는 대성석가사를 출발했다. 버스 안에 승차를 마친 일행들의 아침 인사가 모기에 물렸느냐, 얼마나 물렸느냐 등등이다. 나는 모기가 있었구나 했다. 30분 만에 29.3km 떨어진 카필라바스투에 도착했다. 갈수록 태산이라더니, 여기는 이제까지 다닌 인도 그 어느 곳보다 시골 깡촌이다.

석가족의 기원―카필라바스투

카필라성은 북동쪽에서 서남쪽으로 흐르는 반강가Banganga 강변에 있고, 콜리야성은 로히니Rohini 강변에 위치하고 있다. 히말라야에서 만년

설이 녹아 내려오는 강을 사이에 두고 국경을 정하기 때문에 동서가 좁고 남북으로 길게 영토가 이루어진 것 같다. 남쪽으로는 부처님이 출가할 때 건넜던 아노마 강이 있다. 카필라성에서 동문으로 나가 동편으로 29.3km 정도 떨어진 곳에 룸비니가 있고, 더 동쪽으로 가면 로히니강을 건너 콜리야성이 나온다. 북쪽으로 50km 올라간 지역부터 2,000m 정도 되는 산이 시작되고, 계속 위로 올라가면서 8,000m 높이의 산이 연결된다. 북쪽으로는 히말라야 산맥으로 둘러싸여 있고 남쪽으로는 완전한 평지를 이루고 있는 신비한 곳이다.*

이러한 카필라바스투Kapilavastu에서의 석가족의 기원은 마명 보살(C.E.100~200)이 저술한 《불소행찬佛所行讃》에 전해지고 있으며, 현대의 저술로서는 미얀마의 삼장법사 밍군 스님(1868~1955)의 《마하붓다왕사》에도 자세히 서술되어 있다. 《마하붓다왕사》에 의하면, 무량겁 중 첫 번째 간겁의 최초 왕이자 인류 최초의 선출된 왕인 마하삼바타(=마누=고타마 보살)의 직계 후손들이 히말라야 산록에서 새로운 거주처를 마련하기 위해 떠났다가 카필라 고타마(Kapila Gautama) 선인仙人을 만난다.

땅에 관한 학문에 통달했던 카필라 선인은 자신의 초막이 있던 곳이 "잠부디빠 전체를 통해 최상의 장소요, 이곳에서 태어나는 사람들 가운데 어떤 사람은 수백 수천 명을 압도하는 능력을 지닌 자가 될 것이오. … 비천한 출신의 아들이라도 이 땅의 도움을 받게 되면 전륜왕의 힘을 가진 자로 찬탄 받을 것이오"라고 말하면서 자신의 초막이 있는 자리에 도시를 건설할 것을 권한다. 직계 후손들은 선인의 권유에 따라 그곳에 나라를 세우고 이름을 카필라바스투라 하고, 자신들의 성姓을 고타마라 하였다. 이들이 석가(샤카)족의 시원이다.

---

* 정토출판 편집부, 2000.

| 카필라성 궁전터 |

　카필라에 정착한 직계 후손들은 아들 4명, 딸 5명으로 모두 9명이었다. 이들은 서로 간에 결혼을 하여 석가족을 형성하였다. 맏딸인 피야는 문둥병에 걸려 콜나무 숲에 버려졌는데, 역시 문둥병에 걸려 이곳 숲에 와서 병이 나은 바라나시의 왕 라마의 눈에 띄어 병을 치료하고 결혼하여 콜리야족의 시조가 된다.

　또한 근처 호수에 물놀이하러 왔다가 왕의 거처를 세우고 도시로 발전하여 데바다하(데바=주인, 다하=호수) 석가족이 생겨난다. 이렇듯 석가족에는 석가족, 콜리야족, 데바다하족의 세 부족이 있으며, 자기네 종족끼리만 통혼하여 혈통을 지켜 그 혈통에 대한 자부심이 강했다고 한다.

　히말라야의 산록 아래에서 선정을 닦던 선인에게서 기원한 석가족은 부족의 전통을 잘 보존 계승하여 오랜 세월이 흐른 후에 석가모니라는 걸출한 수행자이자 성인을 배출하였고 석가족 출신의 수많은 아라한들을 출현시켰다. 그러나 부처님의 가르침대로 존재하는 모든 것은 무상無常한 것인지 성인이 출현하신 카필라바스투도 세월의 흐름 속에 점점 폐허화되어 버리고 말았으니, 불멸佛滅 후 천 년의 세월이 흘러 그곳을 방문한 법현 스님은《불국기》에서 다음과 같이 적고 있다.

가유라위성迦維羅衛城(카필라성) 안에는 국왕도 없고, 백성도 없고, 황폐한 구릉만 있다. 다만 승려들과 민가 10여 채 있을 뿐이다

현장 스님 또한 카필라성을 순례하고서《대당서역기》에 그 기록을 남겼다.

카필라바스투국은 둘레가 4,000리이며 비어 있는 성이 10여 개에 달하는데 이미 상당히 황폐해져 있다. 왕성은 이미 무너져서 그 둘레나 크기를 알 수가 없다. 그 안의 궁성의 둘레는 14~15리이며 벽돌을 쌓아 만든 기단은 견고하다. 텅 비고 황폐해진 지 오래이므로 사람들의 마을도 거의 없고 드문드문 떨어져 있다.
그들은 모두 통솔하는 군주가 없으며 성마다 각자 성주를 세우고 있다. 토지는 비옥하며 농사일은 때맞추어 파종하고 기후가 순조로우며 풍속도 온화하고 맑다. 가람의 옛터는 천여 곳 있다.

혜초 스님은 중천축국에 있는 네 개의 큰 탑 중 세 번째 탑이 가비야라국(카필라국)에 있다고 하면서 다음과 같이 전하고 있다.

이곳은 부처가 본래 태어난 성이다. 거기서 무우수無優樹는 봤으나

성은 이미 폐허가 되어 있었다. 탑은 있으나 스님들도 없고 백성도 없었다. 이 성은 중천축국의 가장 북쪽에 자리하고 있는데, 숲과 나무가 거칠고 빽빽하다. 도로에는 도적이 많아 그곳으로 예배하러 가기가 매우 힘들고 길을 잃기 쉽다.

네 개의 큰 탑이란 카필라성에 있는 탑 이외에는 쉬라바스티의 기원정사, 바이샬리의 암라원, 상카시아의 삼도보계탑을 말한다.[*]

카필라바스투 위치에 대한 이설들

카필라성의 위치에 대하여 1858년 이래 100년 이상에 걸쳐 많은 고고학자들이 참여하였지만 의견이 엇갈리고 있다. 틸라우라코트Tilaurakot 설, 피프라하와Piprahawa-간와리아Ganwaria 설, 그리고 두 개의 카필라바스투 설이 그것이다. 그 원인은 지금까지 많은 불교 성지 유적을 밝히는 데 주요한 근거가 되어 온 법현 스님과 현장 스님의 기록에 중요한 차이가 있기 때문이다. 법현 스님은 카필라성 동쪽 50여 리에 룸비니가 있으며, 현장 스님은 성의 동남쪽 30여 리에 있는 화살샘(箭泉)의 동북쪽 80~90여 리에 있다고 기록하고 있다. 피프라하와는 룸비니에서 직선거리로 약 15km(38리)이며, 틸라우라코트는 룸비니에서 29.3km(약 75리) 거리이다.

먼저 우리가 순례하려는 틸라우라코트가 카필라성이라는 틸라우라코트 설을 살펴보자. 틸라우라코트는 네팔의 타울리하와Taulihawa 마을(인구 약 3만여 명, 2011년)의 버스정류장에서 북쪽 4.4km 지점의 반강가강 동쪽 언덕에 있는 작은 마을(인구 약 5천700명, 1991년)이다. 룸비니 서쪽으

---

[*] 혜초 스님은 급고독원에는 절도 있고 승려도 있으며, 암라원에는 탑은 볼 수 있으나 절은 허물어지고 승려도 없고, 삼도보계탑에는 절도 있고 승려도 있다고 기록하고 있다.

로 약 29.3km(약 75리) 지점에 위치한다. 이 설을 지지하는 것은 첫째, 여기서 발굴된 성채의 장벽과 경계가 분명하다는 점과 석가족들이 여기에 오랜 세월 거주한 것으로 보이는 여러 유물들이 발굴되었다는 점, 둘째 주변과의 지리적 위치 관계, 셋째 경전이나 기록상의 역사적 장소들이 발견된다는 점, 넷째 현장 스님이 기록한 룸비니와의 거리가 일치하기 때문이다.

첫 번째 사항인 발굴된 성채의 장벽과 경계를 보면, 이곳에는 남북 500m, 동서 450m의 누벽으로 이루어진 성곽 안에 왕궁 건물로 추정되는 큰 건축물의 흔적이 남아 있으며, 성벽 4면에서 거대한 문의 조형물의 흔적들과 수문실守門室, 그리고 많은 수레바퀴의 흔적들, 대형 스투파들이 발견되었다.

이들이 B.C.E. 8세기 초엽부터 C.E. 2세기 말기에 이르는 문화유산 흔적임이 밝혀졌다.* 특히 숭가 시대(B.C.E. 185~73)와 쿠산 시대(C.E. 30~375)의 유물들이 많이 발견되었다.**

또한 정반왕의 본궁터로 추정되는 곳에서 'Sa-Ka-na-sya'라 표기된 테라코타 인장印章이 출토되었다. 이것은 C.E. 1세기에서 2세기에 이르기까지 석가족들이 이곳에 머물고 있었음을 증명해 준다고 한다.

둘째, 주변과의 지리적 위치 관계를 살펴보자. 틸라우라코트 주변으로 로히니강과 반강가강이 흐르고 있다. 로히니강은 틸라우라코트에서 동쪽으로 직선거리로 50km 정도 떨어져서 북쪽에서 남쪽으로 흐르는 강이다. 이 강은 콜리야족의 중심지이며, 한때 가뭄이 들어서 석가족과 강물을 놓고 분쟁이 일어나자 부처님께서 중재하신 바로 그 강이다. 지

---

* 지금까지 약 8개의 언덕에 대한 조사결과, 13개 층의 주거지가 발견되었다. 정각, 1993.

** 하정민, 2009.

금도 여전히 같은 이름을 가지고 흐르고 있다. 반강가 강은 틸라우라코트의 서쪽을 인접해서 북동쪽에서 남서쪽으로 비스듬히 흐르고 있다.

셋째, 경전이나 기록상의 역사적 장소들이란 화살샘, 니그로다 승원, 석가족이 몰살당한 호수, 구류손불과 구나함모니불의 탄생지에 세워진 아소카왕석주 등이다. 화살샘은 부처님이 쏜 화살이 맞은 곳에서 솟아난 샘을 말한다. 틸라우라코트의 서남쪽 11.8km(30리)* 지점의 바르다하와Bardahawa에 있는 쿠나운Kunaun 연못이 현재 화살샘이라 불리고 있다. 이를 현장 스님은 성의 동남쪽 30여 리라고 기록했다.

니그로다 승원은 정반왕이 부처님을 상봉한 자리에 세워진 사원이다. 이 사원의 유적이 틸라우라코트 남쪽 6.4km(16리) 지점인 쿠단Kudan 마을에서 발견되었다. 《대당서역기》는 "성의 남쪽 3~4리에 니그로다 스투파가 있다"고 기록하였다.

석가족이 몰살당한 호수가 틸라우라코트 북쪽 인근 사가르하와Sagarhawa 숲에서 발견되었다. 이 숲 안에 있는 람부 사가르Lambu Sagar(길다란 연못)라는 직사각형 모양 연못에서 많은 유골, 유물이 발견된 것이다.

구류손불의 탄생지에 대해서, 현장 스님은 "(카필라)성의 남쪽으로 50여 리를 가다보면 옛 성에 이른다. 그곳에는 스투파가 있는데 … 가라가촌타불(구류손불)이 태어나셨던 곳이다. 성의 동남쪽에 있는 스투파에는 가라가촌타불의 유신사리가 있다. 그 앞에는 높이가 30여 척에 달하는 돌기둥이 세워져 있으며, 그 기둥 위에는 사자의 상이 새겨져 있는데 … 아소카왕이 세운 것이다"라고 기록하고 있다. 틸라우라코트의 남서쪽 7.9km(20리) 지점의 고티하와Gotihawa에서 아소카왕석주가 발견되었다. 이를 고티하와 석주라고 한다. 명문은 발견되지 않았으나, 구류손불의

---

* 정각, 1993. 정각 스님은 타울리하와 서남쪽 약 6.4km라고 썼다.

스투파 앞에 있던 아소카왕석주라고 본다.

구나함모니불의 탄생지에 대해서, 현장 스님은 "가라가촌타불의 성에서 동북쪽으로 30여 리를 가다 보면 오래된 거대한 성에 이르게 된다. 이 성에는 스투파가 있는데 … 가낙가모니불(구나함모니불)께서 태어나신 성으로 … 북쪽에 스투파가 있는데 이곳에는 그 여래의 유신사리가 있다. 앞에는 높이가 20여 척에 달하는 돌기둥이 세워져 있으며 위에는 돌사자의 상이 새겨져 있다. … 아소카왕이 세운 것이다"라고 쓰고 있다.[*]

또 하나의 아소카왕석주가 틸라우라코트 북동쪽 7km 지점의 니글리-사가르Nigli-sagar라는 연못가에서 두 부분으로 절단되어 발견되었다. 이를 니글리하와 석주[**]라고 한다. 두 장소 간의 거리도 13km(33리)로 현장 스님의 기록에 거의 일치한다. 석주에서 명문이 발견되어 구나함모니불의 스투파 앞에 세워졌던 아소카왕석주임이 증명되었다.

이 두 주의 석주가 발견됨으로써 카필라성 근처에 있다고 하는 기록상의 구류손불과 구나함모니불의 탄생지가 입증된 셈이다.

넷째 현장 스님이 기록한 룸비니와의 거리가 일치하기 때문이다. 현장 스님은 "(카필라)성의 동남쪽 30여 리에 화살샘[***]이 있고 화살샘의 동북쪽으로 80~90리를 가면 룸비니 숲에 이르게 된다"고 기록하고 있는데, 화살샘이 있다고 알려진 바르다하와와 룸비니와의 거리(33.4km, 85리)가 이 기록에 근접하고 있다. 방향은 동북쪽이라기보다는 동쪽이다.

이상의 주장들은 틸라우라코트가 카필라바스투일 가능성을 높여 주

---

[*] 김규현, 2013.

[**] 아라우라코트 아소카왕석주(Araurakot Asoka Pillar)라고도 한다. 이 석주에는 다음의 명문이 적혀 있다. "천애희견왕은 관정 14년에 꼬나까마나 붓다(구나함모니불, 《대당서역기》에서는 가낙가모니불)의 탑을 2배로 증축했다. 또 관정…년에 몸소 와서 참배했다. 또 석주를 건립하게 했다."(츠카모토 게이쇼, 2008.) 그러나 구나함모니불의 탑은 발견되지 않았다.

[***] 타울리하와에서 4.8km 떨어진 하르데바Hardeva에 있다고 추정하는 학자들도 있다.

고 있지만, 틸라우라코트가 카필라바스투임을 증명하는 명문이 아직 발견되지 않았다.*

두 번째 피프라하와-간와리아 설은 피프라하와가 석가족의 승가람이 있던 곳의 유적이며, 간와리아가 궁성터라는 주장이다. 순례 첫날 델리 박물관에서 진신사리를 친견하는 곳에서 언급했듯이, 인도-네팔 국경 남쪽 1km 지점의 인도 영역 안에 위치하고 있는 피프라하와의 대형 불탑(아래쪽 직경이 약 35m, 높이가 약 6.5m)에서, 1898년 윌리엄 펩페William Peppe가 이 불탑이 근본불탑 중 하나이며 동시에 이곳이 카필라성임을 주장할 만한 명문이 새겨진 사리용기를 찾아냈다.

중앙 스투파의 정상에서 약 3m, 약 5.4m 되는 위치에서 각각 동석凍石(soapstone)으로 만들어진 사리기 두 점이 발견되었는데, 이 사리용기의 뚜껑 표면에서 브라흐미 문자로 "이것은 석가족 불세존佛世尊의 유골이 담긴 용기이며, 명예로운 형제·자매·처자들이 모신 것이다"라는 명문이 새겨져 있었다.**

이 설에 힘을 싣는 두 번째 유물은 스투파 동쪽 승원 유적에서 출토된 40여 개의 테라코타제 인장이다. 여기에서 1~2세기경의 브라흐미 문자로 "옴 데바푸트라 승원 카필라바스투 비구 상가(Om Devaputra Vihara Kapilavastu Bhikkhu Sanghas)"라는 글자가 정확히 판독되었다. 데바푸트라는 '하늘의 아들'이라는 뜻으로 쿠샨 왕조의 카니슈카왕(대략 C.E. 78~144)에 의해 사용된 칭호이다.

이 설의 마지막 근거는 그 위치가 법현 스님이 기록한 카필라바스투와 방향 및 거리상의 일치를 보여 준다는 것이다. 룸비니는 피프라하와

---

* 하정민, 2009.

** 그 후 1972년 B.C.E. 5~4세기의 유물로 보이는, 탄화된 유골이 들어 있는 동석사리용기 2점이 또다시 발굴되었다. 하정민, 2009.

| 카필라성의 보리밭 |

동쪽 14.5km(약 40리)의 거리에 있는데, 법현 스님은 동쪽 50리라고 기록하고 있다.

　다음 간와리아를 살펴보자. 간와리아는 피프라하와 남쪽 약 800m 되는 지점에 위치하며, 비교적 큰 규모의 승원 건축 유지 2기로 이루어진 유적이다. 하나는 각 변이 약 30m의 정방형 평면에 사방 26개의 승방이 배열되어 있는 건물 유적이며, 여기서 다시 북동쪽으로 30m 떨어진 곳에 각 변이 26m, 총 21개의 승방을 가진 건물 유적이 있다. 여기에서 B.C.E. 800년에서 C.E. 4세기에 이르는 광범위한 시대의 유적들이 출토되었다.[*]

---

[*] 정각, 1993.

법현 스님과 현장 스님의 기록에 의하면, 카필라바스투의 왕궁이 허물어진 뒤에 그 위에 정사를 지었다고 한다. 이 기록에 의거해서 간와리아의 두 건물 유지를 정반왕의 정전 위에 지어진 정사와 마야부인의 침전 위에 지어진 정사로 추정하는 것이다.

그러나 이곳에서는 성벽의 유지가 발굴되지 않았다. 더욱이 피프라하와의 거대한 스투파에 대해서 법현 스님이나 현장 스님 모두 기록을 남기지 않고 있다. 또 현장 스님이 기록한 화살샘과 룸비니와의 거리인 80~90여 리와도 부합하지 않는다.

세 번째로 두 개의 카필라바스투 설은 고대의 카필라바스투는 틸라우라코트에 있었으며, 코살라 비루다카왕에게 멸망당하고 난 뒤에 잔존한 석가족들에 의해 새롭게 세워진 곳이 피프라하와-간와리아라는 주장(T.W. Davids)이다. 비루다카왕에 의해서 석가족이 멸망한 뒤에 세존께서 열반하셨고, 그때 석가족들 역시 쿠시나가르에 와서 여래의 사리를 8분해 갔으므로, 석가족들은 비루다카왕에 의한 멸망 이후에도 어딘가에 자리를 잡고 살고 있었다고 봐야 할 것이다.*

틸라우라코트의 카필라바스투 방문

조그만 철문을 열고 성 안으로 들어서니, 아침 햇살이 앞에서부터 비쳐 와 눈부시다. 십수 미터에서 20m 이상 되어 보이는 거대한 나무들이 여기저기 자라고 있다. 성곽의 중심 유적에 있는 몇 그루의 보리수들은 20m 내외의 키 이상으로 옆으로 가지를 뻗치고 그늘을 만들고 있다. 기단 부분만 남아 있는 왕궁 유적에는 티베트 스님들이 먼저 다녀갔는지

---

* 이러한 두 개의 카필라바스투 주장에 대하여 또 다른 주장이 있으니, 그것은 법현 스님이 말하는 카필라바스투는 피프라하와(룸비니에서 14.5km)이며, 현장 스님이 전하는 카필라바스투는 틸라우라코트(룸비니에서 23km)라는 주장(V.A.Smith)이다. 이 주장은 법현 스님이 카필라성의 동쪽 50여 리에 룸비니가 있으며, 현장 스님은 성의 동쪽 80~90여 리에 있다는 기록에 단순 합치한다.

룽타*가 몇 줄 걸려 있다. 그것만이 여기가 불교와 관련 있는 곳이라는 것을 말해 주는 유일한 징표다.

법현 스님이 말한 정반왕의 옛 궁전 터의 태자모상이나, 현장 스님이 이야기한 정반왕의 정전과 마야부인의 침전 위에 세워진 정사, 그 옆에 호명보살이 강신하는 상이 세워진 정사 등은 찾아볼 수 없고, 중심 유적지 맞은편(북쪽)으로 조그만 사당이 하나 보일 뿐이다.

이 사당은 거대한 보리수 한 그루가 사람 몸의 형상을 하고 있는 뿌리들로 사원 벽의 적벽돌들을 감싸고 있다. 사당과 보리수는 떼려야 뗄 수 없게 되어 버렸다. 사마이 마이Samai Mai 사원이라 불리는, 규모는 작으나 매우 오래된 사원이다. 사원 안에는 몇몇 신들과 여신들의 형상이 모셔져 있고, 그중 붓다의 탄생 장면을 묘사하는 마야부인으로 형상으로 추측되는 하나의 상이 안치되어 있으며, 몇몇 학자들은 부처님의 양모인 마하프라자파티의 사원이라고 하기도 한다.

지금도 많은 사람들이 찾아와 주홍색 물감을 칠해대고, 몇몇 사람들은 제물을 바치느라 동물들을 살육한다고 한다. 사원 앞에는 검은 코끼리상이 많이 놓여 있다. 부처님께서 흰 코끼리를 타고 입태하신 전설이 기괴한 분위기의 사당 앞에 있는 검은 코끼리들로 전락하지 않았나 하는 생각마저 들었다.

카필라성 동북 방향의 오솔길로 가니 연못이 하나 있다. 개구리밥과 부레옥잠이 연못 위를 덮은 것이 우리나라의 우포늪 같은 느낌을 주는, 크지 않은 연못이다. 백로도 보인다. 연못 둑의 오솔길을 지나 지뢰(똥)를 피해가며, 카필라성 유적의 보호철책이 부서져 난 구멍을 통해 성 밖으로 빠져나가니 겨우 시멘트 포장이 되어 있는 한적한 시골길이 나온다.

---

* 티베트 불교에서 오색 천에 부처님의 경전을 써서 깃발로 세우고 바람에 날리는 것. 한자로 풍마風馬라고 한다.

| 정반왕과 마야부인의 묘 | 왼쪽 큰 것은 정반왕, 오른쪽 작은 것은 마야부인의 묘

정반왕과 마야부인의 묘

길 옆으로는 연푸른 보리밭이 넓게 펼쳐진 전형적인 옛 시골길이다. 동네 사람들이 외국인 구경하러 나오기 시작한다. 갓난아이를 엄마가 업고, 오빠가 안고, 손잡고서. 일행들은 가져온 볼펜과 사탕 등을 나눠 주었다. 하나 받자 호주머니에 쑤셔 넣고 또 손 벌리는 인도의 관광지 아이들과는 전혀 다른, 고마움과 함께 쑥스러워하는 아이들의 표정이 인상적이었다.

큰 눈망울의 검은 소가 자꾸만 쳐다본다. 전생에 사람이었을 것 같은 녀석! 시꺼먼 가죽 껍데기 둘러쓰고 수고가 많다. 그 흑우 외양간 옆에 진흙 담을 쌓던 십대의 오누이가 흙을 서로에게 집어던지며 장난을 치고 있다.

길이 좁아지더니 적벽돌을 쌓은 두 기의 무덤이 나타났다. 큰 것은 정반왕, 작은 것은 마야부인의 묘라고 한다. 정반왕은 죽기 전에 아나함과 阿那含果를 얻었으며, 마야부인은 죽어서 천상에 천신으로 태어났다. 특히 천상에 태어난 마야부인을 위해서 부처님은 하늘세계에 올라가셔서 어머니를 위해 법문을 설하셨으니, 그것이 아비담마이다. 이 법문은 내용이 어려워서 하천下天하실 때마다 사리불 존자에게만 다시 법문하셨다고 한다. 이것을 기록한 경전이 논장論藏인 《칠론七論》이다.

왔던 길을 되돌아가, 조금 전의 그 구멍으로 다시 성안으로 들어가서 연못을 거쳐 다시 직진하니 곧 동문東門이다. 화엄사 스님들이 동문 순례를 마치고, 우리가 금방 다녀온 무덤에 참배하러 맞은편에서 온다. 몇 번 만나서 이제 얼굴이 좀 익은 터라 정감 있게 인사를 나눈다. 화엄사 스님들 팀을 안내하는 여행사 사장님은 쿠시나가르의 열반당에서 인사를 했었는데, 서울 조계사 근처에 있는 조그만 여행사라고 하였다. 얼굴이 후덕해 보이는 보살님이다. 또 보드가야에서 철야정진하러 왔다가 호텔을 못 찾아 헤매던 보살님도 보인다.

부처님께서 사문유관四門遊觀을 하실 때, 남문南門에서 병자病者, 서문西門에서 죽은 자, 북문北門에서 수행하는 사문을 만났다. 아침 햇살을 마주하고 성 안으로 들어왔으니, 우리는 서문 쪽에서 들어온 것이다.

동문은 노인을 만난 곳이며, 유성출가 시에 넘었던 성문이다. 우리 일행은 동문에서 잠시 지체하였다. 의미 깊은 이곳에서 부처님 출가의 뜻을 조금이라도 더 새기고 싶어서였으리라. 성이라는 것이 어찌 물리적인 성벽뿐이겠는가? 색수상행식色受想行識 5온蘊이야말로 진정으로 넘어야 할 성벽일 것이다. 우리 모두 모든 성벽을 하루 빨리 넘어서기를!

성곽의 중심 유적지를 다시 통과해서 처음 들어갔던 입구로 되돌아 나왔다. 되돌아 나온 입구에는 공터가 있었는데 동네 아이들과 어른들까지 모두 다 나와 있고, 인도 스님들도 세 분이 발우를 들고 서 있다. 우

| 카필라성 동문 |

리는 가지고 있던 간식거리나 볼펜을 나눠 주었다. 필자도 스님들 발우에 보시금을 조금씩 넣어 드렸다. 스님들이 축원의 챈팅을 하는 듯하다. 그리고 일행 중 누군가로부터 건네받은 볼펜 한 다스를 안전요원에게 주면서 아이들에게 나눠 주라고 했다.

이 젊은 안전요원은 정반왕과 마야부인 무덤을 참배하고 오면서 만났는데, 키가 크고 미남이어서 우리의 관심과 사랑을 받아오던 터였다. 안전요원은 아이들을 줄 세워 앉히고 볼펜을 나눠 주었다. 일시에 갑작스런 동네 축제가 벌어진 듯했다.

돌아오는 버스에서 들으니, 조금 전에 어떤 여행객 한 분이 동네 아이들 모두를 불러 모아 돈(1달러)을 주었다고 한다. 얼핏 듣기에는 커다란 보시행 같았다. 그러나 네팔 현지 가이드가 마이크를 잡고 이런저런 네팔에 대한 설명을 하는 중에, 관광객들이 아이들에게 돈을 주는 것에 대해 문제가 많다는 완곡한 표현을 했다. 요지는 아이들에게 나쁜 버릇을 심어준다는 것이다. 이에 전적으로 동감한다. 그래서 일행들에게 탁발하는 현지 스님들에게는 보시금을 드려도, 아이들에게 돈은 절대로 주지 말라고 다시금 당부했다. 아이들에게는 볼펜과 사탕, 그리고 따뜻한 사랑이면 족하리라.

| 노인의 순박한 미소 |

오전 8시 40분경 카필라성을 떠났다. 25분쯤 달려서 지나는 마을에 버스가 서더니, 여행사 사장님과 일행 한 분이 내리더니 과일을 사 온다. 나도 따라서 내렸는데, 내가 들고 있는 소형카메라를 보고 젊은 남자가 어디서 왔느냐는 둥 자꾸 말을 붙인다. 어른이라서 그런지 사진 찍어달라는 말은 대놓고 나오지 않는지 자꾸 딴 소리만 한다.

그분 사진을 한 장 찍어 드리자 옆에 있던 연세 든 아저씨들이 다들 모델로 나선다. 안경 낀 할아버지 한 분의 웃는 얼굴에 튀어나온 하얀 이빨이 보기 좋다. 저토록 순박한 얼굴들이라니…. 우리나라에서는 점점 찾아보기 힘든 얼굴들이다. 사회 발전과 물질적으로 풍요한 삶이 과연 인간에게 가져다주는 것은 무엇일까?

부처님의 탄생지 — 룸비니

9시 40분쯤 버스에서 내려 자전거 릭샤를 타고 룸비니 북문 쪽으로 갔다. 상당히 먼 거리를 릭샤가 달린다. 우리 일행 한 팀이 옆에서 달리면서 자기네 릭샤를 봐달라고 한다. 이쁜 릭샤라는 것이다. 그러고 보니 릭샤가 앞바퀴의 중앙에 새 모양의 장신구를 달고 양쪽으로 꽃을 세 송이씩 꽂아 장식을 하고, 손님 좌석의 양 옆 세로 창살들과 좌석 프레임을 빨갛게 칠한 멋진 릭샤였다. 갠지스강에서의 릭샤가 너무 볼품없는 릭샤여서 타기 전에 골라서 탔다고 한다.

릭샤가 우회전해서 달리기 시작하자 오른편으로는 각국의 절들이 빈틈없이 이어지고, 왼편으로는 넓은 수로가 그 끝이 보이지 않는다. 거의 10분 가까이 수로 변을 달리는데 맞바람이 시원하다. 릭샤에서 내리니 아기부처님이 하늘과 땅을 가리키며 서 있다. 아기부처님 광장을 지나 양쪽으로 호수가 있고 그 사이를 통과하는 다리를 건너자, 드디어 부처님 탄생지 룸비니 사원이다. 룸비니 사원의 북쪽 입구로 들어선 것이다.

카필라성에서 여기까지 버스로 30분을 와서 다시 릭샤로 20분을 온 것이다. 그 옛날 마야부인이 만삭의 몸으로 성에서 여기까지 오셨다고 상상해 보면 짧은 거리가 아니다.

부처님의 탄생

도솔천의 호명보살께서 모든 바라밀행을 마치시고 부처님으로 출현하기 위하여 5대 관찰을 하니 그것은 수명, 대륙, 지방, 가계, 생모生母이다. 수명은 100세 이상 10만 세 이하일 때가 가장 적절한데, 마침 수명이 100세인 때이다. 대륙은 과거 부처님들이 오직 여기에서만 출현하셨던 잠부주로 정하고, 지방은 카필라바스투라는 이름의 도시가 있는 중부지방으로 하셨다.

가계에 관해서는, 과거의 부처님들이 오직 왕족이나 바라문 중에서 그 시대 사람들이 더 뛰어나다고 여기는 계급에 태어났으므로, 당시 사람들이 더 영광스럽게 여기는 왕족의 가문에 태어나기로 결정하셨다. 그리고 나서 인류 최초로 선출된 왕인 마하삼마타의 직계 후손이자 순수하고 성스러운 혈통을 지닌 카필라바스투의 정반왕(숫도다나)을 아버지로 하기로 하였다.

생모에 대해서 관찰하시니, '무릇 부처의 어머니는 마음이 애욕으로 흔들리지 않고 술에 빠지지 않았으며, 나아가 10만 겁 동안에 바라밀을 성취하여 왔고 태어나면서부터 5계를 잘 지킨 분이어야 한다. 마야 왕비가 그러한 사람이니 이 여인을 나의 어머니로 해야겠다. 그런데 이 사람의 수명은 어느 정도일까?' 하고 생각하니 이후 10개월 1주일 동안인 것을 알았다.

마야부인은 그때 아살라 칠석제 기간이어서 보름 7일 전부터 술이나 마실 것들을 피하고, 40만의 금을 보시하고 온갖 장엄구로 몸을 꾸미고 가장 훌륭한 식사를 하고 정계淨戒를 지녔다. 그날 밤 꿈에 사천왕의 비妃들이 왕비를 아노탓타 연못에서 인간의 때를 말끔히 씻기고 하늘의 향유를 바르고 하늘 옷을 입히고 하늘 꽃으로 장식하게 한 후 황금 궁전 안에 있는 천인의 침대에 왕비를 눕혔다. 이때 보살이 훌륭한 흰 코끼리가 되어 어머니의 오른쪽 옆구리를 두드리며 태내에 드는 꿈을 꾼 것이다.

보살이 모태에 깃든 이래, 어머니는 남성에 대한 탐욕심을 일으키지 않고 이익됨과 영예로움의 정점에 도달했다. 안락하여 몸이 피로해지는 일이 없고 태내에 깃든 보살은 청정한 마니보석을 엮은 황색실과도 같이 보였다.

마야 왕비는 10개월 동안 보살을 모태에서 잘 보호하여 달이 찼을 때

생가가 있는 데바다하(로히니강 건너 북쪽, 현재 마하마야바와니 학교가 있는 곳으로 마야부인이 어린 시절 자라난 성터)로 가기를 정반왕에게 청한다. 정반왕은 천 명의 신하와 많은 시종을 딸리어 왕비를 황금 가마에 태워 보냈다.

그때 룸비니 동산은 아름다운 사라sāla 나무 동산이었는데, 나무뿌리에서 가지까지 똑같은 꽃들이 피어 있고 오색 꿀벌들과 새들이 지저귀는 제석천의 동산과도 같고, 세력 있는 왕이 정성 들여 치장한 연회장과도 같았다고 한다.

이러한 사라 숲 동산에서 노닐고 싶은 왕비는 황금 마차에서 내려 사라 나무의 가지를 잡는 순간, 산기를 느끼고 선 채로 출산을 하였다. 보살과 보살의 어머니를 향한 우러름으로 인해 하늘에서 따뜻하고 시원한 두 줄기의 물이 내려와 왕비와 보살의 몸에 생기를 북돋우었다. 네 명의 대범천이 황금 그물로 보살을 받고, 사천왕이 매끄러운 영양 가죽으로 이어받고, 다시 사람들이 누런 베보자기로 받아들었다고 한다.*

부처님은 태어나자마자 일곱 걸음을 걷고 말씀하셨다.

하늘 위 하늘 아래
나 홀로 존귀하도다.
이제 다시는
태어남이 없을 것이다.

부처님께서 태어나자마자 말을 한 것은 싯다르타 태자로 오셨을 때가 세 번째이다. 그 앞 두 번의 생은 마호사다(위대한 약藥이라는 의미)와 벳산타라왕의 몸을 받았을 때이다. 마호사다로 태어났을 때에는 모태에

---

* 《본생경》

| 아기부처님의 천상천하 유아독존 |

서 나올 때, 제석천이 준 약초를 손에 쥐고 태어나서 어머니가 "아가야, 네 손에 쥔 것은 무엇이냐?" 하는 질문에 "어머니, 약입니다. 이 약은 어떤 병이라도 낫는 약이니 병으로 고생하는 사람들을 이 약으로 고쳐 주십시오"라고 말했다고 한다. 그리하여 이름도 마호사다Mahosadha, 즉 대약大藥이라 지었다. 벳산타라왕으로 태어났을 때에는, 오른손을 쫙 펴고 "어머니 집에 무엇이 있습니까? 저는 보시를 하고자 합니다"라고 말하면서 모태에서 나왔다.

　부처님이 태어나자 아시타Asita 선인이 보살을 보고 그의 사후에도 다시 부처님을 만날 수 없음을 알고* 울고 간 다음, 닷새째 되는 날 8명의 바라문들 중 7명은 미래에 전륜왕이 되거나 부처를 이루리라고 예언하고, 1명만은 부처를 이루리라는 단 하나의 미래만을 말했다. 그리고 '세상의 모든 가치를 이룬 상태'라는 뜻의 싯다르타라는 이름이 붙여졌다.**

마야데비 사원

룸비니에 대하여 법현 스님과 현장 스님의 기록은 연못과 무우수를 중심으로 기술되어 있다.

성의 동쪽 50여 리에는 왕의 정원이 있는데 그 이름을 룸비니라고 한다. 부인이 연못에 들어가 목욕을 하고 나와 북쪽으로 연못가를 20여 보 걷다가 손을 들어 나무를 잡고 동쪽으로 태자를 낳았다고 한다. … 부인이 목욕한 곳은 지금도 스님들이 항상 그 물을 퍼 마신다.《불국기》

전천箭泉의 동북쪽으로 80~90리를 가면 룸비니 숲에 이르게 된다. 석가족들이 목욕하던 못이 있는데 물이 맑고 깨끗하여 거울처럼 비치며 온갖 꽃들이 어우러져 피어 있다. 그 북쪽으로 24~25걸음 걸어가면 무우화수無憂華樹가 있는데, 지금은 나무가 시들고 말았지만 바로 싯다르타께서 태어나신 곳이다.《대당서역기》

---

* 아시타 선인은 그의 사후 무색계천에 태어나 석가모니 불법이 소멸할 때까지 머물기 때문이다.

** 부처님이 탄생하는 그 순간 일곱 존재도 함께 태어났으니, 야소다라 비, 아난다 존자, 찬나 대신, 칼루다이 대신, 칸타카(말), 보리수, 황금항아리 4개이다.

마야데비 사원은 이곳이 룸비니라는 명문이 적힌 아소카왕석주를 1896년 독일의 고고학자 퓌러(Alois Anton Führer, 1853~1930)가 츄리아Churia 언덕에서 발견함으로써 석가모니불의 탄생지로 확정되었다.* 그 후 많은 세계인의 관심을 끌면서 수많은 불자들의 순례지가 되었고, 불교 각국의 많은 사원들이 주변에 들어서게 되었다. 1958년에는 제4차 세계불교도 대회를 계기로 네팔의 마헨드라Mahendra 국왕이 룸비니 개발을 위한 많은 성금을 내놓았고, 1967년 유엔 사무총장 우 탄트(U. Thant)가 룸비니 개발 계획을 제시함에 따라 룸비니 개발위원회가 발족되었다. 1978년 11월 일본에서 세계불교도대회가 열렸을 때 1979년을 룸비니의 해로 지정하기도 하였다.** 최근에 새로 생긴 입구의 대형 수로는 태국의 스님이 보시한 것이라고 한다.

룸비니 경내에서는 입구에서부터 신발을 벗어야 한다. 담장 안은 모두 맨발이어야 하는데, 인도 문화권의 전통예법인 듯하다. 룸비니 사원 유적은 아소카왕석주와 마야데비 사원, 싯다르타 연못, 연못가의 대형 보리수와 주변의 승원 유적으로 이루어져 있다. 우리는 먼저 탄생지점을 보호하고 있는 마야데비 사원 건물 안으로 들어갔다. 발굴 조사 결과 사원 밑 최고층最古層의 유적은 마우리아 시대의 것임이 확인되었다. 사원 건물 안은 부처님 탄생지점과 주변 유적을 철봉 난간으로 직사각형의 울타리를 둘러쳐서 보호하고 있다. 철봉 난간과 건물 벽 사이에 복도가 형성되어 있고, 순례객들은 철봉 난간을 따라 줄을 서서 부처님 탄생지점에 가서 참배를 하는 형식이다.

---

* 네팔 서부 테라이Terai 지방, 인도국경에 약 20km 떨어진 곳이다.

** 정각, 1993.

탄생지점의 불탄생 부조와 족적석

부처님 탄생지점에는 부처님의 족적을 새긴 돌(足跡石)이 유리판 밑에 모셔져 있고 그 옆으로 벽돌탑이 세워져 있다. 벽돌탑의 윗부분에는 마야부인 옆구리로 탄생하는 아기부처님을 사천왕이 받는 모습이 양각되어 있다. 이 불탄생 부조는 마우리아시대에 처음 만들어진 것을 쿠샨 시대 혹은 굽타 시대에 모사한 불탄생 장면의 부조이다.

족적석은 인석印石(marker stone)이라 불리는 것으로서, 아소카왕이 석가모니의 탄생지를 기념하여 벽돌 위에 석재를 올려 둔 것이라고 한다. 자세한 발굴 조사 결과, 이 인석은 마우리아 시대부터 의도적으로 이 사원의 중심부에 배치한 것이며, 이후의 증개축이 있을 때에도 그 원위치를 굳건히 지켜온 것임이 드러났다.* 순례객들은 바로 여기 이 족적석과 불탄생 부조에 참배하고자 했다. 여기가 바로 석존 탄생지점이기 때문이다.

발자국을 새긴 인석은, 현지 가이드의 말로는, 이 지방에 아이들이 자라날 때 그 발자국을 진흙에 찍어 구워서 기념하는 풍속이 있다고 한다. 그러한 풍속의 일환으로 부처님 발자국을 돌에 새겨 놓은 것으로 해석했다. 비록 아이의 발자국으로 보기에는 너무 큰 점은 있지만, 부처님 발자국으로 인정되고 있다고 한다.

그 어느 곳보다 부처님 탄생의 정확한 지점에 손을 대거나 머리를 접촉시키면서 참배하고자 하는 순례객들의 강력한 마음이 읽혀지는 곳이다. 2년 전에도 그러했고 지금도 역시 그러하다. 그러다 보니 한 사람 한 사람 참배하는 시간이 길었다. 줄 문화와 기다리는 문화에 익숙한 서양인들은 참배시간이 좀 더 걸린다. 입구에서부터 난간 따라 줄을 잇고 있어서 한참을 기다려야 했다.

---

* 하정민, 2009.

| 보리수 아래에서 좌선하는 서양인들 |

    한편으로 줄 서 있는 순례객들, 그 순례객들을 지나가는 순례객들, 질서가 어떻게 된 것인지 몰라 중간에 끼어드는 순례객들, 시끄럽고 산만하다. 복도의 모서리에는 서양 사람들이 고요히 좌선을 하고 앉아 있다. 난간을 1/3바퀴 돌았을 즈음, 산만한 분위기에 휩쓸린 채 줄 서 있는 우리 일행에게 필자는 이런 말을 해 주었다.

    참배객들이 탑에 머리를 대고 기원을 하고 있는 저 부처님 탄생 지점과 그곳을 바라보고 있는 여러분들이 서 계신 이 지점이 무슨 차이가 있겠습니까? 부처님의 탄생을 마음으로 기리기 위해서라면 말할 것도 없고, 만약 부처님께서 탄생하신 저 지점에 부처님의 위신력이 있거나 어떤 에너지장이 있어서 참배객들이 그것을 얻기 위해 저 지점에서 참배하는 것이라면 저 지점만 힘이 있는 것이 아니라 여기도 그 권역에 포함된 곳일 것이며, 여러분들이 기다리는 동안이 계속해서 저 참배객들이 머리를 조아려 얻고자 하는 바로 그것을 계속 느끼고 얻는 시간이 될 것입니다.

일행들의 잡담소리가 그치자 다른 사람들의 잡담도 그치고, 순례객들도 조금 줄어들고 해서 실내는 훨씬 고요해지고 성지다운 분위기가 살아나는 듯했다. 한 명씩 참배를 끝내고, 예불할 공간을 찾던 필자는 '바로 저곳이구나!' 하고 떠오르는 생각이 있었다.

룸비니 사원에서의 예불

탑의 반대쪽 복도는 모서리에 서양인들이 몇몇 앉아 있을 뿐, 텅 비어 있었다. 불족적과 불탄생 부조가 있는 벽돌탑 뒤편이라서 순례객들이 가지 않았기 때문이다. 일행들에게 벽돌탑 뒤편 복도의 벽에 붙어서 일렬 횡대로 벽돌탑 쪽을 향해 삼배를 하고 앉게 했다. 손뼉 세 번에 좌선 입정했다. 잠시 입정 후에 일어나서 일행들에게 다음과 같이 마음속으로 따라하면서 합장반배 하도록 했다.

나도 미래세에 부처님과 같이 반드시 깨달음을 얻겠습니다.
나도 부처님과 같이 모든 중생들을 사랑하겠습니다.
나도 부처님과 같이 모든 생명들을 사랑하겠습니다.
나도 부처님과 같이 모든 중생들을 제도하겠습니다.

부처님 탄생지 참배를 이와 같이 마치고 밖으로 나왔다.
마야데비 사원에서 나오자 남쪽에 커다란 연못이 더위를 반사하고 있다. 이 연못이 싯다르타 연못인데 마야부인이 해산하기 전 목욕한 연못이다. 5세기에 방문한 법현 스님은 이 연못의 물을 스님들이 마신다고 했다. 현장 스님은 이 연못이 석가족들이 목욕하던 못으로서 물이 맑고 깨끗하여 거울처럼 비치며 온갖 꽃들이 어우러져 피어 있다고 묘사했다. 현재의 연못은 1933~39년 사이에 대체적인 윤곽이 만들어진 것이다.

룸비니 유적의 둘레에는 여러 승원지 및 스투파의 기단부들이 흩어져 있다. 마야데비 사원 북쪽에 마우리아 시대의 것으로 보이는 스투파의 기단 부분에서 역시 마우리아 시대로 추정되는 금제 사리용기(직경 3cm)와 탄화된 유골 조각이 발굴되었다. 주변 승원지는 기원전 3세기부터 C.E. 4세기 사이에 건조된 것으로 보이고, 스투파들은 대략 기원전 3세기부터 C.E. 8~9세기까지 계속해서 조성된 것으로 보인다.*

싯다르타 연못 건너편 보리수 밑둥치에 모셔진 불상에 사람들이 예배하고 있고, 그 보리수의 반대편에는 한 서양인 남자가 좌선한 채 긴 염주를 돌리고 앉아 있으며, 그 옆 대형 보리수 밑 그늘에는 서양인들 40~50명이 좌선하고 앉아 있다. 아마도 티베트 불교에 감화된 분들인 듯했다.

아소카왕석주의 룸민데이 법칙

연못을 배경으로 단체사진을 촬영하고, 연못을 돌아서 마야데비 사원 건물 서쪽 옆 높다란 석주로 갔다. 현장 스님이 "석주 위에 마두상馬頭像이 만들어져 있는데 아소카왕이 세운 것이다. 후에 사악한 용이 벼락을 일으켜서 그 기운 가운데를 부러뜨려 땅에 쓰러지게 하였다"고 적고 있

* 이주형 책임편집, 2009.

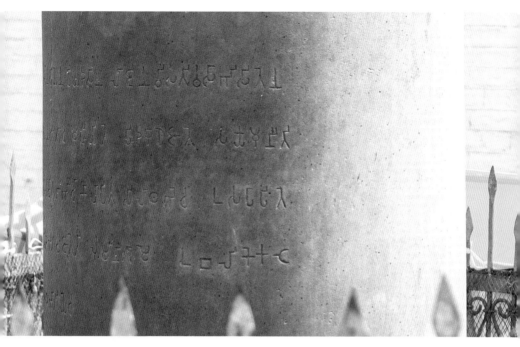

| 아소카왕석주의 룸민데이 법칙 |

는 바로 그 석주이다. 아소카왕은 약 8개월에 걸친 '법의 순례' 중에 이곳 룸비니에 참배하고 석주를 세웠다. 석주는 중간쯤에서 부러져 기둥만 남아 있을 뿐이며, 주변에서 말갈기로 추정되는 석재가 발견되었다는 발굴 조사 결과는 현장 스님의 기록과 일치한다. 남아 있는 석주의 높이가 약 7.2m이고, 기단에서 위쪽으로 3.3m 높이에 다섯 줄의 아소카왕 명문이 새겨져 있다.

천애희견왕天愛喜見王(아소카왕)은 관정 즉위 20년에 몸소 여기에 와서 참배하였다. "여기에서 붓다 샤카무니께서 탄생하셨다"고 (전해지는) 자연석을 (보호하는) 울타리(또는 벽)를 가진 (건조물을) 세우게 하고, 또 석주를 건립하게 하였다.

여기에서 세존이 탄생하셨기 때문에, 룸비니 마을은 조세를 면제 받고, 또 (생산의) 1/8을 지불(6분세에서 8분세로 감세)하게 되었다.*

이 명문을 룸민데이Rummindei 법칙이라고 한다. B.C.E. 3세기의 석주에 적힌 문자는 브라흐미 문자로 인도 역사상 최초의 기록문자이기도 하다. 이 석주의 명문이 해석됨으로 인해서 여기가 부처님 탄생지로 확정된 것이다.

현지 가이드가 석주에 새겨진 아소카 명문을 한글로 암송해 주었다. 필자는 깜짝 놀라서 일행들을 모두 불러 모아 다시 한 번 더 외우게 하고, 박수를 쳐서 그를 격려해 주었다. 이러한 중요한 고고학적 유물에 적힌 고대문자의 내용을 여행 가이드가 외우고 있었으니, 그것만으로도 놀라움이었다.

룸비니 사원에 들어갈 때는 북쪽으로 들어갔지만 나올 때는 동쪽으로 나왔다. 동쪽 밖에 대기하고 있던 버스가 일행들을 싣고서 포카라를 향해 출발했다. 오전 11시 30분, 출발이다. 포카라까지 199km 7시간의 산길이 기다리고 있다.

룸비니 참배를 끝으로 드디어 인도 성지순례 일정을 공식적으로 마감했다. 지난 열이틀 동안 델리에서 룸비니까지 약 4,500km의 쉽지 않은 일정을 모두들 잘 소화해 주어서 감사하기 이를 데 없다. 특히 최근 며칠 간은 하루에 12시간 이상의 버스 여행을 강행하는 무리한 일정이었다. 그러나 별로 지치지도 않거니와 오히려 힘이 솟는다. 특히 룸비니 권역으로 들어오면서는 더욱 힘이 났었다. 성지마다 부처님에 대한 더욱 간절한

---

* 게이쇼, 2008.

마음만이 순례객들의 마음을 채울 뿐이었다. 피곤해서 늘어지는 이가 단 한 명도 없다는 점만 봐도 그렇다.

기원정사에서 오래 머물지 못한 것이 가장 아쉬웠다. 기원정사 역시 부처님께서 가장 오래 머무르셨던 곳이라서 그 어느 곳보다도 강력한 힘이 깃든 곳이었다. 또 한 번의 동일한 일정의 인도 성지순례가 있다면, 기원정사 근처에서 하룻밤 묵으면서 기원정사를 충분히 만끽하는 시간을 가지면 좋겠다는 생각이 들었다. 함께한 일행들의 마음 역시 다르지 않았다.

| 마차푸차레 설산 |

제 13 장

네팔의 불교문화유산

순백의 거대한
자연이 주는 정화의 힘

히말라야 속으로

이제 우리는 부처님의 성지를 떠나서 히말라야로 들어간다. 히말라야는 성지순례의 마지막 행선지이다. 성지순례 일정에 왜 히말라야를 넣었는가? 성지순례 일정에 히말라야를 끼워서 또 다른 여행을 즐기기 위해서인가? 그런 것이 아니다. 20여 년을 히말라야에서 정진하고 계신 한 한국 스님도 말씀하셨듯이, 히말라야는 가르침을 받고 정화淨化를 받는 그런 곳이기 때문이다.

순백의 거대한 자연이 주는 정화의 힘

부처님께서 히말라야를 방문하여 설산의 하얀 봉우리들을 제자들의 마음을 정화하고 다잡는 데에 썼다는 기록이 전해져 오고 있다. 비가 잘 내리지 않는 음력 5월, 부족해진 로히니강물을 두고 서로 가져가겠다고 대립하던 석가족과 콜리야족의 갈등이 첨예해져 전쟁의 위기에 다다랐다. 그때 부처님께서는 검푸른 광명을 펴서 주위를 어둡게 만든 후, 다시 몸에서 육색광명을 내뿜는 신통을 보였다. 그런 연후에 사소한 시비로 목숨을 잃거나 내분으로 파멸한 이야기와 약자가 힘을 합치면 강자를 이길 수 있는 등 화합의 중요성에 대한 본생담을 설하시고, 마지막으로 반목으로 인한 두려움의 화살을 뽑고 속박에서 벗어난 열반의 평안함을 설하시어 두 종족을 화합시켰다.

이로 인해 두 종족의 어른들이 각각 자기 종족의 왕자 250명씩을 출가시켜 부처님을 모시게 하였다. 그러나 이들 500명의 왕자들은 출가 생활에 만족하지 못했고 집에 두고 온 부인 생각에 속퇴俗退하고 싶었다. 이를 아신 부처님께서는 신통을 사용하여 그들 500명을 히말라야 산으로 데리고 가셨고, 그들은 눈 덮인 히말라야 설산의 장관을 구경하면서 과거 아내들에 대한 애착을 끊게 되었다고 한다. 이때 부처님께서 쿠날라 자타카를 설해 주셨는데 그 법문을 듣고 그들 모두 수다원이 되었으며, 그 후 이들은 열심히 수행해서 차례차례 모두 아라한이 되었다고 한다.*

순백의 거대한 자연이 주는 정화의 힘은 그 어떤 것보다도 강력하다. 이것은 겪어본 사람은 다 안다. 성지순례의 대미大尾를 히말라야로 장식하는 것은 이와 같은 인연에 따른 것이다. 실제로 그런 효과가 얼마나 있을런지는 각자의 마음에 따를 것임을 말할 것도 없다.

버스 이동 중에 네팔 현지 가이드가 네팔의 문화에 대한 여러 가지 이야기를 해 준다. 네팔의 역사, 결혼, 장례, 트레킹 등에 시간 날 때마다 주제별로 얘기를 해 주었다. 그러더니 네팔 민요를 한 곡 부르겠다고 한다. 박수갈채가 즉시 터져 나왔다. 네팔 민요 '레썸삐리리'를 불렀다. 레썸삐리리는 '언덕 위에서 스카프를 날리며'로 번역된다.** 이 노래는 하루에

---

* 일창 스님, 2012.

** 언덕 위에서 스카프를 날리며
멀리 있는 당신에게 어떻게 갈 수 있을까요?

| 나가르코트의 개구쟁이들 |

1,200명씩 용병으로 해외로 나가는 남편들을 그리워하는 아내가 부르는 노래이며, 용병으로 나가 있는 남편들이 고국의 아내를 그리워하면서 부르는 노래라고 한다.

세계 최대 용병 국가 네팔의 국민적 애환이 서린 노래이며 네팔의 아리랑이다. 현지 가이드는 거기서 그치지 않고 한국 노래를 가사는 외웠는데 리듬을 잘 타지 못하겠다고 하면서 녹음기의 반주 도우미를 사용해서 불렀다. '사랑에 나이가 있나요'이다. 이 노래는 아직 연습이 더 필요

강아지도 제 사랑을 만나고 고양이도 제 사랑을 만나네.
나의 사랑 당신, 우리도 길에서 만나요.
총으로 한 발, 아니 두 발, 사슴을 쏘았네.
아니, 사실은 내 사랑을 쏘았네.
작은 송아지, 언덕에서 어쩔 줄을 모르네.
당신이 없다면 나도 어찌할 바를 모르니
내 사랑아, 우리 함께 갑시다.
레썸 삐리리 레썸 삐리리 우데러 자우끼 다다마 번장 레썸 삐리리/ 꾸꾸러라이 쿠티마 쿠터 비랄로라이 수리 띠므로 하므로 마야 삐리띠 도바또마 쿠리/ 엑날레 번둑 두이날레 번둑 미르걸라이 따께꼬 호이너 마야라이 따께꼬/ 사노마 사노 가이께 바초 비러이마 람람 초데러 자너 서께너 머일레 히더 마야 성거이 잠

해 보였다. 네팔의 30대 초반의 젊은 가이드가 이렇게 흥을 돋우니 순례로 지친 일행들의 마음이 한결 더 부드러워졌다.

오후 12시 반이 지나자 슬슬 배고플 시간이 되었는지, 버스가 지나가는 마을에 정차하자 여행사 사장님과 가이드가 내려서 과일을 사 온다. 정식 건물은 아니지만 그래도 양철 지붕이 그늘을 만들고 있는 인도 가운데 덩그러니 있는 노점상이다

세 명의 여인이 앉아 있는데 제일 앞에 앉아 있는 사람이 주인이고 딸과 놀러온 아주머니인 듯하다. 주렁주렁 매단 바나나, 차곡차곡 쌓아올린 귤, 사과, 석류, 청포도가 진열되어 있다.

2시가 조금 지나서 나가르코트라는 도시의 로얄 센츄리 비즈니스 Royal Century Business 호텔에서 점심 공양을 했다. 공양 시간만큼은 보장하는 것, 영양분을 섭취해야 자신의 존재를 유지할 수 있는 모든 생명체들의 근원적 욕구일 것이다. 오래간만에 여유 있는 공양을 하고 3시 30분쯤에 다시 출발했다.

점심 공양을 마치고 나오는데, 호텔 앞에서 초등학생 아이들 열 명 정도가 대기하고 있다. 이번 순례에서 본 아이들 중에서 가장 발랄한 아이들이다. 볼펜과 사탕, 빵 등을 주자 좋아라 한다. 활짝 웃는 얼굴로 손을 흔들어댄다. 그러고 보니 애들이 오늘 몇 탕 하는지도 모르겠다. 옆에 다른 관광버스가 들어오자 달려가기 바쁘다. 우리 버스가 출발하려고 하자 다시 버스 옆으로 모여들어 신나게 작별 인사를 해 준다.

나가르코트를 지나자, 이제 길은 본격적으로 산으로 접어들기 시작한다. 웅장한 산들 사이로 흐르는 강물을 따라 급격한 산비탈 경사를 뚫고 가는 험한 길이다. 가는 길에 과일가게에 들르기도 하고, 구나디 고속도로 휴게소(Highway Restaurant at Gunadi) 표지판을 세워 놓고 있는 가게에서 휴식 시간도 가지는 등 1시간 만에 한 번씩은 쉰다. 인도에서는 3시간은

| 육방광하는 일출 |

지나야 휴식이었던 것과는 사뭇 다르다. 휴게소에서 아이들 몇 명이 다가오자, 일행들이 사탕도 주고 사진도 찍어 준다. 우리 일행들도 아이들과 노는 방법을 터득한 듯하다. 아이들이 하나 달라고 하는데 그 표정이 쑥스럽다. 하나 받고 또 달라고 하지도 않는다. 네팔 아이들이 인도 아이들보다 좀 더 밝고 활달해 보인다.

해가 하늘을 붉게 물들이고 사라지고 나자, 페인트 염료로 사용되는 나무들이 가지를 모조리 잘린 채 앙상하게 남은 모습으로 검푸른 하늘 바탕에 실루엣을 드리우는 시간마저 보내고 나서 맞이한 칠흑漆黑 같은 히말라야의 밤 7시 30분경 포카라 그랜드 호텔의 밝은 불빛이 우리를 반겼다. 포카라Pokhara는 인구 약 52만여 명으로 추정(2020년)되며, 해발 827m의 휴양도시이다. 저녁 공양을 마치고, 밤 10시 일행 중 몇몇 분들과 함께 1인당 편도 100루피에 봉고 택시를 불러 포카라의 어느 카페에 들러 촛불을 켠 채 세계적 휴양처에서의 낭만을 즐기는 시간을 가졌다.

히말라야 속 공항마을 좀솜

오늘은 드디어 히말라야 안나푸르나 마차푸차레 봉의 뒤쪽으로 비행기를 타고 날아 들어가서 히말라야의 품에 안기는 날이다. 그리고 나면 이 무거운 중생의 업이 조금이나마 씻어질는지…4시 30분 모닝콜, 5시 15분 아침 공양, 5시 45분 출발의 일정이다. 비행기 시간이 6시 15분이기 때문에 서둘러야 했다.

아침 일찍 포카라 공항으로 출발했다. 19인승 경비행기로 히말라야 속 공항마을 좀솜Jomsom으로 간다. 포카라 북서쪽 148km의 거리이다. 우리 일행 18명에 현지 할아버지 한 분이 탑승한 99%짜리 전세기이다. 비행기 앞에 탑승하려고 줄 서 있는데, 여행사 사장님이 할아버지 어깨를 주물러 주면서 친하게 대한다. 현지인들에 대한 저런 진득한 친화력이 사장님의 돋보이는 장점 중 하나였다.

하늘은 푸른 구름 밑으로 붉게 타오르는 일출 전야제를 시작하는 때에 모두들 탑승했다. 필자는 제일 늦게 탔는데, 운전석 바로 뒷자리를 비워 놓은 터라 창가 쪽에 앉았다. 비행기에 탑승하고 보니 창문도 작고 밖이 보일지 의문이다. 옆에는 여행사 사장님이 앉았다.

약 20분의 비행! 그러나 오늘은 구름이 제법 한몫하러 나온 날이다. 비행장에서 멀리 보이는 산들의 가슴 윗부분은 흰 구름이다. 이륙하자마자 비행기의 오른쪽 창문 뒤쪽으로 일출의 태양이 부처님의 육색 광명 신통을 재현하기라도 하는 듯, 산 아래에서 여섯 줄기의 광명을 뻗쳐 주더니 서서히 아침 해가 구름과 산평선山平線 사이로 솟아나기 시작한다. 하얀 설산 등성이들이 지척인가 싶더니, 이른 새벽의 푸르스름한 백색의 설산 아래로 황색의 평지 사이에 강물이 흘러가는 것이 보이고, 이내 좀

| 좀솜의 설산과 계곡 |

솜 공항의 활주로에 착륙한다. 비행 내내 염주를 돌리던 옆 좌석의 여행사 사장님이 합장을 한다.

좀솜은 포카라에서 바라다볼 때, 7,000m가 넘는 마차푸차레 봉이 속한 간다키존과 그 왼쪽에 위치한 다왈라기리존 사이로 흐르는 계곡이 점점 히말라야 산맥의 내부로 들어가는 해발 3,000m에 조금 못 미치는 지점에, 그리 넓지 않은 내륙 분지의 형태로 위치하고 있다. 다시 말해 비행기가 마차푸차레의 왼쪽 허리를 감아 돌아 그 봉우리의 뒤쪽에 도착한 것이다.

비행장 바로 앞 지척의 닐기리 봉이 설산의 위용을 조금은 보여 준다. 계곡물이 흘러가는 방향으로 구름에 가린 마차푸차레 봉의 밑 부분이 조금 보인다.

마을 위로 조금 걸어 올라가니 왼쪽에 군부대가 있다. 네팔에서는 용병의 나라답게 군복이나 경찰복 차림의 사람들을 너무나 쉽게 자주 마주친다. 훈련을 많이 하는지 몸매가 다들 표범 같다. 군부대 쪽은 카메라 사용 금지다. 마을을 지나 길을 따라 마냥 걷다가 다시 내려와서 카페로 들어갔다. 일행들이 카페에 들어가고 난 뒤, 현지 가이드에게 이곳 숙소를 한 군데 볼 수 있겠느냐고 했더니, 가장 좋은 집을 소개한다.

호텔 머제스티Hotel Majesty라는 곳이었는데, 그 사장님이 지프차도 6대나 가지고 있어서 인근 마르빠 마을(왕복 1시간 30분) 지프차 투어도 가능하고, 묵티나트, 포카라까지도 운행한다고 한다. 묵티나트는 100km 정도 떨어져 있고 지프차로 편도 3시간 거리라고 한다.

묵티나트는 문수보살이 카트만두에서 삼매 수행을 한 뒤 다음 생에 묵티나트에 탄생했다고 하는 문수보살의 성지이다. 묵티나트는 일정을 짤 때 하루를 더 확보해서 가려고 했었지만 포기했던 곳으로, 안나푸르나 트레킹의 주요 거점 중 하나이다.

숙소는 구호텔에 붙여 신호텔을 거의 다 지은 상태였다. 시설은 아담한 것이 훌륭했다. 올라가는 계단이 건물 실내의 중앙에 설치되어 양쪽 계단이 하나의 계단으로 수렴했다가 다시 양쪽 계단으로 갈라지는 기하학적 구조를 하고 있다. 이 중앙의 계단을 사방에서 빙 둘러싸고 방들이 배치되어 있다. 방에는 침대가 두 개 놓여 있고, 목욕탕도 방마다 있는데 현대식 스테인레스 수도꼭지가 번들거린다. 공동 취사실도 있고 차 마실 수 있게 카페도 따로 있었다.

구호텔은 신호텔과 달리, 건물의 실내 가운데를 1층부터 건물의 천장까지 뻥 뚫어놓고, 각 층이 그 중앙 공간을 ㅁ자로 에워싼 구조를 하고 있다. 신호텔은 이 중앙공간에다가 계단을 설치한 것이다. 아그라 성에서 본 아트리움식의 야외건축 구조를 실내에 적용한 듯한 구조였다. 숙박비는 하루 1,000루피(약 1만 원)라고 한다. 필자에게 밀크티도 한 잔 주고, 현지에서 담은 조그만 사과 양주를 선물해 준다. 밀크티는 분유에 홍차 티백을 넣은 것인데 진한 맛이 괜찮았다.

우리 일행은 맞은편 2층 카페(German Bakery & Coffee Shop)에서 밀크티, 생강차, 커피 등을 마셨는데, 다 맛이 없었다고 한다. 현지 가이드에게 물어 보니, 필자가 마신 것은 주인이 내놓은 것이라 품질이 좋은 것이라 한다. 파는 것은 하급이라고 한다. 이 말을 들으니 이곳의 인심이 그리 좋지 않거나 상거래 문화의식이 세련되지는 않은 듯한 느낌을 받았다.

등에 잔뜩 뭔가를 지고 가는 아주머니들, 군인들, 노새 3마리를 끈도 묶지 않고 몰고 가는 등산복 차림의 현지인, 길가에 앉아 있는 노점상들, 털이 제멋대로 나 있는 내성적인 검은 디(야크의 암놈) 한 마리, 마음씨 좋은 착한 큰 누렁이 등이 우리 일행들의 배회徘徊 관광과 더불어 황량한 2,700m 고지의 히말라야 산중 마을의 아침을 통과하고 있다.

일행 중 한 분이 사과 말랭이를 주는데 괜찮다. 필자는 노점에서 사과를 사서 하나씩 돌렸다. 연두색 빛이 나는 노란 사과 하나의 크기가 조그마하다. 18개에 100루피+2달러이다. 한 개 10루피(100원) 정도 된다. 여기에서 좀 더 가면 사과를 재배하는 마을이 있다고 한다. 고랭지 사과라 그런지 텁텁하지 않고 먹을 만하다.

'디 치즈'라고 적어 놓은 가게에서 1,000인도루피어치 샀다. 1kg에 800인도루피였다. 이 자리에서 다 나눠 먹으려고 샀는데, 양이 너무 많다. 일부를 잘게 썰어 일행들에게 하나씩 맛보라고 주었다. 그러던 중에 일행 중 한 분이 사과를 더 사 와서 2~3개씩 돌린다. 보석가게도 있고…. 일행 중 한 분이 은팔찌 하나를 구입했다. 나중에 봤는데 세공이 괜찮은데 가격도 저렴하다. 이 척박한 산중에 어찌 이런 세공 기술이 발전했을까 하는 생각이 들었다.

동네 작은 슈퍼 앞에 아기들이 있어서 가 보니 생김새가 한국인의 얼굴이다. 조금 전 들렀던 머제스티 호텔의 사장님도 몽골리안이었는데, 그러고 보니 노점상을 펴 놓고 앉아 있는 이들도 몽골리안 같았다. 히말라야로 들어오니 몽골리안의 인구 비율이 높아졌다. 네팔은 남부 저지대에는 아리안족들이 많이 살고, 북부 산악 지역에는 몽골리안들이 많이 거주한다고 한다.

음악으로 치료한 고산증

이리저리 놀다가 날씨도 쌀쌀하고 해서 조금 일찍 공항 대합실로 들어오니, 현지 가이드가 우리 일행 중 한 분이 고산증이 시작되었다고 말해 준다. 얼굴을 보니 핏기가 없다. 잠시 기다렸다가 검색대를 통과해서 대합실에서 기다리는데, 고산증에 걸린 분이 울기 시작했다. 어찌 해 보라고 해서 가 보니, 창밖을 보면서 서서 울고 있는데 대책이 없다. 마침 연세가 두 번째로 많으신 보살님이 옆에 오셔서, 그 보살님에게 좀 안아 주라고 했다.

그런데 이때 이벤트가 진행되었다. 여행사 사장님이 녹음기에서 디스코 경음악을 튼 것이다. 서로 춤추어 보라는 권고의 말들이 오가다가 현지 가이드에게 청이 들어가자 그는 마다하지 않고 가운데로 나와서 춤을 추기 시작했다. 그러자 제일 연세 많으신 보살님께서 일어나셔서 가이드를 따라서 닮은 꼴 춤을 추기 시작했다.

둘이서 신나게 듀엣으로 춤판을 벌이더니 이내 제일 연세 많으신 보살님이 바톤을 두 번째 연세 드신 보살님에게로 넘겼다. 연속해서 춤판이 벌어졌다. 손뼉 소리가 대합실을 울렸다. 뒤쪽 대합실 문이 빼쭉 열리더니 공항 여직원이 관람객을 자청한다. 들어와서 같이 놀자고 하니까 마음이야 놀고 싶은데, 직원 유니폼 때문에 안 된다고 사양한다. 바깥에서도 직원들이 모여서 우리가 놀고 있는 모습을 보고 즐거워한다.

녹음기 음악이 끝나자 이번에는 생음악이 준비되었다. 부부 동반으

| 포카라의 상징 페와 호수 |

로 오신 보살님이 '내 나이가 어때서'라는 노래를 부르기 시작했다. 흥은 다시 살아나고, 18번인가 보다. 노래 솜씨가 가수 못지않다. 춤과 노래가 막을 내리자 울던 사람이 웃고 있고, 고산증은 씻은 듯이 치료되었다. 음악의 힘이었다.

감동의 설산 비행

구름이 끼어 날씨가 좋지 않아 오전 9시 출발이 계속 미뤄지고 있었다. 이곳은 오전에만 비행기가 뜬다. 오후가 되면 바람이 많이 불어서 비행이 불가능하단다. 사실 나는 내심 비행기가 뜨지 못했으면 했다. 그렇게 되면 지프차로 포카라로 가면 되기 때문이다. 물론 그리 되면 포카라까지 6~7시간 걸릴 테니 카트만두로 가는 예약비행기 취소 등등 문제가 발생할 것이다. 하지만 자연재해로 인한 것이니 무슨 방법이 있지 않을까? 이런 망상을 피우고 있는 사이에 50분도 안 기다려 비행기가 와 버렸다.

우리는 다시 20여 분 간 설산 비행을 했다. 올 때와는 달리 맨 앞좌석 조종사 바로 뒷자리에 앉았다. 조종사 캐노피로 다가오는 설산의 위용! 창공의 푸르름마저도 없이 하얗기만 한 삼각의 연이은 봉우리들에 뛰어들 듯 다가가자 자신도 모르게 감동의 눈물이 줄줄 흘렀다.

포카라 관광

포카라로 돌아오자 바로 페와 호수로 갔다. 4명 1조씩 보트를 타고 한 시간 남짓 되는 뱃놀이로 여유와 낭만을 즐겼다. 바쁘게 다녔던 이번 순례길에서 가장 한가롭고 유유자적한 시간이었다. 같이 탄 보살님들이 찬불가를 연이어 계속 불러 준다. 설산의 흰 봉우리들을 보며 받은 감명이 노랫소리에 이어져 계속 눈물이 났다.

뱃놀이를 마치고 티베트 난민촌을 버스 투어로 돌아 나왔다. 2년 전에 난민촌 상가건물에 들렀는데 양탄자 제품이 많이 전시되어 있었지만 운반하기에 무겁고 가격도 만만찮아 구입하는 사람이 없었다. 물건을 사지도 않으면서 들어가 본다는 것이 마음에 내키지 않아서 버스 투어로 끝냈다. 티베트 난민촌의 건물들은 서양에서 지원한 것이며, 땅은 네팔 정부가 내준 것이라고 한다. 겉으로 보기에는 네팔 사람들의 건물보다 좋아 보이지만, 티베트인들은 무국적자無國籍者들이다.

그런데 티베트 난민촌 상가 건물을 버스로 돌아 나오는데, 벽에 붙은 수많은 얼굴들, 아! 그것은 티베트 독립을 위해 분신焚身한 분들의 사진이었다. 1959년 3월 중국에 의해서 6,000여 개의 불교 사원이 파괴되고 12만 명의 티베트인들이 학살된 후로 티베트 독립을 위한 염원이 분신으로 이어지고 있는 것이다.

2009년 이후 2014년 2월 13일까지 분신한 분들만 126명(사망자 108명)이라고 한다. 그러나 현지 가이드는 이 숫자보다도 훨씬 많은 숫자의 사

| 지하로 흐르는 데비 폭포 |

람들이 매년 분신하고 있다고 말한다. 두 손 모으고 마음을 다해 기원한다. 티베트 사람들의 고통이 하루 빨리 끝나기를!

티베트의 슬픔을 뒤로 하고, 데비 폭포를 관람했다. 이 폭포는 평지에서 지하로 협곡을 만들며 물이 떨어져 내리는 폭포이다. 2km 정도 떨어진 곳에서 물이 다시 솟아난다고 한다. 데비는 이 폭포에서 사망한 서양인 여자 이름이다.

관람을 마치고 데비 폭포 입구에 늘어선 공예품 등이 빼곡히 들어찬 가게들을 지나, 길 맞은편에 쇼핑을 하러 갔다. 네팔에서 생산한 캐시미어 제품(티셔츠, 가디건, 목도리 등)이 많이 전시되어 있는 가게이다. 현지 가이드에 따르면, 본래 캐시미어는 파시미나pashmina라고 불리는 네팔산 양모羊毛 제품이었다고 한다. 그런데 네팔에 내전內戰이 있은 뒤로 생산이 중단되자, 인도의 카슈미르 지역에서 파시미나와 동일한 제품을 생산하기 시작했고, 그것이 널리 알려졌다고 한다. 아직도 서양에서는 파시미나라는 이름을 기억하고 있는 사람들이 제법 있다고 한다.

쇼핑센터에 들어갔다가 일찍 나오니 버스 앞에서 교복 입은 아이들과 만났다. 교복 입은 학생들과 만난 것은 인도의 바이샬리 원후봉밀터에서 만나고는 두 번째인 듯하다. 아이들과 조금 놀고 나니 도로 위에서 송아지가 어미 소의 젖을 빨고 있다. 사람도 짐승도 모두 아이들이 많은 곳, 인도와 인도 대륙의 연장이다.

포카라에서 카트만두로

오후 1시 30분경 포카라를 떠나 동쪽으로 약 200km 떨어진 네팔의 수도 카트만두로 가는 비행기가 이륙했다. 오늘은 다양한 교통수단을 이용하는 날이다. 아침에 두 번의 경비행기에 올랐고, 보트를 타고 난 뒤에 이제 세 번째 비행기이다. 길었던 버스 여행 시대가 마감을 하자, 공기 가운데와 물 위를 다니는 시절이 도래한 것이다. 버스가 타기는 쉽고 가는 것이 멀다면, 비행기는 타기가 어렵고 가는 것은 짧다. 비행기는 타자 내리고 바로 이어지는 다른 환경에 어리둥절하다.

설산이 비행기 진행 방향의 왼편에 펼쳐진다. 그러나 아침부터 계속된 구름으로 인해 히말라야는 제 모습을 제대로 보여 주지 않는다. 비행기 아래로 넓은 분지에 2층 내지 3·4층쯤 되어 보이는 수많은 붉은 벽돌 집들이 점점이 들어찬 넓은 분지가 나타난다. 해발 1,324m의 카트만두 Kathmandu다. 인구는 340만여 명(2009년)으로 추정한다. 최근 20년간 인구가 세 배로 증가했고, 높은 산들을 빠져 나가지 못하는 공해가 심각하다. 하지만 카트만두는 세계 10대 여행지 중 3위, 아시아 1위를 기록한 곳이다.

카트만두 공항에 오후 2시쯤 도착했다. 그런데 이 공항에는 짐 찾는 컨베이어 시스템이 없고, 대신 인력 수레 시스템이다. 복잡하기 이를 데 없는 좁은 짐 찾는 공간에서 잠시 짐을 기다리는데, 그곳의 한 기둥에 붙은 사람을 찾는 포스터가 눈에 들어온다. 39세의 독일 남자 우미트이다. 5일간(13~18일)의 안나푸르나 트레킹 티켓을 구입하고는 2월 21일자 비행기를 타지 않은 채 연락두절이라고 한다. 연락처와 보상금 5만 네팔 루피가 적혀 있다.

여행사 사장님이 우리를 먼저 대기하고 있는 버스로 가서 승차할 것을 지시한다. 짐 보이를 구한 모양이다. 짐 찾는 곳의 왼편으로 나와서 좌회전하니, 넓은 광장 끝에 버스가 대기하고 있다. 저 멀리 산들로 둘러쳐

| 도로 위에서 어미 소의 젖을 빨고 있는 송아지 |

| 비행기에서 내려다 본 카트만두 |

진 카트만두를 느끼기에 좋은 광장이다.

　버스 안이 아니면 그늘이 없는 광장이다. 버스 조수가 16살 된 소년이다. 귀엽게 생겼다. 자꾸만 정감이 간다. 조금 기다리니 짐 보이들이 트렁크를 잔뜩 싣고 온다. 버스가 움직이기 시작하더니 점심 공양할 레스토랑으로 출발했다.

　20분 남짓 이동해서 2시 45분경 도착한 곳은 아티티Atithi라는 레스토랑이었다. 레스토랑 안으로 들어서니, 중앙에 연화좌 위에 사방불이 조각된 불탑을 모셔 두었다. 작은 무대도 설치되어 있고, 음식 그릇도 유기 그릇이다. 제법 고급스런 레스토랑이라 느껴지는데 서빙 방식이 요리가 하나씩 시간 차를 두고 차례대로 나오는 방식이다.

　음식 향이 인도와는 또 달랐다. 그러다 보니 우리 일행들은 요리가 나올 때마다 거의 난색을 표했다. 필자도 인도에 비해 적응하기가 좀 더 어려웠다. 식후에 짜이를 한 잔씩 달라고 해서 마셨는데, 짜이 맛도 인도와 약간 차이가 있었다. 생강을 넣은 것이 인도 짜이와의 차이라고 한다. 짜이 맛은 쿠시나가르에서 절정에 달한 이후 계속 내리막길임이 확인되는 순간이었다.

공양을 끝내고 1시간 만에 아띠티 레스토랑을 나오니, 꽃잎을 가득 담은 수반이 레스토랑 입구 가운데에 놓여 있었다. 이것이 어떻게 들어 갈 때는 보이지 않았을까? 감각기관과 외부 사물의 접촉, 반복적 지각과 인식, 선입견과 편견 등의 작용을 거치는 인식 과정에서 왜곡은 있게 마련이다. 더욱이 처음 보는 곳에서는 파악해야 할 것이 너무 많아 미처 보지 못한 사물들이 종종 있는 일이긴 하지만, 이 꽃 수반은 현관 중앙 통로에 있었음에도 알아채지 못했던 것이다.

꽃나무에서 떨어졌지만 아직은 화려한 꽃 수반을 뒤로 하고, 네팔 왕궁으로 향했다. 버스를 타려는데 눈 마스카라를 진하게 한 여자아이의 얼굴이 한국인의 그것과 다르지 않다. 네팔 문화의 풍습에는 어릴 때부터 눈 주위선을 검게 칠하는 화장이 발달했다고 하는데, 건강 면에서도 눈에 좋다고 한다.

30여 분을 달려 왕궁에 도착했다. 오후 4시 20분, 광장 진입로 입구의 5층 왕궁 건물에서 늘어진 겹겹의 전깃줄들이, 자신의 질감을 탈바꿈시키기 시작하는 오후의 햇살을 금빛으로 반사시키고 있다.

네팔의 역사, 그리고 종교와 문화

'신의 보호'라는 뜻을 가진 네팔은 히말라야 남쪽에 위치하고 있다. 동서 850km, 남북 250km 정도의 직사각형의 영토에 8,000m 이상의 봉우리가 8개이며, 산악과 남부 저지대가 공존하는 지형이다. 인구는 약 3천만(2008년) 정도이다. 종교는 힌두교 80.6%, 불교 10.7%, 이슬람 4.2%

라고 한다. 종족은 75개, 아리안족 80%, 몽골족17%, 기타 3%의 다민족 국가이다. 공용어는 네팔어(50.3%)이고, 다수의 부족어가 쓰이고 있다.*

네팔의 역사

기원전 6~7세기경부터 네팔의 중앙 산지에 여러 부족국가가 분포했다고 전해진다. 인도의 대서사시 마하바라타에 히말라야의 동북쪽에서 진출해온 키라티 왕조가 1,000여 년간 존속했으며, 기원전 6세기 석가모니 부처님께서 룸비니에서 출생하셔서 부처님의 탄생국이 되었다. 그 후 아소카왕이 룸비니와 구나함모니불의 탑을 방문하고, 파탄에 5기의 탑을 세우기도 했다.

그러나 2~3세기 인도 북부에서 진출한 릿차비 왕조가 들어서면서 불교가 쇠퇴하고 힌두교가 융성하기 시작했으며, 879년 릿차비 왕조를 대신해서 티베트 계통의 타쿠리 왕조가 세워지면서 티베트 불교가 들어오게 되었다.

1,200년 타쿠리Thakuri의 아브히르 데바Abhir Deva에 의해 건국된 말라 왕조는 18세기까지 550년간 존속하면서, 아름다운 왕궁과 사원 건축, 종교적 축제의 도입 등 네와르 양식(Newar style)이라는 예술 양식을 창조해 내면서 네팔 문화의 황금기를 이루었다. 전기 말라 시기에 자야스티티 말라(Jayasthiti Malla, 1382~1395)는 네팔을 불완전하긴 하지만 하나로 통합하고, 불교의 다르마Dharma를 기반으로 최초의 체계적이고 포괄적인 법률을 제정하였다. 이후 20세기에 이르기까지 모든 네팔 법률의 기초가 되었다. 그의 손자 야크샤말라Yakshya Malla왕(1429~1482) 때 전성기를 맞이하였는데, 그는 자신의 세 아들 모두에게 왕국을 상속해 줌으로

---

* Nepal Concept Paper, 2012.

써 왕국은 그의 사후 박타푸르, 카트만두, 파탄의 세 왕국으로 분할되었다. 이때부터 후기 말라 시대가 시작된다. 이 시대에 세 왕국의 경쟁은 웅대한 왕궁, 사원 건물을 짓고 음악과 문화를 발전시켰으며 금강승에 기초한 네팔 불교문화의 성격이 규정되었다고 한다. 현재 카트만두 계곡에 있는 세 개의 더르바르* 광장에서 볼 수 있는 사원 건축과 왕궁들이 바로 그것이다. 이 시기에 네팔은 다시 46개의 토후국들로 분열되었다.

1769년 구르카 왕국의 나라얀 샤Shah왕이 샤 왕조(1768~2008, 사실상으로는 1768~1846의 78년간, 1959~2008의 48년간)를 세우면서 통일국가를 형성하고 영토 확장을 꾀해 카슈미르, 시킴, 테라이(네팔 남부 저지대)까지 정복하면서 인도의 고락푸르를 포함, 현재의 2배에 이르게 된다.

그러나 청나라와 영국에게 차례로 패하면서 영국과의 1816년 수울가리 조약으로 시킴과 테라이 지역을 빼앗기는 등 영토가 축소되었다. 이후 외교적 고립 노선과 라나 가문의 오랜 독재(1846년 9월~1959년초, 104년간), 왕정 부활, 독재의 강화, 부패와 항거 등 정치적 혼란을 계속하다가, 1996년 마오주의자**들이 인민전쟁을 선포, 2006년까지 내전을 겪으면서 국가경제는 완전히 황폐화되었다.

네팔 역사에서 뺄 수 없는 것이 구르카 용병이다. 1846년 왕국의 주요 인사들을 모두 제거하고(코트 학살) 권력을 장악한 바하두르가 '라나(왕)'에 올라 인도의 세포이 항쟁(1857~1859)에 구르카 병사들을 파견하였다. 그로부터 1·2차 세계대전에 30만 명이 넘는 병사들이 영국군으로 편입되어 참전하였다고 한다. 영국으로부터의 보답은 테라이 지역 회복, 영국으로부터의 완전 독립이었다고 한다.

---

* 더르바르는 왕궁을 의미한다.

** 네팔 통일공산당(Unified Communist Party of Nepal). 1994년 창당, 마오쩌둥의 이념을 추종.

2차 대전 때 정글전에서 쿠크리kukri 나이프* 하나로 그때까지 정글전의 제왕이었던 일본군을 초토화한 것과 포클랜드 전쟁 때 아르헨티나 군에게 지옥의 대명사로 통한 것은 잘 알려진 사실이다. 그 후로도 구르카 용병들은 세계 각지에 파견되어 네팔의 주요 수입원이 되고 있으며, 지금도 많은 네팔의 젊은이들이 용병으로 해외로 파견되고 있다고 한다.

생존과 생계를 위하여 전쟁터에 복무하러 간다는 것은 전쟁터로 나가는 사람, 보내는 사람, 또 국가도 힘든 일이 아닐 수 없을 것이다. 성스러운 히말라야의 설산 아래 살면서 오랜 기간 힌두교와 불교를 신봉해 왔으며, 이들 종교가 불살생과 평화를 강조한다는 점을 생각하면, 내전과 해외 용병 파견으로 현대사를 점철하고 있는 네팔이 안타깝다.

오랜 역사를 가진 네팔의 문화유산은 카트만두에 집중되어 있다. 유네스코 세계유산으로 카트만두에만 7개, 즉 3개의 왕궁(카트만두의 하누만도카 더르바르 광장, 랄리푸르 파탄의 더르바르 광장, 박타푸르의 더르바르 광장), 2개의 불교 사원(스와얌부 나트, 보드나트), 2개의 힌두 사원(파슈파티, 창구나라얀)이 등재되어 있다. 룸비니까지 네팔에는 총 8개의 문화유산이 유네스코에 등재되어 있는 셈이다.

네팔의 종교·문화

고대 네팔의 시작은 석가모니 부처님의 탄생, 아소카왕의 네팔 방문, 그리고 석주와 불사리탑의 건립으로 이어져 불교와 큰 인연이 있었다. 아소카왕은 지금의 네팔 지역인 석가모니불의 탄생지인 룸비니와 과거 5불인 구나함모니불의 탑을 직접 방문했다고 한다.**

---

* 구르카족들이 사용하는 단검. 칼 앞쪽 폭이 넓고 아래로 휘어져 있다.

** 자세한 내용은 〈12장-탄생의 룸비니 '카필라바스투 위치에 대한 이설들'〉편을 참조.

| 스와얌부 나트의 티베트 절에 모셔진 문수보살과 칼 |

　현지 가이드에 따르면,《스와얌 브란》이라는 네팔 전승 경전에는 문수보살이 안나푸르나 안쪽의 묵티나트 마을에서 탄생하셨고, 구나함모니불과 구류손불이 네팔 남쪽에서 출생하셨다고 기록하고 있다고 한다. 석가모니불까지 세 분의 부처님께서 히말라야 산록의 네팔 땅에서 태어나신 것이다. 우리의 고대사에서 신라에도 과거 7불이 설법하던 절 이름이 구체적으로 남아 있다.

　이와 같은 고대 시대에 있었던 네팔의 불교와의 인연은 인도 북부에서 들어온 릿차비 왕조의 힌두교와 카스트제도 도입으로 희미해지는 듯하였다. 그 후 티베트와 가까웠던 타쿠리 왕조와 카트만두 대부분의 유산들을 만든 13세기~18세기 말라 왕조를 거치면서, 네팔 불교의 정체성을 완성하게 된다. 특히 말라 왕조는 14세기 이슬람의 카트만두 침입을 물리치고 불교 중흥의 토대를 마련하지만, 미술과 건축을 발전시키면서 밀교 쪽으로 정신적 지향을 보여 순수 불교적인 것과 순수 힌두교적인 것을 구분하기 어렵게 되었다. 말라 왕조를 이은 샤 왕조는 힌두교를 신봉함으로써, 시간적으로는 불교와 힌두교의 교차적 진행, 공간적으로는 남쪽의 인도와 북쪽의 티베트 문화의 수용이 불교와 힌두교의 융합, 공존을 두드러지게 하였다.

인도가 불교와 힌두교와의 공존 시대를 일찌감치 마무리하고(8~12세기), 무굴 제국과 영국 식민지 시대를 거치면서 수백 년 이상 이슬람과 기독교의 지배하에 힌두교를 신봉해 왔다면, 네팔은 비록 정치적으로는 혼란스러웠으나 종교적으로는 불교와 힌두교의 교차와 공존이라는 종교적 평화의 지속을 최근까지 이어온 나라이다. 게다가 불교의 교세가 10%(비공식적으로는 이보다 훨씬 더 많다는 주장이 있다)를 넘어서인지, 인도보다도 훨씬 더 힌두교와 불교의 융합이 두드러져 보인다.

카트만두의 문화유적

카트만두는 야크샤말라왕의 둘째 아들이 상속한 곳이다. 말라 왕조의 네와르족들은 문화·예술을 진흥시켜 네와르 양식(Newar style)이라는 예술 양식을 창조해 내었다. 그들이 남긴 훌륭한 건축물들은 현재에 이르러서는 모두 유네스코 문화유산에 등재되었다. 독자적 양식의 창조라는 절정에 다다른 그들만의 기술을 가진 것으로 평가되는 네와르족은 카트만두 계곡의 토착족으로 네팔에서 여섯 번째의 인구를 가진 소수민족이다. 인구는 124만 5천여 명(네팔 전체인구의 5.48%, 2001년) 정도이며, 네팔 전체에 분포해 있으나 특히 카트만두에 많이 거주해서 카트만두 인구의

| 더르바르 광장 입구 |

30%를 차지하여 카트만두 인구 1위의 부족이다.

더르바르 광장

우리가 도착한 곳은 카트만두 더르바르 광장(Kathmadu Durbar Square)이다. 카트만두 더르바르 광장은 하누만 도카의 더르바르 광장이라 하기도 하는데, 이를 해석하면, '원숭이 신(神)의 문이 있는 왕궁 광장'이다. 이곳은 말라 왕조(1201~1769)와 샤 왕조(1768~2008)의 왕궁으로서 왕과 왕가의 사람들은 궁전만을 지은 것이 아니라 궁전 주변에 많은 사원들을 함께 건축하였다. 그러므로 이곳은 왕가의 거주지이며, 국정을 통할하고, 종교적 신행을 하는 복합적인 장소이다. 7세기부터 여기에 왕궁이 있었다고 하나, 지금의 방대한 건축물들 대부분을 주관하고 설계한 것은 17세기

프라탑말라왕이며, 1500~1800년에 정점에 이른 고도로 발달된 문화를 보여 준다.

이 광장의 사원들은 모두 힌두교 사원인데, 궁전과 사원이 좁은 공간에 함께 배치된 것은 네팔 왕조들의 강한 종교적 성향을 보여 준다고 생각된다. 그들의 통치는 종교 행위와 분리될 수 없는 것이었다.

카트만두 더르바르 광장은 뛰어난 목조각이 인류 최고 수준이라는 건축물들이 즐비한 곳이다. 건물이 너무 많고 복잡하므로 이해를 돕기 위해 광장을 크게 세 부분, 즉 ①수공예품 시장이 형성되어 있는 노천시장 광장, ②시바 사원을 중심으로 힌두 사원들이 모여 있는 시바 사원 광장, ③왕궁 입구와 가까운 몇몇 사원들이 배치된 하누만 광장으로 구분해 볼 수 있다.

노천시장 광장

노천시장 광장은 목재, 석재, 청동, 벽돌 등을 다루는 솜씨가 세계에서 가장 뛰어난 것으로 인정받고 있는 네와르족들(말라 왕조를 건설한 종족)이 만든 놋그릇, 목조각, 석공예, 금속공예 등의 수공예 제품들을 큰 광장의 중앙에 늘어놓고 있다. 노천시장은 유럽풍의 흰색 궁전인 가디 바이탁 Gaddi Baithak과 가장 높은 9층의 바산타푸르Basantapur 탑의 바깥마당이라고 할 수 있다. 노천시장에서 볼 때 흰색 궁전과 그 옆의 9층탑 너머가 왕궁 안이다. 가디 바이탁은 19세기 라나 가문의 집권 때 유럽풍으로 지어졌는데, 주변의 건물과 조화를 이루지 못하고 있다.

시바 사원 광장

노천시장에서 들어가면서 볼 때, 노천시장의 끝에 쿠마리 바할(왼쪽)과 흰색 궁전(오른쪽) 사이를 입구로 해서 흰색 궁전 쪽(왕궁 쪽)으로 펼쳐

| **시바 사원 광장** | 왼쪽은 비슈누 사원이고, 오른쪽은 시바 사원이다.

진 또 하나의 광장이, 중심에 시바 사원을 모신 힌두 사원군 광장이다. 광장 중앙에 가장 규모가 큰 시바 사원인 마주데발(Maju Deval, 17C 박타푸르 황태후 건립)이 위치해 있고, 이 시바 사원을 중심으로 몇 개의 사원을 배치했다. 그 기본 구조는 시바 사원의 양 옆에 비슈누 사원과 시바-파르파티 사원을 두고, 입구에 순례자들을 위한 객실 건물(카스만다프 사원)을 배치한 형태이다.

시바 사원에는 많은 사람들이 계단마다 앉아 있다. 그 앞에 시바신이 타고 다니는 난디를 모신 흰 탑이 있고, 양 옆으로는 자전거 릭샤가 줄지어 서 있다. 난디는 등에 혹이 난 흰 수소로서 생명의 어머니로 존경받으며, 뭇 짐승의 수호신이자 생식과 종족 번영의 상징이다.

시바 사원 오른쪽 옆에 시바와 부인 파르파티가 창문으로 나란히 얼굴을 내밀고 있는 사원이 시바-파르파티 사원이다. 다른 이름으로 나우두르가 만디르라고 하며, 18세기 고르카 왕조의 바하두르 왕이 창건했다.

| 시바-파르파티 사원 | 시바와 부인 파르파티

시바 사원의 왼쪽 옆에 비슈누 신을 모신 나라얀 사원과 이 사원을 향해 무릎을 꿇고 있는 가루다의 석상이 있다.

노천시장 광장의 반대편 입구에 순례자들의 숙소인 카스만다프 사원이 있다. 나무 한 그루로 만든 것으로 유명하며, 여기에서 카트만두(하나의 나무로 만든 도시)라는 지명이 유래했다고 한다. 네팔에는 이런 나무들이 흔하다고 현지 가이드가 말한다.

바로 옆에 코끼리 얼굴의 가네샤Gaṇeśa 신을 모신 조그마한 아쇼크 비나약 사원이 자리를 잡고 있다. 가네샤는 시바신의 첫째 아들로서, 시바신이 자신의 아들인 줄 모르고 머리를 잘라 버렸다가 급히 살려 내기 위해 코끼리의 머리를 붙여서 코끼리 얼굴을 하게 되었다고 한다. 가네샤는 '군중의 지배자'라는 뜻으로, 장애물을 없애 주고 행운과 번영을 가져다 주는 지혜와 학문의 신이다. 힌두인들에게는 매우 친숙한 신이며 가장 인기 있는 신이라고 한다.

하누만 광장

쿠마리 바할에서 나와 정면으로 계속 걸어가면 시바-파르파티 사원

의 오른쪽 옆길로 이어져 길이 두 갈래로 갈라진다. 길을 건너지 않고 오른쪽에 데구딸레 사원이 있고, 길 건너 전면에 프라탑말라왕의 석주가 있다. 석주를 프라탑 드바자(Pratap Dhvaja)라 하는데 프라탑말라왕이 세운 사각 돌기둥으로서, 기둥 상부에 자신의 두 부인, 그리고 세 아들의 조각상이 있다.

석주 바로 옆에 비둘기 떼로 뒤덮인 자간나트Jagannath 사원이 있다. 자간나트는 우주를 의미하는 Jagan과 주인을 뜻하는 nath가 합쳐진 말로, '우주의 주인'이라는 말이다. 비슈누Viṣṇu의 한 형태인데, 그의 아바타인 크리슈나Kṛṣṇa, 붓다Buddha를 의미하기도 한다. 바이바라Bhaibara 신으로 숭배되기도 하고, 탄트라 숭배의 전형이기도 하다. 불교적 기원을 주장하

| 자간나트 사원의 목조각 |

는 이들은 이 사원에 부처님의 이빨이 보관되어 있다고 한다. 자간나트
사원은 인도의 카주라호 사원의 미투나 상을 연상시키는 에로틱 조각으
로 유명하다. 미투나 상은 남녀 교합상을 말한다.

　미투나 상은 불교 조각에서는 발견하기 어렵고, 힌두교 조각에서 발견
되는 것이다. 남녀상은 보드가야나 산치 등 고대 인도 초기의 불교 조각
에서 이미 등장하지만 단순 남녀 병립에 지나지 않는다. 굽타 왕조에 들
어서면서 키스나 몸을 접촉시킨 것이 등장하는데 엘로라, 카주라호, 브바
네슈와르, 크나라크 등의 힌두교 조각에서는 성적 결합의 다양한 체위를
나타낸 것이 많다. 힌두교에서는 성적인 에너지도 신성한 것으로 보고,
그것을 한 쌍의 남녀로 상징했다. 남신男神은 본질을, 신비神妃는 현상을
나타내고, 남신과 신비와의 결합은 본질과 현상과의 합일을 나타냈다.

　그러나 성스러운 사원 벽면의 미투나 상 조각을 두고 학자들도 의견이

| 프라탑 드바자 | 프라탑말라왕의 석주

| 바산타푸르 탑 |

엇갈린다. 미국의 역사학자 스텔라 크라미스는 신을 사모하고 가까이 다가서려는 영혼의 성스러운 모습이라고 해석하였다.* 신과 인간과의 포옹을 종교적 환희의 상징으로 본 것이다. 그러나 인도의 고대 유적을 발굴한 알렉산더 커닝엄은 매우 음란하고 저속한 것으로 기록하였다.

석주에서 몇 발자국 더 전진하면 500년 전 우물 공사 때 발견되었다는 죽음의 신 칼 바이라브(Kal Bhairav) 신상이 있다. 칼 바이라브는 시바신의 화신이다. 머리를 잘라 들고 있는 검은 신상이 해학적인 얼굴을 하고 있다. 칼 바이라브 신상에서 왼쪽으로 길 건너편에, 석조로 된 크리슈나 사원이 있다. 석주를 바라보면서 삼거리에서 90도로 우향우하면, 자간나트 사원과 데구딸레 사원 사이로 저 멀리 맞은편에 붉은 천으로 감싸인 원숭이 신 하누만이 있고, 그 바로 오른쪽 옆에 왕궁으로 들어가는 도카(문)가 보인다. 즉, 현재 위치가

---

* 안영배, 2005.

| 왕궁으로 들어가는 문 |

ㄱ자 모양으로 꺾인 긴 왕궁 건물의 ㄱ자 끄트머리 밑이다. 왕궁문(도카)
의 양 옆으로 사자를 탄 시바와 파르파티가 각각 지키고 있고, 문 위에는
크리슈나와 프라탑말라왕 부부의 동상이 있다.

　하누만 신상의 왼쪽 뒤 왕궁 벽에는 15개 언어로 쓴 금석문金石文(17세
기)이 있는데, 이것은 15개의 언어를 해독하는 능력이 있었던 프라탑말
라왕이 행한, 백성들의 문맹을 퇴치하기 위한 노력의 징표라고 한다. 금
석문이 새겨진 왕궁 벽을 따라 왼쪽으로 더 나가면, 왕실 수호 사원인
딸레주 사원이 자리하고 있다. 1564년 지어진 이 사원은 12개의 기단 위
에 높이 36.5m의 거대한 건축물이다. 너무도 신성하게 여겨 이 건물보다
더 높은 건물을 짓지 않는다. 네팔의 가을 축제인 다샤인Dashain 기간에
만 개방한다. 쿠마리 선발이 이루어지는 사원이기도 하다.

　도카를 들어서면 왕궁의 커다란 안뜰인 나살 초크Nassal Chowk가 있

| 왕궁 석조벽에 새긴 15개 언어 |

는데, 춤추는 이들의 마당이라는 뜻이다. 왕의 대관식, 국빈 방문 등 국가적 행사를 거행하던 곳이다. 도카에서 보아 오른쪽 대각선 맞은편에 9층 높이의 바산타푸르 탑이 서 있고, 그 탑의 바깥이 노천시장 광장이다. 바산타푸르 탑은 네팔 목조건축의 위대한 결정체이며, 세계에서도 으뜸가는 다층 목조건축 유산이다.

입구의 왼쪽 앞 모서리에는 둥근 지붕의 판치무키Panchmukhi(말, 사자, 독수리, 멧돼지, 원숭이의 다섯 가지 얼굴을 한) 하누만Hanuman 사원, 오른쪽으로는 트리부반 박물관, 입구의 바로 왼쪽 옆문으로 들어가면 왕의 목욕탕, 왕비 등 여자들의 목욕탕이 이어져 있다. 1830년의 문서에 의하면 35개의 안뜰(초크Chowk)이 있었으나, 지금은 10개만 남아 있다. 일부는 16세기까지 거슬러 올라간다고 한다.

| 쿠마리 바할 |

쿠마리 바할

유명한 쿠마리 바할(Kumari Bahal)은 왕궁의 바깥 노천시장 광장에서 시바 사원 광장으로 들어가는 입구에 위치해 있다. 힌두교의 살아 있는 여신 쿠마리가 사는 곳이다. 쿠마리는 네팔어로 '처녀'라는 의미이다. 쿠마리 바할은 말라 왕조의 프라카쉬말라왕(1736~1746) 때 건립되었다.

이 쿠마리 여신에 대해서 필자가 관심을 갖게 된 것은, 선발 과정의 어려움이나 여신으로서의 삶 이후의 비극적 삶에 대한 애처로움과 더불어 쿠마리 여신의 선발 조건이 부처님의 종족인 석가족 출신이어야 한다는 점에 있다. 여기서 수천 년 전에 비극적이며 거의 종족 내부의 분규에 의해 멸망당한 한 종족의 흔적을 다시 확인할 수 있는 것이며, 제행무상諸行無常과 끝없는 윤회의 철칙이라는 역사의 흐름을 느낄 수 있다.

쿠마리*는 탈레주Taleju 여신**의
화신이다. 여신 탈레주가 인간의 몸
을 빌려 카트만두 왕국에 내려오자,
왕은 여신을 극진히 모셨으나, 너무
나 아름다운 모습에 그만 이성을 잃
게 된다. 인간에게 욕을 당할 뻔한
탈레주 여신은 이에 분노하여 그만
사라지고 말았다. 돌아오지 않는 여
신에게 끈질기게 기도한 왕의 정성
은 결국 탈레주 여신의 마음을 누그
러뜨렸고, 여신은 어린 여자아이를
선택하여 섬긴다면 그녀의 몸에 깃

| 쿠마리 여신으로 추앙되는 소녀 |

들겠노라 약속했다. 이것이 쿠마리의 시작이라고 한다.

석가모니 부처님의 후손인 석가족 중에서 3~5세의 어린 여아 중 32
가지 신체 조건***에 합당하고, 피를 보고도 침착한지를 보는 등 엄격한
기준으로 선발한다. 이마에 '티카'라는 제3의 눈을 그려 넣고 짙은 화장
을 하고 있다. 우기가 끝난 9월, 비의 신인 인드라를 섬기는 인드라 자트
라 축제 때 가마에 올라 시내 곳곳을 순회하며 축복을 빌어 준다. 그때

---

* 네팔에는 약 11명 이상의 쿠마리들이 지역마다 존재하는데, 로얄(왕실) 쿠마리인 카트만두와 파탄
의 쿠마리는 땅을 밟지 못하고 외출도 제한된다. 반면 같은 왕실 쿠마리이지만 박타푸르의 쿠마리는
학교에 다닌다. 2014년 현재 가장 나이 든 쿠마리는 87세의 마이야 샤캬Maiya Shakya(15세 은퇴)이며,
그녀의 남편은 91세라고 한다.

** 탈레주 여신은 네팔 왕실의 수호신으로서 두르가 여신의 화신이다. 두르가는 시바신의 아내로서
8개의 팔을 가진 힌두교의 여신이다. 내면의 악에 대한 내면의 선의 승리를 의미한다.

*** 32가지 신체 조건은 부처님과 같은 성인의 모습을 말하는 것인데, 쿠마리의 32가지 조건은 이것
이 변형된 것으로 보인다. 예컨대, 소라고동 같은 목, 소 같은 속눈썹, 사슴 같은 허벅지, 사자 같은 가
슴, 오리처럼 부드러우면서도 분명한 목소리, 새카만 머리카락, 앙증맞게 작은 손과 발 등이다.

그녀 앞에 국왕이 무릎을 꿇고 복을 구한다고 한다.

네팔 사람들은 쿠마리 여신이 국가는 물론 개인의 미래와 운명에 대한 예언 능력을 갖고 있다고 본다. 어린 여신이 접견한 사람을 보고 크게 울거나 웃으면 심각한 병에 걸리거나 죽음을 암시한다고 본다. 눈물을 흘리거나 눈을 비비면 그의 죽음이 임박했다는 표시이고, 갑자기 부르르 떨면 죄를 지어 감옥에 갈 수도 있다고 한다. 반면 조용히 있거나 침착하다면 소원이 받아들여졌음을 의미한다고 한다.

노천시장 광장의 네팔 커피

1시간 정도의 관람을 마치고, 공예품 노점들이 즐비한 광장의 중앙에 모이니 40분 정도 자유 시간을 준다. 광장의 노점들은 내리쬐는 태양 아래 넓은 광장의 중앙에, 햇빛가리개 하나 없이 덩그러니 펼쳐져 있다.

다리도 아프고 해서 광장 끝에 커피숍이 보여, 거기로 가서 광장과 왕궁을 바라보면서 커피를 한잔 했다. 네팔의 히말라얀 커피 맛을 보는 기회이기도 하다. 일행 몇 분이 동행해서 같이 휴식의 시간을 보냈다. 말이 잘 통하지 않아 주문한 커피가 도착하기까지 시간이 좀 걸린다.

네팔 커피 맛이 많이 향상된 듯하다. 커피라는 게 농사도 잘 지어야 되지만, 보관·유통·관리와 로스팅이나 드립, 커피머신 등 맛을 내는 기술이 발전해야 제맛이 나기 때문이다. 또 커피가 단작 플랜테이션이라 남미의 지력이 쇠해서 동남아시아 쪽으로 그 재배지가 옮겨 오고 있다는 말도 있다. 기후 환경이 적절한 새로운 환경이 커피의 싱싱한 맛을 더 진작시키는 훌륭한 농작지가 될 수 있다는 것이다.

다른 일행들은 다양한 가게들의 온갖 물건들을 구경하러 이곳저곳 다닌다. 슈퍼우먼들이다. 청일점 처사님과 여행사 사장님, 현지 가이드도 공예품 광장 한쪽에 앉아서 휴식 중이다. 남자들은 쉬고, 여자들은 여

| 공예품 시장 |

기저기 계속 다닌다. 최고의 목조건물의 조각에서 보듯이 이곳 사람들의
수공업 솜씨가 보통이 아닌 듯하다. 석가모니 부처님의 후손인 석가족도
그러한 수공업에 많이 종사한다고 한다. 40분이 지나 6시가 되어 다들
모여 가까운 홍차 가게에도 들렀다. 화이트 티와 티백 일람 홍차가 괜찮
았다.

　홍차 가게 앞에서 행상하는 10대의 소년을 만났는데, 2년 전에 만났
던 얼굴이다. 그동안 키가 많이 자랐고 덩치도 커져 아직 앳되긴 해도 제
법 청년 티가 나려고 한다. 그 당시에도 스님들이 이 소년이 어른이 되면
큰 상인이 될 것이라는 덕담을 했던 소년 행상이다. 금색의 철사 팔찌로
여러 가지 모양을 만드는 시범을 완벽한 솜씨로 보여 주면서 열심히 팔
고 있다. 청일점 처사님이 손자 생각이 나셨는지 두 개 사신다.

네팔 민속 공연과 저녁 공양

하루의 긴 일정도 저물어 이제 저녁 공양할 시간이다. 저녁 공양은 여행사 사장님이 네팔 민속춤을 관람하면서 식사를 하는 이벤트를 준비해 주었다. 저녁 7시쯤 레스토랑에 도착하니 시끌벅적하기 그지없다. 우리는 2층의 회랑이 둘러싼 실내의 1층에 자리를 잡았다. 웃사브uTsav라는 간판의 네팔 전통 레스토랑이다. 웃사브는 축제라는 의미이다.

2층은 벽을 따라 설치된 좁은 회랑이라 적은 손님들이 앉고, 1층에는 단체 손님들이 앉을 수 있게 무대를 향해 세로 방향으로 길게 탁자를 세 줄로 놓았다. 가운뎃줄은 이미 모두 차지할 만큼 많은 백인들이 진을 치고 있고, 우리는 들어가면서 오른쪽 줄 앞쪽에 자리를 잡았는데 곧 연이어 들어온 중국(혹은 대만) 사람들이 우리 줄의 뒤쪽에 자리를 잡았다.

곧 음식이 나오고 음악과 춤이 시작되었다. 음식도 입에 맞지 않는데다가 네팔 민속춤과 음악이라는 것이 단순해서인지, 우리의 그것과 가깝게 느껴져서 그런지 이국적 분위기가 덜하다. 1시간을 예의로 앉았다가 나왔다. 한국인들이 흥과 끼가 있는 민족 아니던가! 버스를 기다리는 그 잠시의 시간에 길거리에서 춤판을 벌였다. 우리 문화도 보는 것보다는 행하는 문화로 많이 바뀐 듯하다. 좀솜에서 닭은 꼴 춤으로 히트를 쳤던 노보살님이 네팔 민속춤이 너무 간단해서 배울 것도 없다고 큰소리를 친다.

이 흥분을 가라앉히면서 파탄 지구에 있는 히말라야Himalaya 호텔로 갔다. 호텔 현관에 들어서니 로비 건너편 마당에서는 결혼식이 진행 중이다. 네팔에서 결혼식을 호텔에서 하는 것은 한국과 비슷하고, 밤에 하는 것은 인도 문화의 연장으로 보인다. 인도 문화권에서는 결혼 파티를 새벽까지 하므로 오늘 밤에는 좀 시끄럽겠다고 우려했는데, 다행스럽게도 일찍 끝났는지 조용했다. 저녁 공양도 이미 한 상태이고, 내일은 이번 순례의 마지막 날이고 해서 충분한 휴식도 취할 겸, 아침 9시에 로비에 모이기로 했다.

네팔로 들어오면서부터는 호텔 시설이 인도보다 훨씬 더 좋아졌다. 우리가 들르는 도시가 네팔에서도 큰 관광도시인데다가 네팔 화폐에 대한 원화의 가치가 더욱더 큰 것이 원인일 터다. 어제 포카라의 그랜드 호텔에서는 접견실이 따로 있는 방을 배정해 주더니, 오늘은 5층의 스위트 룸쯤에 해당하는 방으로 안내해 준다.

방의 생김새가 창가를 조금 꺼지게 해서 탁자와 의자, 작은 소파를 두었다. 보통 호텔방에는 다 있기 마련인 탁자, 의자, 작은 소파를 방바닥보다 더 낮게 만들어 배치했는데 처음에는 의아스러웠다. 계속 쳐다보고 있으려니 안정감을 더해주기 위해서라 생각되었다.

오랜만에 호텔에 일찍 들어왔는데도, 불교 성지순례를 마감하고 다른 곳을 자꾸 다녀서인지, 내일이면 이 여행이 마감하는구나 하는 상념 때문인지 빨리 잠자리에 들지 못한다.

네팔의 불교문화와 석가족

새벽 3시부터 깨어서 설친다. 엊저녁에도 잠이 오질 않아 12시 넘어 잤는데 새벽에 일찍 깬 것이다. 잠시 좌선을 한 뒤, 오늘 아침에 가기로 한 석가족 마을에 대한 기대에 부푼다. 석가족 마을에 갈 사람들만 7시에 모여 출발하기로 했다. 현지 가이드가 나와 단 둘이서만 가자고 하는 것을 같이 갈 사람을 모집한 것이다. 석가족 마을 방문은 일정에 없던 것으로, 여기에 와서 현지 가이드 덕분에 이루어졌다. 그는 카트만두에 석가족들이 사는 마을이 따로 있으며 그들을 만나볼 수 있다는 소중한 정보를 제공해 주었다.

석가족의 멸망

부처님의 종족인 석가(샤카Sākya)족은 부처님 재세시 코살라국의 비루다카왕에게 멸망당해 이곳저곳으로 흩어져 버린 종족이다. 그중의 일부가 카트만두 계곡에 살고 있었던 것이다. 경전에 전해지고 있는 석가족의 멸망 원인은 시사하는 점이 많다.

당시 강대국 코살라의 프라세나지트왕이 부처님의 승단과 친밀해지고 싶어서 석가족의 여인과 결혼을 원했다. 자기 종족에 대한 자부심이 강해서 같은 종족인 석가족이나 야소다라비의 종족인 콜리야족하고만 결혼을 해 온 석가족은 프라세나지트왕의 통보를 받게 되자, 아버지는 왕족이지만 어머니는 천민이어서 혈통이 완벽하지 않은 공주를 그 출생을 비밀에 붙인 채 프라세나지트왕에게 시집을 보냈다. 그 사이에 비루다카가 태어나서 열여섯 살이 되었을 때 외가인 카필라성에 갔다. 그가 돌아오기 위해 궁을 나설 때, 한 궁녀가 "에이, 천민의 자식이 앉았던 자리!"라고 하면서 자신이 앉았던 자리를 우유로 씻었다는 것을 알게 되었다. 그는 나중에 왕이 되어 자신을 멸시한 석가족을 피로 씻게 된다.

부처님은 홀로 뙤약볕 아래 그늘 없는 앙상한 나무 밑에 앉으셔서 비루다카왕을 세 번이나 만류하셨지만, 결국 비루다카왕은 네 번째 출정하여 석가족을 멸망시키기에 이른다. 카필라성을 향해 진군하던 비루다카왕이 부처님께 왜 앙상한 나무 아래 앉아 계시냐고 묻자, 부처님께서는 다음과 같이 말씀하셨다.

왕이시여, 친족의 그늘은 참으로 시원한 법입니다.

비루다카왕이 석가족들을 피로 씻기 위해 쳐들어갔음에도 불구하고, 활을 잘 쏘는 석가족이 비루다카왕의 군사들을 화살을 쏘아 위협만 할

| 석가족 마을의 아침 풍경 |

뿐 죽이지는 않자, 비루다카왕은 석가족이 자신의 군사를 죽이지 않는 다는 것을 알고 "우리는 석가족이다"라고 말하는 사람만 죽이도록 명령 했다. 비루다카왕의 군사들이 석가족이냐고 묻는 말에 석가족들은 풀잎 이나 갈대 잎을 입에 물고 '풀잎(혹은 갈대잎) 석가족이 아니다'라고 대답을 했는데, 이것은 사실은 '우리는 풀잎 석가족이다'라고 말한 것이었다.*

또 포로가 된 카필라국의 왕 마하남은 비루다카왕에게 자신이 연못 에 빠졌다가 나오는 동안만 살육을 멈추어 달라고 호소하여 허락을 얻 자 연못 속에 들어가 머리카락을 물푸레나무에 묶어 떠오르지 않았다.

---

* 빠알리어 발음으로, '노 사꼬 띠낭No sāko tiṇaṁ' 혹은 '노 사꼬 날로No sāko naḷo'인데, 띠낭은 풀잎, 날로는 갈대잎, 사꼬는 샤카족, 여기서 노가 '아니다'와 '우리는' 이라는 두 가지 뜻이 있어 '풀잎 샤카 족이 아니다', '우리는 풀잎 샤카족이다'의 두 가지 의미가 다 될 수 있었다고 한다. 일창 스님, 2012.

| 샤카 스토어 |

석가족들이 도망갈 시간을 벌어 준 것이다.

이와 같이 부처님의 세 번에 걸친 만류와 풀잎 석가족의 재치, 그리고 카필라국왕 마하남의 목숨을 바친 희생으로 살아남은 석가족의 일부가 이곳 카트만두 계곡에 살고 있었던 것이다. 이들은 경전에서 강한 자존심과 폐쇄적 결혼 풍습, 활을 잘 쏘는 종족으로 묘사되고 있다.

석가족 마을의 사람들

호텔 레스토랑 음식은 어제 들렀던 두 군데의 네팔 전통 식당과는 달리 네팔의 전통 향이 적어서 다들 만족스럽게 아침 공양을 했으리라 짐작되었다. 일행 중 같이 갈 몇 분이 나와서 아침 공양을 하고 있다. 여느 때처럼 망고 주스와 요구르트로 아침을 때우고 나니 현지 가이드가 벌써 와서 대기하고 있다.

택시 하나로 다닐 수 없어 우리가 타고 다니던 전용 버스로 움직였다. 택시비를 버스 기사에게 약속한 모양이다. 석가족 마을은 호텔에서 멀지 않았다. 버스는 돌아가고 우리는 마을로 걷기 시작했다. 입장료를 주고 들어와야 하는 곳인데 이른 아침이어서 그냥 들어온 것이라고 한다.

현지 가이드의 안내에 따라 세 군데의 석가족 사원에 들렀다. 버스가 다니지 못하는 제법 넓은 골목길을 따라 걷다 보니 길 건너로 샤카 스토어SHAKYA STORE라고 간판에 적어 놓은 구멍가게가 보인다. 한 아주머니가 물건을 팔고 있다. 석가족이냐고 물었더니 그렇다고 한다. 처음으로 만난 석가족이다. 출발 전에 아침 일찍 가면 가게 문을 열지 않아서 못 만날지도 모른다는 얘기를 들은 터라 무척이나 반가웠다.

석가모니 부처님의 혈통을 드디어 만난 것이다. 비루다카왕에게 멸망

| 석가족 사람들 | 1.첫 번째 만난 샤카 스토어 주인 2.두 번째 만난 샤카 스토어 주인

당한 이들이 현재까지 존속해 온다는 것이 놀라웠다. 제행諸行은 무상無常이라, 모든 것은 생겨났다가 사라지기 마련인데, 석가모니 부처님 재세 시에 최고의 전성기를 누렸다고 봐야 할 이 종족이 지구상에 사라지지 않고 자신이 석가족이라는 의식을 가지고 살아가고 있다는 것만으로도 불자의 한 사람으로서 감사하고 감격스러운 일이었다.

처음으로 만난 이 석가족 아주머니는 50대쯤 되어 보였는데, 보름달 같이 둥근 얼굴이 한국의 시골에서 어렵지 않게 볼 수 있는 얼굴이다. 위쪽이 큰 3자 모양의 복스럽고 큰 귀에 몽골리안 미간을 하고 있다. 이목구비가 전체적으로 크고, 코가 높고 하관이 발달한 모습이었다.

구멍가게 석가족 아주머니와 헤어져 또 다른 석가족을 만날 수 있을까 싶었는데, 다시 샤카 스토어를 만났다. 이번에는 처사님이다. 석가족이냐고 물어 보니 그렇다고 한다. 이 석가족은 키가 크고 길쭉한 얼굴에 역시 위쪽 부분이 큰 3자형의 복스러운 귀가 크고 코가 우뚝하고 선이 굵었다. 몽골리안 미간에 이목구비가 크다. 역시 하관이 발달해 있다. 여자를 보았고 남자를 만났으니 이제 아이만 만나면 다 만나는 것이다.

첫 번째 석가족 사원

구멍가게에 반가움을 남겨 두고 길 건너 양쪽 벽돌담이 높은 집 사이의 좁은 통로를 따라 들어가서 우회전하니, 갑자기 제법 넓은 광장이다. 어떤 불교 사원의 마당이었다. 다닥다닥 붙은 누층의 건물들이 마당을 정방형으로 만들고 있었다. 마당 가운데에는 불탑이 있고, 불탑 앞에는 금강저가 놓여 있으며, 금강저 앞 건물 벽에 석굴처럼 구멍을 파서 벽감처럼 작은 법당을 설치했다. 높은 집들로 둘러싸인 사각형의 폐쇄적인 공간이었다. 이러한 건축 배치가 이 지방 불교 사원의 정형인 듯했다. 조금 후에 방문한 두 군데의 석가족 불교 사원 역시 동일했다.

| 첫 번째 석가족 불교 사원의 법당 내부 모습 |

사원 안으로 들어가니 할머니 한 분이 법당에 참배하고 나오는 중이고 주변에도 몇 분이 보인다. 방금 법당에 예배 마치고 불탑에 참배하고 간 할머니가 콜리야족이라고 한다. 사진을 못 찍어 둔 게 아쉽다. 우리는 탑과 금강저를 둘러보고 법당에 각자 예배했다. 법당을 지키는 할아버지가 어디 계시다 나오시는지 얼른 좁은 법당 안으로 들어가서서 예배를 도와준다. 사람 키만한 벽굴 법당이다.

예배를 마치고 나자 어느새 동네 사람들이 많이 모였다. 할아버지와 할머니들이 나오시고 젊은 아버지가 아들도 데리고 나왔다. 모두 석가족들이다. 너무도 반갑다 보니 축제 분위기이다. 할머니 세 분, 할아버지 세

분 그리고 아버지와 아들!

키는 같이 간 일행 보살님들보다 작은 편이었는데, 미간이 역시 몽골리안의 그것으로 한국인과 동일했다. 귀가 매우 크고 날카롭지 않으면서 둥근 콧날이 우뚝 솟았으며, 얼굴의 하관이 발달해 있고 선이 굵다. 결코 인도-아리안족의 얼굴이 아니었다. 오히려 몽골리안의 얼굴에 가까웠다. 게다가 활을 잘 쏘았다는 경전의 기록은 시사하는 바가 크다고 하겠다.

여기에 대하여 법륜 스님도 "석가족이 아리안이냐, 몽골리안이냐에 대해서는 학자들 사이에 이견이 있지만, 부처님의 몸을 황금색으로 칠한 것으로 보아 몽골리안이었을 확률이 높다고 추정하고 있다. 왜냐하면 현재 네팔의 평야 쪽은 아리안 계열이 살고, 산 쪽은 전부 몽골리안 계열이 살고 있으며 카필라성은 히말라야 산 아래 있기 때문이다"라고 석가족이 몽골리안이라고 보는 견해를 피력하고 있다.

부처님의 전기를 저술한 일본인 학자 와타나베 쇼코에 의하면, 마하비라의 고향인 바이샬리의 릿차비족*도 석가모니불의 석가족과 동일한 몽골리안이며, 붓다Buddha 출현의 예언은 몽골리안 계통 민족들의 고유 종교에서 내려오던 전통적 신념의 하나로서, 그러한 미래 예언의 구현자로 등장한 인물들이 석가모니불과 마하비라라고 보고 있다. 불살생, 자애, 해탈의 개념으로 전통 종교를 질적으로 향상시켜 보편화했다고 보는 것이다. 이러한 비非아리안적 전통은 힌두 신화에 등장하는 수많은 전쟁과는 다른 계통이다.

부처님께 반기를 들었던 데바닷다는 싯다르타 태자를 붓다로 인정할 수 없었던 일부 보수적인 석가족들을 대변한다고 본다.

---

* 바이샬리의 릿차비족이 3~8세기에 걸쳐 네팔을 지배했던 릿차비족인지는 알 수 없고, 릿차비족=몽골리안의 공식을 입증하는 문제가 있어서 전적으로 수용하기는 어려울지 모르나 상당히 일리 있는 의견으로 보인다.

| 석가족 사람들 |
첫 번째 석가족 사원에서 만난
석가족 사람들

두 번째 사원과 연꽃연구센터

불교 사원에서 들어갔던 좁은 통로를 되돌아 나와서 가던 방향으로 진행하니 다시 또 '샤카 쟈사Shakya Jyasa'라는 글씨가 쓰인 간판이 나타났다. 그러나 아직 개점 전이다. 간판에 '쉬리바하 랄리푸르Shreebaha Lalitpur'라고 적힌 걸로 봐서 이 지역이 랄리푸르(파탄) 지역의 '쉬리바하'라는 곳인 모양이다. 그 가게를 지나니 곧 우회전해 들어가는 높고 긴 그러나 제법 큰 골목이 나온다. 골목길 양쪽으로는 4~5층 되는 건물의 연속이다.

얼마 가지 않아 오른쪽으로 골목을 꺾어 들어갔다. 길이 점점 좁아지더니 건물 사이 매우 좁은 길을 지나 하얀 불탑 3기가 담장 안에 모셔져 있다. 탑 맞은편 벽돌 벽에는 장식이 세밀한 목조 문이 나있고, 문 옆으로 '연꽃연구센터(Lotus Research Center)'라는 동銅편액이 크지 않게 붙어 있

| **연꽃연구센터** | 장식이 세밀한 목조 문 입구

다. 안으로 들어가니 조그만 정방형의 마당에 불탑, 그 앞 벽에 벽굴 법당이 있다. 법당은 문이 잠겨 있다. 조금 전에 들렀던 곳보다 규모가 조금 작다.

사원 마당의 벽굴 법당 오른쪽 모서리로 들어가 보니 직조 수공업 공장이다. 거기에는 라이족 여성 등 소수민족의 여성들이 물레를 돌리고, 베틀에 천을 짜고 있었다. 얼굴이 한국인과 비슷한 사람들이 많다.

| 연꽃연구센터의 석가족 사람들 | 석가족 부부와 아들

물레는 옛 한국의 그것과 같은 것이다. 일을 하던 여성들이 우리를 반갑
게 대해 준다. 현지 가이드에 따르면, 칸첸중가에 사는 림부족이나 라이
족은 된장찌개를 끓여먹으며, 한국인과 같은 얼굴을 하고 있다고 한다.

작업장을 나서서 사원 마당 입구의 2층으로 올라갔다. 수공으로 짠 천
이 있나 해서 올라갔는데, 입구 벽에 붙어 있었지만 무심코 지나쳤던 연
꽃연구센터였다. 이곳은 한 석가족 가족이 보시를 해서 개설한 도서관
겸 불교연구소였다. 연꽃연구센터의 의장이자 연꽃 아카데미 대학 학장
은 B. R. 바즈라차리야라는 분이라고 적혀 있고 그의 사진도 걸려 있다.

보시를 한 석가족 처사님과 그 부인(석가족)을 만나니 1층의 교실까지
구경시켜 주었다. 일주일에 몇 번 사람들이 와서 불교 공부를 하고 있다
고 한다. 이 처사님에게 석가족이 부처님 당시의 결혼 풍습을 아직도 유
지하고 있느냐, 즉 석가족끼리 결혼하거나 콜리야족과만 결혼하느냐고
물어 보니 그렇다고 한다.

그 부부는 자식을 아들 둘, 딸 하나를 두었는데 첫째는 미국, 둘째는

호주에 가 있으며 셋째는 여기서 도요타 자동차에 근무하고 있다고 한다. 잠시 후 셋째 아들을 만났다. 그는 필자에게 무슨 불교도냐고 물었다. 대승, 테라와다, 티베트, 선 등 다양한 불교가 있는데 어디에 속하느냐는 것이다. 필자는 한국은 선불교라고 대답해 주었다. 그와 이메일 주소를 주고받으며, 자식을 몇 명 두었는지 물으니 두 명이라고 한다. 다른 석가족들에 대해서도 물으니 대체로 많이 낳지 않는다고 한다. 조금 아쉬웠다.

이슬람교도들은 전 세계적으로 자식들을 많이 낳는다. 이것이 전 세계 이슬람 세력 팽창의 주된 동력이 되고 있다. 인도의 인구가 계속해서 급성장하고 있는 것도 인도 이슬람교도의 다산多産이 그 주된 원인이다. 중국의 한족이 변방 소수민족을 복속시키는 주요 정책도 이것이다. 지금은 한족에 대한 엄격한 출산 제한을 하고 있지만, 이미 과포화된 한족들을 변방 소수민족의 터전에 식민함으로써 소수민족의 영토에 대한 한족의 통치를 정당화하고 있는 것이다.

세 번째 석가족 사원

석가족이 지원, 운영하는 불교 도서관과 연구소까지 보고 나니 더욱 기분이 고양된 채 연이어 한 군데를 더 방문했다. 들어갔던 길을 다시 돌아 나와, 처음 석가족 마을로 들어온 큰 길을 따라 올라가니 역시 오른편으로 불탑이 보이는 골목이 나타난다. 이제 제법 적응이 되어서 찾는 요령이 생긴 것이다.

안으로 들어가 보니 상당히 큰 광장에 규모 있는 백색 불탑이 중앙에 모셔져 있다. 불탑은 탑신에 아주 작은 벽굴 법당이 있을 정도로 큰 것이었다. 공사 중인지 대나무 비계를 탑에 얽어 놓았다. 입구 오른편 벽에는 이 사원을 보시, 운영하는 분들의 명단이 적혀 있었는데 모두 석가족들

| 세 번째 석가족 사원의 중앙 백색탑 |

| 세 번째 석가족 사원에서 만난 석가족 사람들 |

의 이름이라고 한다. ~샤카, ~샤카, ~샤카 이런 식이다. 종족의 이름이 성으로 전환되어 쓰이고 있는 형태인데, 족성이라고 하는 것도 있을 수 있는 일이다.

광장의 한쪽 편에는 우물이 있고 한 아주머니가 물을 긷고 있다. 광장 사방이 건물들로 싸여 있는데 한쪽은 아파트와도 같은 건물이 5층 높이로 지어져 있다. 따로 담장이 없고 집의 벽채가 곧 광장의 담이다. 창문을 열면 바로 불탑과 공간을 공유하는 것이다.

이곳에서 할머니와 그 딸, 또 다른 할머니, 초등학생쯤 되는 여자아이, 할아버지 등 다섯 분을 만났다. 모두 석가족이다. 다들 귀가 크고 코가 우뚝하며 하관이 발달해 있다. 여자들보다는 남자들이 훨씬 더 몽골리안의 얼굴이다. 한국인이라 해도 믿을 것 같다. 그러나 여자들은 대체적으로 좀 더 남방적인 이미지에 사각형의 얼굴이었는데, 여기서 만난 할머니들과 그 딸은 거의 몽골리안의 얼굴이었고, 초등학교 여학생은 한국에 데려다 놓아도 구분이 안 될 얼굴이다.

입구 쪽 건물에 서 계시던 할아버지가 손가락으로 자기 자신을 가리키면서 뭐라고 하시는데 "나를 찍게!"라는 말로 들렸다. 가까이 다가가 촬영을 하고 나서 사진을 보여 드리며 "석가족이냐?"고 물으니 그렇다고 하신다.

만남의 시간이 다 되어 갈 즈음 한 할머니가 먹을 것을 달라고 하시는데 마침 가진 게 없었다. 나가는 도중에 귤 하나가 호주머니에 있는 걸 알고 되돌아 달려갔다. 저만치 가고 계셔서 소리쳐 불렀는데 그냥 가버렸다. 옆에 있던 할머니가 귀를 가리킨다. 연세가 많아 귀가 어두워진 것이다. 갖고 있던 것을 그 할머니에게 대신 전해 달라고 드렸다.

다시 돌아 나오는데 누군가 부르는 소리가 나서 뒤돌아보니, 할머니가 사라진 그 5층 건물의 3층에서 한 젊은 남자분과 남자 아이 한 명이 창문을 하나씩 점거하고 필자를 부른 것이다. 손을 흔드니 그들도 손을 흔든다. 외국인에게 아는 척도 하고, 카메라를 보고 사진을 찍어 달라고 하는 듯하다. "아 유 샤카Are you Shakya(석가족입니까?)"라고 소리를 치니, 그렇다고 대답한다. 옆에서 누가 외국인 왔다고 얘기해 준 듯하다. 사진을 하나 찍었는데 전할 길은 막막하다.

1시간 남짓의 석가족 마을 탐방을 이쯤에서 접었다. 시간이 너무도 아쉬웠다. 그러나 기쁘고 환희로운 아침 시간이었다. 택시 두 대를 잡아 타고 호텔로 돌아왔다. 10분도 채 걸리지 않는 거리이다.

법륜 스님은《부처님의 발자취를 따라》라는 책에서 파트나에 대한 설명 부분에서 석가족에 대하여 다음과 같이 말하고 있다.

| 아소카왕 불탑 |

석가족에는 현재 4개의 카스트가 있다. 이곳에 석가족 후예들이 살고 있는데 이제까지 자신들의 카스트의 기원이 석가족인 줄 전혀 몰랐다고 한다. 근대에 학교에서 역사를 공부하며 자신들의 뿌리가 부처님인 줄 알게 되었는데, 1970년대 후반부터 80년대 들어오면서 이 석가족들이 힌두교에서 불교로 많이 개종하기 시작했다. 이 사람들이 모여서 사립학교도 열고 스스로의 힘으로 아쇼카 보드 비하르(Ashoka Bodh Vihar)라고 하는 조그마한 법당도 열었다.

인도에는 파트나뿐만 아니라 샹카시아 근처에 많은 석가족들이 거주처를 만들고 오래 전부터 살아왔다. 힌두교가 인도 전역을 덮을 때에도 그곳은 불교 신앙을 유지해 왔다고 한다. 인도의 스님들 중에는 석가족 출신이 많으며, 석가족 스님들이 증가하고 있다는 얘기도 들리고 있다.

| 아소카왕 불탑을 산책하는 석가족 할아버지 |

네팔에는 카트만두뿐만 아니라 포카라에도 석가족의 거주지가 있다고 한다. 오늘 방문 예정인 스와얌부 사원의 관리권을 석가족 출신 스님들이 넘겨받았다는 말도 들린다. 여기저기 흩어져 살고 있는 석가족 사람들이 지역마다 또 다른 역사를 걸어왔을 것을 생각하면, 석가족 사람들이 얼마나 자기 종족에 대한 의식과 전통을 유지하면서 살아왔는지에 좀 더 관심을 가질 필요가 있다고 느껴진다.

아소카왕 불탑

석가족 마을에서 돌아오는 길의 삼거리에 아소카왕의 탑이 있었다. 시간이 9시까지 30분 이상 남은 터라 현지 가이드를 불러서 탑에 가자고 했다. 택시를 타니 2~3분 거리다. 아소카왕은 법의 순례를 네팔까지 연장하여 카트만두 동남쪽 2천 리 지점에 파탄Patan이라는 도시를 건설했으며 이 신도시의 중앙에 1기, 도시 주변에 4기의 탑을 건립하였다. 그 중의 하나가 이 탑으로 추정되는데 이 탑과 관련하여 다음과 같은 일화가 네팔에 전승되어 온다.

아소카왕은 네팔 방문에 차루마티Carumati 공주와 동행한 것 같다. 그녀는 뒷날 데바팔라Devapāla라는 이름을 가진 한 네팔 크샤트리아와 결혼했다. 이 부부는 네팔에 정착해서 그곳에 데오파탄Deopatan이라는 도시를 세웠다. 차루마티는 생애의 말년에 그 도시 북쪽에 그녀가 창건한 비하라에 은거했다. 그곳은 아직도 그녀의 이름을 가지고 '차바힐의 비하라'라고 불리고 있다.*

현지 가이드는 이 탑이 아소카왕의 차루마티 공주와 관련이 있다고 설명을 했다. 파탄에는 아소카왕이 세웠다는 5기의 탑이 있다고 한다.

탑돌이를 하다가 탑 앞의 가게 앞에 사람들이 모여 있다. 얘기를 해보니 민속춤 학원을 운영하는 선생님이 학생들과 함께 담소 중이었다. 저쪽 실내에서 춤 연습을 한다면서 실내를 볼 수 있게 문을 활짝 열어주는데 한 남자가 북소리에 맞춰서 열심히 연습 중이었다. 네팔의 소수 종족들의 백 가지도 넘는 춤들을 모두 다 가르친다고 하는데 실제로는 대표적인 10가지 정도를 가르친다고 한다.

탑을 돌아 나오는데 석가족 할아버지가 지팡이를 짚고 산책을 나오셨는데 풍채가 좋으셨다. 나이는 82세, 반갑게 인사를 하고 한국에서 온 불교 승려라고 하니, 부처님의 가르침이 널리 퍼지고 오래 지속되기를 바란다고 말씀하신다.

----

* 라모뜨, 2006.

네팔 최초 사원—스와얌부 나트

아침의 행복한 일정을 마감하고 히말라야 호텔로 돌아오니, 호텔 내의 옷가게가 때 아닌 한국 손님들로 북적거리고 있다. 우리 일행들이 몽땅 거기에 들어가 있는 것이다. 옷가게의 개시가 끝나자 우리의 출발도 시작되었다. 오늘 오전 스와얌부 사원 참배는 델리, 홍콩을 거쳐 인천으로 가는 긴 귀국 행로의 시작이자 이번 순례길의 마지막 방문이다.

스와얌부 나트Swayambhunath는 2,000년 이상 된 절로서 네팔에서 가장 오래된 사원이며, 네팔에서는 룸비니 다음으로 신성시 되는 곳이라고 한다. 원숭이가 많아 멍키 사원으로 알려져 있다. 1979년 유네스코 문화유산에 등재되었다.

카트만두 계곡의 기원에 관한 신화를 상세히 전하고 있는《스와얌부 푸라나Swayambhu Purāṇa》에 의하면, 카트만두 계곡의 호수였던 이곳은 과거 7불이 모두 다녀가신 성스러운 곳이며, 모든 부처와 보살의 정신적 지혜를 일깨우는 장소로서 네팔인들에게 인식되어온 곳이다. 과거 7불 중 세 번째 부처님인 비사부불의 예언을 들은 문수보살이 마하친 Mahachin(현재의 티베트)에서 와서 보다 많은 사람들이 빛나는 스와얌부 법계를 순례하도록 하기 위해, 지혜의 검(찬다하사Chandahasa)으로 산을 둘로 가르자 호수가 없어지고 비옥한 땅으로 변했다. 그 후 이 땅은 스와얌부 나트를 비롯한 수많은 사원의 건립과 이후 과거불들과 보살들이 선정에 들고 지혜를 펼친 인연처가 되었다고 한다.

'스와얌'이란 스스로 일어나다, '부'는 땅, '나트'는 사원을 의미한다. 지질학자들에 의하면, 카트만두가 3만 년 전에 호수였다는 것이 밝혀졌다. 지금의 모습은 14세기에 재건된 것이며 17세기에 프라탑말라왕이 그 주위를 확장하고 아름답게 꾸몄다고 한다.

현지 가이드의 설명은 약간 달랐는데, 옛적 히말라야의 호수에 핀 연꽃 위에 대일여래大日如來(비로자나불)께서 출현하셨을 때, 대일여래를 경배하러 온 문수보살이 그 호수에 악한 뱀(용왕)이 살고 있어 사람들을 괴롭힌다는 것을 알았다. 문수보살이 지혜의 검으로 산을 둘로 가르자 호수가 없어지고, 그 자리에 가장 먼저 스와얌부 나트가 떠올랐다고 한다.

이상의 전승에서 문수보살이 티베트에서 왔다고 말해지고 있듯이, 스와얌부 사원 구조의 기본 골격은 티베트 밀교에 바탕을 두고 있다. 불멸 후 400년 뒤(B.C.E. 1세기)에 인도에서 대승불교가 발생하였다고 하면, 그로부터 다시 4~5백년 후인 기원후 3~4세기에 이르면 밀교가 태동, 발전하기 시작하여 7~8세기에 이르면《대일경》《금강정경》등 밀교계 경전이 집대성되었다. 7~8세기에 정점에 이른 인도의 대승불교는 이후 서서히 밀교에 그 자리를 내주었고, 특히 12세기 이슬람의 인도 침공에 의한 강제적·살육적 불교 멸망과 더불어 인도 불교의 후기를 장식한 밀교는 티베트를 비롯한 히말라야 산록으로의 집중적인 이동이 있게 된 것이다. 그러나 네팔 최초의 사원이라는 스와얌부 사원도 이슬람 공격의 예외는 아니어서 이슬람 벵골 군대에 의해 파괴되고 말았다. 현재의 모습은 프라탑말라왕(1641~1674)에 의해 재건된 것이다.

가람 배치

네팔의 사원 양식은 석가족 마을에서 보았듯이, 불보살을 모신 탑을 중심에 두고 그 둘레에 빙 둘러서 사방에 벽감 혹은 사람들의 집들 등으로 둘러싸인 형태를 하고 있는데, 이를 바하Baha 혹은 바할Bahal이라고 한다. 스와얌부 나트 역시 동일하다. 즉, 과거세의 제1불인 본초불本初佛

(Adi-Buddha, 아제불타阿提佛陀)을 위해 세웠다는 스투파*를 중심으로 탑신에 불보살을 모신 여러 개의 벽감을 설치하고, 거대한 중앙탑의 둘레에 마당을 격하고 불보살상들, 봉헌탑들, 스님들이 사는 사원들, 행각승들의 숙소, 각종 사당 등을 설치한 양식이다.

생명과 깨달음의 상징-대형 중앙탑

높이 15m의 대형 중앙탑인 스와얌부 스투파는 거대한 백색의 구형球形 안다aṇḍa(탑신)**와 그에 비해 작아 보이는 사각의 평두와 그 위로 좁게 층층이 올라간 산개와 찰주가 묘한 대비를 이룬다. 산치 대탑의 반구형 안다와도 그 맥을 같이 한다. 인도에서 중국으로 들어온 탑의 양식이 각형角形(주로 사각형)으로 변화했다면, 티베트로 전래된 탑의 양식은 둥근 알의 모양을 그대로 보존한 것이다.

스와얌부 스투파의 탑신에는 9개의 벽감壁龕이 설치되어 있는데, 동서남북에 있는 5개의 벽감은 금강계 오부五部***의 오여래五如來를 배치한 것이다. 즉, 중앙에 위치할 비로자나불毘盧遮那佛을 탑 구조상 중앙에 둘 수 없기 때문에 동방 아촉불阿閦佛 옆에 나란히 배치하였고, 서방에는 아미타불阿彌陀佛 벽감을, 남방에는 보생여래寶生如來 벽감을, 북방에는 불공성취불不空成就佛 벽감을 두었다. 그리고 비로자나불 벽감에서 오른쪽으로 돌면서 간방間方에 금강모金剛母보살, 반다라般陀羅보살, 타라多

---

* 정각, 1993.

** 구형의 안다가 생명의 근원인 알에서 모티브를 가져온 것임은 산치 대탑 편에서 설명한 바 있다.

*** 금강계 5부五部는 불부佛部(중앙의 비로자나불), 금강부金剛部(동방 아촉불), 보부寶部(남방 보생불), 연화부蓮花部(서방 아미타불), 갈마부羯磨部(북방 불공성취불)이다. 오부는 오지五智에 대응하는데, 차례대로 법계체성지法界體性智, 대원경지大圓鏡智, 평등성지平等性智, 묘관찰지妙觀察智, 성소작지成所作智이다. 오지는 제9식, 제8식, 제7식, 제6식이 각각 깨달음에 의해 지혜로 전변한 것이다. 이와 같이 오지-오불五佛-오방五方-오부가 상응한다.

| 스와얌부 나트 중앙탑 |

羅보살, 노사나불盧舍那佛 벽감이 있다. 간방의 벽감에 배치된 불보살상은 전통적인 밀교 만다라Mandala*에 약간의 변형이 있는 것으로 본다.**

스투파의 상륜부를 살펴보면, 안다 위의 평두가 사면체로 되어 있어 안다의 둥근 원과 대조를 이룬다. 평두에는 커다란 긴 눈과 1자의 코를 그려 넣었다. 두 눈은 부처님이 눈뜬 분임을 말한다. 이는 티베트 탑에는 보이지 않는 네팔 탑의 특징이라고 한다. 또한 쌍어문의 변형·수용임은 아요디아 편에서 언급하였다.

코는 네팔 숫자 1의 모양을 하고 있는데 이것은 모든 것은 하나이며 진리에 이르는 길도 하나라는 의미라고 한다. 양 미간에는 제3의 눈이라 불리는 것이 점으로 표시되어 있다. 그것은 우리의 마음에 사물의 본질을 꿰뚫는 위대한 통찰력이 있음을 나타낸 것이다.

입과 귀는 보이지 않는다. 입과 귀가 불필요한 삶! 출가한 스님들의 수행생활을 그대로 잘 표현한 말이다. 우리나라 여성들의 시집살이를 표현하는 말에도 '벙어리 삼년, 귀머거리 삼년'이라는 말이 있다.

평두 바로 위에 마름모꼴의 장식이 있어 그곳에 다섯 개의 불상이 장엄되어 있음을 볼 수 있는데, 그것 역시 중앙의 비로자나불(대일여래)을 중심으로 한 금강계 5부의 부처님들이다.

얼굴 위의 둥근 테는 13층으로 되어 있는데, 위로 올라갈수록 작아진다. 이는 열반에 이르는 수행의 13단계***를 의미한다고 한다. 그 위에 고귀

---

* 밀교에서는 원만 구족한 우주법계를 만다라로써 설한다. 만다라mandala의 '만다manda'는 진수·본질이라는 뜻이며, 접속어미 '라la'는 변한다는 의미이다. 그러므로 만다라는 본질이 여러 가지 조건에 의해서 변하게 된다는 것이며, 이와 같은 의미를 지니는 불화를 뜻한다(한국민족문화대백과사전).

** 이를 밀교의 태장계 구존의 배열을 변형시킨 양식이라고 보는 견해가 있다(정각, 1993).

*** 수행의 13단계는 인왕경의 십삼관문十三關門을 의미한다. 십삼관문은 현자(三賢)가 번뇌를 조복하려 애쓰는 3가지 인행忍行(습인習忍, 성인性忍, 도종인道種忍)과 화엄경의 보살 십지十地를 합한 것이다.

| 금강저와 수호 사자 |

함을 상징하는 산개傘蓋가 씌워져 있다.

　상륜부 전체가 1816년 영국 총독부가 설치된 바로 그 시간에 땅에 떨어져 네팔 인들의 신심을 고취시켰다고 한다. 1825~1826년 새롭게 건조된 것이다.

중앙탑의 주변 배치

　중앙탑 주변에는 많은 사당들과 봉헌탑들이 즐비하다. 그중에서도 좁고 길게 우뚝 솟은 두 채의 백색 사당이 눈에 띈다. 1646년에 프라탑말라 왕이 세웠다고 하는 시카라 식 양식*의 프라타푸르Pratapur와 아난트푸르Anantpur가 동남방과 서남방에 양쪽으로 높이 솟아, 거대하고 하얀 기둥처

---

* 시카라는 산 정상을 의미하며 6~7세기에 발전한 북인도 힌두 사원의 좁고 높은 탑형 건축 양식을 말한다. 남인도에서는 비마나vimana라고 한다.

럼 중앙탑을 호위하듯 서 있다.

또한 서방 아미타불 벽감 바로 앞에는 타라보살이 벽감을 마주하고 있다. 하리티 데비 Hāritī Devi* 사당이 그 북쪽 옆에 있다. 하리티 사당 뒤로 봉헌탑군 후면에 연등불燃燈佛의 입상이 모셔져 있고, 그 옆에 불(火)을 상징하는 아그니푸르Agnipur 상이 바닥에 붙어 있다. 거기서 다시 오른쪽으로 상점들이 늘어선 끝의 입구 쪽에 아촉불의 좌상이 모셔져 있다. 아촉불 좌상

| 아난트푸르 |

밑에 있는 건물이 상티푸르로서 공空을 상징한다. 건물 밑으로 계단이 서쪽 입구의 세계 평화 연못으로 연결된다.

중앙탑 북쪽에 불공성취불 벽감이 있고 그 앞에 물(水)을 상징하는 나가푸르Nagapur가 있다. 그 옆 동북방의 노사나불 벽감 맞은편으로 티베트 절인 스리 카르마 라즈 비하라Shree Karma Raj Vihara가 대형 건축물로서 자리하고 있다.

동쪽 아촉불 벽감 앞에 십이지신十二支神이 새겨진 둥근 단에 1.5m의 금강저金剛杵가 올려져 있고, 사자 두 마리가 양쪽에서 호위하고 있다.

---

* 야차 반시라半尸羅와 결혼하여 500명의 아들을 낳은 하리티는 항상 왕사성의 어린아이를 잡아먹었다. 부처님께서 이를 아시고 그녀의 막내아들 빈가라를 숨겨 놓았다. 7일이 지나서도 아들을 찾지 못한 하리티가 부처님을 찾아와 아들의 행방을 묻자, 부처님께서 "내가 오백 명의 아들 중 하나를 잃어버리고도 그토록 상심하는데, 네게 자식을 잃은 부모들의 심정은 어떻겠는가?"라고 말씀하셨다. 이 말을 들은 하리티는 크게 느낀 바가 있어서 부처님께 귀의하고 아이들의 해산과 양육을 돕는 일을 하였고, 귀자모신鬼子母神이라 불리게 되었다. (정각, 1993.)

그 앞으로는 순례객들을 위한 가파른 계단이다. 동남방의 금강모보살 벽감 앞에 땅(地)을 상징하는 바수푸르Vasupur*가 있다. 바수푸르에는 땅의 여신인 바순다라라Vasundhara**가 좌우에 락슈미Lakshmi 여신(풍요의 여신)과 쿠마리Kumari 여신(정법을 수호하는 여신)을 대동하고 함께 모셔져 있다. 남방 보생여래 벽감 앞에 라마승들을 위한 숙소인 아간뎁타Agandevta가 있고, 서남방의 반다라보살 벽감 앞에 바람(風)을 상징하는 바유푸르 Vayupur***가 있다. 그 뒤로 소형 박물관이 있다. 박물관에는 밀교적 경향을 나타내는 불상들이 전시되어 있다. 박물관 옆으로 계단을 따라 내려가면 역시 세계 평화 연못에 다다른다.

스와얌부 나트 순례

스와얌부 사원에 도착하니 오전 10시가 다 되어 간다. 스와얌부 사원으로 들어가는 입구는 동쪽과 서쪽 두 군데인데, 동쪽에는 300개 이상의 가파른 계단을 밟아 올라가게 되어 있다. 우리는 전용 버스로 이동하는 탓에 주차장에서 가까운 서쪽 입구로 갔다. 첫 문을 들어서니 1998년 만들어졌다는 세계평화연못에는 부처님 입상을 모셔 두고 그 앞에 동전 던져 넣는 단지를 가져다 놓았다. 단지에 동전이 들어가면 소원이 성취된다는데, 이 사원에서 가장 인기 있는 곳인 듯하다. 소원을 비는 동전 던지기와 계곡이나 산비탈의 돌로 쌓아올리는 돌탑은 세계에 공통된 관행인 듯하다. 연못 벽에는 '평화가 이 지구상에 널리 퍼지기를!'이라는 영문이 적혀 있다.

---

* 1983년 유네스코의 원조로 지어졌다.

** 바순다라는 풍성한 수확을 가져다주는 신이다.

*** 지는 견고함, 수는 축축함, 화는 따뜻함, 풍은 움직임, 공은 포섭의 성품을 갖고 있다. 물질계의 5가지 구성 요소이다.

세계평화연못 옆의 하얀 스투파들을 끼고 두 갈래의 계단을 걸어 올라가면 사원의 중앙탑에 도달한다. 입구의 스투파들 중에서 가장 큰 스투파는 바수반두Vasuvandu(世親) 스투파이다. 바수반두 스님은《구사론俱舍論》《유식론송唯識論頌》《십지경론十地經論》등을 저술한 유명한 유식논사이다. 기원정사 오는 길에 언급했던 아요디아에서 크게 교화하고 열반에 들었음은 이미 앞에서 언급했다.

우리 일행은 입구에서 중앙탑으로 연결되는 좌측 계단을 밟아 올라갔다. 계단의 입구에는 사람들이 한 줄로 앉아 있는데 각 사람마다 배식기가 앞에 놓여 있다. 바수반두 스투파의 좌측으로 계단을 올라가서 우회전하면 상티푸르가 나온다. 상티푸르 오른쪽 위로 야외에 붉은 좌불상이 예쁘장한 얼굴로 앉아 계신다. 아촉불이다. 좌불 밑의 상티푸르 사당은 그 지하로가 맞은편의 높은 산꼭대기로 통한다고 한다. 불교 공예품 가게, 탱화 가게 등을 거치면 작은 봉헌탑 군이 있고 그 맞은편에 불입상佛立像이 부조로 새겨져 있다. 연등불이다. 연등불 입상의 얼굴이 너무도 편안하고 자비롭다. 아래로 늘어뜨려 손바닥을 펴 보이고 여원인을 한 오른손에는 손가락 사이에 비단 같은 막을 조각해 놓았는데, 부처님 32상 중 하나인 수족지망상手足指網相이다.

조각 양식은 타원형의 광배가 날란다 양식이긴 하나 전반적으로 사르나트적인 분위기여서, 사르나트 양식의 불상이 어떻게 여기에 조각되어 있을까하는 생각이 들었다. 사용된 석재도 검은 빛이 나는 것이 이 지방의 것인 듯하고, 현지 가이드도 여기에서 조각된 것이라고 한다. 사실 후대에 이르기까지 가장 오랫동안 인도 조각 양식을 지배한 것은 불상 등장 이후 300년 만에 최정점에 이른 굽타 양식이 아니라, 굽타 양식을 계승하면서도 보다 현실감 있고 보다 인도화된 양식인 사르나트 양식이다.

그러한 사르나트 양식의 조각상을 이곳 카트만두의 오래된 사원에서

| 수족지망상이 뚜렷한 연등불 |

도 볼 수 있었던 것이다. 그 조각 수준 역시 이번 순례길에 만난 부처님 상호 중에서 최고라 할 수 있는 불상들에 속한다고 평가 받을 만했다. 비록 인도에서 유행한 양식으로 조각된 것이긴 하지만 네팔의 카트만두는 인도 조각상의 단순한 수입처가 아니라, 독자적인 조각상의 제작지였음을 짐작할 수 있다.

아촉불과 연등불을 뵙고 나면, 봉헌소탑들 너머로 언뜻 보기에 고깔모자를 쓴 듯한 백색 반구형의 거대한 구조물이 눈앞에 부각된다. 중앙탑인 스와얌부 스투파이다. 스와얌부 사원의 중심에 들어선 것이다.

안으로 들어서면 대형 불탑이 백색의 커다란 어깨를 하고 고깔모자를 쓴 사람이 사방을 내려다보는 듯하다. 눈을 뜨고 이 세상의 무상無常, 고苦, 무아無我를 통찰하는 것이다. 이 세계는 18가지로 구성되어 있다. 6근六根, 6경六境, 6식六識이 그것이다. 그 외에 존재하는 세계는 없다. 이것이 모든 것이다.

자신의 여섯 가지 감각기관과 그 감각기관으로 들어오는 여섯 가지 대상, 그리고 그것을 인식·파악하는 여섯 가지 식을 눈을 뜨고 보라는 것이다. 한 곳으로만 보지 말고 사방에서 보라. 거기에서 통찰지가 생겨난다. 통찰지는 생명력 위에서 작동하며 발전을 거듭하여 궁극적 해탈에 이른다. 스와얌부의 구형球形의 중앙탑은 이러한 부처님의 가르침을 말하고 있는 듯했다.

중앙 불탑으로 들어가는 길목에 양육의 여신인 하리티 여신의 사당 앞에 있는 금색 난간 안에 한 남자가 신발을 벗고 앉아서, 다른 두 명의 여성으로부터 다양한 종류의 공양물을 받아서는 다시 되뿌리고 있다. 현지 가이드 말로는 그 남자는 성직자로서 신자들의 헌공과 축원을 하는 것이라고 한다. 덕분에 그 주변이 공양물로 어지럽다. 하지만 네팔인들은 이것을 더럽게 여기지 않는다고 한다. 매일 끊임없이 행해지기 때

문에 청소도 불가능하다. 그 옆에는 불의 신인 아그니 신의 조각이 바닥을 붉게 장식하고 있다.

그 앞으로 중앙탑의 둥근 흰색 안다 밑 부분에 굴을 파서 부처님을 모신 벽감이 설치되어 있고, 그 안에 한 남자가 앉아서 신자들의 헌공을 보조하고 있다. 이 벽감은 스투파의 서쪽에 해당하며, 봉안된 부처님은 서방 아미타불이다. 총 9개의 감실 중 여기만 법당지기를 배치하고 공양도 올릴 수 있도록 하였다. 티베트 불교의 지도자 중 한 분이자 달라이라마의 스승인 판첸라마는 아미타불의 화신으로 추앙받는다. 안다가 기단 위에 놓여 있으므로 밖에 서 있는 사람의 머리 높이 정도가 벽감법당의 제일 밑 부분이다. 아미타불이 모셔진 벽감법당 맞은편에는 타라보살의 입상이 아미타불을 마주하고 있다.

아미타불 벽감의 왼쪽으로 돌아가니 북방 불공성취불의 벽감이 있고 그 앞에 수(水)를 상징하는 나가푸르가 있다. 나가푸르를 지나자, 앞에는

| 서쪽 벽감 법당의 아미타 부처님께 공양 올리는 사람들 |

시카라ṡikhara* 모양의 백색 탑인 프라타푸르와 스리 카르마 라즈 마하 비하르라는 이름의 티베트 절이 위치해 있다. 이 사원은 티베트의 4대 종파의 하나인 까규파에서 관리한다고 한다.**

절 안으로 들어가 보니 관세음보살이 주불로 모셔져 있고, 달라이 라마의 사진, 린포체의 사진, 노승의 사진이 함께 걸려 있다. 왼쪽 뒤에는 칼을 든 문수보살이 모셔져 있다. 옛날 문수보살이 산을 쪼갠 지혜의 칼을 그려 놓은 듯하다. 불단을 뒤로 돌아가니 스님들이 거주하는 공간으로 짐작되는 통로가 보였다. 들어가 보니 복도 오른편으로 큰 방이 있고 북이 차례를 지어 놓여 있으며, 티베트 스님 세 분이 예불을 준비하는

---

* 인도 사원의 건축 용어로 꼭대기라는 원뜻에서 사원의 지붕을 의미하게 되었다. 인도 북반구의 넓은 지역에 분포하는 북형 건축에서는 비마나(본전)의 지붕을 형성하는 포탄형의 높은 첨탑을 가리킨다.

** 마르빠, 밀라레빠의 전통을 잇고 있으며 티베트에서 처음으로 환생 린포체를 탄생시킨 종파이다. 17대 까르마빠인 오겐 틴레 도르제는 인도에 망명해 있다.

| 박물관의 밀교적 불상 |

듯하다.

티베트 절에서 나와 프라타푸르를 지나 앞으로 걸어가니, 왼쪽 밑으로 사원으로 올라오는 가파른 계단이 나타난다. 동쪽 입구이다. 400개에 가까운 저 가파른 계단을 걸어서 올라와야만 이 사원의 진면목을 느낄 수 있을 것만 같았다.

숨 가쁘게 마지막 계단을 오르면 다정다감하게 생긴 쌍사자가 미소를 짓고, 커다란 금강저 뒤로 둥글고 광대한 백색의 돔 위에서 부처님의 커다란 두 눈이 카트만두 시내를 내려다보면서 지혜와 평화를 뿜어내고 있다.

쌍사자의 호위를 받는 커다란 금강저는 12지신이 새겨진 둥근 단 위에 올려져 있고, 그 뒤의 중앙탑면에 비로자나불과 아촉불의 쌍벽감이 있는 것으로 봐서 여기가 탑의 정면이다.

탑의 앞마당은 동쪽을 향하여 카트만두 시내가 내려다보이는 툭 트인 전망을 제공하고 있었던 것이다. 스스로 솟아오른 땅이라는 의미답게 스와얌부 사원은 카트만두 계곡에 우뚝 솟아 있다.

시내의 전망을 감상하기 좋은 마당의 우측 끝에 프라타푸르와 닮은 꼴의 아난트푸르가 백색의 순결을 뽐내며 우뚝 서 있다. 아난트푸르 우

| 불탑에 참배하는 네팔 아이들 |

측으로 땅을 상징하는 바수푸르, 라마승들의 숙소인 아간뎀타, 바람의
상징인 바유푸르가 연이어 위치해 있다. 중앙탑에 매달아 놓은 마니차
를 시계 방향으로 돌리며 남방 보생여래 벽감을 지나서 돌아 나오니, 내
려가는 출구의 계단 시작점에 스와얌부 불교박물관이 조그마하게 자리
잡고 있다.

　박물관 내부에는 매우 여성적인 불상들이 전시되어 있었는데, 바깥의
연등불 부조와 같은 자세를 하고 있는 입상 한 구가 여성성이 두드러진
가운데 얼굴의 표정에 자애의 또 다른 이미지를 선사하고 있다. 박물관
옆으로 카트만두를 좌측으로 조망하면서 아래로 향해 있는 계단을 내
려오니, 처음 올라갔던 입구이다. 입구에 계단이 좌우 두 방향에 만들어
져 있는데, 좌로 올라가서 우로 내려온 것이다.

　2년 전을 회상하니 이 계단에는 상인들의 판매 행위와 걸인들의 구걸
행위가 어울린 곳이었고, 계단이 끝나는 지점에 마지막으로 앉아 있던

장애인 걸인이 모금한 기부금을 전대를 찬 젊은 남자가 와서 거둬 가는 장면을 목격했었다. 사바세계 약육강식의 쇠사슬 고리를 보는 듯해 너무도 참담했었다. 그와 동시에 카트만두의 또 다른 유네스코 문화유산인 보트나트 사원을 나설 적에는, 어린 네팔 아이들이 불탑에 진심 어린 마음으로 예경하는 대조적 모습을 볼 수 있었다.

40여 분 만에 스와얌부 사원을 떠나 내리막길을 내려와서 평지에 이르자, 곧 군사박물관과 카트만두 국립박물관 사이를 지난다. 스와얌부 사원에서 남쪽 1km 지점에 있다는 카트만두 국립박물관은 박물관, 미술관, 마헨드라 기념관의 3동으로 되어 있는데, 미술관에는 불교 관련 유물들이 많이 전시되어 있다고 한다. 현지 가이드도 불교 순례 일정에 넣을 만하다고 한다. 훗날을 기약할 뿐이다.

비행기에서 본 히말라야

이로써 모든 순례 일정이 마감되었다. 홀가분한 마음으로 점심 공양을 하러 카트만두의 투샬 지역에 있는 '산사랑'이라는 한국 음식점으로 갔다. 이곳은 한국 여행객들을 위해 가이드를 오래 하신 현지인이 설립·운영하는 한국 음식점이다. 오래간만에 된장찌개를 먹으니 '역시 내가 한국인이구나' 하는 생각이 절로 든다.

이 식당에서 네팔 토속품인 석청을 판매하고 있었다. 석청은 옛날에는 네팔에서 왕족들만 먹던 귀한 약재라고 한다. 석청은 귀한 영약이기는 하지만, 히말라야 산이 높고 우리와는 다른 토양에 다른 꽃들이 많아 그 성분들을 포함하고 있는 석청을 먹을 때 많은 주의를 기울일 필요

| 비행기에서 본 히말라야의 장관 |

가 있다.*

    마당 게시판에는 여기를 다녀간 많은 한국 사람들의 인사말들이 방명록을 대신하고 있다. 공양을 마치고 카트만두 공항에 도착하자 오후 1시 반쯤이다. 탑승 수속을 밟고 대기하고 있는데, 우리가 탑승할 비행기가 다음 비행기들이 전광판에 떴는데도 감감무소식이다. 예정보다 1시간 가까이 더 기다려 탑승을 하는데, 비행기로 올라가는 계단에서 다시 짐 검사를 한다. 원인이 밝혀지지 않은 말레이시아 항공기 추락사고 여파로 검문 검색이 엄청나게 강화된 것이다.

    그래도 비행기는 뜨고, 비행기의 오른편으로 히말라야의 장관이 펼쳐

---

* 석청 채취 과정을 보면, 마을 장정들이 팀을 짜서 몇날 며칠을 야영을 하면서 석청 있는 곳으로 찾아간다. 대나무 껍질을 벗겨 만든 줄사다리를 절벽에 걸치고 흔들거리는 줄사다리에 의지하여 목숨을 걸고 석청을 채취한다. 오직 자식 교육을 위해서이다.

졌다. 어제 좀솜에 들어갔을 때와는 달리 오늘은 날씨가 쾌청해서 히말라야 마운틴 플라이트(히말라야 설산의 경비행기 관광)를 델리 가는 길에 한 셈이다. 오후 6시 30분, 석양과 함께 델리 공항에 도착해서 공항 내의 이튼Eaton 호텔에서 저녁 공양을 했다. 음식 종류는 조금 적은 편이지만, 레스토랑 시설이 고급스럽다. '여행사 사장님이 마지막까지 호사를 누리게 해 주시는구나' 하는 생각이 든다. 공양을 하고 나니 저녁 8시, 비행기는 11시 15분으로 예정되어 있어 아직 게이트도 정해지지 않았다. 비행기를 기다리면서 공항에서 마살라 짜이 재료를 구입했다. 두 종류의 재료를 넣어야 제 맛이 난다고 해서 한 통씩 두 통을 구입했다. 한국에 돌아가면 이 마살라 짜이가 인도 순례의 향기를 지속시켜 줄 것이다.

홍콩 공항 기내 대기 2시간을 거쳐, 인천 공항에는 다음날 낮 12시쯤 도착했다. 대기시켜 놓은 전용 버스를 타고 부산에 도착하니, 일행들의 그리운 가족들이 모두 마중을 나와 있다.

부처님 당시의 16대국

캄보자

간다라

중국

파키스탄

쿠루

델리

판찰라

네팔

맛차

수라세나

코살라

슈라바스티 카필라바스투 쿠시나가르

말라

밧지

시킴

부탄

히마우트라강

밧사

카시

바라나시

바이샬리

파트나

참파

앙가

방글라데시

인도

코삼비

체디

라즈기르

보드가야

마가다

손 강

아반티

웃자이니

보팔

나르마다 강

아스마카

나시크

아우랑가비드

고다바리 강

스리랑카

16대국

도시명

현재의 국경

참고 문헌

불교 경전

- 니까야 4부, 각묵·대림 역, 초기불전연구원
- 본생경, 1.2, 이미령 역, 민족사, 1995
- 한글대장경, 동국역경원
- 《장로게경Tharagāthā 1068~1071》, 타니사로Thanisasaro 비구의 영역본, Access to Insight(BCBS Edition), 30 November 2013. http://www.accesstoinsight.org/tipitaka/kn/thag/thag/18.00.than.html.

부처님 일대기

- 대불전경(마하붓다왕사), 밍군 사야도 저, 최봉수 역주, 한언, 2009
- 부처님을 만나다, 일창 스님, 이솔, 2012
- 불타석가모니, 와타나베 쇼코, 법정 스님 역, 동쪽나라, 1966
- 부처님은 어디에서 누구에게 어떻게 가르치셨나, 일아 스님, 불광출판사, 2019
- 부처님은 전염병에 어떻게 대처했나, 유권준, 현대불교, 2020. 3. 6

인도불교사

- 대승불교, 시즈타니 마사오, 스구로 신죠 공저, 문을식 역, 여래, 1995
- 밀교의 세계, 정태혁, 동문선, 2002
- 밀교의 역사와 문화, 요리토미 모토히로 외, 김무생 옮김, 민족사, 1989
- 백론/십이문론, 제바/용수 저, 김성철 역, 경서원, 1999
- 불교인문주의자의 경전읽기, 일지, 어의운하, 2019
- 아소카왕 비문, 츠카모토 게이쇼, 호진·정수 스님 역, 불교시대사, 2008
- 왜 인도에서 불교는 멸망하였는가, 호사카 슌지, 김호성 역, 한걸음더, 2008
- 세계 10대 문명사 시리즈 인도, 마리아 안젤릴로, 이영민, 생각의 나무
- 인도불교사1, 에띠엔 라모뜨, 호진 스님 역, 시공사, 2006

- 인도불교의 변천, 사사키 시즈카, 이자랑 역, 동국대학교출판부, 2007
- 전륜성왕 아쇼카, 이거룡, 2009, 도피안사
- 《Buddhist Encyclopedia》(G.P. Malalasekera, D.Litt, Professor Emeritus, W.G. Weeraratine 편집), 1990, 스리랑카 정부 발간

순례기
- 대당서역기, 현장 스님, 권덕녀 편역, 서해클래식, 2006
- 대당서역기, 현장 스님, 김규현 역, 글로벌콘텐츠, 2013
- 대당서역구법고승전, 의정 스님, 김규현 역, 글로벌콘텐츠, 2013
- 불국기, 법현 스님, 김규현 역, 글로벌콘텐츠, 2013
- 왕오천축국전, 혜초 스님, 김규현 역, 글로벌콘텐츠, 2013
- 왕오천축국전, 혜초 스님, 지안 스님 역, 불광출판사, 2010
- 부처님의 발자취를 따라, 정토출판편집부, 정토출판, 2000
- 불교 성지순례, 대연 스님, EASTWARD, 2010
- 송강 스님의 인도 성지순례, 송강 스님, 도반, 2013
- 순례의 여적과 선문화, 이준, 불교춘추사, 2015
- 인도와 네팔의 불교 성지, 정각, 불광출판사, 1993
- 인도, 석굴 사원의 발달, 이주형, 불교신문 2300호, 2007
- 인도 성지순례가이드, 무념, 옛길, 2013

불교 미술
- 간다라 미술, 이주형, 사계절, 2003
- 고대불교 조각대전, 국립중앙박물관, 2015
- 동아시아구법승과 인도의 불교유적, 이주형 책임편집, 남동신·이태승·강희정·주경미·김혜원·이영종·하정민 공저, 사회평론, 2009
- 동양미술사 하권, 이주형·임영애·김인규·이미림·박형국·구하원 공저, 미진사, 2007
- 불교 미술, 디트리히 제켈, 이주형 역, 예경, 2002
- 불상연구, 최완수, 지식산업사, 1983

- 西域繪畵2, 郭宜吳芝宇, 2010
- AJANTA PAINTINGS Ⅱ,Ⅲ, 일본방송출판협회, 2000
- 아잔타 미술로 떠나는 불교여행, 하진희, 인문산책, 2013.
- 안영배 교수의 인도건축기행, 안영배, 다른세상, 2005
- 인도미술사, 미야지 아키라, 김향숙·고정은 역, 다할미디어, 2006
- 인도미술사, 왕용 지음, 이재현 옮김, 다른 생각, 2014
- 인도의 불교 미술, 이주형 책임편집, 사회평론, 2006
- 인도불탑의 의미와 형식, 천득염, 심미안, 2013
- 인문학으로 떠나는 인도여행, 허경희, 2010
- 한국불상의 원류를 찾아서, 최완수, 2002
- 미술대사전, 한국사전 연구사 편집부, 1998

외서

- 경전 속 불교식물, 민태영, 박석근, 이윤선 공저, 이담북스, 2011
- 또 다른 인도를 만나다. 공영수, 평단, 2014
- 인도 정치·경제·사회의 모든 것, 한국인도사회연구학회 지음, 한스컨텐츠, 2012
- 12억 인도를 만나다. 김도영 지음, 북치는 마을, 2013
- 아유르베다, 바산트 레드, 이호진, 관음출판사, 2003
- 죽기 전에 꼭 먹어야 할 세계음식 재료 1001, 프랜시스 케이스 편집, 2009

논문

- 사리팔분…불탑조성의 시작, 현대불교신문, 2014.1.24.
- 세계유산도시를 걷다, 조인숙, 신동아 2015. 6
- Avadana(阿波陀那)에 대한 고찰, 정덕 스님, 한국불교학 46집, 2006
- 유근자의 불교 미술읽기, 유근자, 만불신문, 2007
- 인도수구세력난동사, 이광수, 시사in, 2014
- 하르샤왕은 불법왕佛法王인가, 공만식, 불교평론 20, 2005
- Nepal Concept Paper, COIKA, 2012